Schuldrecht II – Besonderer Teil 1: Vertragliche Schuldverhältnisse

von

Martin Löhnig
Dr. jur., ordentlicher Professor an der Universität Regensburg

und

Andreas Gietl
Dr. jur., Richter am Amtsgericht Cham i.d. Oberpfalz

2., überarbeitete Auflage

Verlag W. Kohlhammer

2. Auflage 2018

Alle Rechte vorbehalten
© W. Kohlhammer GmbH, Stuttgart
Gesamtherstellung: W. Kohlhammer GmbH, Stuttgart

Print:
ISBN   978-3-17-031438-2

E-Book-Formate:
pdf: ISBN 978-3-17-031439-9
epub: ISBN 978-3-17-031440-5
mobi: ISBN 978-3-17-031441-2

Für den Inhalt abgedruckter oder verlinkter Websites ist ausschließlich der jeweilige Betreiber verantwortlich. Die W. Kohlhammer GmbH hat keinen Einfluss auf die verknüpften Seiten und übernimmt hierfür keinerlei Haftung.

Vorwort

Die 2. Auflage dieses Buches bringt verschiedene Neuerungen. Zum einen erscheint nun Andreas Gietl, der bereits an der 1. Auflage mitgewirkt hat, als Co-Autor, zum anderen wurde die Darstellung umfassend aktualisiert: Die Rechtsprechung ist umfänglich eingearbeitet und auch die Ausbildungsaufsätze der letzten 10 Jahre wurden systematisch ausgewertet und mit ihren wesentlichen Inhalten in den Text aufgenommen.

Neu in das Buch aufgenommen haben wir den Arztvertrag und den Verbraucherkredit, der nun auch umfassend gesetzlich geregelt ist. Der Dienstvertrag bleibt dagegen dem Buch zum Arbeitsrecht vorbehalten. Die Änderungen durch das „Gesetz zur Reform des Bauvertragsrechts und zur Änderung der kaufrechtlichen Mängelhaftung" sind ebenfalls bereits eingearbeitet.

Unverändert nimmt die vorliegende Darstellung die Verflechtung zwischen „Schuldrecht AT" und „Schuldrecht BT" ernst, die das Bürgerliche Gesetzbuch seit 2002 auszeichnet, und enthält deshalb vergleichsweise schlanke Abschnitte zu Kauf- und Werkvertrag, dafür aber eine recht ausführliche Darstellung des Mietrechts, in dem der Gesetzgeber diese Verflechtung versäumt hat. Die Proportionen dieses Buches weichen also mitunter von den Proportionen anderer Bücher zum Besonderen Schuldrecht erheblich ab.

Unser besonderer Dank gilt Luis Thoma und Eva Lackner für die Hilfe bei der Überarbeitung dieses Buchs.

Regensburg im Januar 2018   Prof. Dr. Martin Löhnig
                                    Dr. Andreas Gietl

Vorwort zur 1. Auflage

Das Bürgerliches Gesetzbuch regelt im achten Abschnitt des zweiten Buches, dem „Besonderen Schuldrecht", einzelne Schuldverhältnisse, die durch Vertrag, §§ 433–676h BGB, oder durch Gesetz, §§ 677–853 BGB, zustande kommen können. Das vorliegende Buch beschäftigt sich mit der ersten Gruppe von Schuldverhältnissen, den Vertraglichen Schuldverhältnissen, während die Gesetzlichen Schuldverhältnisse im gleichnamigen Band der Studienreihe von *Christoph Althammer* behandelt werden.
Die Regelungen des Besonderen Schuldrechts sind nicht abschließend. Das Bürgerliche Gesetzbuch kennt nämlich keinen vertragsrechtlichen Typenzwang, sondern beruht auf dem Grundsatz der Vertragsfreiheit, wie er in § 311 Abs. 1 BGB zum Ausdruck kommt. Es können also grundsätzlich Verträge mit beliebigem Inhalt geschlossen werden und das Bürgerliche Gesetzbuch regelt nur einige besonders geläufige Vertragsarten. Vorliegende Darstellung greift sich mit Kaufvertrag, Tausch, Schenkung, Werkvertrag, Reisevertrag, Mietvertrag, Pacht, Leihe, Leasing, Darlehen und Bürgschaft zehn gesetzlich geregelte und einen häufig auftretenden, von der Rechtspraxis entwickelten Vertragstyp (Leasing) heraus, die in der zivilrechtlichen Ausbildung in den mittleren Semestern besondere Bedeutung haben.
Einige gesetzlich geregelte Vertragsarten, wie etwa der Auftrag oder der Dienstvertrag, fehlen genauso wie häufig vorkommende, außerhalb des Gesetzes entwickelte Vertragsarten wie Bauträgervertrag oder Factoring. Die Rechtsprobleme des Auftrags werden im Rahmen des Gesetzlichen Schuldverhältnisses „Geschäftsführung ohne Auftrag", §§ 677 ff. BGB, abgehandelt, der Dienstvertrag in seiner weitaus häufigsten Form, dem Arbeitsvertrag, im Arbeitsrecht. Die komplexeren außergesetzlichen Vertragsarten spielen in der Regel erst bei der Vertiefung des Vertragsrechts im Rahmen der Examensvorbereitung eine Rolle und die Befassung mit ihnen setzt solide Kenntnisse der gesetzlich geregelten Vertragsarten voraus, die dieses Buch vermitteln will. Eine vertiefte Darstellung des Verbraucherschutzrechts liefert der gleichnamige Band dieser Reihe.
Seit der zum 1. Januar 2002 in Kraft getretenen Schuldrechtsmodernisierung sind Besonderer und Allgemeiner Teil des Schuldrechts noch enger miteinander verflochten als zuvor. In vielen zentralen Bereichen, etwa dem Kauf- oder Werkmängelrecht, enthält des Bürgerliche Gesetzbuch keine eigenständigen Regelungen mehr, sondern verweist weitestgehend in das Allgemeine Schuldrecht, so etwa in §§ 437 und 634 BGB. Die Beschäftigung mit dem „SchR BT" setzt also – genauso wie die Lektüre dieses Buches – Kenntnisse des „SchR AT" voraus und verlangt von Studentinnen und Studenten die Bereitschaft, Lücken und Unklarheiten in diesem Bereich gegebenenfalls zu schließen, etwa durch gezieltes Nachschlagen im Allgemeinen Schuldrecht von *Jacob Joussen*. Vorliegende Darstellung nimmt diese Verflechtung zwischen „AT" und „BT" ernst und enthält deshalb vergleichsweise schlanke Abschnitte zu Kauf- und Werkvertrag, dafür

Vorwort zur 1. Auflage

aber eine recht ausführliche Darstellung des Mietrechts, in dem der Gesetzgeber diese Verflechtung versäumt hat; die Proportionen dieser Darstellung weichen deshalb mitunter von den Proportionen anderer Bücher zum Besonderen Schuldrecht erheblich ab. Darüber hinaus nimmt die Darstellung bei der Auswahl der erörterten Problemfragen und beim Umfang der Schilderungen besondere Rücksicht auf die Bedürfnisse der Leserinnen und Leser aus dem mittleren Semestern und versteht sich deshalb nicht als umfassendes und auf Vollständigkeit angelegtes „großes" Werk. Vielmehr werden in diesem Studienbuch diejenigen Inhalte angeboten, die nach einer ersten Beschäftigung mit den vertraglichen Schuldverhältnissen beherrscht werden sollten; nur bei den ganz zentralen Vertragsarten wird auf weiterführende Literatur und Rechtsprechung verwiesen. Zur Einübung der schuldrechtlichen Fallbearbeitung kann *Martin Löhnig*, „Falltraining im Zivilrecht 2" nützlich sein.

Meine Konstanzer Mitarbeiterinnen und Mitarbeiter *Carolin Engler, Annemarie Heidenhein, Franziska Kraus, Lukas Lehmann, Simon Letsche, Antonia Schnitzler* und *Judith Spiri* haben mir nicht nur geholfen, das rechte Maß der inhaltlichen Tiefe der Darstellung zu finden, sondern haben mich vor allem auch durch ihre ständige Gesprächsbereitschaft und durch die kritische Lektüre einzelner Abschnitte sehr unterstützt. Besonders hervorzuheben ist, dass *Andreas Gietl* die Abschnitte zu Miete, Pacht und Leasing so eigenständig bearbeitet hat, dass ich nur noch wenige Veränderungen vornehmen musste. Ihnen allen danke ich ganz herzlich für die Mitarbeit an diesem Buch, genauso wie *Caroline Berger*, die das Manuskript betreut hat und *Anita Bohn, LL.M. (London)*, die für die abschließenden Korrekturen gesorgt und die Register erstellt hat.

Allen Leserinnen und Lesern wünsche ich viel Freude und Gewinn bei der Arbeit mit dem Buch und bitte jederzeit um Kritik und Verbesserungsvorschläge, die mich am besten unter martin.loehnig@jura.uni-regensburg.de erreichen.

Konstanz/Regensburg, im Juli 2008 — Martin Löhnig

Inhaltsverzeichnis

Vorwort V
Vorwort zur 1. Auflage VII
Abkürzungsverzeichnis. XVIII

Teil I 1
§ 1   Kaufrecht 1
    I.   Allgemeines. 2
    II. Pflichten und Pflichtverletzungen des Käufers 4
        1. Kaufpreiszahlung als Hauptleistungspflicht 4
            a) Höhe des Kaufpreises 4
            b) Ersetzungsbefugnis 4
            c) Entfallen des Kaufpreisanspruchs. 5
                aa) Regel 5
                bb) Ausnahme 1: §§ 446 Satz 3, 326 Abs. 2 6
                cc) Ausnahme 2: § 446 Satz 1 6
                dd) Ausnahme 3: § 447 7
            d) Nichtzahlung durch den Käufer. 8
        2. Abnahme der Kaufsache als Nebenleistungspflicht 9
        3. Tragung von Lasten 9
    III. Pflichten und Pflichtverletzungen des Verkäufers 10
        1. Leistungs- und Nebenpflichten 10
        2. Ausschluss der Hauptleistungspflicht bei Unmöglichkeit . . 10
        3. Verzug. 11
    IV. Insbesondere: Mangelhafte Leistung 11
        1. Mangel 11
            a) Sachmangel. 11
                aa) Fehlen der vereinbarten Beschaffenheit 11
                bb) Untauglichkeit zur vertraglich vorausgesetzten
                     Verwendung 12
                cc) Enttäuschung der Käufererwartung 13
                    (1) Übliche Erwartung 13
                    (2) Veranlasste Erwartung 14
                dd) Montagefehler 15
                ee) Untaugliche Montageanleitung 15
                ff) Lieferung einer anderen Sache („aliud") 16

Inhaltsverzeichnis

		gg) Lieferung einer zu geringen Menge	17
		hh) Maßgeblicher Zeitpunkt: Gefahrübergang	18
	b)	Rechtsmangel	20
2.	Mängelrechte des Käufers		21
	a)	Abgrenzung zum allgemeinen Pflichtverletzungsrecht	21
	b)	Nacherfüllung	22
		aa) Vorrang der Nacherfüllung	22
		bb) Ius variandi des Käufers	23
		cc) Problem 1: Nutzungsersatzanspruch des Verkäufers aus §§ 439 Abs. 4, 346 Abs. 1	23
		dd) Problem 2: Nacherfüllungsanspruch bei schon eingebauter, mangelhafter Kaufsache	24
		ee) Problem 3: Selbstvornahme durch den Käufer	25
		ff) Problem 4: Nachlieferung beim Stückkauf	26
		gg) Problem 5: Herausgabe von Wertsteigerungen	27
		hh) Problem 6: Ausbesserung	27
		ii) Problem 7: Erfüllungsort	28
		jj) Problem 8: Kosten der Mangelfeststellung	28
		kk) Ausschluss des Nacherfüllungsanspruchs	28
	c)	Rücktritt	30
		aa) Rücktrittsvoraussetzungen	30
		bb) Insbesondere: Fristsetzung	31
		cc) Ausschlussgründe	33
	d)	Minderung	34
	e)	Anspruch auf Schadenersatz	34
		aa) Schadenersatz neben der Leistung	34
		bb) Schadenersatz statt der Leistung	35
		cc) Insbesondere: Der Maßstab des Vertretenmüssens	36
		dd) Fristsetzung	37
		ee) Kleiner und großer Schadensersatz statt der Leistung	38
		ff) Schadensersatz neben Rücktritt	39
	f)	Aufwendungsersatz	39
	g)	Garantie	39
3.	Ausschluss der Mängelrechte		40
	a)	Vertrag	40
	b)	Gesetz	41
	c)	Insbesondere: Verjährung/Ausschlussfrist	43

V. **Der Verkäuferregress** 44
   1. Allgemeines 44
   2. Abweichende Regelungen zu den Voraussetzungen der Mängelrechte 44
   3. Ersatz der Nacherfüllungskosten 45
   4. Ausschlussgründe 45

§ 2	Tausch	46
	I. Allgemeines	46
	II. Pflichtverletzungen	46
§ 3	Schenkung	47
	I. Allgemeines	47
	1. Parteien und Leistungspflichten	47
	2. Gemischte Schenkung	48
	II. Haftung des Schenkers bei Pflichtverletzungen	49
	1. Haftungsmaßstab	49
	2. Unmöglichkeit und Verzug	50
	3. Mangelhafte Leistung	50
	III. Verweigerungs- und Rückforderungsrechte des Schenkers	51
	1. Einrede des Notbedarfs	51
	2. Rückforderung bei Verarmung	51
	3. Widerruf bei grobem Undank	52
	4. Sonderfragen des Familien- und Erbrechts	52
	IV. Schenkung unter Auflage	53

Teil II   54

§ 4	Werkvertragsrecht	54
	I. Allgemeines	54
	1. Werkvertragliche Pflichten	54
	2. Abgrenzung zum Dienstvertrag	55
	3. Abgrenzung zum Kaufrecht	55
	4. Das Werkunternehmerpfandrecht und andere Sicherungsmittel des Werkunternehmers	56
	II. Pflichten und Pflichtverletzungen des Werkbestellers	58
	1. Abnahme des Werkes als Hauptleistungspflicht	58
	2. Werklohnzahlung als Hauptleistungspflicht	60
	a) Umfang und Fälligkeit	60
	b) Entfallen des Werklohnanspruchs	62
	3. Mitwirkungsobliegenheit	63
	III. Pflichten und Pflichtverletzungen des Werkunternehmers	64
	1. Unmöglichkeit der Herstellung des Werkes	64
	2. Verzögerung der Herstellung des Werkes	64
	3. Herstellung eines mangelhaften Werkes	65
	a) Allgemeines	65
	b) Nacherfüllung	65
	c) Selbstvornahme des Werkbestellers	67
	d) Rücktritt	68
	e) Minderung	68
	f) Schadenersatz	69
	g) Ersatz vergeblicher Aufwendungen	69

		h) Ausschluss der Mängelrechte.	70
	IV.	Besondere Kündigungsrechte	71
§ 5	Reisevertragsrecht		72
	I.	Reisevertragliche Pflichten und Beteiligte	73
		1. Reiseveranstalter.	73
		a) Erbringung der Reise	73
		b) Reisebüro	74
		c) Leistungsträger	75
		2. Reisender.	76
	II.	Gestaltungsmöglichkeiten vor Reiseantritt	77
		1. Grundloses Rücktrittsrecht des Reisenden	77
		2. Auswechslung des Reisenden	77
		3. Kündigung bei höherer Gewalt.	77
	III.	Rechte des Reisenden bei Reisemängeln	78
		1. Allgemeines	78
		2. Reisemangel.	78
		a) Fehler.	79
		b) Fehlen einer zugesicherten Eigenschaft	80
		3. Vorrangiges Recht des Reisenden: Abhilfe	80
		4. Selbstvornahme durch den Reisenden	81
		5. Minderung.	81
		6. Kündigungsrecht.	81
		7. Schadenersatz.	82
		8. Fristen.	83
		a) Ausschlussfrist.	83
		b) Verjährungsfrist	84
§ 6	Der Behandlungsvertrag.		84
	I.	Behandlungsvertrag	85
	II.	Vertragsinhalt	85
		1. Behandlung	85
		2. Vergütung	86
		3. Informationspflichten	86
		4. Aufklärungspflichten	87
		5. Dokumentation	87
		6. Arzthaftung	87

Teil III 89

§ 7	Miete		89
	I.	Allgemeines	90
		1. Parteien des Mietvertrags.	90
		2. Abgrenzung zu anderen Vertragstypen	90
		3. Zustandekommen des Mietvertrags	91

II.	**Pflichten und Pflichtverletzungen des Mieters**	91
	1. Mietzahlung	91
	a) Höhe und Fälligkeit	91
	b) Entfallen	92
	2. Einhaltung der Grenzen des überlassenen Gebrauchs	93
	3. Obhuts- und Sorgfaltspflichten	93
	4. Keine Pflicht zur Inbesitznahme oder zum Gebrauch	94
	5. Rückgabe der Mietsache	94
	a) Inhalt der Pflicht	94
	b) Pflichtverletzungen	94
	c) Auslösung der kurzen Verjährung durch Rückgabe	95
III.	**Pflichten und Pflichtverletzungen des Vermieters**	95
	1. Gebrauchsgewährungspflicht	95
	2. Instandhaltungspflicht	96
	3. Pflicht zur Tragung der Lasten	96
	4. Schutzpflichten	96
IV.	**Insbesondere: Mietmängel**	97
	1. Mangel	97
	2. Anspruch des Mieters auf Erfüllung	98
	3. Minderung und Rücktritt	98
	4. Selbstvornahmerecht des Mieters	100
	a) Verzug des Vermieters	100
	b) Bedrohung der Mietsache	100
	c) Aufwendungsersatz nach GoA	100
	5. Schadensersatz	100
	a) Anfängliche Mängel, § 536a Abs. 1 Alt. 1	100
	b) Später aufgetretene Mängel, § 536a Abs. 1 Alt. 2	101
	c) Verzug mit der Mangelbeseitigung, § 536a Abs. 1 Alt. 3	101
	d) Ausschluss der Schadensersatzhaftung	101
	e) Ersatzfähiger Schaden	102
V.	**Insbesondere: Unmöglichkeit der Gebrauchseinräumung**	103
VI.	**Beendigung des Mietverhältnisses**	103
	1. Bedingungseintritt/Befristungsablauf	104
	2. Kündigung	104
	a) Verhältnis zum Rücktritt	104
	b) Ordentliche Kündigung	104
	c) Außerordentliche fristlose Kündigung	104
	d) Außerordentliche Kündigung mit gesetzlicher Frist	106
	e) Fehlerhafte Berechnung einer Kündigungsfrist	106
	f) Weitere Beendigungsvoraussetzungen	106
VII.	**Untermiete**	107
	1. Erlaubnis des Vermieters	107
	2. Verweigerung der Erlaubnis	107
	3. Untervermietung ohne Erlaubnis	108

Inhaltsverzeichnis

VIII. Sonderregelungen zum Wohnraummietrecht 108
   1. Allgemeines 108
   2. Besonderheiten bei der Begründung des Mietverhältnisses 109
      a) Form 109
      b) Nichtigkeit des Mietvertrags 111
      c) Befristete und bedingte Mietverträge 111
      d) Beschränkungen der Mietpreishöhe, sog. „Mietpreisbremse" 112
      e) Der Einfluss des AGG auf das Mietrecht 112
         aa) Fallgruppe 1: §§ 19 Abs. 1 Nr. 1, Abs. 5 Satz 3 AGG 112
         bb) Fallgruppe 2: §§ 19 Abs. 2, 2 Abs. 1 Nr. 8 AGG .. 113
         cc) Verbotene Benachteiligungen 113
         dd) Rechtsfolgen der Benachteiligung, § 21 AGG.... 113
         ee) Ausschlussfrist 114
   3. Vermieterpfandrecht und Kaution. 114
   4. Schönheitsreparaturen 116
      a) Formularklauseln 116
      b) Individualvereinbarung 117
   5. Instandsetzung und Modernisierung 118
   6. Die Mieterhöhung 118
      a) Staffelmiete 118
      b) Indexmiete 118
      c) Mieterhöhungsverlangen 119
         aa) Verfahren 119
         bb) Voraussetzungen 119
         cc) Sonstige Wirkungen 120
   7. Aufnahme Dritter in die Wohnung 120
      a) Angehörige oder Lebensgefährten 120
      b) Untervermietung 120
      c) Haustiere 121
   8. Mietvertragliches Sondererbrecht 122
      a) Verstorbener Alleinmieter 122
      b) Verstorbener Mitmieter 123
      c) Vertragsbeendigung 123
   9. Beendigung des Wohnraummietverhältnisses 124
      a) Allgemeines 124
      b) Ordentliche Kündigung durch den Mieter. 124
      c) Ordentliche Kündigung durch den Vermieter 124
         aa) Allgemeines 124
         bb) Erhebliche Vertragspflichtverletzung des Mieters, § 573 Abs. 2 Nr. 1 124
         cc) Eigenbedarf, § 573 Abs. 2 Nr. 2 125
         dd) Form 126
         ee) Widerspruch des Mieters nach § 574 ff 126

		d) Außerordentliche Kündigung durch den Vermieter ... 126
		e) Außerordentliche Kündigung durch den Mieter...... 127
		10. Kauf bricht nicht Miete......................... 127
		11. Vorkaufsrecht des Mieters....................... 128
§ 8	Pacht... 129	
	I.	Allgemeines..................................... 129
	II.	Die Pflichten der Vertragsparteien................... 130
	III.	Besonderheiten bei Verpachtung von Grundstücken mit Inventar.................................... 130
	IV.	Vertragsbeendigung............................... 132
§ 9	Der Leihvertrag....................................... 132	
	I.	Vertragspflichten................................. 132
	II.	Abgrenzung zum Gefälligkeitsverhältnis............... 132
	III.	Pflichtverletzungen und Haftungsmaßstab.............. 133
	IV.	Beendigung..................................... 134
		1. Ordentliche Beendigung........................ 134
		2. Außerordentliche Beendigung................... 134
§ 10	Leasing.. 135	
	I.	Finanzierungsleasing.............................. 135
		1. Beteiligte.................................... 135
		a) Verhältnis Lieferant – Leasinggeber.............. 136
		b) Verhältnis Leasinggeber – Leasingnehmer......... 136
		c) Verhältnis Lieferant – Leasingnehmer............ 137
		2. Pflichtverletzungen............................ 138
		a) Untergang oder Beschädigung der Leasingsache 138
		b) Scheitern der leasingtypischen Abtretung......... 139
		c) Ausübung der abgetretenen Käuferrechte aus § 437 durch den Leasingnehmer..................... 139
		aa) Nacherfüllung........................... 140
		bb) Rücktritt............................... 140
		cc) Minderung.............................. 141
		dd) Schadensersatz.......................... 142
		3. Beendigung des Finanzierungsleasings............. 142
		a) Ordentliche Beendigung...................... 142
		b) Außerordentliche Kündigung................... 142
		c) Der Amortisationsanspruch.................... 143
		4. Verbraucherfinanzierungsleasing.................. 143
	II.	Weitere Leasingformen............................ 144
		1. Operatingleasing.............................. 144
		2. Hersteller-Leasing............................. 144

Inhaltsverzeichnis

§ 11		Darlehensvertrag	144
	I.	Vertragsparteien und Pflichten	144
	II.	Nichtigkeit des Darlehensvertrags wegen Sittenwidrigkeit	146
	III.	Pflichtverletzungen	148
		1. Darlehensgeber	148
		2. Darlehensnehmer	148
	IV.	Kündigungsrechte außerhalb des Pflichtverletzungsrechts	149
		1. Ordentliche Kündigung	150
		2. Außerordentliche Kündigung	150
	V.	Verbraucherdarlehen	151
		1. Anwendungsbereich	151
		2. Begründung des Vertrags	152
		3. Pflichtverletzung und Vertragsbeendigung	152
		4. Analoge Anwendung	153
	VI.	Finanzierungshilfen für Verbraucher	153
		1. Zahlungsaufschub	154
		2. Sonstige entgeltliche Finanzierungshilfe	154
		3. Teilzahlungsgeschäft	154
		4. Unentgeltliche Darlehen und unentgeltliche Finanzierungshilfen	155
		5. Rechtsfolge dieser Finanzierungshilfen und verbundene Verträge	155

Teil IV 156

§ 12		Bürgschaft	156
	I.	Allgemeines	157
	II.	Zustandekommen der Bürgschaft	158
		1. Schriftform	158
		2. Bestehen und Umfang der gesicherten Forderung	159
	III.	Verteidigungsmittel des Bürgen	161
		1. Verteidigungsmittel aus dem Verhältnis Bürge – Gläubiger	161
		a) Unwirksamkeit der Bürgschaft	161
		aa) Sittenwidrigkeit	161
		bb) Willensmängel etc.	162
		cc) Nebenpflichtverletzung durch den Gläubiger	162
		dd) Unwirksamkeit durch Zeitablauf oder Einrede der Verjährung	163
		b) Aufgabe anderer Sicherheiten durch den Gläubiger	163
		c) Einrede der Vorausklage	164
		d) Widerruf	164
		2. Verteidigungsmittel aus dem Verhältnis Hauptschuldner – Gläubiger	164
		a) Grundlage: Akzessorietät	164
		b) Herleitung aus Gestaltungsrechten	165

		c) „Bürgschaft auf erstes Anfordern"	166
	IV.	Ansprüche des Bürgen gegen den Hauptschuldner	166
		1. Aus übergegangenem Recht	166
		2. Aus § 670	168

§ 13 Weitere Personalsicherheiten 168
    I. Schuldbeitritt 169
    II. Garantievertrag 169
    III. Patronatserklärung 170

Anhang 171

A. Wichtige Entscheidungen 171
B. Aufbauschemata 175
    I. Mängelrechte des Käufers 175
    II. Schenkung 175
    III. Werkvertrag 176
    IV. Mietrecht 176
    V. Bürgschaft 177

C. Definitionen 178

Stichwortverzeichnis 181

Abkürzungsverzeichnis

a. a. O.	am angegebenen Ort
a. E.	am Ende
a. F.	alte Fassung
ABl.	Amtsblatt
Abs.	Absatz
AcP	Archiv für die civilistische Praxis
ADHGB	Allgemeines Deutsches Handelsgesetzbuch
AG	Aktiengesellschaft, Amtsgericht
AGBG	Gesetz zur Regelung des Rechts der Allgemeinen Geschäftsbedingungen (AGB-Gesetz)
AGBGB	Ausführungsgesetz zum Bürgerlichen Gesetzbuch
AGG	Allgemeines Gleichbehandlungsgesetz
AGGVG	Ausführungsgesetz zum Gerichtsverfassungsgesetz
AKB	Allgemeine Bedingungen für die Kraftfahrtversicherung
AktG	Aktiengesetz
allg.M.	allgemeine Meinung
ALR	Allgemeines Landrecht für die Preußischen Staaten
AltautoV	Verordnung über die Überlassung, Rücknahme und umweltverträgliche Entsorgung von Altfahrzeugen
amtl.	amtlich (e/er/es/en)
AO	Abgabenordnung
ArbG	Arbeitsgericht
ArbGG	Arbeitsgerichtsgesetz
ArbPlSchG	Gesetz über den Schutz des Arbeitsplatzes bei Einberufung zum Wehrdienst (Arbeitsplatzschutzgesetz)
ArbSchG	Gesetz über die Durchführung von Maßnahmen des Arbeitsschutzes zur Verbesserung der Sicherheit und des Gesundheitsschutzes der Beschäftigten bei der Arbeit (Arbeitsschutzgesetz)
ArbZG	Arbeitszeitgesetz
Art.	Artikel
Aufl.	Auflage
AÜG	Gesetz zur Regelung der gewerbsmäßigen Arbeitnehmerüberlassung (Arbeitnehmerüberlassungsgesetz)
ausf.	ausführlich
BAG	Bundesarbeitsgericht
BAGE	Sammlung der Entscheidungen des Bundesarbeitsgerichts
BauGB	Baugesetzbuch
BayObLG	Bayerisches Oberstes Landesgericht
BayObLGZ	Entscheidungen des Bayerischen Obersten Landesgerichts in Zivilsachen
BayVerfGH	Bayrischer Verfassungsgerichtshof
BB	Der Betriebsberater
BBergG	Bundesberggesetz
BBiG	Berufsbildungsgesetz
Bd.	Band

Abkürzungsverzeichnis

betr.	betreffend
BetrAVG	Gesetz über die Verbesserung der betrieblichen Altersversorgung
BetrVG	Betriebsverfassungsgesetz
BeurkG	Beurkundungsgesetz
BFH	Bundesfinanzhof
BGB	Bürgerliches Gesetzbuch
BGB-InfoV	Verordnung über Informations- und Nachweispflichten nach bürgerlichem Recht
BGBl.	Bundesgesetzblatt
BGH	Bundesgerichtshof
BGHZ	Entscheidungen des Bundesgerichtshofes in Zivilsachen
BR-Drucks.	Bundesratsdrucksachen
BSG	Bundessozialgericht
Bsp.	Beispiel(e/en)
bspw.	beispielsweise
BT-Drucks.	Bundestagsdrucksachen
BUrlG	Mindesturlaubsgesetz für Arbeitnehmer (Bundesurlaubsgesetz)
BuW	Betrieb und Wirtschaft
BVerfG	Bundesverfassungsgericht
BVerfGE	Entscheidung(en) des Bundesverfassungsgerichts
BVerwG	Bundesverwaltungsgericht
bzgl.	bezüglich
bzw.	beziehungsweise
c. i. c.	culpa in contrahendo (Verschulden bei Vertragsschluss)
d. h.	das heißt
DB	Der Betrieb
ders.	derselbe
DM	Deutsche Mark (ehem. Währung)
DNotZ	Deutsche Notarzeitung
EFZG	Gesetz über die Zahlung des Arbeitsentgelts an Feiertagen und im Krankheitsfall (Entgeltfortzahlungsgesetz)
eG	eingetragene Genossenschaft
EG	Europäische Gemeinschaft
EGBGB	Einführungsgesetz zum Bürgerlichen Gesetzbuch
EGHGB	Einführungsgesetz zum Handelsgesetzbuch
EGV	Vertrag zur Gründung der Europäischen Gemeinschaft (EG-Vertrag)
EheG	Ehegesetz
Einf.v.	Einführung vor
Einl.	Einleitung
Einl.v.	Einleitung vor
ErbbauVO	Verordnung über das Erbbaurecht
ErbGleichG	Gesetzes zur erbrechtlichen Gleichstellung nichtehelicher Kinder
EStG	Einkommenssteuergesetz
EuGH	Europäischer Gerichtshof
€	Euro (Währung)
EWIV	Europäische Wirtschaftliche Interessenvereinigung
f	folgende
FamRZ	Zeitschrift für das gesamte Familienrecht
FernAbsG	Fernabsatzgesetz
FernUSG	Gesetz zum Schutz der Teilnehmer am Fernunterricht (Fernunterrichtsschutzgesetz)
ff.	fortfolgende

Abkürzungsverzeichnis

FG	Finanzgericht
FGG	Gesetz über die Angelegenheiten der freiwilligen Gerichtsbarkeit
FGO	Finanzgerichtsordnung
Fn.	Fußnote
FS	Festschrift
GastG	Gaststättengesetz
GBl.	Gesetzblatt
GBO	Grundbuchordnung
GbR	Gesellschaft bürgerlichen Rechts (BGB-Gesellschaft)
GebrMG	Gebrauchsmustergesetz
GenG	Gesetz betreffend die Erwerbs- und Wirtschaftsgenossenschaften (Genossenschaftsgesetz)
GeschmMG	Gesetz über den rechtlichen Schutz von Mustern und Modellen (Geschmacksmustergesetz)
GewO	Gewerbeordnung
GewStG	Gewerbesteuergesetz
GG	Grundgesetz für die Bundesrepublik Deutschland
ggf.	gegebenenfalls
GleichberG	Gesetz über die Gleichberechtigung von Mann und Frau auf dem Gebiet des bürgerlichen Rechts (Gleichberechtigungsgesetz)
GmbH	Gesellschaft mit beschränkter Haftung
GmbHG	Gesetz betreffend die Gesellschaften mit beschränkter Haftung (GmbH-Gesetz)
grds.	grundsätzlich
GrdS.	Grundsätze
GrdstVG	Gesetz zu Verbesserung der Agrarstruktur und zur Sicherung land- und forstwirtschaftlicher Betriebe (Grundstücksverkehrsgesetz)
GRUR	Gewerblicher Rechtsschutz und Urheberrecht
GRURInt	Gewerblicher Rechtsschutz und Urheberrecht, Internationaler Teil
GVG	Gerichtsverfassungsgesetz
GWB	Gesetz gegen Wettbewerbsbeschränkungen
h. L.	herrschende Lehre
h. M.	herrschende Meinung
HAG	Heimarbeitsgesetz
HausratsV	Verordnung über die Behandlung der Ehewohnung und des Hausrats (Hausratsordnung)
Hdb.	Handbuch
HdGStiftG	Gesetz zur Errichtung einer Stiftung „Haus der Geschichte der Bundesrepublik Deutschland"
HeimG	Heimgesetz
HGB	Handelsgesetzbuch
HPflG	Haftpflichtgesetz
Hrsg.	Herausgeber
HWiG	Gesetz über den Widerruf von Haustürgeschäften und ähnlichen Geschäften (Haustürwiderrufsgesetz)
i. d. F.	in der Fassung
i. d. R.	in der Regel
i. S. d.	im Sinne des/der
i. S. v.	im Sinne von
i. V. m.	in Verbindung mit
insb.	insbesondere
InsO	Insolvenzordnung
JA	Juristische Arbeitsblätter

Abkürzungsverzeichnis

JAarbSchG	Gesetz zum Schutz der arbeitenden Jugend (Jugendarbeitsschutzgesetz)
JURA	Juristische Ausbildung
JuS	Juristische Schulung
JW	Juristische Wochenschrift
JZ	Juristenzeitung
KfzPflVV	Verordnung über den Versicherungsschutz in der Kraftfahrzeug-Haftpflichtversicherung (Kraftfahrzeug-Pflichtversicherungsverordnung)
KG	Kommanditgesellschaft
KGaA	Kommanditgesellschaft auf Aktien
KindRG	Gesetz zur Reform des Kindschaftsrechts (Kindschaftsrechtsreformgesetz)
KO	Konkursordnung
KostO	Gesetz über die Kosten in Angelegenheiten der freiwilligen Gerichtsbarkeit (Kostenordnung)
KSchG	Kündigungsschutzgesetz
KStG	Körperschaftsteuergesetz
KunstUrhG	Gesetz betreffend das Urheberrecht an Werken der bildenden Künste und der Photographie (Kunsturheberrechtsgesetz)
LAG	Landesarbeitsgericht
lat.	lateinisch
LG	Landgericht
Lit.	Literatur
LM	Lindenmaier/Möhring (Nachschlagewerk des Bundesgerichtshofes)
LPartG	Gesetz über die eingetragene Lebenspartnerschaft (Lebenspartnerschaftsgesetz)
Ls.	Leitsatz
LSG	Landessozialgericht
m. w. N.	mit weiteren Nachweisen
m. W. v.	mit Wirkung vom
MarkenG	Gesetz über den Schutz von Marken und sonstigen Kennzeichen (Markengesetz)
MDR	Monatsschrift für deutsches Recht
MuSchG	Gesetz zum Schutz der erwerbstätigen Mutter (Mutterschutzgesetz)
n. F.	neue Fassung
Nachw.	Nachweise(n)
NachwG	Gesetz über den Nachweis der für ein Arbeitsverhältnis geltenden wesentlichen Bedingungen (Nachweisgesetz)
NJW	Neue Juristische Wochenschrift
NJW-CoR	Computerreport der Neuen Juristischen Wochenschrift
NJW-RR	Neue Juristische Wochenschrift Rechtsprechungs-Report Zivilrecht
Nr.	Nummer
NVwZ	Neue Zeitschrift für Verwaltungsrecht
NZA	Neue Zeitschrift für Arbeitsrecht
OGHBrZ	Oberster Gerichtshof für die britische Zone
OHG	offene Handelsgesellschaft
OLG	Oberlandesgericht
OVG	Oberverwaltungsgericht
PachtkredG	Pachtkreditgesetz
PartG	Gesetz über die politischen Parteien (Parteiengesetz)

Abkürzungsverzeichnis

PartGG	Gesetz über Partnerschaftsgesellschaften Angehöriger freier Berufe (Partnerschaftsgesellschaftsgesetz)
PBfG	Personenbeförderungsgesetz
PDLV	Postdienstleistungsverordnung
PflVG	Gesetz über die Pflichtversicherung für Kraftfahrzeughalter (Pflichtversicherungsgesetz)
pFV	positive Forderungsverletzung
PostG 1998	Postgesetz 1998
ProdHaftG	Gesetz über die Haftung für fehlerhafte Produkte (Produkthaftungsgesetz)
ProstG	Gesetz zur Regelung der Rechtsverhältnisse der Prostituierten (Prostitutionsgesetz)
PUDLV	Postuniversaldienstleistungsverordnung
pVV	positive Vertragsverletzung
RAO	Rechtsanwaltsordnung
RdA	Recht der Arbeit
RG	Reichsgericht
RGBl.	Reichsgesetzblatt
RGJW	Das Reichsgericht in der Juristischen Wochenschrift
RGSt	Entscheidungen des Reichsgerichts in Strafsachen
RGZ	Entscheidungen des Reichsgerichts in Zivilsachen
RIW	Recht der internationalen Wirtschaft
Rn.	Randnummer
RPflStud	Rechtspfleger – Studienhefte
Rspr.	Rechtsprechung
S., s.	Seite, siehe,
SchuldRModG	Gesetz zur Modernisierung des Schuldrechts (Schuldrechtsmodernisierungsgesetz)
SchwarzArbG	Gesetz zur Bekämpfung der Schwarzarbeit
SG	Sozialgericht
SGB	Sozialgesetzbuch
SGG	Sozialgerichtsgesetz
SigG	Gesetz über Rahmenbedingungen für elektronische Signaturen (Signaturgesetz)
Slg.	Sammlung
sog.	so genannt (e/er/es)
st.Rspr.	ständige Rechtsprechung
StaatsGH	Staatsgerichtshof
StGB	Strafgesetzbuch
StPO	Strafprozessordnung
StVG	Straßenverkehrsgesetz
SZ	Süddeutsche Zeitung
TDG	Gesetz über die Nutzung von Telediensten (Teledienstgesetz)
TierSchG	Tierschutzgesetz
TPG	Gesetz über die Spende, Entnahme und Übertragung von Organen (Transplantationsgesetz)
TVG	Tarifvertragsgesetz
TVöD	Tarifvertrag für den öffentlichen Dienst
TzBfG	Gesetz über Teilzeitarbeit und befristete Arbeitsverträge (Teilzeit- und Befristungsgesetz)
TzWrG	Gesetz über die Veräußerung von Teilzeitnutzungsrechten an Wohngebäuden (Teilzeit-Wohnrechtegesetz)
u. a.	unter anderem, und andere(s)

Abkürzungsverzeichnis

u. U.	unter Umständen
Überbl. v.	Überblick vor
UFITA	Archiv für Urheber-, Film-, Funk- und Theaterrecht
UKlaG	Gesetz über Unterlassungsklagen bei Verbraucherrechts- und anderen Verstößen (Unterlassungsklagengesetz)
UmweltHG	Umwelthaftungsgesetz
UmwG	Umwandlungsgesetz
UrhG	Gesetz über Urheberrechte und verwandte Schutzrechte (Urheberrechtsgesetz)
UStG	Umsatzsteuergesetz
Usw.	und so weiter
UWG	Gesetz gegen den unlauteren Wettbewerb
VAG	Gesetz über die Beaufsichtigung der Versicherungsunternehmen (Versicherungsaufsichtsgesetz)
VAHRG	Gesetz zur Regelung von Härten im Versorgungsausgleich
verb.	verbunden(e)
VerbrKrG	Verbraucherkreditgesetz
VereinsG	Vereinsgesetz
VerfG	Verfassungsgericht
VerfGH	Verfassungsgerichtshof
VerschG	Verschollenheitsgesetz
VG	Verwaltungsgericht
VGH	Verwaltungsgerichtshof
vgl.	vergleiche
VO	Verordnung
VOB	Vergabe- und Vertragsordnung für Bauleistungen
Vorb.	Vorbemerkung(en)
Vorb. v.	Vorbemerkung(en) vor
VR	Verwaltungsrundschau
VuR	Verbraucher und Recht
VVG	Gesetz über den Versicherungsvertrag (Versicherungsvertragsgesetz)
VwGO	Verwaltungsgerichtsordnung
VWVfG	Verwaltungsverfahrensgesetz
WEG	Gesetz über das Wohneigentum und das Dauerwohnrecht (Wohnungseigentumsgesetz)
WM	Wertpapier-Mitteilungen
WoVermittG	Gesetz zur Regelung der Wohnungsvermittlung (Wohnungsvermittlungsgesetz)
WzS	Wege zur Sozialversicherung
z. B.	zum Beispiel
z. T.	zum Teil
ZfIR	Zeitschrift für Immobilienrecht
Ziff.	Ziffer
ZIP	Zeitschrift für Wirtschaftsrecht
ZPO	Zivilprozessordnung
ZVG	Gesetz über die Zwangsversteigerung und Zwangsverwaltung
ZZP	Zeitschrift für Zivilprozess

Paragraphen ohne nähere Angaben sind solche des BGB

Teil I

§ 1 Kaufrecht

Literatur: *Berger,* Der Immobilienkaufvertrag, JA 2011, 849; *Binder,* Die Inzahlungnahme gebrauchter Sachen vor und nach der Schuldrechtsreform am Beispiel des Autokaufs „Alt gegen Neu", NJW 2003, 393; *Braunschmidt/Vesper,* Die Garantiebegriffe des Kaufrechts – Auslegung von Garantieerklärungen und Abgrenzung zur Beschaffenheitsvereinbarung, JuS 2011, 393; *Dauner-Lieb/Arnold,* Dauerthema Selbstvornahme, ZGS 2005, 10; *Fritsche/Würdinger,* Konkludenter Eigentumsvorbehalt beim Autokauf, NJW 2007, 1037; *Grigoleit/Herresthal,* Grundlagen der Sachmängelhaftung im Kaufrecht, NJW 2003, 118; *Gramer/Thalhofer,* Hemmung oder Neubeginn der Verjährung bei Nachlieferung durch den Verkäufer, ZGS 2006, 250; *Gutzeit,* Gibt es einen kaufrechtlichen Ausbesserungsanspruch?, NJW 2007, 956; *Hellwege,* Die Rechtsfolge des § 439 II BGB – Anspruch oder Kostenzuordnung? AcP 206, 136; *Herresthal,* Die richtlinienkonforme und die verfassungskonforme Auslegung im Privatrecht, JuS 2014, 289; *Katzenstein,* Kostenersatz bei eigenmächtiger Selbstvornahme der Mängelbeseitigung – ein Plädoyer für die Abkehr von einer verfestigten Rechtspraxis, ZGS 2004, 300; *Lettl,* Die Falschlieferung durch den Verkäufer nach der Schuldrechtsreform, JuS 2002, 866; *Lorenz,* Rücktritt, Minderung und Schadensersatz wegen Sachmängeln im neuen Kaufrecht: was hat der Verkäufer zu vertreten?, NJW 2002, 2497; *Lorenz,* Arglist und Sachmangel – Zum Begriff der Pflichtverletzung in § 323 V 2 BGB, NJW 2006, 1925; *Lorenz,* Fünf Jahre „neues" Schuldrecht im Spiegel der Rechtsprechung, NJW 2007, 1; *Lorenz,* Grundwissen – Zivilrecht: Unternehmerregress (§§ 478, 479 BGB), JuS 2016, 872; *Lorenz/Arnold,* Grundwissen – Zivilrecht: Der Nacherfüllungsanspruch, JuS 2014, 7; *Mankowski,* Die Anspruchsgrundlage für den Ersatz von „Mangelfolgeschäden" (Integritätsschäden), JuS 2006, 481; *Muchowski,* eBay – „besser kaufen und verkaufen"?, JA 2015, 928; *Roth,* Stückkauf und Nacherfüllung durch Lieferung einer mangelfreien Sache, NJW 2006, 2953; *Skamel,* Die angemessene Frist zur Leistung oder Nacherfüllung, JuS 2010, 671; *Sutschet,* Probleme des kaufrechtlichen Gewährleistungsrechts, JA 2007, 161; *Tröger,* Grundfälle zum Sachmangel nach neuem Kaufrecht, JuS 2005, 503; *Thürmann,* Der Ersatzanspruch des Käufers für Aus- und Einbaukosten einer mangelhaften Kaufsache NJW 2006, 3457; *Zurth,* Die Selbstvornahme in der kaufrechtlichen Klausur, JA 2014, 494.

Rechtsprechung: BGH NJW 1991, 915 (zu den Voraussetzungen für die Annahme eines Versendungskaufs im kaufmännischen Geschäftsverkehr); **BGH NJW 1999, 3625** (Höhe des Schadensersatzanspruchs wegen Nichterfüllung und Einschränkung der Rentabilitätsvermutung); **BGH NJW 2001, 65** (Sachmangel bei Eigentumswohnung; zum Beschaffenheitsbegriff im Rahmen des § 434 BGB); **OLG Karlsruhe, ZGS 2004, 432** (Umfang des Nacherfüllungsanspruchs bei schon eingebauter, mangelhafter Kaufsache); **BGH NJW 2005, 1348** (§§ 437 Nr. 2, 3, 326 Abs. .2 Satz 2, Abs. 4 BGB; Selbstvornahme der Reparatur ohne Fristsetzung zur Nacherfüllung); **BGH NJW 2005, 2848** (§§ 280, 281, 284, 325, 347, 437, 440 BGB; Ersatzansprüche bei Rückabwicklung eines Kfz-Kaufvertrags; insbesondere Aufwendungsersatz gem.§ 284); **BGH NJW 2006, 1960** (§§ 281 Abs. 1 Satz 3, 323 Abs. 1, 5 Satz 2, 346, 437 Nr. 2, 3 BGB – Keine Berücksichtigung einer unerheblichen Pflichtverletzung bei Arglist des Verkäufers); **BGHZ 168, 64** (Möglichkeit der Ersatzlieferung beim Stückkauf, wenn Kaufsache durch eine gleichartige und gleichwertige Sache ersetzt werden kann); **OLG München, ZGS 2007, 80** (Haftung des Verkäufers bei wegen leichter Fahrlässigkeit ausgeschlossenem Rücktritt); **BGH NJW 2008, 53** (Abgrenzung zwischen Sachmangel und Bagatellschaden am Gebrauchtfahrzeug); **BGH NJW 2009, 2674** (Anspruchsgrundlage für Mangelfolgeschaden: §§ 437 Nr. 3, 280 Abs. 1 BGB); **BGH NJW 2009, 1660** (Grenze der Zumutbarkeit der Nacherfüllung; Abhängig von den Umständen des Einzelfalls); **NJW 2009, 2056** (Kein Sachmangel, wenn zwar nicht Erwartungen der Käufer erfüllt werden, aber der Zustand Stand der Technik ist); **NJW 2009, 3153** (Für Fristsetzung zur Nacherfüllung genügt, wenn durch das Verlangen deutlich wird, dass dem Verkäufer nur ein begrenzter Zeitraum zur Verfügung steht); **BGH NJW 2011, 3640** (Öffentlich-Rechtliche Baulast als Sachmangel; Arglistiges Verschweigen eines Mangels: Keine Kausalität notwendig); **NJW 2012, 1073** (Kosten des Ein- und Ausbau als Kosten der Nacherfüllung); **NJW 2013, 1074** (Nacherfüllungsverlangen muss Bereitschaft des Käufers umfassen, die Sache zur Überprüfung der Mängelrüge zur Verfügung zu stellen); **BGH NJW 2014, 2351** (Kosten der Mangelfeststellung ersatzfähig nach § 439 Abs. 2 BGB); **NJW 2016, 2874** (Das Fehlen einer Herstellergarantie kann ein Sachmangel sein; Erweiterung des Sachmangelbegriffs auf Umweltbeziehungen); **NJW 2017, 1093** (Beweislastumkehr bei Verbrauchsgüterkauf auch bei Grundmangel).

Übungsklausuren/-hausarbeiten: *Alexander,* „Der defekte Kühlschrank", JuS 2010, 609 (Zwischenprüfung); *Alexander/Eichholz,* „Online-Ersteigerung eines mangelhaften Plasma-Fernsehers", JuS 2008, 523 (5 Stunden, Originalklausur Bayern 2005/2); *Alexander/Dörig,* „Rutschiger Kunstrasen", JA 2016, 93 (2 Stunden, Zwischenprüfung); *Bauerschmidt/Harnos,* „Die bewegte Spülmaschine", JuS 2011, 810 (anspruchsvolle Fortgeschrittenenklausur); *Deutsch,* »Undank ist der Welten Lohn«, JA 2007, 504 (5 Stunden, Examen); *Drygala/Keltsch,* „Kaufrecht und Deliktsrecht", JuS 2007, 938 (Originalklausur Examen Sachsen 2005); *Feldmann,* „Der arglistige Ehemann", JA 2015, 809 (5 Stunden, mittelschwer); *Groot, de,* „Nur die Nachbarn jubeln", JA 2013, 574 (2 Stunden, mittelschwere Anfängerklausur); *Heese/Rapp,* „Der windige Ebay-Verkäufer", JuS 2014, 719 (5 Stunden, Examensniveau, anspruchsvolle Anwaltsklausur); *Henne/Walter,* „Probleme des neuen Kaufrechts", JuS 2007, 343 (mittelschwer); *Jäckel/Tonikidis,* „Die Perle in der Auster", JA 2012, 339 (5 Stunden, Examen); *Jaensch,* „Ein- und Ausbaukosten mangelhafter Fliesen", JuS 2009, 131 (anspruchsvolle Anfängerklausur); *Kubela,* „Meister Reder auf dem Holzweg", JA 2015, 729 (schwere Hausarbeit); *Lange/Bauch,* »Ein Unglück kommt selten allein«, JA 2008, 845 (4 Stunden, Fortgeschrittene); *Lehmann/Caspers,* „Der zerstörte WM-Fußball und Ärger mit dem Töpferkurs" (5 Stunden, mittelschwer), JA 2011, 175; *Löhnig/Schneider,* „Heiße Heimkinoanlage", JA 2015, 255 (120 Minuten, mittelschwer); *Rein,* »Der Golden Retriever«, JA 2008, 584 (Anfängerhausarbeit, mittelschwer); *Samhat,* „Die Kunst des richtigen Reagierens", JA 2014, 581 (5 Stunden, Examen); *Saenger/Wagner,* „Die gelbe Feinstaubplakette", JA 2014, 94 (90 Minuten, anspruchsvoll); *Schulz/Gade,* „Neues Heim, Glück allein?", JA 2013, 425 (5 Stunden, Examensniveau); *Weber,* „Die falsch angeschlossene Spülmaschine", JuS 2010, 132 (Anfänger und Fortgeschrittene).

I. Allgemeines

1 Der Kaufvertrag verpflichtet den Verkäufer, dem Käufer die **Kaufsache zu übergeben** und ihm **Eigentum an der Kaufsache zu verschaffen**, § 433 Abs. 1 Satz 1. Die Kaufsache muss bestimmten Anforderungen entsprechen: Sie muss frei von Sach- und Rechtsmängeln sein, § 433 Abs. 1 Satz 2. Ein Kaufvertrag kann sich allerdings nicht nur auf Sachen, sondern auch auf Rechte und beliebige sonstige Gegenstände beziehen, § 453; dann schuldet der Verkäufer mangelfreie Verschaffung der Rechtsinhaberschaft. Im Gegenzug verpflichtet sich der Käufer zur **Zahlung des Kaufpreises** und, soweit es sich um einen Sachkauf handelt, **Abnahme der Kaufsache**, § 433 Abs. 2. Der Kaufpreis muss in einem Geldbetrag bestehen, ansonsten handelt es sich um einen Tausch. Für diesen ist allerdings das Kaufrecht entsprechend anzuwenden, § 480[1].

Der Kaufvertrag ist ein **gegenseitiger Vertrag**. Im Gegenseitigkeitsverhältnis stehen jedenfalls die Pflichten zur Übereignung und Übergabe der mangelfreien Kaufsache (bzw. Verschaffung eines anderen Kaufgegenstands) auf der einen Seite und die Zahlung des Kaufpreises auf der anderen Seite. Darauf kommt es bei der Erhebung der Einrede des nicht erfüllten Vertrages, § 320, beim Rücktritt, § 323, und im Rahmen des § 326 an, wo die Auswirkung der Unmöglichkeit der Leistung auf die Gegenleistung geregelt wird. 2

Die kaufvertragliche Einigung, die sich als essentialia negotii auf Vertragsparteien, Gegenstand des Kaufvertrags und Höhe des Kaufpreises beziehen muss, ist grundsätzlich **formfrei**. Die wichtigste Ausnahme hierzu regelt § 311b Abs. 1 für Kaufverträge, die zur Übertragung oder zum Erwerb eines Grundstücks oder Grundstücksrechts verpflichten.[2] Weitere Ausnahmen sind in § 2371 und § 15 GmbHG für Verträge geregelt, die eine Erbschaft bzw. einen GmbH-Anteil zum Gegenstand haben, sowie in § 311b Abs. 3 für den Kauf des gegenwärtigen Vermögens. 3

Eine Besonderheit stellt der sogenannte Verbrauchsgüterkauf dar. Er ist im Untertitel 3 des Titels zum Kauf und Tausch in den § 474 bis § 479 BGB geregelt. Er dient der Umsetzung der Verbrauchsgüterkaufrichtlinie.[3] Der Begriff des Verbrauchsgüterkaufs setzt den Kauf einer beweglichen Sache voraus, § 474 Abs. 1 Satz 1 BGB. Es scheiden daher Immobilien (Zubehör fällt aber unter § 474 ff.), Rechte und andere nicht-körperliche Gegenstände aus dem Begriff aus. Dem Begriff unterfallen aber Tiere (§ 90a) und trotz § 452 BGB auch eingetragene Schiffe.[4] Vertragsparteien müssen auf Verkäuferseite ein Unternehmer sein und auf Käuferseite ein Verbraucher, wobei das Unternehmen nicht aus der Branche Einzelhandel sein muss.[5] Aus dem Anwendungsbereich ausgenommen sind Präsenzversteigerungen gebrauchter Sachen, § 474 Abs. 2 Satz 2 BGB. Die Vorschriften des Verbrauchsgüterkaufrechts ergänzen die normalen kaufrechtlichen Regeln, § 474 Abs. 2 Satz 1 BGB und werden im Folgenden jeweils im Zusammenhang mit diesen dargestellt. 3a

Im Verbrauchsgüterkaufrecht stellt sich oftmals die Frage, ob die zugrundeliegende Richtlinie korrekt umgesetzt wurde. Zur Beantwortung dieser Frage muss man wissen, dass eine überschießende Umsetzung jederzeit möglich ist. Dem Verbraucher können also mehr Rechte eingeräumt werden, als die Richtlinie vorsieht, da es sich um eine sog. Mindestharmonisierung handelt. Wird dem Verbraucher aber ein Recht nicht oder unter für ihn ungünstigeren Bedingungen eingeräumt, stellt sich die Frage, welche Folgen dies für das nationale Recht hat. Die Richtlinie selbst besitzt keine sogenannte horizontale Wirkung zwischen den Parteien des Kaufvertrags. Sie verpflichtet nur den Mitgliedsstaat. Aufgrund der Verpflichtung zur Umsetzung des Unionsrechts in Art. 288 Abs. 3 AEUV sind alle drei Gewalten gehalten, die Richtlinie umzusetzen, soweit ihnen dies kompetenziell möglich ist. Verstößt nur eine Auslegungsmöglichkeit einer Norm gegen

---
1 Siehe dazu Rn. 143 ff.
2 Dazu umfassend *Berger*, JA 2011, 849.
3 RL 2011/83/EU.
4 BeckOK/*Faust*, § 474 BGB Rn. 13.
5 BGH NJW 2011, 3435 = JuS 2011, 1121 (Anm. Faust).

die Verbrauchsgüterkaufrichtlinie ist daher diejenige zu wählen, die nicht gegen Unionsrecht verstößt. Dies gilt nur dann nicht, wenn der erkennbare Wille des Gesetzgebers für die andere Variante spricht. Denn die richtlinienkonforme Auslegung ändert nichts an der Bindung der Judikative an die, aus der Gewaltenteilung folgenden, Bindung an diesen Willen. Ist ein klarer Wille des Gesetzgebers nicht erkennbar, ist der Weg frei für eine richtlinienkonforme Auslegung. Dies vor allem dann, wenn es der Willen des Gesetzgebers war, die Richtlinie umzusetzen. Eine solche Auslegung kann zur Folge haben, dass Normen des allgemeinen Schuldrechts oder des allgemeinen Kaufrechts für den Verbrauchsgüterkauf anders auszulegen sind als bei anderen Verträgen. Es liegt dann eine sog. gespaltene Auslegung vor.[6]

II. Pflichten und Pflichtverletzungen des Käufers

1. Kaufpreiszahlung als Hauptleistungspflicht

4 a) **Höhe des Kaufpreises.** Der Käufer hat den vereinbarten Kaufpreis zu bezahlen, § 433 Abs. 2. Der Kaufpreis wird regelmäßig als **Festbetrag** vereinbart sein. Es ist jedoch auch möglich, dass sich der Verkäufer eine **Erhöhung des Kaufpreises** vorbehält. Das geschieht beispielsweise durch sog. Tagespreisklauseln, die vielfach vereinbart werden, wenn für die Kaufsache längere Lieferfristen bestehen. Damit kann der Verkäufer eine Erhöhung des Einkaufspreises an den Käufer weitergeben.[7] In Allgemeinen Geschäftsbedingungen, §§ 305 ff., können derartige Klauseln jedoch unzulässig sein. Dies ist der Fall, wenn die Lieferung innerhalb von vier Monaten nach Vertragsschluss erfolgen soll, § 309 Nr. 1. Erfolgt die Lieferung später als vier Monate nach Vertragsschluss, ist eine derartige Klausel an § 307 zu messen.[8]

Auch Internet-Auktionen sind Kaufverträge mit Festpreis, die mit Ablauf der Laufzeit mit dem Höchstbietenden zustande kommen.[9]

5 b) **Ersetzungsbefugnis.** Vielfach, insbesondere im Kfz-Handel, werden **gebrauchte Gegenstände** beim Kauf eines gleichartigen, neuen Gegenstands **in Zahlung gegeben**. Derartige Abreden werden von der gängigen Auffassung[10] als Vereinbarung einer Ersetzungsbefugnis angesehen. Die Parteien schließen also einen Kaufvertrag über den neuen Gegenstand zu einem bestimmten Kaufpreis und vereinbaren zusätzlich, dass der Verkäufer den gebrauchten Gegenstand anstelle eines bestimmten Kaufpreisanteils an Erfüllung statt annimmt, § 364 Abs. 1. Andere Ansichten konstruieren einen kombinierten Kauf-/Tauschvertrag[11] oder zwei eigenständige Kaufverträge mit Verrechnungsbefugnis,[12] was jedoch in der

---

[6] Mit der richtlinienkonformen Auslegung insgesamt beschäftigt sich in methodischer Hinsicht *Herresthal*, JuS 2014, 289.
[7] BGHZ 90, 69 ff.
[8] BGHZ 82, 21 ff.; die Klausel hält nur, wenn sich die Erhöhung in den Grenzen billigen Ermessens hält und nicht der Willkür des Verkäufers obliegt und außerdem dem Käufer bei erheblicher Preiserhöhung ein Rücktrittsrecht eingeräumt wird, *Erman/Grunewald*, § 433 Rn. 44. Der BGH nimmt ein solches Rücktrittsrecht auch dann an, wenn es nicht ausdrücklich vereinbart worden ist, BGHZ 90, 69.
[9] *Muchowski*, JA 2015, 928 (929).
[10] BGH NJW 2008, 2028.
[11] *Medicus*, Bürgerliches Recht Rn. 756.
[12] BeckOK-BGB/*Lorenz*, § 262 Rn. 14 für das sog. Agenturmodell; MünchKomm-BGB/*Krüger*, § 262 Rn. 9.

Regel deshalb abzulehnen ist, weil das Interesse, den gebrauchten Gegenstand in Zahlung zu geben, ausschließlich beim Käufer der neuen Sache besteht, während der Verkäufer kein Interesse an dem gebrauchten Gegenstand hat. Eine Auslegung im Einzelfall kann aber ein anderes Ergebnis herbeiführen.[13]

Darum kann auch der Käufer entscheiden, ob er den vollständigen Kaufpreis **6** bezahlt oder von seiner Ersetzungsbefugnis Gebrauch macht, während der Verkäufer keinen Anspruch auf Leistung des gebrauchten Gegenstands hat; es handelt sich allein um eine Befugnis des Käufers.[14] Ist der **gebrauchte Gegenstand mangelhaft**, so hat der Verkäufer über die Verweisung des § 365 alle Mängelgewährleistungsrechte eines Käufers aus § 437[15], die Erfüllungswirkung bleibt jedoch bestehen, weil der Käufer geleistet hat, wenn auch mangelhaft[16]. Folge dieser Vereinbarung ist, dass der Käufer zur vollständigen Kaufpreiszahlung verpflichtet sein kann, wenn der gebrauchte Gegenstand wider Erwarten mangelhaft oder sogar untergegangen ist. Dazu kann es kommen, wenn der Verkäufer wegen des Mangels an der gebrauchten Sache (teilweise) vom Vertrag zurücktritt. Er hat dann einen Anspruch auf Wiederbegründung der ursprünglich ersetzten Forderung, Zug-um-Zug gegen Herausgabe der gebrauchten Sache.[17] Tritt der Käufer vom Kaufvertrag wegen Mängeln der neuen Sache zurück, kann er vom Verkäufer nur Rückgabe des in Zahlung gegebenen gebrauchten Gegenstands neben seiner Barzahlung verlangen.[18] Ist der gebrauchte Gegenstand nicht mehr vorhanden, ist für ihn Wertersatz zu leisten. Im häufigeren Fall eines Mangels des gebrauchten Gegenstandes wird man jedoch dann einen stillschweigenden Haftungsausschluss annehmen können, wenn der Verkäufer als Fachmann den Gegenstand fachkundig untersuchen kann:[19]

> **Bsp.:** Der von K in Zahlung gegebene Altwagen wird vor Ablieferung zerstört. Gebrauchtwagenhändler G verlangt nun anstelle des Altwagens eine Geldzahlung in Höhe des Kaufpreisanteils, der durch die Hingabe des Altwagens hätte getilgt werden sollen. K hat jedoch kein Interesse mehr am Neuwagen, den er sich ohne die Inzahlunggabe des Altwagens nicht hätte leisten können. Bei Annahme einer Ersetzungsbefugnis trägt K jedoch die volle Zahlungspflicht, da seine Ersetzungsbefugnis durch Unmöglichkeit erloschen ist. Bei Annahme eines gemischten Kauf- und Tauschvertrags würde sich hingegen der unmöglich gewordene Tauschteil des Vertrags auf den gesamten Vertrag auswirken, so dass K gem. § 275 Abs. 1 von seiner Leistungspflicht frei würde und auch den Anspruch auf die Gegenleistung verlöre, § 326 Abs. 1 Satz 1.

c) Entfallen des Kaufpreisanspruchs. – aa) Regel. Ist die Pflicht des Verkäufers **7** zur Verschaffung des Kaufgegenstandes nach § 275 ausgeschlossen[20], so entfällt nach § 326 Abs. 1 Satz 1 grundsätzlich auch der Anspruch des Verkäufers auf den Kaufpreis als Gegenleistung. Der **Verkäufer trägt** für den Fall der Unmöglichkeit also die **Preisgefahr,** denn er verliert bei Unmöglichkeit seiner Leistung den Anspruch auf die Kaufpreiszahlung.

---

13 *Looschelders/Erm*, JA 2014, 161 (165).
14 Palandt/*Grüneberg*, § 262 Rn. 8.
15 Siehe dazu unten Rn. 60 ff.
16 *Looschelders/Erm*, JA 2014, 161 (164).
17 *Looschelders/Erm*, JA 2014, 161 (163).
18 BGHZ 89, 126 (129).
19 BGHZ 83, 334 (337); *Binder*, NJW 2003, 393 (397 f.).
20 Siehe dazu unten Rn. 22 ff.

8 bb) Ausnahme 1: §§ 446 Satz 3, 326 Abs. 2. Ausnahmsweise kann die **Preisgefahr jedoch auf den Käufer übergehen**. Das bedeutet: Der Käufer muss den Kaufpreis bezahlen, obwohl er den Kaufgegenstand wegen § 275 nicht erhält. § 326 Abs. 2 Satz 1 regelt, dass der Käufer trotz Unmöglichkeit den Kaufpreis zahlen muss, wenn
– der **Käufer** für die Unmöglichkeit allein oder weit überwiegend **verantwortlich** ist oder
– der **Käufer sich im Annahmeverzug**, §§ 293 ff., befindet. Der Käufer haftet dann also auch für den zufälligen, d. h. von beiden Seiten nicht zu vertretenden Untergang der Kaufsache, § 446 Satz 3. Der Verkäufer haftet für den Untergang der Sache nur bei Vorsatz oder grober Fahrlässigkeit. Insoweit gilt der erleichterte Haftungsmaßstab des § 300 Abs. 1.

Bsp. (1): K kauft einen gebrauchten Pkw bei Händler H und leistet zunächst eine Anzahlung. Den Restkaufpreis möchte K bei Übergabe des Fahrzeugs zahlen. K erscheint jedoch am vereinbarten Tag der Abholung nicht. H stellt den Wagen in seine Garage. Diese brennt über Nacht aufgrund eines unvorsehbaren Kurzschlusses ab. – Hier greift § 446 Satz 3: Der Zeitpunkt, zu dem Annahmeverzug eintritt, wird der Übergabe gleichgestellt; der Untergang des Pkw ist weder von K noch von H zu vertreten. K muss somit den vollen Kaufpreis zahlen.

Bsp. (2): Etwas anderes gilt, wenn H aufgrund des Nichterscheinens des K den Pkw über Nacht vor seinen Verkaufsräumen stehen lässt, jedoch vergisst, den Zündschlüssel abzuziehen. – Wird der Wagen gestohlen und vom Dieb zerstört, so liegt kein Fall des § 446 Satz 3 vor: Hier hat H grob fahrlässig gehandelt, so dass er den Untergang zu vertreten hat, § 300 Abs. 1. Doch auch K hat den Untergang mitverschuldet, immerhin befand er sich im Annahmeverzug, §§ 293 ff. Dass H in diesem Fall der beiderseitig zu vertretenden Unmöglichkeit seinen Anspruch auf den Kaufpreis gem. § 326 Abs. 1 Satz 1 verlieren, und sich gleichzeitig wegen der Unmöglichkeit gegenüber K schadensersatzpflichtig machen soll, §§ 280 Abs. 1, 3, 283, erscheint unbillig. Dennoch ist dieser Fall weder in § 446, noch in § 326 Abs. 2 geregelt. Es gibt verschiedene Lösungsansätze: Eine Ansicht[21] wendet je nach Verteilung des Verschuldens § 326 Abs. 2 Satz 1 analog (Überwiegendes Verschulden des Käufers) oder §§ 280 Abs. 1, 2, 283 an (Überwiegendes Verschulden des Verkäufers) und kürzt den Anspruch dann jeweils um den entsprechenden Mitverschuldensanteil der anderen Seite, § 254 Abs. 1. Die Gegenauffassung[22] lässt beide Ansprüche kumulativ bestehen, und verrechnet sie gegeneinander. Letztlich behält H also den vollen Kaufpreisanspruch, muss dem K aber Schadensersatz zahlen, der freilich um den Mitverschuldensanteil gekürzt wird.

9 cc) Ausnahme 2: § 446 Satz 1. Nach § 446 geht beim Sachkauf die Preisgefahr auf den Käufer über, wenn ihm die **Kaufsache übergeben** wird. Übergabe bedeutet in diesem Zusammenhang (anders als in § 929), dass der Käufer unmittelbarer Besitzer werden muss, § 854; mittelbarer Besitz reicht nur aus, wenn dies zwischen den Parteien vereinbart worden ist.[23] Wer unmittelbarer Besitzer der Sache ist und sie nutzen kann, trägt auch die Gefahr für ihre Beschädigung oder ihren Untergang, was in diesem Fall dadurch zum Ausdruck kommt, dass der Käufer dann trotzdem für die Kaufsache bezahlen muss.[24]

---

21 OLG Oldenburg NJW 1975, 1788 (1789).
22 OLG Frankfurt NJW-RR 1995, 435; mit abl. Anm. *Looschelders*, JuS 1999, 949 (951 f.).
23 MünchKomm-BGB/*Westermann*, § 433 Rn. 43.
24 Staudinger/*Beckmann*, § 446 Rn. 9.

dd) Ausnahme 3: § 447. § 447 ordnet den Übergang der Preisgefahr auf den Käufer mit **Übergabe an die Transportperson** an, wenn der Kaufgegenstand an einen anderen Ort als den Erfüllungsort versendet wird und die Versendung auf Verlangen des Käufers erfolgt. „Auf Verlangen" erfolgt grundsätzlich auch der Versand durch ein Versandhaus, obwohl das Versandhaus von vornherein keine andere Vertriebsform anbietet, da schon in der Bestellung das konkludente Einverständnis des Käufers liegt.[25]

Erfüllungsort im Sinne des § 447 ist der Ort der Leistungshandlung, nicht der Erfolgsort, § 269 Abs. 1 und 3.[26] Soweit nichts anderes vereinbart wurde, wird vorausgesetzt, dass die Sache auch vom Erfüllungsort aus versendet wird.[27] Etwas anderes kann gelten, wenn auch die Montage vor Ort durch den Verkäufer geschuldet ist, dann liegt eine Bringschuld vor und Erfüllungsort ist der Bestimmungsort der Sachen.[28] Eine Einverständniserklärung des Käufers für den Versand von einem anderen Ort aus kann aber auch stillschweigend erfolgen.[29] § 447 betrifft also Schickschulden, da bei diesen der Ort der Leistungshandlung der Wohnsitz des Verkäufers, der Erfolgsort hingegen der Wohnsitz des Käufers ist; beide Orte können dabei auch innerhalb derselben Gemeinde liegen.[30] Voraussetzung des Gefahrübergangs ist die transportfähige Verpackung[31] und die sorgfältige Auswahl der Transportperson.[32] Allerdings gilt diese Vorschrift nicht beim **Verbrauchsgüterkauf** zwischen einem Unternehmer als Verkäufer und einem Verbraucher als Käufer, §§ 13, 14, 474 Abs. 4, und damit insbesondere nicht, wenn der Verbraucher bei einem Versandhaus bestellt. Daher findet auch § 447 Abs. 2 dort keine Anwendung, § 475 Abs. 3. Der Käufer schuldet dann den Kaufpreis nicht, wenn die Sache beim Transport untergeht oder beschädigt wird.

Liegt ein normaler Kaufvertag vor, geht die Kaufsache beim Transport unter oder wird sie beschädigt, so schuldet der Käufer trotzdem den Kaufpreis. Eine verbreitete Auffassung möchte diese Rechtsfolgen jedoch auf **transporttypische Schäden** begrenzen, da die Norm lediglich das Risiko, das auf der Gefährlichkeit des Transports beruht, regeln wolle.[33] Dem Wortlaut des § 447 ist eine solche Einschränkung indes nicht zu entnehmen. Aus dem Merkmal „auf Verlangen des Käufers" ist vielmehr etwas anderes zu folgern. Der Verkäufer soll nicht dadurch schlechter gestellt werden, dass nicht – wie regelmäßig – mit Abholen der Ware durch den Käufer der Gefahrübergang nach § 446 eintritt; richtigerweise ist die Rechtsfolge daher nicht nur auf typische Transportgefahren begrenzt.[34] Meist spielt der Streit freilich keine Rolle, da der Begriff des typischen Transportrisikos auch von der Gegenauffassung sehr weit gefasst wird.[35]

---

25 BGH ZGS 2003, 438 f.; a. A. AG Rastatt NJW-RR 2002, 199.
26 MünchKomm-BGB/*Westermann*, § 447 Rn. 4; BeckOK-BGB/*Faust*, § 447 Rn. 5.
27 Palandt/*Weidenkaff*, § 447 Rn. 2.
28 BGH NJW 2014, 454 = JuS 2014, 836 (Anm. Schwab).
29 BGHZ 113, 106 (110).
30 Palandt/*Weidenkaff*, § 447 Rn. 12; einschr. Erman/*Grunewald*, § 447 Rn. 6.
31 BGHZ 66, 208 (211).
32 RGZ 99, 56 (58).
33 BGH NJW 1965, 1324; Erman/*Grunewald*, § 447 Rn. 12.
34 MünchKomm-BGB/*Westermann*, § 447 Rn. 19; BeckOK-BGB/*Faust*, § 447 Rn. 21.
35 Z.B. OLG Koblenz NJW 1974/75, 477 ff.; BGHZ 113, 106.

13 Dem Verkäufer stehen dann regelmäßig gegen die **Transportperson** Schadenersatzansprüche (etwa aus § 280 Abs. 1 und aus § 823 Abs. 1) zu. Er hat jedoch keinen Schaden erlitten, da der Käufer zahlen muss, auch ohne die Kaufsache zu erhalten. Diese Unbilligkeit wird mithilfe der **Drittschadensliquidation** gelöst, wenn folgende Voraussetzungen vorliegen: (1) Der Verkäufer als Vertragspartner des Transporteurs und Eigentümer der transportierten Ware hat die genannten Schadenersatzansprüche gegen den Transporteur; allerdings hat er (2) keinen Schaden erlitten, weil er weiterhin den Kaufpreis verlangen kann. Der Käufer hingegen hat (3) einen Schaden erlitten, da er die Kaufsache nicht erhält, trotzdem aber dafür bezahlen muss, hat (4) aber keinen Anspruch gegen den Transporteur. Diese Schadensverlagerung ist aus Sicht des Transporteurs auch (5) zufällig. Deshalb muss der Verkäufer dem Käufer die genannten Ansprüche abtreten, § 285.

14 Einer Drittschadensliquidation bedarf es jedoch nicht, wenn der Transportunternehmer Frachtführer ist und zwischen dem Verkäufer und ihm ein **Frachtvertrag** im Sinne der §§ 407 ff. HGB geschlossen wurde. In diesem Fall hat der Käufer nämlich einen eigenen Schadenersatzanspruch gegen den Frachtführer aus § 421 HGB.

15 Unklar ist, wie der **Transport durch Hilfspersonen des Verkäufers** zu behandeln ist. Teilweise wird vertreten, § 447 gelte nicht, wenn der Verkäufer eigene Angestellte beim Transport einsetze (oder den Transport selbst übernehme). In diesem Fall sei die Sache noch nicht aus dem Herrschaftsbereich des Verkäufers ausgeschieden.[36] Dem ist zu entgegnen, dass auch bei Einschalten eines selbstständigen Transportunternehmens die Möglichkeiten zur Einflussnahme durch Weisungen auf Seiten des Verkäufers liegen und sich die tatsächliche Sachherrschaft daher noch immer auf Seiten des Verkäufers befindet.[37] Entscheidend ist aber, dass in Abgrenzung zur Bringschuld, bei der Schickschuld der Transport gerade nicht geschuldet ist. Demgemäß können, nur weil eigene Leute den Transport übernehmen, die Pflichten des Verkäufers nicht erweitert werden.[38] § 447 gilt daher auch bei Einsatz von eigenen Transportpersonen.[39] Hier kann jedoch keine Drittschadensliquidation stattfinden, denn die Arbeitnehmer des Verkäufers haften regelmäßig im Innenverhältnis wegen der arbeitsrechtlichen Figur des innerbetrieblichen Schadensausgleichs nicht für derartige Schäden, so dass es keinen Anspruch gibt, zu dem der Schaden des Käufers gezogen werden könnte. Allerdings können eigene Leute dem Verkäufer als Erfüllungsgehilfen zugerechnet werden, § 278,[40] so dass die Haftung hierüber abgewickelt werden kann.

16 d) **Nichtzahlung durch den Käufer.** Erfüllt der Käufer seine Pflicht zur Zahlung des Kaufpreises nicht, so kann dies nicht auf Unmöglichkeit beruhen, denn hier gilt der Grundsatz **„Geld hat man zu haben"**. Daraus folgt, dass § 275 hier nicht anwendbar ist. Der Käufer haftet, weil er die stets mögliche Kaufpreiszahlung verzögert. Bei Vorliegen der Verzugsvoraussetzungen, §§ 280 Abs. 2, 286, kann der Verkäufer den Verzögerungsschaden als Schadensersatz neben der Leistung

---

36 Jauernig/*Berger*, § 447 Rn. 12; Palandt/*Weidenkaff*, § 447 Rn. 12; *Medicus*, Bürgerliches Recht, Rn. 275.
37 BeckOK-BGB/*Faust*, § 447 Rn. 9.
38 *Schulz*, JZ 1975, 240 (242).
39 So auch RGZ 96, 258 (259).
40 Staudinger/*Beckmann*, § 447 Rn. 30.

verlangen. Hat der Verkäufer erfolglos eine Zahlungsfrist gesetzt, so kann er auch Schadenersatz statt der Leistung verlangen, §§ 280 Abs. 3, 281, und ist zum Rücktritt vom Kaufvertrag berechtigt, § 323.

2. Abnahme der Kaufsache als Nebenleistungspflicht

Der Käufer hat außerdem die Pflicht zur Abnahme der Kaufsache. Verletzt er diese Pflicht, so kommt er nicht nur in **Annahmeverzug**, §§ 293 ff., sondern kann auch in **Schuldnerverzug** kommen, § 286, weil nicht nur eine Obliegenheit, sondern eine echte Pflicht zur Abnahme besteht, wenngleich es sich in der Regel nicht um eine Hauptleistungs-, sondern nur um eine **Nebenleistungspflicht** handelt.[41] Allerdings können die Parteien die Abnahme durch entsprechende vertragliche Vereinbarung zur **Hauptleistungspflicht** machen; davon ist auszugehen, wenn der Verkäufer ein besonderes Interesse daran hat, dass die Sache abgenommen wird.[42] Dann gelten auch diesbezüglich §§ 320–322 BGB.[43] Der Käufer ist nicht nur zur Abnahme verpflichtet, sondern auch zur Tragung der Kosten der Abnahme und insbesondere auch der Versendung der Sache an ihn, § 448 Abs. 1.

17

Befindet sich der Käufer in **Annahmeverzug**, so greift zugunsten des Verkäufers die **Haftungsmilderung** aus § 300 Abs. 1 ein, so dass er etwa bei Untergang der Kaufsache nur noch dann Schadenersatz statt der Leistung schuldet, wenn ihm der Vorwurf grober Fahrlässigkeit gemacht werden kann. Außerdem kann der Verkäufer die **Kaufsache hinterlegen**, §§ 372 ff., und hinterlegungsunfähige Sachen unter den Voraussetzungen des § 383 verkaufen (Selbsthilfeverkauf). Im Bereich des Handelskaufs gelten die weniger strengen Voraussetzungen des § 373 HGB. Ein Selbsthilfeverkauf, ohne Erfüllung der entsprechenden Voraussetzungen kann zum Ausschluss der Verkäuferpflicht wegen Unmöglichkeit führen, § 275 Abs. 1. Soweit sich der Käufer in Annahmeverzug befindet, erhält der Verkäufer trotzdem den Kaufpreis, § 326 Abs. 2 Satz 1, muss sich jedoch den erlösten Kaufpreis anrechnen lassen, § 326 Abs. 2 Satz 2. Das hätte zur Folge, dass der Verkäufer die Differenz zwischen Kaufpreis und Erlös erhält, unabhängig davon, ob er zur Selbsthilfe schreiten durfte oder nicht. Allerdings begeht der Verkäufer durch den unberechtigten Verkauf der Kaufsache eine Pflichtverletzung des Kaufvertrags, § 280 Abs. 1, so dass die Unmöglichkeit auch von ihm zu vertreten ist und er deshalb nicht den vollen Kaufpreis verlangen kann (beiderseitig zu vertretende Unmöglichkeit, siehe oben).

18

Weil die Abnahme eine echte Nebenleistungspflicht ist, kann der Käufer überdies in **Schuldnerverzug** geraten, so dass er unter den Voraussetzungen der §§ 280 Abs. 1, 2, 286 Ersatz des Verzögerungsschadens schuldet. Außerdem kann der Verkäufer unter den Voraussetzungen der §§ 280 Abs. 1 und 3, 281 auch Schadenersatz statt der Leistung verlangen.

19

3. Tragung von Lasten

Schließlich ist der **Käufer** verpflichtet, die **Lasten der Sache** ab Übergabe zu tragen, § 446 Satz 2; kann er beispielsweise das übergebene Kaufgrundstück nutzen, ist es nur billig, wenn er auch die Grundsteuer entrichten muss.

20

---

41 RGZ 53, 161 (163); 57, 106 (110 ff.).
42 RGZ 57, 106 (112); BGH NJW 1972, 99.
43 BeckOK-BGB/*Faust*, § 433 Rn. 59.

III. Pflichten und Pflichtverletzungen des Verkäufers

1. Leistungs- und Nebenpflichten

21 Der Verkäufer ist verpflichtet, dem Käufer das **Eigentum** an der Kaufsache (oder die Inhaberschaft eines sonstigen Rechts) zu verschaffen. Außerdem muss der Verkäufer dem Käufer die Sache übergeben, also **unmittelbaren Besitz** an der Sache verschaffen, § 433 Abs. 1 Satz 1. Der Verkäufer schuldet überdies nicht nur Übereignung und Übergabe der Kaufsache in beliebigem Zustand, sondern dies auch **frei von Sach- und Rechtsmängeln**, § 433 Abs. 1 Satz 2. Soweit es sich um Gattungsware handelt, ist eine Sache von mittlerer Art und Güte, § 243 Abs. 1, geschuldet. Hier können vielfältige Störungen auftreten. Neben diesen Hauptleistungspflichten schuldet der Verkäufer auch **Nebenleistungspflichten**, etwa die sachgerechte Verpackung für den Transport,[44] und die üblichen Nebenpflichten nach § 241 Abs. 2.

2. Ausschluss der Hauptleistungspflicht bei Unmöglichkeit

22 Ist dem Verkäufer die Verschaffung des Kaufgegenstandes nicht möglich, § 275 Abs. 1, oder hat er ein Leistungsverweigerungsrecht nach § 275 Abs. 2 oder 3 ausgeübt, so ist der Anspruch des Käufers ausgeschlossen und der Verkäufer nicht mehr zur Leistung verpflichtet.

23 Beim **Gattungskauf** (§ 243 Abs. 1) tritt Unmöglichkeit nach § 275 Abs. 1 nicht schon durch den Untergang eines einzelnen Gattungsstücks ein. Der Verkäufer schuldet vielmehr Leistung, solange noch Gattungsstücke vorhanden sind, da er eine Beschaffungspflicht trägt.[45] Die Gattungsschuld kann jedoch durch Konkretisierung zur Stückschuld werden, mit der Folge, dass der Untergang eines Gattungsstückes zur Unmöglichkeit führt, weil nur noch dieser Gegenstand geschuldet war. Zu einer derartigen **Konkretisierung der Gattungsschuld** kommt es unter den Voraussetzungen von § 243 Abs. 2 oder § 300 Abs. 2.[46]

24 Abzugrenzen von der Gattungsschuld ist die **Vorratsschuld**. Hierbei verpflichtet sich der Verkäufer von vornherein nur, eine Sache aus seinem Lagerbestand (= Vorrat) zu verkaufen. Ist sein Lager leer oder auf andere Weise untergegangen, so besteht in diesem Fall auch dann keine Beschaffungspflicht, wenn noch andere Sachen dieser Art und Güte auf dem allgemeinen Markt vorhanden sind. Es tritt Unmöglichkeit ein.

25 Folge der Unmöglichkeit ist ein Anspruch des Käufers auf **Schadenersatz statt der Leistung**, soweit der Verkäufer die Vermutung seines Vertretenmüssens nicht widerlegen kann. Dieser Anspruch ergibt sich sowohl bei anfänglicher Unmöglichkeit als auch bei schon zu Vertragsschluss bestehender Unmöglichkeit, aus § 311a Abs. 2. Bei nachträglicher Unmöglichkeit sind §§ 280 Abs. 1 und 3, 283 Anspruchsgrundlage. Alternativ zum Schadenersatz (= Ersatz unfreiwilliger Vermögensopfer), kann der Käufer in beiden Fällen auch den Ersatz vergeblicher Aufwendungen (= Ersatz freiwilliger Vermögensopfer) verlangen, § 284, also solcher Aufwendungen, die er gerade im Hinblick auf die geplante Verwendung der Kaufsache getätigt hat.

---

44 BGH NJW 1983, 1496 (1497).
45 Palandt/*Heinrichs*, § 243 Rn. 3.
46 Erman/*Westermann*, § 275 Rn. 3.

Bsp.: Anwalt A hat sich für sein Haus am Starnberger See ein Segelboot bei B, einem renommierten Lindauer Bootshändler, gekauft. A hat den Kaufpreis bereits im April bezahlt, muss das Boot jedoch noch bei B abholen. A vereinbart mit B, das Boot im Mai abzuholen. Währenddessen lässt sich A in Starnberg ein spezielles Segel anfertigen und besorgt Schwimmwesten, sowie einen Erste-Hilfe-Kasten. Außerdem mietet er sich für den Tag der Abholung einen Anhänger, um das Segelboot von Lindau nach Starnberg transportieren zu können. Einen Tag vor dem vereinbarten Abholungstermin veräußert B das Boot jedoch an C, der es sofort mitnimmt. – A kann nun von B Ersatz seiner getätigten Aufwendungen (das Segel, die Schwimmwesten, der Erste-Hilfe-Kasten, der gemietete Anhänger) gem. § 284 verlangen.

3. Verzug

Leistet der Verkäufer trotz Möglichkeit der Leistung nicht, so kann der Käufer, soweit die Verzugsvoraussetzungen vorliegen, **Ersatz des Verzögerungsschadens** als Schadenersatz neben der Leistung verlangen, §§ 280 Abs. 2, 286. 26

Schadenersatz statt der Leistung kann der Käufer verlangen, wenn er dem Verkäufer vergeblich eine angemessene Frist zur Erbringung der Leistung gesetzt hat, §§ 280 Abs. 3, 281; außerdem kann er nach Fristsetzung auch vom Vertrag zurücktreten, § 323 Abs. 1. 27

IV. Insbesondere: Mangelhafte Leistung

Die häufigste Pflichtverletzung ist die Leistung einer Kaufsache, die Mängel hat. Hier wird zwischen Sachmangel und Rechtsmangel, §§ 434, 435, unterschieden, die jedoch beide zu den Käuferrechten aus § 437 führen. 28

1. Mangel

Das BGB definiert nicht positiv, wann ein Mangel als Voraussetzung für bestimmte Käuferrechte vorliegt, sondern lediglich negativ, wann kein Mangel vorliegt. Das erstaunt deshalb, weil Voraussetzung für einen Anspruch des Käufers gerade die Mangelhaftigkeit der Kaufsache ist. 29

a) Sachmangel. – aa) Fehlen der vereinbarten Beschaffenheit. Haben die Parteien eine **bestimmte Beschaffenheit der Kaufsache vereinbart**, so ist die Sache frei von Sachmängeln, wenn sie die vereinbarte Beschaffenheit hat, § 434 Abs. 1 Satz 1. Es ist also die vertraglich vereinbarte Beschaffenheit der Sache, die „**Soll-Beschaffenheit**", mit der tatsächlichen Beschaffenheit der Sache, der „**Ist-Beschaffenheit**", zu vergleichen. 30

Unter Beschaffenheit versteht man dabei jedes der Kaufsache zumindest vorübergehend **anhaftende Merkmal** und darüber hinaus jede **Beziehung der Sache zur Umwelt** auf tatsächlicher, rechtlicher oder sonstiger Ebene. Das ist letztlich also jeder Umstand, der die Wertschätzung des Verkehrs für die Sache und insbesondere ihre Verwendung (vgl. § 434 Abs. 1 Satz 2 Nr. 1) beeinflussen kann.[47]

Umstritten ist, ob auch Umstände, die **nicht mit der physischen Beschaffenheit** zusammenhängen, Beschaffenheitsmerkmale sein können. Eine Ansicht will hierbei allein auf die Parteivereinbarung abstellen, da es den Parteien selbst offenstehe, was sie als geschuldete Beschaffenheit festlegen.[48] Die Gegenansicht for- 31

---

[47] OLG München NJW-RR 2005, 494; Erman/*Grunewald*, § 434 Rn. 4.
[48] Jauernig/*Berger*, § 434 Rn. 7.

dert dagegen Merkmale, die in irgendeiner Weise mit der physischen Beschaffenheit zusammenhängen, da nur bei solchen Merkmalen ein besonderer Informations- und Kontrollvorsprung des Verkäufers bestehe und daher nur dann eine verschuldensunabhängige Einstandspflicht gerechtfertigt sei.[49] Jedoch betrifft beispielsweise die Frage, ob die Kaufsache mit einer anderen Sache zusammenpasst, ihre physische Beschaffenheit. Ob die Beschaffenheitsvereinbarung die Größe der Kaufsache oder die Größe des Platzes, in den sie hineinpassen muss, beschreibt, kann keinen Unterschied machen.[50] Der BGH zählt nun unter Berufung auf Art. 2 Abs. 1 der Verbrauchsgüter-RL Umweltbeziehungen, die nach der Verkehrsauffassung Einfluss auf die Wertschätzung der Sache haben zur Beschaffenheit und erweitert damit seinen Sachmangelbegriff. Im entschiedenen Fall ging es um das Fehlen einer Herstellergarantie für ein Kfz.[51]

> **Bsp.:** Soll ein Mietshaus verkauft werden, so ist fraglich, ob die Zahlungsfähigkeit der Mieter zur Beschaffenheit der Sache zählt. Hier besteht gerade kein physischer Bezug zur Sache, da die Zahlungsfähigkeit ihren Grund nicht in der Größe, dem Alter oder der Lage des Hauses bzw. des Grundstücks hat. Nach der zutreffenden Rechtsprechung des BGH ist der Begriff des Sachmangels nicht nur auf solche Fehler beschränkt, die der Sache selbst in ihrer natürlichen Beschaffenheit anhaften. Vielmehr kann er auch in „Eigentümlichkeiten bestehen, die in der Beziehung der Sache zur Umwelt begründet sind, wenn sie nach der Verkehrsanschauung für die Brauchbarkeit oder den Wert der Sache bedeutsam sind"[52]. Ausreichend ist daher auch ein tatsächlicher, wirtschaftlicher oder rechtlicher Bezug zur Sache, der bei der Zahlungsfähigkeit von Mietern anzunehmen ist.

32 Weil die üblichen Erwartungen des Käufers an die Beschaffenheit der Kaufsache durch § 434 Abs. 1 Satz 2 Nr. 2 geschützt werden, ist es nicht erforderlich, konkludente Vereinbarungen des Üblichen zu unterstellen.[53]

33 **bb) Untauglichkeit zur vertraglich vorausgesetzten Verwendung.** In den meisten Fällen werden derartige Vereinbarungen zur Beschaffenheit jedoch nicht vorliegen. Dann ist eine Sache frei von Sachmängeln, wenn sie sich für die nach dem Vertrag **vorausgesetzte Verwendung** eignet, § 434 Abs. 1 Satz 2 Nr. 1. Der Verwendungszweck darf also nicht allein vom Käufer festgesetzt worden sein, sondern ist nach dem Vertragsinhalt, also auf **Grundlage des Konsenses beider Parteien**, zu ermitteln.[54] Voraussetzung bedeutet zugleich, dass dieser Verwendungszweck nicht unmittelbar Gegenstand der vertraglichen Vereinbarung sein muss, sondern eine Einigkeit auf der Ebene der Geschäftsgrundlage genügt.[55]

34 Eine Voraussetzung ist etwa anzunehmen, wenn Käufer und Verkäufer im Vorfeld des Vertragsschlusses Gespräche über die Verwendung der Sache führen, auf die dann ein Vertragsschluss folgt. § 434 Abs. 1 Satz 1 und § 434 Abs. 1 Satz 2 Nr. 1 sind im Einzelfall schwierig voneinander abzugrenzen, wenn eine Beschaffenheitsvereinbarung nach § 434 Abs. 1 Satz 1 darauf beruht, dass sich die Parteien über eine bestimmte Verwendung der Kaufsache einig sind und diese mit

---

49 *Grigoleit/Herresthal*, JZ 2003, 118 (121 ff.); BeckOK-BGB/*Faust*, § 434 Rn. 23.
50 MünchKomm-BGB/*Westermann*, § 434 Rn. 9 f.
51 BGH NJW 2016, 2874 = JuS 2016, 1122 (Anm. Gutzeit).
52 BGH NJW 2001, 65 m. w. N.
53 BeckOK-BGB/*Faust*, § 434 Rn. 40.
54 Palandt/*Weidenkaff*, § 434 Rn. 20 ff.
55 Staudinger/*Matusche-Beckmann*, § 434 Rn. 76.

der vereinbarten Beschaffenheit erreicht werden soll. Das regelmäßig vom Käufer zu tragende Risiko, die Kaufsache verwenden zu können, kann ausnahmsweise dem Verkäufer überbürdet werden, wenn in der Beschaffenheitsvereinbarung tatsächlich eine versteckte Verwendungsvoraussetzung liegt. Möglich ist auch, dass sowohl eine Beschaffenheitsvereinbarung als auch eine vertraglich vorausgesetzte Verwendung besteht, die sich gegenseitig widersprechen. Hier ist ebenso im Wege der Auslegung zu ermitteln, ob vordergründig das Verwendungsrisiko überbürdet werden oder die Kaufsache einer gewissen Beschaffenheit entsprechen soll.[56] Weil beide Varianten des § 434 Abs. 1 zu den gleichen Rechtsfolgen führen, kommt es ansonsten auf eine trennscharfe Abgrenzung nicht an.

35 Auch der **begründete Verdacht** einer nachteiligen Beschaffenheitsabweichung kann einen Sachmangel nach § 434 Abs. 1 Satz 2 Nr. 1 begründen,[57] etwa der herkunftsbedingte Verdacht, Wein sei gepanscht (Glykolwein).[58]

36 cc) Enttäuschung der Käufererwartung. – (1) Übliche Erwartung. Fehlt es auch an einer derartigen Voraussetzung, so ist die Sache dann mangelfrei, wenn sie sich zur **üblichen Verwendung** eignet und die **übliche Beschaffenheit** aufweist, die ein Käufer einer solchen Sache erwarten kann, § 434 Abs. 1 Satz 2 Nr. 2. Hier kommt es also, anders als in den ersten beiden Varianten, auf objektive Kriterien an. Die Üblichkeit bemisst sich nach der Verkehrsanschauung:[59] Was darf der Käufer einer solchen Sache gewöhnlich erwarten?

> **Bsp.:** Wenn keine besonderen Umstände vorliegen, kann der Käufer beim Kauf eines gebrauchten Kraftfahrzeugs beispielsweise erwarten, dass das Fahrzeug keinen erheblichen Unfall erlitten hat (Unfallfreiheit). Ein Fahrzeug, das einen Unfall erlitten hat, bei dem es zu mehr als „Bagatellschäden" gekommen ist, ist auch dann nicht frei von Sachmängeln im Sinne des § 434 Abs. 1 Satz 2 Nr. 2, wenn es nach dem Unfall fachgerecht repariert worden ist.[60]

36a Dabei stellt sich die Frage, wie die Vergleichsgruppe zu bilden ist, was also die „Art der Sache" ist.

> **Bsp.:** In einem vom BGH entschiedenen Fall war ein neuer Diesel-PKW wegen des installierten Rußpartikelfilters für den Kurzstreckenverkehr nur bedingt geeignet. Damit der Filter den Ruß verbrennen kann, muss der Motor auf eine Betriebstemperatur gebracht werden, die bei Kurzstreckenfahrten nicht erreicht wird. Das OLG Stuttgart hatte darin noch einen Mangel gesehen, weil es als Vergleichsgruppe „alle Dieselfahrzeuge" heranzog. Der BGH hatte hingegen entschieden, dass als Vergleichsgruppe „alle Dieselfahrzeuge mit Rußpartikelfilter" heranzuziehen wären und diese müssten alle auf entsprechende Betriebstemperaturen gebracht werden. Nachdem aber die Käufererwartung üblicherweise eine solche Einschränkung nicht umfasst, hat der BGH auch noch dargestellt, dass der Verkäufer nie mehr als den „Stand der Technik" schulde. Eine über den Stand der Technik hinausgehende tatsächliche oder durchschnittliche Käufererwartung führt also nicht zu einem Sachmangel.[61] Zu Recht weißt *Faust* in seiner Anmerkung darauf hin, dass die Entscheidung insofern problematisch ist, als sie nicht prüft, ob nicht schon das Ausrüsten mit einem Partikelfilter einen

---

56 BeckOK-BGB/*Faust*, § 434 Rn. 48.
57 LG Bonn NJW 2004, 74; a. A. Erman/*Grunewald*, § 434 Rn. 7.
58 BGH NJW 1989, 218 ff.
59 BeckOK-BGB/*Faust*, § 434 Rn. 57, 64.
60 BGH NJW 2008, 53.
61 BGH NJW 2009, 2056 = JuS 2009, 960 (Anm. Faust).

Sachmangel darstellen könne, wenn dieser nachteilige Auswirkungen habe. Auch ließe sich hier sicherlich eine Nebenpflicht zur Aufklärung vor Kauf diskutieren.

Die **übliche Verwendung** kann dabei mehr umfassen als die reine Benutzung. Sie umfasst z. B. bei einem Hauskauf auch die Möglichkeit, in einem auch für Laien üblichen Umfang, Umbauten vorzunehmen, ohne dass aufgrund der Asbestbelastung Gesundheitsgefahren entstehen.[62]

37 (2) **Veranlasste Erwartung.** Das Merkmal der üblichen Beschaffenheit wird in § 434 Abs. 1 Satz 3 erweitert: Was der Käufer von der Kaufsache erwarten darf, bestimmt sich nicht nur nach der Üblichkeit, sondern auch nach **öffentlichen Äußerungen** des Verkäufers, des Herstellers und ihrer jeweiligen Gehilfen. Werden diese Äußerungen hingegen im Verkaufsgespräch gemacht, so ergibt sich die Mangelhaftigkeit der Kaufsache in der Regel aus § 434 Abs. 1 Satz 1.

38 Öffentliche Äußerungen sind solche Äußerungen, die an einen unbestimmten Adressatenkreis gerichtet und für diesen auch wahrnehmbar sind, insbesondere also **Werbeaussagen**.[63] Diese Aussagen – hier verläuft eine wichtige Grenze – müssen sich immer auf bestimmte Eigenschaften, also auf die konkrete Beschaffenheit der Sache beziehen, so dass ganz allgemeine oder reißerische Aussagen nicht unter § 434 Abs. 1 Satz 3 fallen.[64] Für das Tatbestandsmerkmal des Herstellers verweist § 434 Abs. 1 Satz 3 ins Produkthaftungsgesetz, § 4 Abs. 1 und 2 ProdHaftG. Gehilfen sind alle Personen, die mit Wissen und Wollen des Herstellers öffentliche Äußerungen vornehmen, insbesondere etwa Werbeagenturen; hier können letztlich die Merkmale des § 278 mit dem Unterschied herangezogen werden, dass zwischen Verkäufer und Hersteller eine in § 278 vorausgesetzte Sonderverbindung gerade nicht bestehen muss.[65] Bei Gehilfen des Verkäufers kann § 278 direkt angewendet werden, § 434 Abs. 1 Satz 3 ist zur Zurechnung nicht notwendig.

39 Zu beachten sind schließlich die **Ausnahmen** am Ende von § 434 Abs. 1 Satz 3, deren Vorliegen der Verkäufer darlegen und beweisen muss („es sei denn"): Der Verkäufer haftet nicht für die Äußerungen, wenn er sie **nicht kannte oder kennen musste**. Das wird jedoch insbesondere bei Werbung kaum der Fall sein. Die zweite Ausnahme ist eine **Berichtigung** der Äußerung spätestens im Zeitpunkt des Vertragsschlusses in gleichwertiger Weise. Dadurch wird das Vertrauen des Käufers in die öffentliche Äußerung zerstört. Die Gleichwertigkeit bestimmt sich vor allem nach der Art der öffentlichen Äußerungen. So kann etwa der Verkäufer Aussagen des Herstellers nur schwer berichtigen, denn Herstelleraussagen können ein stärkeres Vertrauen wecken; der Widerruf muss auch dieselbe Reichweite und den gleichen Verbreitungsgrad haben, wie die widerrufene Aussage.[66] Dem Verkäufer bleibt es jedoch unbenommen, das Vorliegen bestimmter Beschaffenheitsmerkmale vertraglich auszuschließen.[67] Die dritte Ausnahme ist, dass die öffentliche Äußerung die **Kaufentscheidung nicht beeinflussen konnte**, also nach objektiven Maßstäben nicht kausal war, beispielsweise weil der Käufer sie gar nicht kennen konnte.

---

62 BGH NJW 2009, 2120 = JuS 2009, 757 (Anm. Faust).
63 Palandt/*Weidenkaff*, § 434 Rn. 33 f.; MünchKomm-BGB/*Westermann*, § 434 Rn. 28.
64 RegE, BT-Drucks. 14/6040, S. 214; BeckOK-BGB/*Faust*, § 434 Rn. 83.
65 MünchKomm-BGB/*Westermann*, § 434 Rn. 32.
66 OLG Celle DAR 2006, 269.
67 MünchKomm-BGB/*Westermann*, § 434 Rn. 25.

dd) Montagefehler. § 434 Abs. 2 Satz 1 ordnet auch Fehler bei der Montage **40** einer Sache als Sachmängel ein. Damit sind nicht nur Fälle gemeint, bei denen die – bei Gefahrübergang noch mangelfreie – Kaufsache – infolge fehlerhafter Montage – mangelhaft wird, sondern auch Fälle, in denen **allein die Montage fehlerhaft**, die Kaufsache als solche jedoch mangelfrei ist.[68] Die Fehlerhaftigkeit der Montage kann sich dabei aus den drei Varianten des § 434 Abs. 1 ergeben; das Spektrum reicht also vom Nichteinhalten einer vereinbarten Montageart bis hin zur üblichen Montage einer bestimmten Kaufsache.[69]

§ 434 Abs. 2 Satz 1 setzt jedoch zusätzlich voraus, dass die Montage durch den **41** Verkäufer **vertraglich geschuldet** ist. Es ist also durch Auslegung des Vertrags zu ermitteln, ob zumindest eine konkludente Vereinbarung hierzu vorliegt. Lässt der Verkäufer die geschuldete Montage durch Gehilfen ausführen (Maßstab: § 278), dann wird ihm die nicht sachgerechte Montage zugerechnet.

ee) Untaugliche Montageanleitung. Ein Sachmangel liegt schließlich auch dann **42** vor, wenn der Käufer die Sache **selbst montieren** soll und die mitgelieferte Anleitung dies verhindert, weil sie mangelhaft ist, § 434 Abs. 2 Satz 2.

> Bsp.: K erwirbt einen Schrank beim Möbelabholmarkt M. Als er den Schrank aufbauen will, stellt er fest, dass die Montageanleitung nur in chinesischer Sprache abgefasst ist. Dennoch versucht K nun, den Schrank aufzubauen, was ihm jedoch nicht gelingt. Daraufhin verlangt K von M eine Montageanleitung auf Deutsch. – K stehen die Rechte aus § 437 zu, da nach dem Wortlaut des § 434 Abs. 2 Satz 2 bereits die mangelhafte Montageanleitung einen Mangel der Kaufsache darstellt. Unerheblich ist dabei, ob K die Sache fehlerhaft montiert hat oder überhaupt nicht montiert hat. Die Rechte aus § 437 kann er daher bereits vor der Montage geltend machen. Aber es darf ihm auch nicht zum Nachteil gereichen, wenn er versucht, den Schrank trotz der fehlerhaften Anleitung, ordnungsgemäß aufzubauen oder dabei sogar Schäden am Schrank selbst verursacht.[70]

Unerheblich ist, wer die Montage tatsächlich durchführen soll. Es kommt allein **43** darauf an, dass der **gewöhnliche Käufer** derartiger Sachen auf Grundlage der Anleitung nach objektiven Kriterien nicht zur Montage in der Lage ist.[71] Nach der Gegenauffassung ist hingegen nicht auf den gewöhnlichen Käufer, sondern auf die Käufergruppe mit den geringsten Fachkenntnissen abzustellen, da es nicht hinnehmbar sei, dass alle unterdurchschnittlichen Käufer an der Montage scheitern.[72] Jedoch erscheint es unrealistisch und für den Verkäufer auch unzumutbar sicherzustellen, dass tatsächlich jeder Käufer durch die Montageanleitung befähigt wird, die Kaufsache zu montieren.

Teilweise wird vertreten, dass § 434 Abs. 2 Satz 2 nicht gelte, wenn die **Monta-** **44** **geanleitung gänzlich fehlt**, und nur § 434 Abs. 1 Satz 2 Nr. 2 anzuwenden sei.[73] Dagegen spricht jedoch, dass § 434 Abs. 2 Satz 2 a. E. das Gelingen der Montage auch ohne taugliche Anleitung als vom Verkäufer darzulegenden und zu beweisenden Ausschlussgrund normiert; dieser Ausschlussgrund zeigt, dass auch für die fehlende Anleitung nicht auf § 434 Abs. 1 Satz 2 Nr. 2, sondern auf § 434

---

68 RegE, BT-Drucks. 14/6040, S. 215.
69 Staudinger/*Matusche-Beckmann*, § 434 Rn. 97.
70 Beispiel nach *Reinicke/Schmitt*, 40 Probleme aus dem Kaufrecht, Problem 4, S. 22 ff.
71 Staudinger/*Matusche-Beckmann*, § 434 Rn. 126.
72 BeckOK-BGB/*Faust*, § 434 Rn. 97.
73 Staudinger/*Matusche-Beckmann*, § 434 Rn. 131.

Abs. 2 Satz 2 abzustellen ist. Ein anderes Thema ist, dass dieser Ausschlussgrund wenig sachgerecht ist: Demontiert der Käufer die Sache im Rahmen eines Umzugs oder verkauft sie gebraucht weiter, dann können sich aus dem Fehlen einer tauglichen Montageanleitung weitere Folgen ergeben, wenn dem Käufer die Montage – ohne Anleitung – kein zweites Mal gelingt oder die Sache ohne taugliche Anleitung schlechter verkäuflich ist.[74]

45 Ob auch **Gebrauchsanleitungen** unter § 434 Abs. 2 Satz 2 gefasst werden können, ist unklar. Nach einer Ansicht soll dies nicht möglich sein, da im Unterschied zur Montageanleitung eine Gebrauchsanleitung immer wieder benötigt würde und es daher unbillig wäre, wenn nach einem einmal geglückten Gebrauch kein Sachmangel mehr vorläge.[75] Zu beachten ist jedoch, dass dies bei der Montage ebenso unbefriedigend sein kann, so dass ein Grund für eine Unterscheidung nicht ersichtlich ist. In der Regel kann der Streit jedoch dahinstehen, weil sich eine Kaufsache mit mangelhafter Gebrauchsanleitung **nicht zum gewöhnlichen Gebrauch eignet**, so dass sich die Mängelrechte des Käufers bereits aus § 434 Abs. 1 Satz 2 Nr. 2 ergeben.

46 Unklar ist ferner, ob der Käufer in den Fällen des § 434 Abs. 2 Satz 2 Mängelrechte nur bezüglich der Anleitung hat; teilweise wird behauptet, dass sich die Nacherfüllungspflicht auf die Lieferung einer neuen Sache mit einer neuen Anleitung erstrecke.[76] Soweit sich der Mangel in der Anleitung aber noch nicht auf die Substanz der Sache ausgewirkt, also zu Beschädigungen geführt hat, ist kein Grund ersichtlich, warum **Nachlieferung einer brauchbaren Montageanleitung** nicht genügen soll. Genauso wenig kann der Käufer die fachgerechte Montage der Sache verlangen. Hat der Käufer bei der Montage die Kaufsache bei Befolgung der untauglichen Montageanleitung beschädigt oder zerstört, so steht ihm die Lieferung einer neuen Sache als Nacherfüllung zu.[77]

47 ff) **Lieferung einer anderen Sache ("aliud")**. Liefert der Verkäufer eine andere Sache als die geschuldete Kaufsache, so liegt kein Sachmangel vor; in § 434 Abs. 3 Alt. 1 wird dieser Fall jedoch der **Lieferung einer mangelhaften Sache gleichgestellt**. Dadurch werden Schwierigkeiten vermieden, die sich daraus ergeben, dass beim Gattungskauf der Übergang von der Lieferung einer mangelhaften Gattungssache zu einer Sache, die nicht mehr der geschuldeten Gattung angehört, im Einzelfall fließend sein kann. Denn in beiden Fällen stehen dem Käufer die Rechte nach § 437 offen; ohne die Regelung des § 434 Abs. 3 Alt. 1 würden sich die Käuferrechte bei Lieferung einer anderen Sache hingegen allein nach Allgemeinem Schuldrecht bemessen. Unabhängig davon, dass sich diese Abgrenzungsschwierigkeiten nur bei Gattungskäufen ergeben, gilt § 434 Abs. 3 Alt. 1 jedoch **auch für Stückkäufe**, weil die Gleichstellung einschränkungslos erfolgt.[78]

48 Es kommt allein darauf an, dass der Verkäufer aus Sicht des Käufers die Sache **zur Erfüllung** seiner Pflichten aus § 433 Abs. 1 **liefert**.[79] Damit nicht der Käufer

---

74 Auch BeckOK-BGB/*Faust*, § 434 Rn. 102 hegt Zweifel am Ausschluss der Haftung des Verkäufers bei einer *einmal* fehlerfrei montierten Sache.
75 BeckOK-BGB/*Faust*, § 434 Rn. 96.
76 So aber BeckOK-BGB/*Faust*, § 434 Rn. 103.
77 Staudinger/*Matusche-Beckmann*, § 434 Rn. 140.
78 MünchKomm-BGB/*Westermann*, § 434 Rn. 44; Staudinger/*Matusche-Beckmann*, § 434 Rn. 147; Erman/*Grunewald* § 434 Rn. 62; a. A. *Canaris*, Materialien, S. XXIII.
79 RegE, BT-Drucks. 14/6040, S. 210; *Oechsler*, Schuldrecht BT, Rn. 107.

dadurch einen ungerechtfertigten Vorteil ziehen kann, dass er eine versehentlich gelieferte andere Sache, die wertvoller ist als die geschuldete Sache, einfach behält, wird vorgeschlagen, dem Verkäufer die Kondiktion der Sache zu ermöglichen, § 812 Abs. 1 Satz 1 Alt. 1, die er nicht geschuldet habe.[80] Das erscheint allerdings deshalb problematisch, weil der Käufer sich (wie stets) dazu entschließen kann, die mangelhafte Sache einfach zu behalten, weil der Kaufvertrag einen entsprechenden Rechtsgrund gibt, wenn § 434 Abs. 3 die andere Sache als erfüllungstauglich ansieht.[81] Zutreffend ist es jedoch, § 434 Abs. 3 Alt. 1 in der Weise zu lesen, dass er lediglich bei der Lieferung einer anderen Sache den Weg nach § 437 weisen soll, nicht aber einen Rechtsgrund für das Behaltendürfen einer nicht geschuldeten Sache gibt. Gleiches gilt bei einer **zu großen Menge** von Gattungsstücken.[82]

> **Bsp.:** S kauft bei Autohändler H eine Mercedes A-Klasse. H soll den Wagen am darauf folgenden Tag bei S vorbeibringen. Durch eine Verwechslung liefert H jedoch nicht die AKlasse, sondern eine (wertvollere) C-Klasse. – Grundsätzlich kann S gegenüber H seine Rechte aus § 437 geltend machen; behalten darf er die – höherwertige – Sache allerdings nicht, da insoweit kein Rechtsgrund gegeben ist.

gg) Lieferung einer zu geringen Menge. Auch die Lieferung einer **zu geringen Menge von Gattungsstücken** wird in § 434 Abs. 3 Alt. 2 der Lieferung einer mangelhaften Sache gleichgestellt. Auf diese Weise werden die Rechte des Käufers beschränkt, dessen ursprünglicher Erfüllungsanspruch, der teilweise noch besteht, wandelt sich nun in einen Nacherfüllungsanspruch, § 437 Nr. 1, der jedoch der kürzeren Verjährungsfrist nach § 438 unterliegt. Auf der anderen Seite werden die Käuferrechte erweitert, weil der Käufer auch vollständige Nachlieferung und nicht nur Restlieferung (Nachbesserung) verlangen kann. Voraussetzung für die Anwendung von § 434 Abs. 3 Alt. 2 ist (wie bei der Lieferung einer anderen Sache), dass der Verkäufer die zu geringe Menge aus Sicht des Käufers **zur vollständigen Erfüllung** seiner kaufvertraglichen Pflicht erbringt und nicht etwa nur als Teilleistung, § 266. Das kann sich etwa aus einem Lieferschein ergeben, der eine vollständige Lieferung ausweist.[83] Die Norm findet also nur Anwendung bei der sog. „verdeckten Mankolieferung".[84]

Umstritten ist, ob die Gleichstellung von Zuwenig- und Schlechtlieferung auch für den Bereich des Allgemeinen Schuldrechts gilt. Eine Ansicht sieht im § 434 Abs. 3 eine generelle Gleichstellung der Zuweniglieferung mit der Schlechtleistung und ordnet diese als nicht vertragsgemäße Leistung im Sinne der §§ 323 Abs. 1, 281 Abs. 1 ein: Dem Wortlaut des § 434 Abs. 3 sei keine Einschränkung diesbezüglich zu entnehmen und die Vereinheitlichung von Kaufrecht und allgemeinem Leistungsstörungsrecht gerade Ziel des Gesetzgebers gewesen.[85] Zu beachten ist aber, dass §§ 434 Abs. 3 Alt. 2, 437 Nr. 2 und 3, 323 Abs. 1/280 Abs. 1 und 3, 281 Abs. 1 das Rücktrittsrecht und den Anspruch auf Schadenersatz statt der Leistung bereits nach vergeblicher Fristsetzung entstehen lassen. § 323 Abs. 5 und § 281 Abs. 5 sehen hingegen vor, dass sich der Gläubiger im Falle einer Teilleistung nur dann vom Vertrag lösen kann, wenn er überdies kein

---

80 Erman/*Grunewald*, § 434 Rn. 61.
81 Jauernig/*Berger*, § 437 Rn. 1; § 434 Rn. 23; MünchKomm-BGB/*Westermann*, § 434 Rn. 46.
82 *Reinicke/Tiedke*, Kaufrecht, Rn. 383 f.; *Lettl*, JuS 2002, 866 (870).
83 Palandt/*Weidenkaff*, § 434 Rn. 53b.
84 BeckOK-BGB/*Faust*, § 434 Rn. 113.
85 BeckOK/*Faust*, § 434 Rn. 115.

Interesse an der Teilleistung hat. Deshalb sollte, trotz der Fiktion des § 434 Abs. 3 Alt. 2, die Zuweniglieferung im Rahmen der §§ 323, 281 als Teilleistung angesehen werden.[86] Keinen Sachmangel im Sinne des § 434 Abs. 3 stellt dagegen die **Zuviellieferung** dar.[87]

51 hh) **Maßgeblicher Zeitpunkt: Gefahrübergang.** Der Sachmangel muss stets im Zeitpunkt des Gefahrübergangs vorliegen, also im Zeitpunkt des **Übergangs der Preisgefahr auf den Käufer** nach §§ 446, 447. Unklar ist, ob die Gewährleistungsrechte bereits vor Gefahrübergang anwendbar sind, wenn sicher ist, dass der Mangel im Zeitpunkt des Gefahrübergangs noch vorliegen wird. Das wäre etwa der Fall, wenn bereits im Produktionsprozess dem Käufer bekannte Mängel aufgetreten sind. Dafür spricht der Umstand, dass es eine bloße Förmelei wäre, müsste der Käufer sich zunächst die Sache übergeben lassen, bevor er Rechte aus § 437 geltend machen kann.[88] Allerdings kann nicht schon vor Gefahrübergang ein Anspruch auf Nachlieferung, § 437 Nr. 1, bestehen, wenn bei einem Stückkauf die Kaufsache vor Gefahrübergang untergeht. Der Nacherfüllungsanspruch ersetzt den ursprünglichen Erfüllungsanspruch und entsteht deshalb nur, wenn der ursprüngliche Erfüllungsanspruch hypothetisch noch bestehen würde. Das ist aber nicht der Fall, wenn der Untergang der Kaufsache vor Übergabe stattgefunden hat, so dass der Anspruch ausgeschlossen ist, § 275 Abs. 1.

52 Jedenfalls gilt § 437 nicht bei der Vereinbarung **zukünftiger** Eigenschaften der Kaufsache, weil § 434 gerade auf ein Fehlen bei Gefahrübergang abstellt. Erwirbt die Kaufsache später die erwarteten Eigenschaften nicht (Acker wird nicht Bauland), dann führt der Weg nach § 313.

53 Zu beachten ist, dass mit Annahme der Kaufsache als Erfüllung die **Beweislast** für das Vorliegen eines Sachmangels auf den Käufer übergeht, § 363. Eine solche Annahme als geschäftsähnliche Handlung liegt vor, wenn das Verhalten des Käufers darauf schließen lässt, dass dieser die Sache als „im Wesentlichen vertragsgemäß" gelten lassen will.[89] Die bloße rügelose Übergabe genügt daher nicht.

53a Etwas anderes gilt nach § 477 beim **Verbrauchsgüterkauf**, §§ 474 Abs. 1, 13, 14. Zeigt sich innerhalb von **sechs Monaten seit Gefahrübergang** ein Sachmangel, so wird beim Verbrauchsgüterkauf vermutet, dass die Sache bereits bei Gefahrübergang[90] mangelhaft war, es sei denn, diese Vermutung ist mit der Art der Sache oder des Mangels unvereinbar. Es findet also eine **Beweislastumkehr** statt und der Verkäufer muss beweisen, dass der Mangel erst nach Gefahrübergang entstanden ist. Der Käufer hingegen muss nach Auffassung des BGH weiterhin beweisen, dass die Sache mangelhaft ist, wird aber der Schwierigkeit enthoben, beweisen zu müssen, dass dieser Mangel bereits bei Gefahrübergang vorgelegen hat. Nach neuester Rechtsprechung des BGH wird aber nicht mehr zwischen einem Grundmangel und dem Folgemangel unterschieden.[91] Zeigt sich daher im Verlauf der sechs Monate ein Mangel, auch wenn dieser bei Gefahrübergang offensichtlich nicht vorlag, wird vermutet, dass die Sache bereits bei Gefahrüber-

---

86 *Grigoleit/Riehm*, ZGS 2002, 115 ff.; a. A. BeckOK-BGB/*Faust*, § 434 Rn. 115.
87 *Oechsler*, Schuldrecht BT, Rn. 116.
88 BGHZ 34, 32 (34).
89 BGH NJW 2007, 2394 – Abs. Nr. 25.
90 Siehe hierzu oben Rn. 11: § 447 gilt nicht, § 474 Abs. 2.
91 BGH NJW 2017, 1093 = JuS 2017, 357 (Anm. Gutzeit).

Insbesondere: Mangelhafte Leistung

gang mangelhaft war. Damit folgt der BGH der Kritik in der Literatur und der neuesten Rechtsprechung des EuGH.[92] Dieser hatte auf eine Vorlage des niederländischen Gerichtshof Arnhem-Leeuwarden eine großzügige Auslegung des zugrundliegenden Art. 5 Abs. 2 der Verbrauchsgüterrichtlinie vorgenommen.[93] Der BGH hatte in der sog. Zahnriemenentscheidung die Norm nur auf den konkreten, in Erscheinung getretenen Mangel bezogen.[94] Diese Rechtsprechung hatte zur Folge, dass der Verkäufer durch den Nachweis, dass ein aufgetretener Mangel bei Gefahrübergang nicht vorgelegen hat, die Gewährleistung zu Recht ablehnen kann. Der den sog. Folgemangel möglicherweise verursachende Grundmangel wurde nicht vermutet. Konnte der Verkäufer daher beweisen, etwa weil es unstreitig ist, dass ein elektronisches Gerät bei Gefahrübergang funktioniert hat, musste der Käufer wieder beweisen, dass das Gerät seinen Dienst aufgrund mangelnder Haltbarkeit eingestellt hatte. Erst wenn dem Käufer der Nachweis gelang, dass dieser Folgemangel auf einem Grundmangel beruht hat, wird folgerichtig auch wieder dessen Bestehen zum Zeitpunkt des Gefahrübergangs vermutet.[95] Problematisch war das in den Fällen, in denen zwar feststand, dass ein Mangel bei Gefahrübergang noch nicht sichtbar war, aber offen war, ob dieser durch einen Bedienerfehler verursacht wurde oder auf einem unsichtbaren Grundmangel beruht.

Dagegen wurde zu Recht eingewendet, dass der Wortlaut nicht darauf abstellt, dass der Mangel bereits bei Gefahrübergang bestanden habe, sondern dass die Sache mangelhaft sei. Die Auslegung des BGH nahm der Norm außerdem einen Großteil ihres Anwendungsbereichs und sie war europarechtswidrig, da Art. 5 Abs. 2 der Verbrauchsgüterrichtlinie die Vertragswidrigkeit der Leistung vermute und nicht einen konkreten Mangel.[96] Die Materialien halten sich dazu bedeckt, sprechen jedoch davon, dass den schlechteren Beweismöglichkeiten des Käufers entgegnet werden solle und der Verkäufer jedenfalls während der ersten sechs Monate die besseren Erkenntnismöglichkeiten habe.[97] Die Literatur ist daher zu Recht überwiegend der Meinung, dass § 477 auch die im Beispiel genannten Fälle umfassen müsse, um den Verbraucher effektiv besser zu stellen. Komme ein Grundmangel als Ursache des sichtbaren Mangels in Frage, sei der Verkäufer in der Beweislast, dass dieser nicht vorliege.[98] Nur dann, wenn aufgrund der Art des Mangels (etwa klar erkennbare Einwirkung von außen) dieser kein tragfähiges Indiz für einen Grundmangel darstellen kann, greift die Vermutung nicht ein.

> **Bsp.:** K hat von V ein neues Smartphone erworben. Nach vier Monaten lädt das Telefon nicht mehr zuverlässig, weil ein Ladekontakt „wackelt". Zwischen den Parteien ist unstreitig, dass das Telefon anfänglich zuverlässig geladen hat. V trägt vor, der Mangel könne sowohl aus einer unsauberen Verarbeitung folgen als auch daraus, dass das Telefon unsachgemäß durch Ziehen am Ladekabel vom Ladestrom getrennt wurde.

---

92 *Gsell*, VuR 2015, 446; Looschelders in seiner Anmerkung zu EuGH, NJW 2015, 2237 = JA 2015, 942 (Anm. Looschelders).
93 EuGH NJW 2015, 2237.
94 BGH NJW 2004, 2299; fortgeführt in: BGH NJW 2006, 434; BGH NJW 2005, 3490.
95 BGH NJW 2014, 1086 = JuS 2015, 71 (Anm. Schwab) = JA 2014, 625 (Anm. Looschelders).
96 BeckOGK-BGB/*Augenhofer*, § 476 Rn. 27 ff.; Staudinger/*Matusche-Beckmann*, § 476 Rn. 21; BeckOK-BGB/*Faust*, § 476 Rn. 9 f.; *Klöhn*, NJW 2007, 2811.
97 BT-Drucks. 14/6040, S. 245.
98 BeckOGK-BGB/*Augenhofer*, § 476 Rn. 27; BeckOK-BGB/*Faust*, § 474 Rn. 12; Staudinger/*Matusche-Beckmann*, § 476 Rn. 30.

Nach der alten Rechtsprechung musste K beweisen, dass er das Telefon nicht unsachgemäß von der Ladebuchse getrennt hat. Denn es kommt ein Bedienerfehler als Ursache in Frage.

Im oben genannten Beispiel kann der Verkäufer sich nach der neuen Rechtsprechung daher entweder dadurch entlasten, dass er positiv den Bedienfehler nachweist oder beweist, dass eine unsaubere Verarbeitung nicht vorliegt. Ist schon von außen erkennbar, dass der MP3 Player einen Schlag gegen die Kante bekommen hat, greift die Vermutung gar nicht erst ein und es verbleibt bei der Beweislast nach § 363.

54 Die zuvor genannte **Ausnahme** aufgrund der Art des Mangels besteht, wenn es sich um einen Mangel handelt, der jederzeit auftreten kann, etwa ein Lackschaden bei einem Kfz[99] oder eine typische Verschleißerscheinung; gleiches gilt, wenn die Vermutung nach der Art der Sache nicht passt, was jedoch nicht schon deshalb der Fall ist, weil eine gebrauchte Sache verkauft wurde.[100] Die Anwendung der Beweislastumkehr ist auch nicht allein deshalb ausgeschlossen, weil der Käufer die gekaufte Sache von einem Dritten hat einbauen lassen.[101]

55 b) **Rechtsmangel.** Ein Rechtsmangel liegt vor, wenn Dritte in Bezug auf die Kaufsache Rechte gegen den Käufer geltend machen können, § 435. Diese Regelung ist jedoch dispositiv, da die Parteien das Bestehen von Rechten Dritter als vertragsgemäß vereinbaren können.[102] Maßgeblicher Zeitpunkt für das Vorliegen des Rechtsmangels ist der **Zeitpunkt der Verschaffung**, also etwa der Übereignung einer Kaufsache und nicht der Übergabe.[103]

56 Rechtsmängel sind vor allem beschränkt dingliche Rechte an der Kaufsache wie Hypothek, Grundschuld oder Pfandrecht. Es können jedoch auch schuldrechtliche Rechte Dritter einen Rechtsmangel hervorrufen. Das gilt insbesondere für das Bestehen eines Mietvertrags, weil der Mieter den Mietvertrag mit dem Erwerber des Eigentums fortsetzt, § 566 (Kauf bricht nicht Miete).

Bsp.: E verkauft sein Grundstück an K, ohne ihm mitzuteilen, dass er das Haus auf seinem Grundstück an Mieter M vermietet und ihm eine Option zur Mietverlängerung eingeräumt hat. – Nimmt M diese Option nun wahr, so stellt dies einen Rechtsmangel dar, wenn K bei Vertragsschluss nichts davon wusste und es ihn nun daran hindert, das Grundstück zu bebauen.

57 Unklar ist, ob das **Eigentum eines Dritten** an der Sache einen Rechtsmangel darstellt, wenn der Verkäufer als Nichtberechtigter verfügt, der Käufer aber nicht gutgläubig erwerben kann, etwa wegen § 935. Sind hingegen die Voraussetzungen des gutgläubigen Erwerbs erfüllt, so erlischt das Eigentum des Dritten und ein Rechtsmangel ist jedenfalls nicht vorhanden. Hält man das Eigentum eines Dritten an der Kaufsache nicht für einen Rechtsmangel, so hat der Verkäufer nicht erfüllt und es wird in der Regel ein Fall anfänglichen Unvermögens vorliegen, weil von Anfang an keine Übereignung möglich war.[104] Folgt man der Gegenauffassung, so hat der Verkäufer lediglich seine Pflicht zu mangelfreier Leistung nicht erfüllt und der Käufer hat die Rechte aus § 437.[105] Der wesentli-

---

99 BGH NJW 2005, 3490.
100 BGH NJW 2004, 2299; anders die Materialien BT-Drucks. 14/6040, S. 245 unter Bezug auf den sehr unterschiedlichen Grad der Abnutzung, der einen Erfahrungssatz verhindere.
101 BGH NJW 2005, 283.
102 BeckOK-BGB/*Faust*, § 435 Rn. 21 f.
103 BGHZ 113, 106 (113).
104 So Erman/*Grunewald*, § 435 Rn. 4; Palandt/*Weidenkaff*, § 435 Rn. 8.
105 So Jauernig/*Berger*, § 435 Rn. 5; *Oechsler*, Schuldrecht BT, Rn. 119.

che Unterschied liegt in der **Verjährung**, denn bei Nichterfüllung gilt die dreijährige Regelverjährung der §§ 195, 199 Abs. 1, bei Rechtsmängeln gilt nach § 438 Abs. 1 Nr. 1 eine 30-jährige Verjährungsfrist. Weil der Herausgabeanspruch des Eigentümers nach § 197 Nr. 1 ebenfalls einer dreißigjährigen Verjährungsfrist unterliegt, ist es sinnvoll, dem Käufer ebenso lang Ansprüche gegen den Verkäufer einzuräumen.[106] Gerade deshalb laufen die Fristen der §§ 197 Nr. 1 und 438 Abs. 1 Nr. 1 parallel, so dass das Eigentum eines Dritten als Rechtsmangel einzuordnen ist, auch wenn es auf dogmatischer Ebene vorzugswürdig erscheint, hier eine Verletzung der Eigentumsverschaffungspflicht aus § 433 Abs. 1 Satz 1 zu sehen.

Ein weiteres Problem liegt in der **Abgrenzung zwischen Rechtsmängeln und Sachmängeln bei öffentlich-rechtlichen Beschränkungen**. Denn ein Sachmangel kann sich auch aus den Beziehungen der Kaufsache zu ihrer Umwelt ergeben, also auch aus rechtlicher Beziehung zur Umwelt. Nach Ansicht der Rechtsprechung liegt ein Sachmangel vor, wenn ein Grundstück mit einem Haus verkauft wird, das ohne Genehmigung errichtet wurde, weil die Beschränkung der Bebaubarkeit an die tatsächliche Lage des Grundstücks und damit an dessen Beschaffenheit angeknüpft habe.[107] Die Abgrenzung ist jedoch deshalb von untergeordneter Bedeutung, weil Sach- und Rechtsmangel gleichermaßen zu den Käuferrechten aus § 437 führen (Ausnahme: § 477). **58**

Zu beachten ist schließlich, dass ein Rechtsmangel dann **keine Gewährleistungsrechte** auslöst, wenn das „Recht" (besser formuliert wäre aus Sicht des Käufers: die Belastung oder die Schuld[108]) eines Dritten durch Vereinbarung im Kaufvertrag vom Käufer übernommen wurde, § 435 Satz 1 Var. 2. Das gilt etwa bei der Übernahme einer Hypothek unter Anrechnung auf den Kaufpreis. Im Regelfall kennt der Käufer die Rechte eines Dritten, die er mit dem Kaufvertrag „übernimmt" durch den Vertragstext, weshalb ein Fall des § 442 Abs. 1 vorliegt. Relevant ist die Regelung daher vor allem für Rechte an Grundstücken, denn diese wären nach § 442 Abs. 2 auch bei Kenntnis zu beseitigen.[109] Ein Rechtsmangel liegt dann nicht vor, wenn mit dem Grundstückseigentum an der Kaufsache öffentliche Lasten verbunden sind, § 436 Abs. 2. Davon abweichend bestimmt § 436 Abs. 1, dass der Verkäufer Erschließungsbeiträge und ähnliche Beiträge für Maßnahmen zu tragen hat, die bis zum Zeitpunkt des Vertragsschlusses begonnen worden sind. Das hat zur Folge, dass das Grundstück nicht mangelhaft ist, sondern lediglich eine bestimmte Verteilung öffentlicher Lasten vorgenommen wird. **59**

2. Mängelrechte des Käufers

a) **Abgrenzung zum allgemeinen Pflichtverletzungsrecht.** § 437 nennt mit Nacherfüllung (Nachbesserung/Nachlieferung), Rücktritt, Minderung, Schadensersatz und Aufwendungsersatz fünf Rechte des Käufers einer mangelhaften Sache. Diese Norm verweist unter einigen Modifikationen ins Allgemeine Schuldrecht. Drei der genannten fünf Mängelrechte finden sich auch im allgemeinen Schuldrecht (Rücktritt, Schadensersatz und Aufwendungsersatz). In diesen Fällen sind vorrangig die kaufrechtlichen Regelungen anzuwenden. **60**

---

106 BeckOK-BGB/*Faust*, § 438 Rn. 12.
107 BGH WM 1985, 230 (231); a. A. BeckOK-BGB/*Faust*, § 435 Rn. 19.
108 BeckOK-BGB/*Faust*, § 435 Rn. 21.
109 BeckOGK-BGB/*Gutzeit*, § 435 Rn. 22.

61 Zu beachten ist aber, dass **nicht jede Pflichtverletzung in den § 437 führt**. Ist die Verschaffung der Kaufsache vor oder nach Vertragsschluss unmöglich, so ist § 437 nicht einschlägig, weil kein Gefahrübergang eintreten kann. Vielmehr erlöschen die Ansprüche des Käufers, § 275 Abs. 1, und grundsätzlich auch des Verkäufers, § 326 Abs. 1, und der Käufer kann, soweit erforderlich, nach § 326 Abs. 5 Alt. 1 vom Vertrag zurücktreten und Schadenersatz statt der Leistung aus § 311a Abs. 2 Satz 1 bzw. §§ 280 Abs. 1, 3, 283 verlangen; nur bei Unmöglichkeit der Nacherfüllung führt der Weg nach § 437.

62 Auch bei einer Verzögerung der Leistungserbringung durch den Verkäufer ist § 437 nicht einschlägig, sondern der Weg führt gegebenenfalls zum Ersatz des Verzögerungsschadens als Schadenersatz neben der Leistung, §§ 280 Abs. 1, 2, 286, zum Rücktrittsrecht aus § 323 Abs. 1, und zum Schadenersatz statt der Leistung nach §§ 280 Abs. 1, 3, 281 Abs. 1; nur bei Verzögerung der Nacherfüllung ist § 437 anwendbar.
Die c. i. c. (§ 311 Abs. 2 BGB) ist neben Mängelgewährleistungsrechten nach bestrittener Ansicht des BGH nicht anwendbar. Eine Ausnahme bildet allerdings das vorsätzliche Verschweigen eines Mangels nach § 444.[110]

63 b) **Nacherfüllung. – aa) Vorrang der Nacherfüllung**. Auch wenn § 437 scheinbar gleichwertig verschiedene Rechte des Käufers einer mangelhaften Sache nebeneinander stellt, ist die Nacherfüllung das vorrangige Recht des Käufers.[111] Bei dem Anspruch auf Nacherfüllung handelt es sich gleichsam um den noch nicht erfüllten **Rest des Erfüllungsanspruchs**, der allerdings durch die Bestimmungen des Kaufrechts verändert wird. Das gilt insbesondere im Hinblick auf die Verjährung, § 438. Folgerichtig trägt auch der Verkäufer, der ja noch nicht vollständig erfüllt hat, die Kosten der Nacherfüllung, § 439 Abs. 2, die nicht angefallen wären, wenn er sogleich die geschuldete Leistung erbracht hätte.

64 Es ergibt sich nicht aus § 437, dass der Anspruch auf Nacherfüllung vorrangig ist. Für das Verhältnis zum Rücktritt, § 437 Nr. 2, ergibt sich dieser Vorrang jedoch aus dem in § 323 Abs. 1 enthaltenen Erfordernis einer Fristsetzung zur Nacherfüllung, für die Minderung nach § 437 Nr. 2 aus § 441, weil die Minderung **statt** des Rücktritts, also unter denselben Voraussetzungen, möglich ist. Im Verhältnis zum Anspruch auf Schadenersatz statt der Leistung, § 437 Nr. 3, ergibt sich der Vorrang aus § 281 Abs. 1, der ebenfalls den erfolglosen Ablauf einer Nachfrist voraussetzt; Aufwendungsersatz, § 437 Nr. 3, kann wiederum nur **anstelle** des Schadenersatzes verlangt werden, § 284. Dem Verkäufer wird auf diese Weise ein „**Recht zur zweiten Andienung**", ein zweiter Erfüllungsversuch, gegeben.[112]

65 Wichtig ist es also, zwischen der **Nacherfüllungspflicht** des Verkäufers gegenüber dem Käufer und dem **Nacherfüllungsrecht** des Verkäufers zu unterscheiden. Die Nacherfüllungspflicht dient der Durchsetzung des Käferanspruchs auf eine mangelfreie Kaufsache, das Nacherfüllungsrecht verhindert die sofortige Geltendmachung weitergehender Mängelrechte des Käufers, insbesondere solcher, die den Bestand des Vertrags in Frage stellen.

---

110 BGH NJW 2009, 2120 = JuS 2009, 757 (Anm. Faust).
111 BGH NJW 2005, 1348; BGH NJW 2006, 1195.
112 *Lorenz/Riehm*, Lehrbuch zum neuen Schuldrecht, Rn. 504; von einer Obliegenheit des Verkäufers sprechen wohl zu Recht *Lorenz/Arnold*, JuS 2014, 7.

bb) Ius variandi des Käufers. Nacherfüllung ist auf zweierlei Weise möglich und § 439 Abs. 1 räumt dem **Käufer** das **Wahlrecht** ein: Er kann Nachbesserung oder Nachlieferung verlangen. **Nachbesserung** bedeutet dabei die Beseitigung des Mangels an dem gelieferten Gegenstand, sei es durch den Verkäufer oder durch einen qualifizierten Dritten.[113] **Nachlieferung** bedeutet Lieferung einer anderen, mangelfreien Sache.[114] Die Kosten für die Nacherfüllung, also insbesondere Transport-, Arbeits- und Materialkosten, trägt der Verkäufer, § 439 Abs. 2. Der Anspruch auf Nacherfüllung entsteht mit Gefahrübergang der mangelhaften Sache[115]. Die Nacherfüllung ist dort zu erbringen, wo sich die Sache vertragsgemäß befindet, also in der Regel **am Wohnsitz des Käufers**.[116] 66

Die nähere Ausgestaltung des Käuferwahlrechts bleibt allerdings unklar.[117] Zum Teil wird behauptet, die Vorschriften der §§ 262 ff. seien heranzuziehen, weil es sich um eine Wahlschuld handele;[118] andere Autoren sehen zutreffend einen Fall elektiver Konkurrenz.[119] Die §§ 262 ff. passen deshalb nicht, weil zum einen dem Gläubiger das Wahlrecht zusteht, zum anderen bei Unmöglichkeit der gewählten Variante die Nacherfüllung nicht insgesamt unmöglich wird. Die Ausübung des Wahlrechts erfolgt durch empfangsbedürftige Willenserklärung gegenüber dem Verkäufer, die – wie stets – auch durch schlüssiges Verhalten möglich ist.[120]

Die entscheidende Frage ist, wann der Käufer **an seine Wahl gebunden** ist. Sicherlich dann, wenn der Verkäufer die verlangte Form der Nacherfüllung erbracht hat, nach Treu und Glauben jedoch auch schon dann, wenn der Verkäufer mit der gewählten Nacherfüllungsart begonnen hat. Auf der anderen Seite ist sicher, dass die Ausübung des Wahlrechts nicht bindet, wenn der Verkäufer die gewählte Nacherfüllungsart zu Recht verweigert. Damit bleiben die Fälle, in denen der Verkäufer noch keine Vertrauensdisposition, also keine Aufwendungen im Vertrauen auf die Wahl des Käufers getätigt hat, getroffen hat. Hier sollte der Käufer seine Wahl ändern können.[121] 67

cc) Problem 1: Nutzungsersatzanspruch des Verkäufers aus §§ 439 Abs. 4, 346 Abs. 1. Bei der Nachlieferung muss der Käufer dem Verkäufer die mangelhafte Sache im Austausch gegen die neue Sache herausgeben, §§ 439 Abs. 4, 346 ff. Problematisch ist dabei allerdings, dass der Verkäufer einen Anspruch gegen den Käufer **auf Ersatz für die Nutzung der mangelhaften Sache** hat, §§ 439 Abs. 4, 346 Abs. 1. Dieser Anspruch kann, wenn sich der Mangel erst nach einer längeren Zeitspanne zeigt, erheblich sein und dem Käufer die Ausübung seiner Rechte erschweren. Hinzu kommt, dass umgekehrt der Verkäufer den erhaltenen **Kaufpreis nicht verzinsen** muss, obwohl er kein Äquivalent dafür geleistet hat. Teilweise wird deshalb behauptet, eine Wertersatzpflicht sei ausgeschlossen, denn die Nutzungen der Kaufsache gebührten von Anfang an dem Käufer, der dafür 68

---
113 Jauernig/*Berger*, § 439 Rn. 8.
114 Jauernig/*Berger*, § 439 Rn. 9.
115 Siehe hierzu oben Rn. 51.
116 *Huber*, NJW 2002, 1004 (1006); *Lorenz*, NJW 2005, 1889 (1895).
117 *Sutschet*, JA 2007, 161 (165).
118 Dauner-Lieb/Heidel/Ring/*Büdenbender*, § 439 Rn. 19; *Samhat*, JuS 2016, 6.
119 MünchKomm-BGB/*Westermann*, § 439 Rn. 4; Palandt/*Weidenkaff*, § 439 Rn. 5; Staudinger/*Matusche-Beckmann*, § 439 Rn. 7.
120 Staudinger/*Matusche-Beckmann*, § 439 Rn. 11.
121 *Althammer/Löhnig*, AcP 205 (2005), 520 ff.

gezahlt habe.[122] Das widerspricht jedoch Wortlaut und Gesetzesbegründung zu § 439 Abs. 4.[123] Vorzugswürdig scheint es, umgekehrt dem Käufer auch einen Anspruch auf Verzinsung zuzugestehen, der zwar nicht gesetzlich geregelt ist, sich aber aus der Symmetrie des Kaufvertrags als synallagmatischem Vertrag ergibt.
Der BGH hatte diese Frage dem EuGH vorgelegt,[124] weil hier auch die korrekte Umsetzung der Verbrauchsgüterrichtlinie in Frage stehe. Der EuGH hat entschieden, dass die Nutzungsersatzpflicht des Käufers in der Tat nicht richtlinienkonform ist.[125] Der Gesetzgeber hat daher schon mit Wirkung zum 13.6.2014 für den Verbrauchsgüterkauf die Anwendung des § 439 insoweit ausgeschlossen, § 475 Abs. 3.

69 **dd) Problem 2: Nacherfüllungsanspruch bei schon eingebauter, mangelhafter Kaufsache.** Ein Problem ergibt sich auch dann, wenn die mangelhafte Kaufsache bereits durch den Käufer eingebaut wurde. Die **Ausbau- und Wiedereinbaukosten** können in einem solchen Fall den Wert der Nacherfüllung um ein Vielfaches übersteigen. Die Rechtsprechung hatte für Verbrauchsgüterkaufverträge hierzu bereits vor dem 1.1.2018 entschieden, dass die gemäß § 439 Abs. 2 zum Zwecke der Nacherfüllung erforderlichen Aufwendungen auch die Kosten umfassen, die nur deshalb anfallen, weil der Käufer Veränderungen an der Kaufsache vorgenommen hat. Der Käufer solle komplett so gestellt werden, als wäre die zunächst gelieferte Sache mangelfrei gewesen.[126]

70 Zum 1.1.2018 hat der Gesetzgeber mit Gesetz zur Reform des Bauvertragsrechts und zur Änderung der kaufrechtlichen Mängelhaftung den § 439 Abs. 3 BGB angepasst. Die neuen Vorschriften gelten für Verträge, die nach dem 31.12.2017 abgeschlossen wurden, Art. 229 EGBGB § 39. Wichtig ist zunächst festzuhalten, dass die gespaltene Auslegung hier keinen Bestand mehr hat. Der Gesetzgeber hat den Anspruch auf Ersatz der Ein- und Ausbaukosten auch für Kaufverträge zwischen Unternehmern vorgesehen und ihn auch auf die Kosten des Anbaus und der Entfernung erstreckt. Der Anspruch aus § 439 Abs. 3 stellt einen Aufwendungsersatzanspruch dar. Der Verkäufer hat also kein Recht den Aus- und Einbau selbst vorzunehmen. Vielmehr muss der Käufer dies tun und kann vom Verkäufer Ersatz der Kosten verlangen.
Der Anspruch entfällt nach § 439 Abs. 3 Satz 2 mit § 442 Abs. 1 BGB, wenn der Käufer zum Zeitpunkt des Einbaus, nicht des Gefahrübergangs, Kenntnis bzgl. grob fahrlässige Unkenntnis vom Mangel hatte. Diese Verlagerung des Kenntniszeitpunkts ist konsequent. Der Anspruch kann nach § 309 Nr. 8b lit. cc durch AGB nicht ausgeschlossen oder beschränkt werden.
Spezielle Regeln für Verbraucher finden sich in diesem Zusammenhang in § 475 Abs. 6, wonach der Verbraucher einen Anspruch auf Vorschuss hinsichtlich der Kosten hat, die der Verkäufer nach § 439 Abs. 3 zu ersetzen hat.

71   Bsp.: K will sein Badezimmer neu fliesen. Daher wendet er sich an Fliesenhändler V und bestellt hochwertige, weiße Kacheln des renommierten Herstellers G. V lässt die Kacheln bei K anliefern. K beauftragt Fliesenleger F, sie zu verlegen. Nachdem die

---

122 Dauner-Lieb/Heidel/Ring/*Büdenbender*, § 439 Rn. 49.
123 RegE, BT-Drucks. 14/6040, S. 232 f.
124 BGH NJW 2006, 3200.
125 EuGH NJW 2008, 1433 = JuS 2008, 652 (m. Anm. Faust).
126 OLG Karlsruhe ZGS 2004, 432 (433).

Fliesen angebracht sind, bemerkt K, dass sie erhebliche Helligkeitsabweichungen aufweisen. K verlangt nun Nacherfüllung. – Unabhängig von der Frage, ob K Unternehmer oder Verbraucher ist, hat K Anspruch gegen V auf Lieferung neuer Fliesen und Ersatz der Aufwendungen für Aus- und Einbau aus § 439 Abs. 3 BGB.

ee) Problem 3: Selbstvornahme durch den Käufer. Ein weiteres Problem ist die Selbstvornahme durch den Käufer, also die **Mängelbeseitigung durch den Käufer** selbst, der dann **Ersatz seiner Aufwendungen vom Verkäufer** fordert. Anders als im Werkvertragsrecht, § 634 Nr. 2, besteht im Kaufrecht keine Anspruchsgrundlage, die dem Käufer Ersatz der Nachbesserungskosten gewähren würde. Allerdings stellt sich die Frage, ob der Käufer nicht wenigstens Anspruch auf Ersatz der vom Verkäufer ersparten Aufwendungen hat, weil dem Verkäufer dadurch Kosten erspart werden, wenn er nach der Selbstvornahme nicht mehr nachbessern muss und kann, § 275 Abs. 1. Ein solcher Anspruch könnte sich aus § 326 Abs. 2 Satz 2 ergeben: Die Nacherfüllung in Form der Nachbesserung wird unmöglich, weil der Käufer die Kaufsache reparieren hat lassen, und der Gläubiger (Käufer) des Nacherfüllungsanspruchs ist wegen seiner Selbstvornahme für diesen Umstand verantwortlich.

Die überwiegende Meinung[127] gewährt einen derartigen Anspruch aus § 326 Abs. 2 Satz 2 nicht. Dadurch werde das **Recht des Verkäufers** auf einen zweiten Erfüllungsversuch **ausgehebelt**, zumal die Aufwendungen, die der Verkäufer erspare, identisch mit den Kosten des Käufers seien, wenn ein sachkundiger Dritter mit der Reparatur beauftragt werde. Letztlich würde dem Käufer auf diese Weise ein Recht zur Selbstbeseitigung des Mangels auf Kosten des Verkäufers eingeräumt werden. Auf der anderen Seite verbleibt beim Verkäufer im Ergebnis eine ungerechtfertigte Bereicherung, denn er hat den vollen Kaufpreis für eine mangelhafte Kaufsache erhalten; gerade für solche Fälle dient der vertragsbasierte Bereicherungsanspruch des § 326 Abs. 2 Satz 2.

Dennoch kann ein derartiger Anspruch nicht gewährt werden, will man nicht den Vorrang der Nacherfüllung aufgeben. Allerdings ist der Ausschluss des Anspruchs aus § 326 Abs. 2 Satz 2 die begründungsbedürftige Ausnahme, die nur bei einer unmittelbaren Vereitelung des Nachbesserungsrechts, nicht hingegen bei Unmöglichkeit der Nachbesserung aus anderen Gründen in Betracht kommt.[128]

> **Bsp.:** K erwarb für private Zwecke von V einen fabrikneuen Pkw-Anhänger, der jedoch zwei kleinere Mängel aufwies. Drei Monate später wurde der Anhänger bei Wegebaumaßnahmen im Gebirge stark beschädigt, was jedoch nicht auf die Mängel zurückzuführen war, sondern auf den bestimmungswidrigen Gebrauch. K, der erst jetzt von den Mängeln erfuhr, setzte V eine Frist zur Nacherfüllung, die V jedoch fruchtlos ablaufen ließ. – Die Durchführung einer Nacherfüllung war inzwischen unmöglich geworden, da der Anhänger bei einer Materialprüfung komplett zerstört worden war. Das Gericht entschied hier zur Vermeidung einer ungerechtfertigten Entlastung des Verkäufers, § 326 Abs. 2 Satz 2 anzuwenden. V, der zur Nacherfüllung

---

127 BGHZ 162, 219; Erman/*Grunewald*, § 439 Rn. 11; *Dauner-Lieb/Arnold*, ZGS 2005, 10 (12); Palandt/*Grüneberg*, § 326 Rn. 13; MünchKomm-BGB/*Westermann*, § 439 Rn. 11; a. A. *Katzenstein*, ZGS 2004, 300 f.; *Lorenz*, NJW 2003, 1417 (1418 f.); a. A. auch BeckOK-BGB/*Faust*, § 437 Rn. 38; wie hier, mit umfassender Darstellung der Selbstvornahme in der Klausur: *Zurth*, JA 2014, 494 (497).
128 *Löhnig*, ZGS 2007, 134.

verpflichtet gewesen wäre, wenn beide Mängel vor Eintritt des Schadensereignisses bekannt gewesen wären, musste K deshalb die ersparten Aufwendungen ersetzen.[129]

75 ff) **Problem 4: Nachlieferung beim Stückkauf.** Beim Gattungskauf kommt die Nachlieferung eines anderen, mangelfreien Gattungsstückes ohne weiteres in Betracht. Unklar ist jedoch, ob es auch beim Stückkauf die Möglichkeit der Nachlieferung gibt[130] oder ob diese nicht denknotwendig unmöglich (§ 275 Abs. 1) ist, weil **nur ein bestimmtes Stück geschuldet** wird.[131] Bei Klärung dieser Frage ist zwischen dem Nachlieferungsrecht des Verkäufers, der ein Interesse an der Nachlieferung haben kann, etwa um den Gewinn aus dem Geschäft zu erhalten, und dem Nachlieferungsanspruch des Käufers zu unterscheiden.

76 Gegen die Möglichkeit der Nachlieferung spricht, dass sich das Schuldverhältnis beim Stückkauf auf eine konkrete Sache bezieht und jede andere Sache als Erfüllung untauglich sei. Außerdem werde gleichsam die Haftung des Verkäufers in Richtung auf eine Gattungsschuld erweitert. Dieses Argument lässt sich gegen einen Nacherfüllungsanspruch, nicht aber gegen das Nacherfüllungsrecht des Verkäufers einwenden. Gegen dieses Recht des Verkäufers spricht aber wiederum, dass der Käufer ein Interesse daran haben kann, genau die geschuldete und keine andere, ähnliche Sache zu erhalten.
Wurde hingegen ein sog. Identitäts-Aliud geliefert, also eine andere als die geschuldete Sache, hat der Käufer in jedem Fall einen Anspruch auf Nachlieferung (siehe auch Rn. 47).[132]

77 Der **Wortlaut** des § 439 Abs. 1 unterscheidet nicht zwischen Stück- und Gattungskauf und gewährt stets Nachbesserung oder Nachlieferung. In der Gesetzesbegründung wird allerdings ausgeführt, dass beim Kauf einer bestimmten gebrauchten Sache die Nachlieferung zumeist von vornherein ausscheiden werde. Nach zutreffender Auffassung der Rechtsprechung ist mit dem Kriterium der **Vertretbarkeit der Sache** zu arbeiten. Die Möglichkeit der Nachlieferung hängt also nicht davon ab, ob ein Stück- oder Gattungskauf vorliegt, sondern, ob nach Auffassung **beider Vertragsparteien**, die durch Auslegung des Kaufvertrags zu ermitteln ist, die Kaufsache durch eine gleichartige und gleichwertige ersetzt werden kann oder nicht („Subjektiver Gattungskauf"). Es genügt bereits der entsprechende hypothetische Parteiwille beider Parteien, um eine gleichwertige und gleichartige Sache liefern, beziehungsweise verlangen, zu können.

> **Bsp.:** Dies ist z. B. regelmäßig beim Einkauf im Supermarkt der Fall. Obwohl V und K einen Kaufvertrag nur über einen bestimmten Schokoriegel geschlossen haben, den der Käufer an der Kasse vorzeigt, kann eine Nachlieferung mit einem Schokoriegel der gleichen Sorte stattfinden, weil sich beide Parteien über die Vertretbarkeit des Schokoriegels einig sind.

78 Schwieriger ist es beim **Autokauf:** Ein subjektiver Gattungskauf liegt etwa dann vor, wenn sich der Käufer einen von vielen Neu- oder Jahreswagen, die beim Verkäufer vorrätig sind, allein nach Gattungsmerkmalen und ohne Besichtigung über einen Jahreswagenhändler im Internet auswählt. Anders liegt der Fall, wenn

---

129 OLG München ZGS 2007, 80.
130 So BGHZ 168, 64; LG Ellwangen NJW 2003, 517 (517); MünchKomm-BGB/*Westermann*, § 439 Rn. 12.
131 BeckOK-BGB/*Faust*, § 439 Rn. 34; *Sutschet*, JA 2007, 161 (165).
132 *Sutschet*, JA 2007, 161 (166).

dem Kaufentschluss eine persönliche Besichtigung des Fahrzeugs vorangegangen ist.[133]

gg) Problem 5: Herausgabe von Wertsteigerungen. Die Kaufsache kann durch die Nachbesserung in ihrem Wert erhöht werden. Bei einer Nachlieferung kommt der Käufer eine längere Zeitspanne nach Vertragsschluss plötzlich in den Genuss einer neuen Sache. In beiden Fällen gewinnt der Käufer eine **Wertsteigerung** oder eine **Verlängerung der Lebensdauer** der Kaufsache **ohne Gegenleistung**. Dann stellt sich die Frage, ob er diese Vorteile an den Verkäufer herausgeben muss. 79

Teilweise wird behauptet, es müssten die Grundsätze „neu für alt" aus dem Schadensersatzrecht angewendet werden und der Käufer schulde deshalb eine Ausgleichszahlung.[134] Das ist jedoch deshalb unzutreffend, weil der Käufer auf diese Weise zu einer höheren Investition gezwungen wird, nur weil der Verkäufer eine Pflichtverletzung begangen hat.[135] Eine Ausnahme kann allenfalls für Kosten gemacht werden, die der Käufer sowieso gehabt hätte, weil er in gewissen Intervallen bestimmte Verschleißteile hätte ersetzen müssen.[136] 80

> Bsp.: K kauft bei Händler V ein neues VW Golf Cabriolet. Das Fahrzeug erleidet nach eineinhalb Jahren einen Motorschaden, der auf einem schon bei Vertragsschluss vorliegenden Mangel des Motors beruht. – Liefert Händler V nun ein fabrikneues Cabriolet nach, so hat K ein wesentlich wertvolleres Auto als vorher, weil das ursprüngliche Cabriolet allein durch die Zulassung und Ingebrauchnahme, aber auch durch die Benutzung erheblich an Wert verloren hat. Damit ist er wirtschaftlich besser gestellt, als er bei ordnungsgemäßer Erfüllung stünde. Dies ist aber hinzunehmen, weil H nicht dazu gezwungen werden soll, dem V die Wertdifferenz von mehreren Tausend Euro zwischen einem neuen und einem eineinhalb Jahre alten Fahrzeug zu ersetzen, wozu er vielleicht überhaupt nicht in der Lage ist.

hh) Problem 6: Ausbesserung. Eine weitere strittige Frage ist es, ob der Käufer bei Unmöglichkeit von Nachlieferung und Nachbesserung vom Käufer wenigstens Ausbesserung der Kaufsache verlangen kann. Damit ist eine **Verbesserung des Zustands der Kaufsache** gemeint, die den Mangel aber nicht vollständig zu beseitigen vermag. Der BGH hat dies abgelehnt. Die Operation eines Tieres, die einen körperlichen Defekt nicht folgenlos beseitigen könne, sondern andere, regelmäßig zu kontrollierende gesundheitliche Risiken für das Tier selbst erst hervorrufe, stelle keine Beseitigung des Mangels im Sinne des § 439 Abs. 1 dar und könne deshalb nicht verlangt werden.[137] 81
Dem ist nicht zuzustimmen: Schuldet der Verkäufer Nacherfüllung, die aber ausgeschlossen ist, § 275 Abs. 1, dann kann sich der Käufer mit der „minderen" Ausbesserung zufriedengeben, die zumindest einen annähernd vertragsgemäßen Zustand hervorruft. Der Verkäufer muss dann diese Annäherung an den vertragsgemäßen Zustand auch herbeiführen, wenn nicht der Ausbesserung selbst §§ 275 Abs. 1 bis 3, § 439 Abs. 4 entgegenstehen.[138] Umgekehrt kann die Ausbesserung dem Käufer freilich vom Verkäufer nicht aufgezwungen werden.

---

133 BGHZ 168, 64.
134 *Gsell*, NJW 2003, 1969, 1971 f.
135 Staudinger/*Matusche-Beckmann*, § 439 Rn. 24.
136 BeckOK-BGB/*Faust*, § 439 Rn. 24; a. A. Staudinger/*Matusche-Beckmann*, § 439 Rn. 53.
137 BGH NJW 2005, 2852.
138 Eingehend *Gutzeit*, NJW 2007, 956.

81a ii) **Problem 7: Erfüllungsort.** Ebenfalls umstritten[139] ist die Frage, wo die Nacherfüllung durch den Verkäufer zu erfolgen hat. In der Literatur wird dazu vertreten, dass diese am Belegenheitsort der Sache stattzufinden habe[140], oder dass der Erfüllungsort des Kaufvertrags entscheidend sei, der Käufer allerdings aus § 439 Abs. 2 einen Erstattungsanspruch gegen den Verkäufer hinsichtlich der Transportkosten habe.[141] Hintergrund dieser Auslegung ist Art. 3 Abs. 3 der Verbrauchsgüterkaufrichtlinie, nach der der Käufer eine unentgeltliche Nacherfüllung verlangen kann, die nicht mit erheblichen Unannehmlichkeiten verbunden ist.
Der BGH hat entschieden, dass ein besonderer Erfüllungsort nicht bestehe. Vielmehr sei dieser nach den allgemeinen Regeln gem. § 269 zu bestimmen. Vorrangig also nach der Parteiabrede und sodann u. a. nach den Umständen und der Verkehrsanschauung. Diese gehe dahin, dass bei Käufen im Laden der Erfüllungsort das Ladengeschäft des Verkäufers sei. Baut der Verkäufer hingegen nach dem Vertrag die Kaufsache beim Käufer auf oder ein, wird regelmäßig dieser Ort als Erfüllungsort der Nacherfüllung anzunehmen sein. Liegt der Erfüllungsort am Sitz des Verkäufers könne sich aus § 439 Abs. 2 sowohl eine Kostentragungspflicht des Verkäufers als auch ein Vorschuss- oder Zahlungsanspruch gegen den Verkäufer ergeben.[142] Den Käufer trifft die Obliegenheit die Sache zu diesem Erfüllungsort zur Ermöglichung der Nacherfüllung zu verbringen.[143]

81b jj) **Problem 8: Kosten der Mangelfeststellung.** Ist nicht unmittelbar erkennbar, dass ein Mangel auf die Kaufsache zurückzuführen ist, muss der Käufer ggf. Aufwendungen tätigen, um den Grund zu ermitteln. In diesen Konstellationen gewährt der BGH[144] dem Käufer unmittelbar aus § 439 Abs. 2 verschuldensunabhängig einen Anspruch auf Erstattung dieser Kosten. Dem ist entgegen zu halten, dass es sich letztlich um Schadensersatz handelt, für den das BGB ein Verschuldenserfordernis aufstellt und § 439 Abs. 2 auch schon dem Wortlaut nach keine Anspruchsgrundlage darstellt.[145]

> **Bsp.:** In dem vom BGH entschiedenen Fall wölbte sich ein Parkettboden nach seiner Verlegung. Der Handwerker gab an, dies müsse an der Raumfeuchtigkeit liegen. Ein vom Käufer eingeschalteter Gutachter stellte allerdings fest, dass die Verlegeanleitung des Herstellers fehlerhaft war. Nachdem den Verkäufer hinsichtlich der Verlegeanleitung kein Verschulden traf, schied ein Anspruch aus §§ 437 Nr. 3, 280 Abs. 1 aus, denn die Anleitung stammte vom Hersteller. Der BGH gewährte trotzdem den Anspruch aus § 439 Abs. 2.

82 kk) **Ausschluss des Nacherfüllungsanspruchs.** Der Verkäufer kann die Nacherfüllung verweigern, wenn sie nach dem Maßstab der §§ 275 Abs. 1 bis 3, 439 Abs. 4 ausgeschlossen ist. Der Ausschluss des Nacherfüllungsanspruchs ist dabei für Nachbesserung und Nachlieferung **gesondert festzustellen**; der Nacherfüllungsanspruch insgesamt ist deshalb nur dann ausgeschlossen, wenn die Voraussetzungen der genannten Normen für beide Formen der Nacherfüllung vorliegen. Beide Varianten können aber nicht entfallen, wenn ein Verbrauchsgüterkauf vor-

---

139 Dazu *Augenhofer/Appenzeller/Holm*, JuS 2011, 680.
140 MünchKomm-BGB/*Westermann*, § 439 Rn. 7; BeckOK-BGB/*Faust*, § 439 Rn. 13a.
141 Statt vieler: OLG München NJW 2007, 3214.
142 BGH NJW 2011, 2278 = JuS 2011, 748 (Anm. Faust).
143 *Augenhofer/Appenzeller/Holm*, JuS 2011, 680 (682).
144 BGH NJW 2014, 2351 = JuS 2015, 361 (Anm. Schwab) = JA 2014, 707 (Anm. Looschelders).
145 *Lorenz*, NJW 2014, 2319.

liegt, weil das Unionsrecht keine absolute Unmöglichkeit kennt, also nicht die Unmöglichkeit beider Varianten. Der Gesetzgeber hat dies mit Wirkung zum 1.1.2018 in das Gesetz überführt. Nach § 475 Abs. 4 Satz 1 BGB kann der Verkäufer beim Verbrauchsgüterkauf sich nicht darauf berufen, dass die einzig mögliche Nacherfüllungsvariante unverhältnismäßig ist. Der Verkäufer kann allerdings den Aufwendungsersatz auf einen „angemessen Betrag" beschränken, Satz 2, wobei nach Satz 3 der Wert der Sache in mangelfreiem Zustand und die Bedeutung des Mangels zu berücksichtigen sind. Hier verbleibt es bei der gespaltenen Auslegung.

Dem liegt zu Grunde, dass der BGH sich nach einer Entscheidung des EuGH für den Verbrauchsgüterkauf in dieser Richtung entschieden hatte. Der EuGH hatte entschieden, dass sich aus Art. 3 Abs. 2 und Abs. 3 der Verbrauchsgüterkaufrichtlinie zwei Dinge ergeben. Zunächst kenne das Unionsrecht keine absolute Unverhältnismäßigkeit. D. h. soweit entweder die Nacherfüllung oder die Nachbesserung möglich sind, hat der Verkäufer nicht das Recht, diese zu verweigern. Er kann nur, wenn beide möglich sind, die unwirtschaftliche Variante verweigern. Außerdem folge aus dem Recht des Verbrauchers auf unentgeltliche Nacherfüllung, dass der Verkäufer jedenfalls die Kosten des Ein- und Ausbaus zu tragen habe.[146] Der EuGH billigte allerdings dem Verkäufer zu, dass die Beteiligung des Verkäufers an den Kosten auf einen „angemessenen Betrag" gedeckelt werden könne. Diesem Urteil hat der BGH dadurch Folge geleistet, dass er § 439 Abs. 1 Alt. 2 richtlinienkonform auslegt und den Verkäufer zur Kostenübernahme verpflichtet:[147] Der Verkäufer könne aber die volle Kostenerstattung verweigern, wenn diese gemessen am Wert der Sache in mangelfreiem Zustand und der Bedeutung des Mangels nicht angemessen sei. Dann kann er die Beteiligung an den Kosten insgesamt verweigern und einen angemessenen Betrag zu den Kosten des Aus- und Einbaus zahlen. Dies gilt aber nur für den Verbrauchsgüterkauf.[148] Es liegt also eine sogenannte „gespaltene Auslegung" vor: Zwischen Verbrauchern und Unternehmern ist die Vorschrift anders auszulegen als zwischen Verbraucher und Verbraucher und zwischen Unternehmer und Unternehmer.

Für den Nacherfüllungsanspruch gilt, wie auch für jeden Anspruch: Wenn sie unmöglich, § 275 Abs. 1, oder nach dem Maßstab des § 275 Abs. 2 oder 3 unzumutbar ist, dann ist die jeweils betroffene Art der Nacherfüllung ausgeschlossen. Unmöglich ist die Nachbesserung insbesondere, wenn die Kaufsache an einem unbehebbaren Mangel leidet.

> **Bsp.:** So kann etwa ein Unfallwagen durch Reparatur niemals zu dem geschuldeten unfallfreien Pkw gemacht werden. Beim echten Stückkauf ist die Nachlieferung nach § 275 Abs. 1 ausgeschlossen (S auch Rn. 75 ff.).[149]

Die Ausschlussgründe des § 275 werden ergänzt durch das **Leistungsverweigerungsrecht** des § 439 Abs. 4, das die Unzumutbarkeitsschwelle des § 275 Abs. 2 zugunsten des Verkäufers absenkt. Bereits dann, wenn die vom Käufer gewählte Art der Nacherfüllung mit **unverhältnismäßigen Kosten** verbunden ist, kann sie verweigert werden. § 439 Abs. 4 regelt also einen Fall ausnahmsweise beachtli-

---
146 EuGH NJW 2011, 2269 = JuS 2011, 744 (m. Anm. Faust).
147 BGH NJW 2012, 1073 = JuS 2012, 456 (m. Anm. Faust) = JA 2012, 386 (m. Anm. Looschelders).
148 BGH NJW 2013, 220 = JA 2013, 149 (m. Anm. Looschelders).
149 BeckOK-BGB/*Faust*, § 439 Rn. 34.

cher „wirtschaftlicher Unmöglichkeit", die ansonsten nur zu einer Störung der Geschäftsgrundlage führen kann; § 439 Abs. 4 verdrängt in seinem Anwendungsbereich deshalb § 313. Die Unverhältnismäßigkeit kann sich dabei sowohl aus einem Vergleich mit der anderen Art der Nacherfüllung als auch im Bezug zum Nacherfüllungsinteresse des Käufers überhaupt ergeben. Kriterien bei der Ermittlung der Unverhältnismäßigkeit im Einzelfall sind der **Wert der Sache** in mangelfreiem Zustand und die **Bedeutung des Mangels** und der **gewählten Nacherfüllungsart** für den Käufer. So wird bei geringwertigen Sachen eine Reparatur im Vergleich zur Nachlieferung in der Regel unverhältnismäßig sein, dem Käufer einer neuen Sache wird die Reparatur nicht ohne Weiteres zuzumuten sein, weil er eine neue und keine reparierte Sache erhalten möchte.

85 Nach Auffassung des BGH ist die Grenze des § 439 Abs. 4 jedenfalls dann erreicht, wenn die Kosten der Nacherfüllung mehr als 150 % des Wertes der Kaufsache in mangelfreiem Zustand betragen oder 200 % des mangelbedingten Minderwerts übersteigen und dem Verkäufer kein Verschulden zur Last fällt. Insgesamt habe allerdings eine Abwägung aller Gesichtspunkte zu erfolgen.[150] Daraus lässt sich schließen, dass bei einem Vertretenmüssen höhere Grenzen in Frage kommen. Diese nicht im Gesetzeswortlaut festgeschriebene Grenze darf jedoch keinesfalls starr angewendet werden, sondern vermag allenfalls einen – eher zu niedrig liegenden – Richtwert vorzugeben. Nach § 439 Abs. 4 ist überdies zu prüfen, ob auf die **andere Art der Nacherfüllung** ohne erhebliche Nachteile für den Käufer zurückgegriffen werden kann, sie also für den Käufer zumutbar ist. Das ist insbesondere nicht der Fall, wenn der Käufer einer neuen Sache das legitime Interesse hat, eine von Beginn an mangelfreie neue Sache und keine reparierte Sache zu erhalten. Macht der Verkäufer von seinem Verweigerungsrecht Gebrauch, so beschränkt sich der Nacherfüllungsanspruch des Käufers auf die andere Art der Nacherfüllung, § 439 Abs. 4. Gegebenenfalls kann der Verkäufer (Ausnahme: Verbrauchsgüterkauf!, siehe Rn. 82) auch beide Formen der Nacherfüllung verweigern. Dann bleibt dem Käufer nur übrig, ein anderes Mängelrecht nach § 437 in Anspruch zu nehmen.

86 c) **Rücktritt.** Das zweite in § 437 genannte Recht des Käufers einer mangelhaften Sache ist das Rücktrittsrecht, § 437 Nr. 2. Es ist nicht im Kaufrecht, sondern im Allgemeinen Schuldrecht geregelt, auf das § 437 Nr. 2 verweist. Im Kaufrecht finden sich lediglich einige **Modifikationen** des im Übrigen in § 323 oder § 326 Abs. 5 geregelten Rücktrittsrechts. Die Rechtsfolgen des Rücktritts ergeben sich aus §§ 346 ff.

87 aa) **Rücktrittsvoraussetzungen.** Das durch eine Gestaltungserklärung, § 349, gegenüber dem Verkäufer auszuübende Rücktrittsrecht erfordert einen **gegenseitigen Vertrag**, hier den Kaufvertrag. Außerdem bedarf es entweder eines **Käuferanspruchs**, der nach § 275 ausgeschlossen ist, §§ 326 Abs. 5, 323, oder eines fälligen, durchsetzbaren Käuferanspruchs, der aufgrund mangelhafter Leistung nicht erfüllt wurde, § 323 Abs. 1.

88 Doch auch wenn die Pflicht des Verkäufers zur Verschaffung der Kaufsache noch nicht fällig ist, kann der Käufer bereits zurücktreten, § 323 Abs. 4 und 1, wenn offensichtlich ist, dass die Rücktrittsvoraussetzungen eintreten werden. Ein

---

150 BGH NJW 2009, 1660 = JuS 2009, 470 (m. Anm Faust) = JA 2009, 384 (m. Anm. Looschelders).

Rücktrittsrecht kann also **bereits vor Gefahrübergang,** §§ 446, 447, bestehen, ohne dass es dazu der analogen Anwendung des § 437 vor Gefahrübergang bedürfte. Die Voraussetzungen des § 323 Abs. 4 liegen dann vor, wenn sowohl zu erwarten ist, dass der Verkäufer nach Fälligkeit mangelhaft leisten wird, als auch, dass er innerhalb angemessener Frist seiner Nacherfüllungspflicht nicht nachkommen wird.[151] Der Rücktritt richtet sich dann alleine nach dem Allgemeinen Schuldrecht.

bb) Insbesondere: Fristsetzung. Entscheidender Punkt für die Auslösung des Rücktrittsrechts ist die Setzung einer angemessenen Frist zur Nacherfüllung durch den Käufer. Nur wenn diese **Frist** gesetzt wurde und **fruchtlos verstrichen** ist, kann der Käufer einer mangelhaften Sache die Ebene der Nacherfüllung verlassen und zu anderen Käuferrechten, hier dem Rücktritt, übergehen. Die Fristsetzung kann frühestens gleichzeitig mit Ausübung des Wahlrechts aus § 439 Abs. 1 erfolgen, denn der Verkäufer muss wissen, was er innerhalb dieser Frist tun soll. Der Käufer kann aber auch ohne Festlegung einer bestimmten Art der Nacherfüllung die Frist setzen. In dem Fall stellt die Fristsetzung einen Verzicht auf das Wahlrecht des Käufers dar.[152] In der Sache muss die Fristsetzung ein eindeutiges und bestimmtes Verlangen der Nacherfüllung beinhalten und zudem aufzeigen, dass dies nur zeitlich begrenzt möglich ist.[153] Eine unangemessen **kurze Frist verlängert sich** auf eine angemessene Frist.[154] Der BGH akzeptiert sogar das Verlangen einer unverzüglichen Nachbesserung, was jedoch im Schrifttum kritisiert wird, weil damit keine ausreichende Warnung verbunden sei.[155] Die Angemessenheit bestimmt sich nach den Umständen des Einzelfalls, die sich sowohl an der objektiven Möglichkeit orientiert als auch am berechtigten Interesse des Käufers an der Nacherfüllung.[156] Die wirksame Fristsetzung setzt weiter voraus, dass der Käufer dem Verkäufer die Kaufsache auch zu einer notwendigen Untersuchung zur Verfügung stellt. Vorher muss sich der Verkäufer auch nicht auf eine Art der Nachbesserung festlegen lassen.[157]

In einer Reihe von Fällen ist die Setzung einer **Frist** jedoch **entbehrlich**.[158] Der Käufer kann dann ohne Weiteres zurücktreten. Die Entbehrlichkeit der Fristsetzung kann sich aus einer individualvertraglichen Vereinbarung ergeben;[159] eine Vereinbarung in AGB ist hingegen unwirksam, § 309 Nr. 4. Außerdem ist die Fristsetzung entbehrlich, wenn die Nacherfüllung unmöglich ist, § 275 Abs. 1, oder der Verkäufer von seinen Rechten aus § 275 Abs. 2, 3 Gebrauch macht, was sich aus § 326 Abs. 5 ergibt. Wie ebenfalls aus dem allgemeinen Schuldrecht geläufig ist, entfällt die Fristsetzung überdies in den in § 323 Abs. 2 Nr. 1 bis 3 geregelten Fällen. Zum einen bei ernsthafter und endgültiger (und im Gegensatz zu § 439 Abs. 4 unberechtigter) Verweigerung der Nacherfüllung, Nr. 1, zum anderen bei relativen Fixgeschäften, Nr. 2. Besondere, zum sofortigen Rücktritt

---

151 BeckOK-BGB/*Faust*, § 437 Rn. 13; MünchKomm-BGB/*Westermann*, § 437 Rn. 9.
152 BeckOK-BGB/*Faust*, § 437 Rn. 20.
153 BGH NJW 2009, 3153 = JA 2010, 64 (Anm. Looschelders); BGH NJW 2016, 3654 = JuS 2017, 67 (Anm. Schwab).
154 BeckOK-BGB/*Grothe*, § 323 Rn. 16.
155 BGH NJW 2009, 3153.
156 BeckOK-BGB/*Faust*, § 437 Rn. 20.
157 BGH NJW 2013, 1074 = JuS 2013, 931 (Anm. Schwab) = JA 2013, 785 (Anm. Looschelders); BGH NJW 2010, 1448 = JuS 2011, 67 (Anm. Faust) = JA 2010, 546 (Anm. Looschelders).
158 *Skamel*, JuS 2010, 671 (672).
159 RGZ 96, 255 (257).

91 rechtfertigende Umstände nach Nr. 3 liegen schließlich vor, wenn der Verkäufer den zum Rücktritt berechtigenden Mangel arglistig verschwiegen hat.[160]

91 Eine **Erweiterung dieser Regelungen** ergibt sich aus dem Kaufrecht: Nach § 440 Satz 1 Alt. 1 ist eine Fristsetzung auch dann entbehrlich, wenn der Verkäufer beide Arten der Nacherfüllung nach § 439 Abs. 4 **berechtigt verweigert** hat (die unberechtigte Verweigerung ist bereits in § 323 Abs. 2 Nr. 1 geregelt). Außerdem ist die Fristsetzung entbehrlich, wenn die **Nacherfüllung fehlgeschlagen** ist, § 440 Satz 1 Alt. 2. Damit ist nicht die Unmöglichkeit der Nacherfüllung gemeint, wie sich aus der Regelung zur Unmöglichkeit in § 326 Abs. 5 ergibt, sondern es werden Fälle erfasst, in denen die Nacherfüllung zwar möglich ist, aber nicht funktioniert hat.[161] Der wichtigste Fall des Fehlschlagens ist in § 440 Satz 2 geregelt, nämlich zwei erfolglose Versuche der Nachbesserung; es handelt sich hierbei allerdings lediglich um eine widerlegbare Vermutung. Schließlich ist nach § 440 Satz 1 Alt. 3 die Fristsetzung entbehrlich, wenn die Nacherfüllung für den Käufer **nicht zumutbar** ist. Das soll insbesondere der Fall sein, wenn der Mangel arglistig verschwiegen worden ist.[162] Gleiches gilt beim Tierkauf jedenfalls für die Notbehandlung des Tieres[163], sowie bei einem ersten Nachbesserungsversuch, der mangelnde Kompetenz des Verkäufers erkennen lässt und bspw. die Sache nur „verschlimmbessert".[164]

91a Eine weitere Besonderheit gilt nach einer in der Literatur vertretenen Ansicht im Verbrauchsgüterkaufrecht. Art. 3 Abs. 5 der Verbrauchsgüterkaufrichtlinie verlangt für Rücktritt und Minderung lediglich, dass der Verkäufer in angemessener Zeit keine Abhilfe geschaffen hat. Es genügt daher jedes Nachbesserungsverlangen des Käufers auch ohne Fristsetzung, um eine angemessene Frist in Gang zu setzen. Eine Fristsetzung kann daher nach der Richtlinie nicht verlangt werden.[165] Es stellt sich aber die Frage, ob das deutsche Kaufrecht einfach europarechtswidrig ist oder ob eine richtlinienkonforme Auslegung stattfinden kann. Teilweise wird daher von der Literatur vorgeschlagen § 323 Abs. 2 Nr. 3 richtlinienkonform auszulegen, der Verbraucherkauf soll also besondere Umstände begründen, die den Rücktritt auch ohne Fristsetzung erlauben.[166] Dann allerdings hätte der Verkäufer kein Recht zur zweiten Andienung mehr.[167] Teilweise wird vorgeschlagen § 440 BGB anzuwenden und die Nacherfüllung als gescheitert anzusehen, wenn der Käufer diese verlangt hat und eine angemessene Frist verstrichen ist.[168] Unabhängig von der Frage, welchen Weg man gehen will, ist das Kaufrecht insoweit gespalten auszulegen, also für normale Kaufverträge keine richtlinienkonforme Auslegung vorzunehmen. Schließlich ist die Fristsetzung auch beim **Unternehmerregress** entbehrlich, § 478 Abs. 1.[169]

---

160 BGH NJW 2007, 835 = JA 2007, 646 (Anm. Looschelders).
161 *Huber/Faust*, Schuldrechtsmodernisierung, S. 339.
162 BGH NJW 2007, 1534; BGH NJW 2008, 1371; BGH NJW 2015, 1669 = JuS 2016, 65 (Anm. Gutzeit).
163 LG Essen NJW 2004, 527.
164 OLG Saarbrücken NJW-RR 2013, 1388 = JuS 2014, 358 (Anm. Schwab).
165 *Skamel*, JuS 2010, 671 (674).
166 BeckOK-BGB/*Faust*, § 437 Rn. 18.
167 *Skamel*, JuS 2010, 671 (674).
168 *Skamel*, JuS 2010, 671 (674).
169 Siehe dazu unten Rn. 135 ff.

Wichtig ist, dass die verschiedenen Gründe für ein Entfallen der Fristsetzung **miteinander kombiniert** werden können und müssen, wenn bei den beiden Arten der Nacherfüllung aus unterschiedlichen Gründen eine Fristsetzung entbehrlich ist. So kann etwa bei einem Stückkauf die Nachlieferung unmöglich sein, § 275 Abs. 1, die Nachbesserung unzumutbar, § 439 Abs. 4. Die Entbehrlichkeit der Fristsetzung ergibt sich dann aus einer Kombination von §§ 326 Abs. 5 und 440 Satz 1 Alt. 1.

War die Fristsetzung entbehrlich oder ist eine gesetzte Frist erfolglos abgelaufen, dann kann der Käufer vom Kaufvertrag zurücktreten. Es erlischt also mit Fristablauf nicht automatisch der Anspruch des Käufers auf Nacherfüllung, sondern der **Fristablauf eröffnet** lediglich das **Rücktrittsrecht**. Erst mit dem Rücktritt wandelt sich der Kaufvertrag in ein Rückgewährschuldverhältnis um (Gestaltungsrecht).[170]

cc) **Ausschlussgründe.** Zu beachten sind die allgemeinen Grenzen des Rücktrittsrechts, nämlich insbesondere die Erheblichkeit des Mangels, §§ 437 Nr. 2, 323 Abs. 5 Satz 2. Bei einem **unerheblichen Mangel** soll der Käufer den Vertrag nicht zur Disposition stellen können, sondern darf nur im Wege der Minderung das vertragliche Äquivalenzgefüge wiederherstellen.[171] Weicht der Kraftstoffverbrauch eines Neufahrzeugs beispielsweise von den Herstellerangaben um weniger als 10 % ab, so ist ein Rücktritt vom Kaufvertrag ausgeschlossen.[172] Der BGH hat die Anwendung des unbestimmten Rechtsbegriffs der Unerheblichkeit nun dahingehend präzisiert, dass jedenfalls dann, wenn die Kosten der Beseitigung mehr als 5 % des Werts der mangelfreien Kaufsache darstellen, der Mangel in der Regel auf jeden Fall erheblich sein soll. Die Umstände des Einzelfalls sind aber zu beachten. Dabei handelt es sich um eine Obergrenze. Erheblich soll ein geringfügiger Mangel auch dann sein, wenn er arglistig verschwiegen wurde, weil der Gesetzgeber auf die Erheblichkeit der Pflichtverletzung und nicht des Mangels, also an ein Verhalten des Verkäufers anknüpft, so dass Raum für die Würdigung arglistigen Verhaltens bleibe, selbst wenn der Mangel objektiv sehr unbedeutend ist.[173] Wenn eine Beschaffenheit vereinbart wurde, indiziert das Fehlen dieser Eigenschaft die Erheblichkeit ebenfalls,[174] weil der Käufer – für den Verkäufer erkennbar – gezeigt hat, dass es ihm besonders auf diese Eigenschaft ankommt.

Zu beachten ist weiterhin, dass bei einer **Teilleistung**[175] ein Rücktritt vom ganzen Vertrag nur möglich ist, wenn der Käufer darlegt, dass er an der Teilleistung kein Interesse hat, §§ 437 Nr. 2, 323 Abs. 5 Satz 1. Das Interesse des Gläubigers ist hier nach objektiven Kriterien zu bestimmen; es wird in der Regel dann fehlen, wenn die Teilleistung die Verwirklichung des mit dem Vertrag verfolgten Interesses nicht ermöglicht. Andernfalls müsste man z. B. bei Geldgläubigern regelmäßig ein Interesse am Erhalt des Geldes – auch wenn es nur ein Teil ist – bejahen.[176]

---

170 BeckOK-BGB/*H. Schmidt*, § 323 Rn. 31.
171 Staudinger/*Otto*, § 323 Rn. C24.
172 BGH NJW 2007, 2111; gleiches gilt, wenn sich der Mangel lediglich in einem merkantilen Minderwert des KfZ auswirkt, der weniger als 1 % des Kaufpreises beträgt, BGH NJW 2008, 1517.
173 BGHZ 167, 19; a. A. *Hey*, Jura 2006, 855 (857 f.).
174 BGH NJW 2013, 1365 = JuS 2013, 1031 (Anm. Schwab).
175 Siehe hierzu oben Rn. 49.
176 MünchKomm-BGB/*Ernst*, § 323 Rn. 205.

96 Schließlich ist das Rücktrittsrecht nach §§ 437 Nr. 2, 323 Abs. 6 Alt. 1 ausgeschlossen, wenn der Käufer den zum Rücktritt berechtigenden **Umstand allein oder weit überwiegend zu verantworten** hat. Mit dem Umstand, der zum Rücktritt berechtigt, ist im Bereich des Kaufrechts also die Mangelhaftigkeit der Leistung trotz Fristsetzung gemeint. Es reicht somit aus, wenn der Käufer nicht die mangelhafte Leistung, wohl aber die nicht fristgerechte Nachfüllung zu verantworten hat.[177] § 323 Abs. 6 Alt. 2 ordnet die gleiche Rechtsfolge für die Zeitspanne des **Annahmeverzugs** des Gläubigers (Käufers) an. Ein solcher Fall kann vor allem gegeben sein, wenn der Käufer mit der Annahme der Nacherfüllung in Verzug kommt.

97 d) **Minderung. Alternativ zum Rücktritt** stellt das Gesetz dem Käufer ein weiteres Gestaltungsrecht zur Verfügung, die Minderung. Sie ist in §§ 437 Nr. 2, 441 geregelt und unter den gleichen Voraussetzungen wie der Rücktritt möglich. Das ergibt sich aus der Formulierung, der Käufer könne mindern „statt" zurückzutreten. Einziger Unterschied ist, dass der Ausschlussgrund des § 323 Abs. 5 Satz 2 nicht gilt und der Käufer somit auch bei unerheblichem Mangel mindern kann, § 441 Abs. 1 Satz 2.

98 Rechtsfolge der Minderung ist die **Herabsetzung des Kaufpreises** nach folgender Formel, die sich aus § 441 Abs. 3 ergibt; der zu viel entrichtete Kaufpreis ist zurückzuerstatten, § 441 Abs. 4.

$$\text{Herabgesetzter Kaufpreis} = \frac{\text{Tatsächlicher Wert x Vereinbarter Preis}}{\text{Hypothetischer Wert als mangelfreie Sache}}$$

99 e) **Anspruch auf Schadenersatz.** Ein weiterer Rechtsbehelf des Käufers einer mangelhaften Sache ist der Schadensersatzanspruch. Auch dieser Anspruch ist im **Allgemeinen Schuldrecht**, §§ 280, 281, 283, 311a, geregelt, auf die § 437 Nr. 3 verweist. Wichtig ist, dass bei den Schadensersatzansprüchen des Käufers sorgfältig zwischen Schadenersatz neben der Leistung und Schadenersatz statt der Leistung unterschieden wird.

100 aa) **Schadenersatz neben der Leistung.** Schadenersatz neben der Leistung bedeutet, dass der Käufer **weiterhin seinen Anspruch** auf Verschaffung einer mangelfreien Kaufsache **geltend macht**, daneben aber Begleitschäden ersetzt verlangt. Anspruchsgrundlage sind §§ 437 Nr. 3, 280 Abs. 1, nicht hingegen allein § 280 Abs. 1. Die Anwendung des § 437 bewirkt nämlich, dass der Schadensersatzanspruch nicht nach §§ 195, 199, sondern nach § 438 verjährt, denn sämtliche Ansprüche, die an die Mangelhaftigkeit der Kaufsache knüpfen, sollen der kürzeren Verjährung aus dem Kaufmängelrecht unterstehen.[178]

101 Das nach § 280 Abs. 1 erforderliche **Schuldverhältnis** ist der wirksame Kaufvertrag; als **Pflichtverletzung** des Verkäufers kommt entweder die Lieferung einer mangelhaften Kaufsache oder das Unterlassen der ordnungsgemäßen Nacherfüllung in Betracht. Das **Vertretenmüssen des Verkäufers**, das sich auf die Pflichtverletzung beziehen muss, mit der der Begleitschaden kausal und zurechenbar verknüpft ist, wird vermutet, § 280 Abs. 1 Satz 2. Rechtsfolge ist der Ersatz des durch die Pflichtverletzung kausal verursachten Schadens, hier des Schadenersatzes neben der Leistung, also des so genannten **Mangelfolgeschadens**. Der Min-

---

177 MünchKomm-BGB/*Westermann*, § 437 Rn. 16; a. A. *Dauner-Lieb/Arnold*, ZGS 2005, 10 (12).
178 BeckOK-BGB/*Faust*, § 438 Rn. 8.

Insbesondere: Mangelhafte Leistung

derwert der Kaufsache selbst ist insoweit hingegen nicht über § 280 Abs. 1 ersatzfähig.

102 Diese nach §§ 437 Nr. 3, 280 Abs. 1 ersatzfähigen Schäden neben der Leistung erfassen nach gängiger Auffassung auch Schadensposten, die sich aus einem **mangelbedingten Nutzungsausfall** ergeben, weil § 286 lediglich Fälle der Nichtleistung erfasst. Insoweit bedürfe es also nicht der weiteren Voraussetzungen des § 286;[179] dies kann man mit guten Gründen bezweifeln, denn der Verkäufer schuldet mangelfreie Leistung, § 433 Abs. 1 Satz 2, und erbringt diese verzögert, wenn er erst im Wege der Nachbesserung den Zustand der Mangelfreiheit herstellt.[180] Ein Anspruch des Käufers wegen Verzögerung der Nacherfüllung ergibt sich ebenfalls nur unter den Voraussetzungen der §§ 437 Nr. 3, 280 Abs. 1 und 2, 286, weil der Verkäufer seine Nacherfüllungspflicht nicht erfüllt.[181]

> **Bsp.:** Der BGH hat sich mit der h. M. für den Weg über § 280 entschieden. So hat er in einer lesenswerten Entscheidung dem Käufer eines bebauten Grundstücks nach § 437 Nr. 3, 280 Abs. 1 Schadensersatz für entgangene Mieteinnahmen zugesprochen. Der Verkäufer hatte im Kaufvertrag zugesichert, dass das Grundstück formell und materiell bauordnungsgemäß sei. Das entsprach nicht den Tatsachen, weshalb der Käufer das Grundstück erst später und zu einem niedrigeren Preis vermieten konnte. Zuvor hatte der Verkäufer innerhalb der gesetzten Frist die Bebauung baurechtlich legalisiert. Trotzdem verurteilte der BGH ihn nach § 280 Abs. 1 wegen der Garantie zur Zahlung von Schadensersatz. Dem Erfordernis der Fristsetzung bedürfe es nicht zum Schutz des Verkäufers, da dieser ohnehin nur bei Verschulden oder wie im vorliegenden Fall nach Zusage einer Garantie hafte.[182]

103 Auch bei Kaufverträgen können Pflichtverletzungen des Verkäufers stattfinden, die mit der **mangelhaften Leistung nichts zu tun** haben, also Verletzungen von Nebenpflichten, § 241 Abs. 2. Das ist beispielsweise der Fall, wenn der Verkäufer bei der Anlieferung der – mangelfreien oder mangelhaften – Kaufsache andere Gegenstände des Käufers beschädigt. Hier kann direkt aus § 280 Abs. 1 Schadenersatz verlangt werden, weil mangels Bezug zur Mangelhaftigkeit der Kaufsache die allgemeinen Verjährungsregeln gelten sollen.[183]

104 **bb) Schadenersatz statt der Leistung.** Zum Schadenersatz statt der Leistung gehören alle Schadensposten, die als **Leistungsersatz** anzusehen sind. Der Erfüllungsanspruch und der Schadensersatzanspruch statt der Leistung können also **nicht nebeneinander bestehen**. Je nachdem, ob die Erfüllung der betreffenden Pflicht noch möglich ist, schon bei Vertragsschluss unmöglich war oder nach Vertragsschluss unmöglich geworden ist, kommt Schadenersatz statt der Leistung aus §§ 437 Nr. 3, 280 Abs. 1, 3, 281, aus §§ 437 Nr. 3, 311a Abs. 2 oder aus §§ 437 Nr. 3, 280 Abs. 1, 3, 283 in Betracht.

105 Pflichtverletzungen können auch hier die **Lieferung der mangelhaften Sache** und das **Unterlassen oder die Mangelhaftigkeit der Nacherfüllung** sein. Das Vertretenmüssen des Verkäufers wird jeweils vermutet, § 280 Abs. 1 Satz 2 oder § 311a Abs. 2; allerdings ist genau zu prüfen, auf welche Pflichtverletzung es

---

179 Palandt/*Heinrich*, § 280 Rn. 18; MünchKomm-BGB/*Ernst*, § 280 Rn. 58 ff.; BGH NJW 2009, 2674 = JuS 2009, 863 (m. Anm. Faust) = JA 2009, 819 (m. Anm. Looschelders).
180 Eine umfassende Darstellung findet sich bei *Mankowski*, JuS 2006, 481.
181 Dauner-Lieb/Heidel/Ring/*Büdenbender*, § 437 Rn. 74 ff.
182 BGH NJW 2009, 2674 = JuS 2009, 863 (m. Anm. Faust) = JA 2009, 819 (m. Anm. Looschelders).
183 MünchKomm-BGB/*Westermann*, § 437 Rn. 32; so auch BGHZ 107, 249 (252).

jeweils ankommt. Im Rahmen des Anspruchs aus §§ 437 Nr. 3, 280 Abs. 1, 3, 281, der bei Nichtbehebung eines behebbaren Mangels trotz Fristsetzung geschuldet wird, kommt sowohl die ursprüngliche Schlechtleistung als auch das Unterlassen oder die Schlechterfüllung der Nacherfüllung in Betracht. Zum Teil wird behauptet, es dürfe allein auf die Nacherfüllungspflicht abgestellt werden, die nach der mangelhaften Leistung den ursprünglichen Erfüllungsanspruch ersetzt,[184] weil § 281 Abs. 1 einen fälligen Anspruch voraussetze und nur der Nacherfüllungsanspruch fällig sei. Dagegen spricht freilich, dass der Nacherfüllungsanspruch des Käufers, der mit dem Nacherfüllungsrecht des Verkäufers korrespondiert, dem Verkäufer gerade die Möglichkeit geben soll, die Folgen der ersten Pflichtverletzung, soweit es sich nicht um Begleitschäden handelt, zu beseitigen. Nutzt er diese Möglichkeit nicht, so schuldet er Schadenersatz statt der Leistung. Nach zutreffender Auffassung kann deshalb auf beide Pflichtverletzungen abgestellt werden,[185] zumal nicht einzusehen ist, warum die erste Pflichtverletzung keine Bedeutung mehr haben soll, nur weil später mit dem Unterlassen ordnungsgemäßer Nacherfüllung noch eine zweite Pflichtverletzung hinzutritt.

106 Bei dem Anspruch auf Schadenersatz statt der Leistung aus §§ 437 Nr. 3, 311a Abs. 2 Satz 1, der gegeben ist, wenn die Kaufsache bereits bei Vertragsschluss mit einem unbehebbaren Mangel behaftet war, geht es hingegen nicht um die mangelhafte Leistung, sondern um die Kenntnis oder fahrlässige Unkenntnis der Unmöglichkeit, § 311a Abs. 2 Satz 2.[186] Hier kann jedoch sowohl an die Unmöglichkeit der Leistung als auch an die Unmöglichkeit der Nacherfüllung angeknüpft werden. Für diese Auffassung spricht wiederum der Gedanke, dass die Nacherfüllungsmöglichkeit dem Verkäufer nur die Gelegenheit gibt, die erste Pflichtverletzung ungeschehen zu machen.

107 Im Rahmen des Schadensersatzanspruchs statt der Leistung nach §§ 437 Nr. 3, 280 Abs. 1, 3, 283, der geschuldet wird, wenn der unbehebbare Mangel der Kaufsache nach Vertragsschluss entsteht, ist nach gängiger Auffassung das Unmöglichwerden der Nacherfüllung nach Vertragsschluss Bezugspunkt des Vertretenmüssens. Bezugspunkt für den Schadensersatz ist daher die Nichterfüllung der Pflicht aus § 439.[187] Das erscheint freilich deshalb fragwürdig, weil Folge dieser Auffassung wäre, dass der Verkäufer, der den Eintritt des Mangels zwischen Vertragsschluss und Lieferung der Kaufsache zu vertreten hat, nicht aber die Unmöglichkeit der Nacherfüllung, keinen Schadensersatz statt der Leistung schulden würde. Kannte der Verkäufer den Mangel und die Gefahr der Unbehebbarkeit bereits bei Vertragsschluss, kann er sich daher nicht darauf berufen, dass er die Unmöglichkeit der Nacherfüllung nicht vertreten kann. Beruht die Unmöglichkeit aber auf einem Untergang der Sache, die der Verkäufer nicht zu vertreten hat, scheidet ein Schadensersatzanspruch aus.[188]

108 cc) **Insbesondere: Der Maßstab des Vertretenmüssens.** Das Vertretenmüssen des Verkäufers, der darlegen und beweisen muss, dass er die Pflichtverletzung nicht

---

184 So OLG Celle ZGS 2006, 429 (431); *Lorenz/Riehm*, Neues Schuldrecht, Rn. 535; *Oetker/Maultzsch*, Schuldrecht, 4. Aufl., § 2 Rn. 274.
185 BeckOK-BGB/*Faust*, § 437 Rn. 73 f.; *Reinicke/Tiedke*, Kaufrecht, Rn. 542 ff.
186 BeckOK-BGB/*Faust*, § 437 Rn. 107.
187 MünchKomm-BGB/*Westermann*, § 437 Rn. 26; *Lorenz*, NJW 2002, 2497.
188 MünchKomm-BGB/*Westermann*, § 437 Rn. 26.

zu vertreten hat, § 280 Abs. 1 Satz 2, bemisst sich nach § 276 (**Vorsatz und Fahrlässigkeit**). Darüber hinaus hat sich der Verkäufer schuldhafte Pflichtverletzungen von Erfüllungsgehilfen ohne Weiteres zurechnen zu lassen, § 278.

Der Verkäufer kann jedoch auch eine **Eigenschaft der Kaufsache zusichern** mit der Folge, dass er für ihr Vorhandensein und die Folgen ihres Fehlens **verschuldensunabhängig haftet**, also eine Garantie nach § 276 Abs. 1 Satz 1 übernimmt. Diese Zusicherung muss von der bloßen Vereinbarung einer Beschaffenheit nach § 434 Abs. 1 Satz 1 abgegrenzt werden. Eine solche Zusicherung kann sowohl ausdrücklich als auch konkludent im Vertrag enthalten sein, d. h. eine solche Zusicherung kann aus den Umständen des Einzelfalls im Rahmen der Vertragsauslegung, §§ 133, 157, abgeleitet werden.[189] Dabei sind strenge Anforderungen zu stellen, denn der Verkäufer geht mit der Zusicherung ein hohes Risiko ein. Technische Angaben zur Bezeichnung einer Gattungssache oder Werbeaussagen sind deshalb in der Regel keine Zusicherungen.[190] Im Gebrauchtwagenhandel werden hingegen von der Rechtsprechung keine allzu hohen Anforderungen an eine Zusicherung gestellt, weil der Käufer dem Händler besonderes Vertrauen entgegenbringe.[191] Hintergrund dieser Auffassung ist freilich, dass sich der Verkäufer bislang in allgemeinen Geschäftsbedingungen von der Gewährleistung freizeichnen konnte. Der Ausschluss von Mängelrechten ist beim Verbraucherkauf jedoch nur für Schadenersatzansprüche möglich, § 476, so dass sich diese Sonderbehandlung des Gebrauchtwagengewerbes nunmehr nicht mehr rechtfertigen lässt. Allerdings macht eine Beschaffenheitsgarantie eine Haftungsfreizeichnung in jedem Fall unwirksam, § 444, also etwa auch beim Kauf eines Gebrauchtwagens durch einen Unternehmer. Zu beachten ist schließlich, dass die Begründung einer Gattungsschuld dem Schuldner zwar das Beschaffungsrisiko aufbürdet, solange noch Gattungsstücke verfügbar sind, § 276 Abs. 1 Satz 1, nicht aber ohne Weiteres eine verschuldensunabhängige Einstandspflicht für die Verschaffung eines mangelfreien Gattungsstücks begründet.

Auf der anderen Seite ist die Zusicherung als einseitige Garantieübernahme des Verkäufers für das Vorhandensein der Eigenschaft nach § 276 Abs. 1 Satz 1 von Garantien nach § 443 zu unterscheiden, die Käuferrechte gewähren, welche ganz unabhängig von den gesetzlichen Mängelrechten bestehen.[192]

dd) Fristsetzung. Schadenersatz statt der Leistung kann der Käufer grundsätzlich erst nach **fruchtlosem Verstreichen** einer dem Verkäufer zur Erbringung der geschuldeten Leistung gesetzten **Frist** verlangen, § 281 Abs. 1. Die Fristsetzung kann frühestens gleichzeitig mit Ausübung des Wahlrechts aus § 439 Abs. 1 erfolgen, denn der Verkäufer muss wissen, was er innerhalb dieser Frist tun soll. Eine unangemessen **kurze Frist verlängert sich** auf eine angemessene Frist.[193] Die Angemessenheit bestimmt sich nach den Umständen des Einzelfalls, die sich sowohl an der objektiven Möglichkeit orientiert als auch am berechtigten Interesse des Käufers an der Nacherfüllung.[194] Hierbei ist auf einen leistungsbereiten Verkäufer abzustellen.

---
189 BGHZ 132, 55 (57 f.).
190 BGH ZIP 1996, 711 (712 f.); BGHZ 48, 118 (122 f.).
191 BGH BB 2007, 573 (575).
192 Siehe hierzu unten Rn. 119 ff.
193 BeckOK-BGB/*Grothe*, § 323 Rn. 16.
194 BeckOK-BGB/*Faust*, § 437 Rn. 20.

112 In einer Reihe von Fällen ist die Setzung einer **Frist** jedoch **entbehrlich**. Der Käufer kann dann ohne Weiteres Schadensersatz statt der Leistung verlangen. Die Entbehrlichkeit der Fristsetzung kann sich aus einer individualvertraglichen Vereinbarung ergeben;[195] eine Vereinbarung in AGB ist hingegen unwirksam, § 309 Nr. 4. Außerdem ist die Fristsetzung entbehrlich, wenn die Nacherfüllung unmöglich ist, § 275 Abs. 1, oder der Verkäufer von seinen Rechten aus § 275 Abs. 2, 3 Gebrauch macht, § 283. Wie ebenfalls aus dem allgemeinen Schuldrecht geläufig ist, entfällt die Fristsetzung überdies in den in § 281 Abs. 2 geregelten Fällen, also insbesondere bei ernsthafter und endgültiger (und im Gegensatz zu § 439 Abs. 4 unberechtigter) Verweigerung der Nacherfüllung und bei besonderen Umstände, die unter Abwägung der beiderseitigen Interessen ein Entfallen der Frist erforderlich machen (Rn. 90 ff.).

113 Eine **Erweiterung dieser Regelungen** ergibt sich aus dem Kaufrecht: Nach § 440 Satz 1 Alt. 1 ist eine Fristsetzung auch dann entbehrlich, wenn der Verkäufer beide Arten der Nacherfüllung nach § 439 Abs. 4 **berechtigt verweigert** hat (die unberechtigte Verweigerung ist bereits in § 281 Abs. 2 geregelt). Außerdem ist die Fristsetzung entbehrlich, wenn die **Nacherfüllung fehlgeschlagen** ist, § 440 Satz 1 Alt. 2. Damit ist nicht die Unmöglichkeit der Nacherfüllung gemeint, wie sich aus der Regelung zur Unmöglichkeit in § 283 ergibt, sondern es werden Fälle erfasst, in denen die Nacherfüllung zwar möglich ist, aber nicht funktioniert hat. Schließlich ist nach § 440 Satz 1 Alt. 3 die Fristsetzung entbehrlich, wenn die Nacherfüllung für den Käufer **nicht zumutbar** ist. Das soll insbesondere der Fall sein, wenn der Mangel arglistig verschwiegen worden ist.[196] Zuletzt ist die Fristsetzung auch beim **Unternehmerregress** entbehrlich, § 478 Abs. 1.[197]

114 Wichtig ist, dass die verschiedenen Gründe für ein Entfallen der Fristsetzung **miteinander kombiniert** werden können und müssen, wenn bei den beiden Arten der Nacherfüllung aus unterschiedlichen Gründen eine Fristsetzung entbehrlich ist. So kann etwa bei einem Stückkauf die Nachlieferung unmöglich sein, § 275 Abs. 1, die Nachbesserung für den Verkäufer unzumutbar, § 439 Abs. 4. Die Entbehrlichkeit der Fristsetzung ergibt sich dann aus einer Kombination von §§ 326 Abs. 5 und 440 Satz 1 Alt. 1.

115 ee) **Kleiner und großer Schadensersatz statt der Leistung.** Für den Schadensersatz statt der Leistung kann der Käufer zwischen **zwei Berechnungsmodellen wählen**: Er kann die mangelhafte Kaufsache behalten und den Betrag als Schaden ersetzt verlangen, der die Differenz zwischen seiner gegenwärtigen Vermögenslage und der hypothetischen Vermögenslage nach ordnungsgemäßer Erfüllung ausmacht (**kleiner Schadensersatz**). Das kann der mängelbedingte Minderwert oder der für eine fachkundige Reparatur aufgewendete Geldbetrag sein.[198]

116 Alternativ kann er die mangelhafte Kaufsache dem Verkäufer zurückgeben und rückübereignen und erhält die Differenz zwischen seiner gegenwärtigen Vermögenslage nach Rückgewähr der Kaufsache und der hypothetischen Vermögenslage nach ordnungsgemäßer Erfüllung ersetzt (**großer Schadensersatz** = Schadensersatz statt der ganzen Leistung, § 281 Abs. 1 Satz 3). Zum Schaden

---

195 RGZ 96, 255 (257).
196 BGH NJW 2007, 1534.
197 Siehe hierzu unten Rn. 135 ff.
198 BeckOK-BGB/*Unberath*, § 281 Rn. 67.

gehören hier insbesondere die Kosten einer anderweitigen Beschaffung einer mangelfreien Sache oder ein Gewinn, der bei Weiterveräußerung der Sache angefallen wäre. Handelt es sich bei der Kaufsache um einen Gegenstand, auf dessen ständige Verfügbarkeit der Käufer für seine eigenwirtschaftliche Lebenshaltung angewiesen ist und hätte er die Sache während der Zeit ihres Ausfalls entsprechend genutzt[199], kommt auch der Ersatz eines Nutzungsausfallschadens[200] in Betracht, für den Zeitraum bis zum anderweitigen Eindecken des Käufers mit der Kaufsache.[201] Schadensersatz statt der ganzen Leistung stellt den Vertrag insgesamt zur Disposition und ist deshalb, wie der Rücktritt, § 323 Abs. 5 Satz 2, bei unerheblichen Mängeln ausgeschlossen, §§ 281 Abs. 1 Satz 3, 283 Satz 2, 311a Abs. 2 Satz 3.

ff) Schadensersatz neben Rücktritt. Wie § 325 klarstellt, wird durch den Rücktritt das Recht Schadensersatz zu verlangen nicht beeinträchtigt. Das Ergebnis ist letztlich mit dem Verlangen des großen Schadensersatzes statt der Leistung identisch. Auf Rechtsfolgenseite stehen dann, wenn ein Vertretenmüssen des Verkäufers hinzukommt, nicht mehr nur die Rückgewähr der empfangenen Leistungen nach § 346, sondern auch ein eventueller Schadensersatz für entgangenen Gewinn oder für ein Deckungsgeschäft.[202]

116a

f) Aufwendungsersatz. Wie stets kann der Käufer **an Stelle von Schadenersatz statt der Leistung** auch Ersatz seiner vergeblichen Aufwendungen verlangen, §§ 437 Nr. 3, 284, wobei auch Verträge mit erwerbswirtschaftlichem Charakter erfasst werden.[203] Das bedeutet, dass auch der Anspruch auf Aufwendungsersatz die unter e)[204] geschilderten Voraussetzungen hat. Aufwendungen des Käufers auf eine gekaufte Sache, die sich später als mangelhaft erweist, sind in der Regel vergeblich, wenn der Käufer die Kaufsache wegen ihrer Mangelhaftigkeit zurückgibt oder sie jedenfalls nicht bestimmungsgemäß nutzen kann und deshalb auch die Aufwendungen nutzlos sind.[205]

117

Der Käufer einer mangelhaften Sache hat auch dann gemäß § 284 Anspruch auf Ersatz vergeblicher Aufwendungen, wenn er wegen des Mangels vom Kaufvertrag zurücktritt. Der Anspruch ist dabei nicht gemäß § 347 Abs. 2 auf den Ersatz notwendiger Verwendungen oder solcher Aufwendungen beschränkt, durch die der Verkäufer bereichert wird.[206]

118

g) Garantie. Durch Übernahme einer Garantie, § 443, kann der Umfang der **Käuferrechte erweitert** werden; das kommt durch die Formulierung „unbeschadet" in § 443 Abs. 1 zum Ausdruck, die entgegen ihrem auch nach der Änderung der Norm zum 13.6.2014 weiter missverständlichen Wortlaut („Ansprüche") auch die Gestaltungsrechte des Käufers aus § 437 Nr. 2 erfasst.[207] Mit einer

119

---

199 Anerkannt für Kraftfahrzeuge, die Wohnung, wichtige Teile davon, wichtige Haushaltsgeräte und Hilfsmittel für Körperbehinderte: BeckOK-BGB/*Schubert*, § 249, S. 27 ff. bei Computern und Smartphones dürfte mittlerweile je nach den Umständen ein Ersatz ebenfalls in Betracht kommen.
200 BGH NJW 1987, 50 = JuS 1987, 574 (Anm. Emmerich).
201 Für die Kombination aus Rücktritt und Schadensersatz: BGH NJW 2010, 2426 = JuS 2010, 724 (Anm. Faust) = JA 2010, 750 (Anm. Looschelders).
202 BGH NJW 2010, 2426 = JuS 2010, 724 (Anm. Faust) = JA 2010, 750 (Anm. Looschelders).
203 BGH NJW 2005, 2848 (2850).
204 Siehe hierzu oben Rn. 99 ff.
205 BGHZ 163, 381.
206 BGHZ 163, 381.
207 JurisPK/*Pammler*, § 443 Rn. 53.

Garantie erklärt der Verkäufer, dass er die gesetzlichen Gewährleistungsansprüche verschuldensunabhängig erfüllen werde. Der BGH formuliert: „Die Übernahme einer Garantie setzt daher – wie früher die Zusicherung einer Eigenschaft – voraus, dass der Verkäufer in vertragsmäßig bindender Weise die Gewähr für das Vorhandensein der vereinbarten Beschaffenheit der Kaufsache übernimmt und damit seine Bereitschaft zu erkennen gibt, für alle Folgen des Fehlens dieser Beschaffenheit einzustehen".[208] Die Garantie ist damit abzugrenzen von der Beschaffenheitsvereinbarung. Letztere wirkt sich nicht auf den Schadensersatzanspruch aus, während die Garantie auch einen solchen Anspruch verschuldensunabhängig gewährt.[209]

120 Der **Inhalt** derartiger Garantien ist im Wege der Auslegung des entsprechenden Vertragstextes im Lichte eventueller Werbung, § 443 Abs. 1, zu ermitteln.[210] Gesetzlich angeordnet, § 443 Abs. 2, ist lediglich die Vermutung, dass bei einer Haltbarkeitsgarantie während ihrer Geltungsdauer auftretende Sachmängel die Rechte aus der Garantie begründen; der Verkäufer kann jedoch den Gegenbeweis antreten, dass beispielsweise der Mangel durch unsachgemäße Handhabung der Sache eingetreten sei und haftet dann nicht aus Garantie.

121 Eine Garantie kann auch von einem Dritten, insbesondere dem **Hersteller der Kaufsache**, übernommen werden. Soweit sich die gesetzlichen Mängelrechte des Käufers gegen den Verkäufer mit der Herstellergarantie überschneiden, sind Verkäufer und Hersteller Gesamtschuldner, §§ 421 ff.[211]

122 Beim **Verbrauchsgüterkauf**, § 474 Abs. 1, muss die Garantieerklärung des Garantiegebers einfach und verständlich abgefasst sein. Darüber hinaus muss sie einen Hinweis auf die gesetzlichen Rechte des Verbrauchers enthalten, sowie darauf, dass sie durch die Garantie nicht eingeschränkt werden. Außerdem müssen der Inhalt der Garantie und alle wesentlichen Angaben, die für die Geltendmachung der Garantie erforderlich sind, insbesondere die Dauer und den räumlichen Geltungsbereich des Garantieschutzes, sowie Namen und Anschrift des Garantiegebers mitgeteilt werden, § 479 Abs. 1. Werden diese Anforderungen verfehlt, bleibt die Garantie aber trotzdem wirksam, § 479 Abs. 3. Ein Verstoß gegen Abs. 3 wirkt sich daher insoweit aus, dass Unklarheiten der Garantie zu Gunsten des Verbrauchers ausgelegt werden nach § 305c Abs. 2. Darüber hinaus kommen Schadensersatzansprüche des Verbrauchs in Frage. Im Übrigen sieht sich der Hersteller möglicherweise Unterlassungsklagen nach dem UKlaG ausgesetzt.[212]

3. Ausschluss der Mängelrechte

123 a) **Vertrag.** Ein Ausschluss der Mängelrechte aus § 437 kann sich aus **Vertrag oder Gesetz** ergeben. Beim vereinbarten Gewährleistungsausschluss ist weiter zwischen einer Vereinbarung durch Individualabrede und durch AGB zu unterscheiden. Das Gesetz geht von einer grundsätzlichen Zulässigkeit eines Ausschlusses aus und regelt lediglich die Grenzen. Ist die Gewährleistung ausge-

---

208 BGH NJW 2007, 1346 = JuS 2007, 586 (Anm. Faust) = JA 2007, 544 (Anm. Looschelders).
209 Dazu umfassend *Braunschmidt/Vesper*, JuS 2011, 393.
210 MünchKomm-BGB/*Westermann*, § 443 Rn. 12; noch zum alten Schuldrecht BGH NJW 1995, 516 (517); BGH NJW 1996, 2504 (2506).
211 BeckOK-BGB/*Faust*, § 443 Rn. 55.
212 BeckOK-BGB/*Faust*, § 477 Rn. 11 f.

schlossen, kann der Käufer somit die Abnahme nicht wegen eines vom Ausschluss umfassten Mangels ablehnen.²¹³

124 Die Kaufvertragsparteien können individualvertraglich **beliebige Beschränkungen** der Rechte des Käufers bei Mängeln des Kaufgegenstandes vereinbaren.²¹⁴ Eine Ausnahme gilt nur, soweit der Verkäufer einen Mangel arglistig verschwiegen oder eine Beschaffenheitsgarantie übernommen hat, § 444. Mit den gleichen Ausnahmen (Arglist, Garantie, Verbrauchsgüterkauf, § 474 Abs. 2) ist die Mängelhaftung beim Verkauf im Rahmen einer öffentlichen Pfandversteigerung (§ 383 Abs. 3) ausgeschlossen, § 445, weil der Pfandgläubiger eine fremde Sache verkauft, die er nicht gut kennt. Letzteres gilt nicht beim Verbrauchsgüterkauf, § 475 Abs. 3.

> **Bsp.:** In einem vom BGH entschiedenen Fall²¹⁵ hatte der Verkäufer dem Käufer eine öffentlich-rechtliche Baulast an einer Eigentumswohnung arglistig trotz Offenbarungspflicht verschwiegen. Im Vertrag wurde die Mängelgewährleistung ausgeschlossen. Der BGH hat einerseits entschieden, dass es sich dabei um einen Sachmangel und nicht um einen Rechtsmangel handle. Zum anderen sah der BGH § 444 als gegeben an und zwar unabhängig von der Frage, ob die Täuschung tatsächlich kausal war und ob es dem Käufer überhaupt auf den verschwiegenen Sachmangel ankam. Der Gewährleistungsausschluss war daher unwirksam.

125 Im Anwendungsbereich der §§ 305 ff. (**AGB**) sind außerdem die **Klauselverbote** des § 309 Nr. 7 und 8 zu beachten. § 309 Nr. 7 lit. a erklärt eine Begrenzung der Haftung bei einer Verletzung der Rechtsgüter Leben, Körper und Gesundheit für unwirksam. Umfassende Klauseln wie „gekauft wie gesehen" erfassen auch diesen Bereich und sind deshalb insgesamt nichtig, weil eine geltungserhaltende Reduktion nicht in Betracht kommt.²¹⁶ Andere Rechtsgüter betreffend ist ein Ausschluss oder eine Begrenzung der Haftung unwirksam, wenn die Schädigung auf einer grob fahrlässigen Pflichtverletzung des AGB-Verwenders oder auf einer vorsätzlichen oder grob fahrlässigen Pflichtverletzung eines gesetzlichen Vertreters oder Erfüllungsgehilfen des AGB-Verwenders beruht, § 309 Nr. 7 lit. b. Ein Haftungsausschluss für leicht fahrlässige Pflichtverletzungen ist im Rahmen des § 309 Nr. 7 möglich, unterliegt aber der Inhaltskontrolle des § 307 Abs. 2 Nr. 2. So dürfen sog. Kardinalpflichten (vertragswesentliche Rechte und Pflichten, deren Erfüllung die ordnungsgemäße Durchführung des Vertrags erst ermöglicht)²¹⁷ nicht durch AGB ausgehöhlt werden. Außerdem enthält § 309 Nr. 8 zahlreiche Klauselverbote bei Kaufverträgen über neue Sachen.

126 Im Rahmen des **Verbrauchsgüterkaufs** freilich haben die Klauselverbote der §§ 307 ff. nur für die Rechte aus § 437 Nr. 3 Bedeutung, § 476 Abs. 3. Denn ansonsten kann ohnehin nichts für den Käufer Nachteiliges vereinbart werden, § 476 Abs. 1, auch nicht individualvertraglich.

127 **b) Gesetz.** Kraft Gesetzes sind die **Mängelrechte ausgeschlossen**, wenn der Käufer den **Mangel kannte oder aufgrund grober Fahrlässigkeit nicht kannte**, § 442;

---

213 *Sutschet*, JA 2007, 161 (162).
214 *Staudinger/Matusche-Beckmann*, § 437 Rn. 97.
215 BGH NJW 2011, 3640 = JuS 2012, 354 (Anm. Faust) = JA 2012, 64 (Anm. Looschelders).
216 BGH ZGS 2007, 650; BGH NJW 2001, 751 (753); OLG Hamm NJW-RR 2005, 1220; BGH NJW-RR 2015, 738 = JuS 2015, 1036 (Anm. Riehm).
217 BGH NJW-RR 2005, 1496 (1505) m.w.N.

das gilt freilich immer nur für den jeweiligen Mangel.[218] § 442 Abs. 1 Satz 2 regelt Fragen des Käufermitverschuldens abschließend, so dass insbesondere bei normaler Fahrlässigkeit des Käufers nicht auf § 254 zurückgegriffen werden kann.[219] Beim Gattungskauf ist § 442 nicht anwendbar, weil noch nicht klar ist, welches Gattungsstück geleistet werden soll und der Käufer deshalb den Mangel des später vom Verkäufer ausgewählten Stückes nicht kennen kann. Etwas anderes gilt freilich, wenn alle Gattungsstücke den betreffenden Mangel aufweisen.[220] § 442 BGB findet unabhängig davon Anwendung, ob der Gefahrübergang bereits bewirkt ist, so dass der Käufer bei Erkennen des Mangels auch nicht etwa vor Gefahrübergang zurücktreten kann.[221]

128 Bei **grob fahrlässiger Unkenntnis** des Mangels bestehen zwei Ausnahmen, in denen dennoch Mängelrechte bestehen, nämlich die Arglist des Verkäufers (also zumindest eine Aussage ins Blaue hinein) und die Beschaffenheitsgarantie. § 442 Abs. 1 Satz 2 regelt Fragen des Käufermitverschuldens abschließend, so dass insbesondere bei normaler Fahrlässigkeit des Käufers nicht auf § 254 zurückgegriffen werden kann.[222] Arglistiges Verschweigen ist überdies nur anzunehmen, wenn eine Pflicht des Verkäufers zur Mitteilung bestand. Davon wird üblicherweise ausgegangen, wenn es um Punkte geht, die nicht nur unerheblichen Einfluss auf die Kaufentscheidung haben.[223] Nach anderer Ansicht genügt für ein Verschweigen ein schlichtes Unterlassen; eine Aufklärungspflicht sei indes nicht erforderlich. Begründet wird dies mit dem Wortlaut des § 442 Abs. 1 Satz 2, der im Unterschied zu § 123 von „arglistiger Täuschung" statt nur von „arglistigem Verschweigen" spricht.[224] Dies kann jedoch nicht überzeugen. Von „Verschweigen" wird bei § 442 Abs. 1 Satz 2 nur deshalb gesprochen, weil es sich bei der Konstellation, dass ein Verkäufer einen Mangel einfach verschweigt, um den Regelfall handelt. Dies begründet jedoch keine andere Behandlung als bei § 123.[225] Etwas anderes als in § 442 Abs. 1 Satz 1 gilt außerdem, wenn der Mangel aus einem im Grundbuch eingetragenen Recht besteht, § 442 Abs. 2, oder wenn sich der Verkäufer zur Mängelbeseitigung bis zur Leistung verpflichtet hat.

129 Beim **beiderseitigen Handelskauf**, § 343 HGB, ist schließlich die Fiktion der Genehmigung nach § 377 Abs. 2 HGB zu beachten. Voraussetzungen sind die Ablieferung der Ware, die einen Sach- oder Rechtsmangel hat, sowie die Verletzung der Obliegenheiten zur unverzüglichen Untersuchung und zur unverzüglichen Rüge erkennbarer, also **offener Mängel** durch den Käufer (**doppelte Unverzüglichkeit**). **Verdeckte Mängel** sind unverzüglich nach ihrer Entdeckung anzuzeigen, sonst wird ebenfalls die Genehmigung der Ware durch den Käufer fingiert, § 377 Abs. 3 HGB; auch hier besteht jeweils eine Ausnahme bei Arglist des Verkäufers, § 377 Abs. 5 HGB.

---

218 BGH NJW 1981, 2640 (2641); Dauner-Lieb/Heidel/Ring/*Büdenbender*, § 442 Rn. 9.
219 BGH NJW 1978, 2240 (2240).
220 Erman/*Grunewald*, § 442 Rn. 3.
221 *Sutschet*, JA 2007, 161 (162).
222 BGH NJW 1978, 2240 (2240).
223 Palandt/*Weidenkaff*, § 442 Rn. 18 f.; BeckOGK-BGB/*Stöber*, § 442 Rn. 34 verlangt bedingten Vorsatz hinsichtlich des Mangels und im Bezug darauf, dass sich die Unkenntnis des Mangels auf die Kaufentscheidung auswirkt.
224 BeckOK-BGB/*Faust*, § 442 Rn. 25, § 438 Rn. 37.
225 *Gröschler*, NJW 2005, 1601 (1603).

c) Insbesondere: Verjährung/Ausschlussfrist. Die **Gewährleistungsansprüche** des **130** Käufers aus § 437 Nr. 1 und 3 verjähren grundsätzlich in **zwei Jahren**, § 438 Abs. 1 Nr. 3. Davon ist nicht nur der Schadensersatzanspruch statt der Leistung erfasst, sondern auch ein Schadensersatzanspruch neben der Leistung, soweit er seine Ursache im Mangel hat (Mangelfolgeschaden);[226] alle mit dem Mangel zusammenhängenden Ansprüche sollen innerhalb der zwei Jahre geltend gemacht werden. Die Verjährung beginnt bei Grundstücken mit der Übergabe, im Übrigen mit der Ablieferung der Sache, § 438 Abs. 2, wobei mit Ablieferung einer nachgebesserten oder nachgelieferten Sache keine neue Frist ausgelöst werden soll. Nach der Zweijahresfrist soll Rechtssicherheit herrschen.[227] Zutreffend erscheint es jedoch,[228] mit der Nacherfüllung eine neue Frist beginnen zu lassen, die sich bei der Nachlieferung auf die nachgelieferte Sache, bei Nachbesserung auf die nachgebesserten Teile bezieht.[229] Nur so kann gewährleistet werden, dass dem Käufer die vollen Fristen des § 438 zur Verfügung stehen.[230]

Die **Gestaltungsrechte** aus § 437 Nr. 2 unterliegen nicht der Verjährung, weil es **131** sich nicht um Ansprüche handelt, § 194. Über §§ 438 Abs. 4, 5, 218 sind diese Rechte jedoch ausgeschlossen, wenn der Nacherfüllungsanspruch verjährt ist, § 218 Abs. 1 Satz 1, oder ein Nacherfüllungsanspruch zwar wegen §§ 275 Abs. 1, 2, 3, § 439 Abs. 4 nicht besteht, aber hypothetischerweise verjährt wäre, § 218 Abs. 1 Satz 2. Überdies kann auch nach Ablauf der Ausschlussfrist der Käufer, der noch nicht bezahlt hat, die Zahlung verweigern. Er löst damit allerdings wiederum ein Rücktrittsrecht des Verkäufers aus, § 438 Abs. 4 Satz 2, Abs. 5.

Für **Bauwerke und Baustoffe** regelt § 438 Abs. 1 Nr. 2 eine fünfjährige Verjäh- **132** rungsfrist und schafft damit einen Gleichlauf mit der werkvertraglichen Verjährungsfrist wegen Baumängeln aus § 634a Abs. 1 Nr. 2. Besteht der Mangel in einem **dinglichen Recht eines Dritten,** auf Grund dessen Herausgabe der Kaufsache verlangt werden kann oder in einem sonstigen Recht, das im Grundbuch eingetragen ist, so beträgt die Verjährungsfrist 30 Jahre, § 438 Abs. 1 Nr. 1. Es ergibt sich ein Gleichlauf mit § 197 Abs. 1 Nr. 1. In **Arglistfällen** verweist § 438 Abs. 3 schließlich auf die Regelverjährung aus §§ 195, 199.

In **AGB** kann die Verjährungsfrist beim Kauf neu hergestellter Sachen nicht kür- **133** zer als ein Jahr bestimmt werden, § 309 Nr. 8 lit. b ff. Beim **Verbrauchsgüterkauf** kommt im Hinblick auf die Käuferrechte aus § 437 Nr. 1 und 2 eine Verkürzung der Frist bei neuen Sachen überhaupt nicht in Betracht, bei gebrauchten Sachen darf sie nicht weniger als ein Jahr betragen, § 476 Abs. 2; für die Käuferrechte aus § 437 Nr. 3 (Schadensersatz) gelten die § 475 Abs. 1 und 2 nicht § 476 Abs. 1 und Abs. 2, aber die Regeln zur AGB-Kontrolle, § 476 Abs. 3. Dementsprechend hat der BGH eine Klausel, nachdem offensichtliche Mängel der Mon-

---

226 Staudinger/*Matusche-Beckmann,* § 438 Rn. 30; a. A. *Canaris,* ZRP 2001, 329 (335).
227 BGH NJW 2006, 47 (48).
228 BeckOK-BGB/*Faust,* § 438 Rn. 60; *Lorenz,* NJW 2007, 1 (5).
229 BGH NJW 2006, 47 (48).
230 BeckOK-BGB/*Faust,* § 438 Rn. 59; beschränkt auf die Nachlieferung: Staudinger/*Matusche-Beckmann,* § 438 Rn. 21; a. A. MünchKomm-BGB/*Westermann,* § 438 Rn. 41 der § 203 BGB analog anwenden will und eine Verjährungshemmung während des laufenden Nachbesserungsversuchs annimmt.

tage einer Einbauküche binnen zwei Wochen zu rügen seien, im Hinblick auf § 476 Abs. 2 als problematisch gesehen.[231]

134 Bei **Garantien** nach § 443 sind neben den Fristen aus § 438 auch unabhängige Fristen zu beachten. Die Garantiefrist regelt, welche Mängel Ansprüche aus der Garantie auslösen und möglicherweise auch – das ist durch Auslegung zu ermitteln – dass Ansprüche aus Garantie innerhalb der Garantiefrist geltend gemacht werden müssen. Grundsätzlich ist jedoch zwischen der Frist, innerhalb derer Mängel auftreten (*Garantie*frist), und derjenigen, innerhalb derer die Gewährleistungsrechte geltend gemacht werden müssen (*Verjährungs*frist), zu unterscheiden.[232] Ansprüche aus der Garantie verjähren nach den allgemeinen Vorschriften, §§ 195, 199.[233]

> **Bsp.:** Ist nur eine Garantiefrist genannt, z. B. sechs Monate Garantie auf den Akku eines Notebooks, so kann dies dahingehend ausgelegt werden, dass für Mängel, die innerhalb dieser Frist auftreten, gehaftet wird, solange diese innerhalb der üblichen Verjährungsfrist geltend gemacht werden.

V. Der Verkäuferregress

1. Allgemeines

135 Viele Sachen werden mehrfach verkauft, bevor sie an ihrem endgültigen Bestimmungsort ankommen. Der Hersteller eines Elektrogeräts verkauft dieses beispielsweise an einen Großhändler und dieser an einen Einzelhändler, der es dann an einen Endkunden verkauft (**Lieferkette**). Macht der Endkunde (Käufer) gegen den Einzelhändler (Verkäufer) seine Rechte aus § 437 geltend, weil die Kaufsache einen Mangel aufweist, wird der Einzelhändler beim Großhändler **Regress nehmen** wollen, also als Käufer seinerseits Rechte aus § 437 gegen den Großhändler als Verkäufer geltend machen, der seinerseits wiederum seine Rechte aus § 437 gegen den Hersteller geltend machen wird.[234] Für diese Käuferrechte gelten grundsätzlich jeweils die oben[235] erörterten Regeln. Ist der letzte Vertrag in der Lieferkette jedoch ein **Verbrauchsgüterkauf**, § 474 Abs. 1, sehen § 478 einige besondere Regelungen vor, die den Regress erleichtern, § 478 Abs. 3. Diese Regelungen gelten für **sämtliche Rückgriffsansprüche** in der geschilderten Kette.

2. Abweichende Regelungen zu den Voraussetzungen der Mängelrechte

136 Gewöhnlich ist der Anspruch auf Nacherfüllung, § 437 Nr. 1, vorrangiges Käuferrecht und der Käufer kann erst nach erfolgloser Fristsetzung auf seine Recht aus § 437 Nr. 2 und 3 übergehen[236]. § 445a Abs. 2 lässt das Erfordernis der Fristsetzung beim Regress des Letztverkäufers und aller anderen Käufer in der Lieferkette **stets entfallen**, so dass ohne weiteres die Käuferrechte aus § 437 Nr. 2 und 3 geltend gemacht werden können. In diesen Fällen ist es nämlich regelmäßig überflüssig, dem Lieferanten eine Nacherfüllungsmöglichkeit zu geben. Nach

---

231 BGH NJW 2013, 1431.
232 Erman/*Grunewald*, § 443 Rn. 3; Staudinger/*Matusche-Beckmann*, § 443 Rn. 42.
233 Erman/*Grunewald*, § 443 Rn. 18; die a. A. will § 438 BGB anwenden: BeckOK-BGB/*Faust*, § 443 Rn. 48, 53; *Oetker/Maultzsch*, Schuldrecht, 4. Aufl., S. 153.
234 Zum Verkäuferregress insgesamt *Lorenz*, JuS 2016, 872.
235 Siehe unter Rn. 28 ff.
236 Siehe hierzu Rn. 89 ff.

dem neu eingefügten § 445a Abs. 2 muss der Verkäufer auch dann keine Frist setzen, wenn es sich bei seinem Kunden nicht um einen Verbraucher handelt.

§ 445a Abs. 2 setzt voraus, dass Gegenstand des Verbrauchsgüterkaufs eine **neu hergestellte Sache** war. Außerdem ist erforderlich, dass der Unternehmer die Sache aufgrund der Mangelhaftigkeit **zurücknehmen** musste oder Verbraucher den Kaufpreis wirksam **gemindert** hat. Die Formulierung „musste" in §§ 445a Abs. 2 macht deutlich, dass es nicht ausreicht, wenn der Verkäufer aus Kulanz gehandelt hat, sondern die Erleichterung des § 445a Abs. 2 nur dann besteht, wenn tatsächlich ein Recht des Verbrauchers aus § 437 bestand. Zurücknehmen musste der Unternehmer die Sache bei Nachlieferung, Rücktritt und großem Schadensersatz statt der Leistung.[237] Die Minderung des Kaufpreises durch den Käufer, 445a Abs. 2 Alt. 2, erfasst über den Wortlaut der Norm hinaus auch den minderungsgleichen kleineren Schadensersatz statt der Leistung.

137

Von **anderen Voraussetzungen** der Rechte aus § 437 befreit § 445a Abs. 2 den Verkäufer nicht. Sie sind also wie oben[238] erörtert zu prüfen. Allerdings kommt auch der Regress nehmende Verkäufer in den Genuss der **Beweislastumkehr aus § 476**, dessen Sechsmonatsfrist auch für den Verkäufer mit dem Übergang der Gefahr auf den Käufer[239] beginnt, § 478 Abs. 1, § 477.

138

3. Ersatz der Nacherfüllungskosten

Überdies kann der Endverkäufer, der ja die Kosten der Nacherfüllung trägt, § 439 Abs. 2 und Abs. 3, diese Aufwendungen von seinem Lieferanten (Zwischen-Verkäufer) ersetzt verlangen, § 445a Abs. 1, wenn ein Kaufvertrag über eine neue Sache vorliegt und der Endverkäufer tatsächlich bestehenden Mängelansprüchen des Endkäufers ausgesetzt ist. Auch hier gelten §§ 478 Abs. 3, 476 zugunsten des Regress nehmenden Verkäufers. Nach dem neu eingefügten § 445a Abs. 1 muss der Verkäufer auch dann keine Frist setzen, wenn es sich bei seinem Kunden nicht um einen Verbraucher handelt und der Mangel bei Gefahrübergang vorlag.

139

4. Ausschlussgründe

Im Verhältnis zwischen den einzelnen an der Lieferkette Beteiligten sind die Rechte aus § 437 Nr. 1 und 2 und die gerade erörterten Rückgriffsvorschriften zu Lasten des jeweiligen Käufers nur dann individualvertraglich oder in AGB **abdingbar**, wenn der jeweilige Käufer einen gleichwertigen Ausgleich erhält, § 478 Abs. 2. Die Rechte aus § 437 Nr. 3 sind hingegen individualvertraglich abdingbar, für AGB gilt der Maßstab des § 307, vgl. § 478 Abs. 2 Satz 2.

140

In § 445a Abs. 4 ist bestimmt, dass § 377 HGB, also die oben[240] erörterte handelsrechtliche **Rüge und Untersuchungsobliegenheit** unberührt bleibt. Ist die in § 377 HGB geregelte Genehmigungsfiktion eingetreten, hat der betreffende Unternehmer gegen seinen Lieferanten **keine Gewährleistungsrechte** mehr, so dass die „Rückgriffskette" unterbrochen ist.

141

Die in § 445a Abs. 1 geregelten Aufwendungsersatzansprüche des Unternehmers verjähren nach § 445b Abs. 1 zwei Jahren nach Ablieferung der Sache durch den

142

---
237 Siehe dazu jeweils oben Rn. 28 ff.
238 Siehe Rn. 28 ff.
239 Siehe dazu oben Rn. 7 ff.
240 Siehe Rn. 129.

Lieferanten (Verkäufer) an den jeweiligen Unternehmer (Käufer). Das gilt nach § 445b Abs. 3 auch für alle anderen Ansprüche aus § 437 in der Lieferkette entsprechend. § 445b Abs. 2 sieht überdies eine **Ablaufhemmung** für diese Verjährungsfristen vor: Die Verjährung tritt jeweils nach frühestens zwei Monaten ab dem Zeitpunkt ein, in dem der Unternehmer die Ansprüche des Verbrauchers erfüllt hat. Nur dann nämlich sind, wenn der Verbraucher die Verjährungsfristen des § 438 voll ausschöpft, auch die Regressansprüche nicht innerhalb der Lieferkette verjährt. Um den jeweiligen Verkäufern Rechtssicherheit zu gewähren, regelt: § 445b Abs. 2 Satz 2 eine fünfjährige Höchstfrist, nach deren Ablauf die Ablaufhemmung jedenfalls endet.

§ 2 Tausch

I. Allgemeines

143 Beim Tausch handelt es sich um einen **gegenseitigen Vertrag**, in dem sich beide Parteien zur Leistung eines Gegenstands, also insbesondere zur Übereignung und Übergabe einer Sache oder Übertragung eines Rechts, an die jeweils andere Partei verpflichten. Der Unterschied zwischen Tausch und Kauf liegt darin, dass hier nicht Geld gegen Gegenstand, sondern **Gegenstand gegen Gegenstand** geleistet wird. Kein Tausch, sondern ein so genannter Doppelkauf liegt vor, wenn zunächst eine Zahlung in Geld vereinbart wird und anschließend eine Verrechnung stattfindet.[241]

II. Pflichtverletzungen

144 § 480 ordnet an, dass auf den Tausch die **Vorschriften über den Kauf** entsprechend anzuwenden sind. Weil jedoch jede der Parteien eine Leistung erbringt und erhält, die der Verkäuferleistung beim Kauf entspricht, ist im Hinblick auf Pflichtverletzungen, vor allem in Hinblick auf Leistung einer mangelhaften Tauschsache, auch jede der Parteien wie ein Verkäufer zu behandeln. Für beide Parteien gelten damit insbesondere die Regelungen über Sach- und Rechtsmängel aus §§ 434 ff.[242] Vorrangiger Rechtsbehelf des Empfängers einer mangelhaften Tauschleistung ist deshalb zunächst die Nacherfüllung, §§ 480, 437 Nr. 1; erst nach vergeblicher Fristsetzung können die Rechte aus §§ 480, 437 Nr. 2 und 3 geltend gemacht werden.[243]

145 Die Verweisung auf das Kaufmängelrecht wirft im Fall der **Minderung**, §§ 480, 437 Nr. 2, das Problem auf, dass die Gegenleistung für den mangelhaften Gegenstand nicht einfach herabgesetzt werden kann, weil sie nicht in Geld bemessen ist, sondern aus einem anderen Gegenstand besteht. Nach gängiger Auffassung hat deshalb derjenige Teil, der eine mangelfreie Leistung erbracht hat, einen nach den Minderungsregeln, § 441 Abs. 3, zu berechnenden Ausgleichsanspruch in Geld gegen denjenigen Teil, der eine mangelhafte Tauschleistung erbracht hat.

---

241 BeckOK-BGB/*Gehrlein*, § 480 Rn. 2.
242 Siehe dazu oben Rn. 29 ff.
243 BGH NJW 2006, 988 = JA 2006, 481 (Anm. Keltsch) = JuS 2006, 557 (Anm. Emmerich).

Entscheidend ist dabei der objektive Wert der getauschten Leistungen, nicht die Wertvorstellungen der Tauschpartner.[244]

> Bsp.: X tauscht seinen Golf Baujahr 2010 (mangelfreier Wert: 11.000 €) gegen den Typ 4 des Y Baujahr 1970 (mangelfreier Wert: 10.000 €). Wenige Monate nach dem Tausch stellt sich heraus, dass der Typ 4 einen Schaden an der Hinterachse hat. Rückabwicklung kommt für X nicht infrage, weil er den Typ 4 für das schönste Auto hält, das jemals gebaut wurde. Er verlangt daher nach erfolgloser Fristsetzung zur Mängelbeseitigung Minderung. Mit diesem Schaden ist der Typ 4 nur 9.000 € wert. Es ist das Verhältnis von fehlerfreiem und tatsächlichem Wert des Typ 4 zu ermitteln. Die prozentuale Wertminderung durch den Mangel beträgt 10 %. Y hat daher 10 % des objektiven Werts des Golfs in bar an Y zu bezahlen. Er schuldet daher 1.100 € als Minderung.

146 Die Berechnung von **Schadenersatz statt der Leistung** nach §§ 480, 437 Nr. 3, 280 Abs. 1 und 3, 281 ist auf zweierlei Weise möglich: Entweder darf der Anspruchsgläubiger den von ihm geschuldeten Gegenstand behalten und zusätzlich Zahlung in Höhe der Wertdifferenz verlangen, sofern der ihm geschuldete Gegenstand wertvoller war als derjenige Gegenstand, den er zu leisten hatte (kleiner Schadensersatz). Er kann aber auch die von ihm geschuldete Leistung erbringen und Schadenersatz statt der Leistung in voller Höhe verlangen (großer Schadensersatz), es sei denn, die Pflichtverletzung wäre unerheblich, § 281 Abs. 1 Satz 3. Dadurch wird er letztlich so gestellt, als hätte er den Gegenstand zum Marktwert verkauft und nicht vertauscht.

> Bsp.: X und Y haben sich dazu entschlossen, zwei seltene Schallplatten zu tauschen. Noch bevor die Schallplatten ausgetauscht werden können, zerbricht die Schallplatte des X aufgrund seiner Unachtsamkeit. Die Schallplatte des X war 50 € wert, während die Schallplatte des Y 40 € wert ist. – Eine Nacherfüllung durch Nachbesserung oder Nachlieferung ist ausgeschlossen, § 275 Abs. 1. Y kann nun ohne Fristsetzung, § 326 Abs. 5, entweder seine Schallplatte behalten und von X Schadenersatz statt der Leistung in Höhe von 10 € verlangen. Oder er kann seine Schallplatte dem X übereignen und übergeben und Schadenersatz statt der Leistung in Höhe von 50 € verlangen, §§ 480, 437 Nr. 3, 280 Abs. 1 und 3, 283.

§ 3 Schenkung

I. Allgemeines

1. Parteien und Leistungspflichten

147 Die Schenkung ist das **unentgeltliche Pendant zum Kauf**. Ebenso wie beim Kauf verpflichtet sich die eine Partei, der Schenker, eine Sache oder ein sonstiges Recht (hier scheiden insbesondere Arbeitsleistungen aus)[245] endgültig auf die andere Partei, den Beschenkten, zu übertragen oder auf andere Weise unter Verringerung des eigenen Vermögens für die Mehrung des Beschenktenvermögens zu sorgen. Vom Beschenkten wird jedoch, anders als vom Käufer, keine Gegenleistung geschuldet. Die Parteien müssen sich also über den Gegenstand der Zuwendung und ihre Unentgeltlichkeit einig sein. Die Schenkung ist auch von der Leihe abzugrenzen. Die Leihe ist zwar ebenfalls ein unentgeltliches Geschäft. Dort stellt aber die Überlassung des Gegenstands zur Nutzung die geschuldete Leistung dar,

---

244 MünchKomm-BGB/*Westermann/Franzen*, § 480 Rn. 6; BeckOK-BGB/*Gehrlein*, § 480 Rn. 7.
245 BGH NJW 2015, 1523 = JuS 2015, 1125 (Anm. Wellenhofer).

das Eigentum verbleibt aber beim Verleiher. Auch wenn im Leihvertrag das Recht des Verleihers zur Kündigung ausgeschlossen wird, liegt keine Schenkung, sondern eine Leihe vor.[246]

> **Bsp.:** S bezahlt bei Buchhändler A ein Buch, das B sich später bei A abholen soll. – Hier liegt eine sog. mittelbare Schenkung von S an B vor, weil das Vermögen des S um den Kaufpreis für das Buch verringert, das Vermögen des B um Eigentum und Besitz am Buch vermehrt wird. Schenkungsgegenstand ist aber das Buch, weil von vornherein dieses dem B zugewendet werden sollte.

148 Das Schenkungsversprechen, also die Willenserklärung des Schenkers, bedarf der **notariellen Beurkundung**, § 518 Abs. 1 Satz 1. Auf diese Weise wird der Schenker vor übereiltem Handeln geschützt. Zugleich gewinnt der Beschenkte ein Beweismittel und die Umgehung erbrechtlicher Vorschriften wird erschwert.[247] Unterbleibt die notarielle Beurkundung, so ist das Schenkungsversprechen nichtig, § 125 Abs. 1. Bewirkt der Schenker dennoch die versprochene Leistung, so wird der Formmangel geheilt, § 518 Abs. 2;[248] hierfür reicht aus, dass der Schenker alles getan hat, was von seiner Seite für den Erwerb des Schenkungsgegenstandes durch den Beschenkten erforderlich ist. Ein Rückforderungsanspruch nach §§ 812 ff. ist deshalb in diesem Fall ausgeschlossen, die Leistung erfolgte „donandi causa".

Abzugrenzen ist das Schenkungsversprechen in Form der „belohnenden Schenkung" von sonstigen formfrei möglichen Leistungsvergütungen, etwa einer Prämie für eine Sportmannschaft.[249] In diesen Fällen ist die Zuwendung nicht unentgeltlich, weil die Parteien sich darüber einig sind, dass die Sportmannschaft als Gegenleistung eine durch besondere Anstrengungen verdiente Leistung erhält.

149 Wird der Schenkungsvertrag gleichzeitig oder vor Vertragsschluss erfüllt, so spricht man von einer **Handschenkung**. Da hier Vertragsschluss und Erfüllung in einem Akt zusammenfallen, ist die Handschenkung formfrei möglich, § 516 Abs. 1. Hier wird kein Versprechen gegeben, dass erst später erfüllt werden muss, weshalb der Anwendungsbereich des § 518 BGB nicht eröffnet ist.[250] Befindet sich der Gegenstand bereits beim Beschenkten, reicht die Einigung über den Eigentumsübergang nach § 929 Satz 2 BGB aus.[251]

2. Gemischte Schenkung

150 Ist bei einem beliebigen gegenseitigen Vertrag der Wert der Leistung einer Partei (objektiv) höher als der Wert der Gegenleistung der anderen Partei, so kann der Parteiwille auf die **schenkweise Zuwendung der Wertdifferenz** gerichtet sein. Dann spricht man von einer gemischten Schenkung, bei der die Vertragsparteien über die teilweise Unentgeltlichkeit der Zuwendung einig sein müssen.[252] Es kommt nicht darauf an, ob der unentgeltliche Teil überwiegt.[253] Sie setzt sich aus einem entgeltlichen und einem unentgeltlichen Teil zusammen.

---

246 BGH FamRZ 2016, 709 = JuS 2016, 555 (Anm. Wellenhofer).
247 BeckOK-BGB/*Gehrlein*, § 518 Rn. 1.
248 Grundsätzlich zu nichtigen Rechtsgeschäften und ihrer „Heilung" *Köhler*, JuS 2010, 665 (669).
249 BGH NJW 2009, 2737 = JuS 2010, 71 (Anm. Schmidt).
250 BeckOK-BGB/*Gehrlein*, § 516 Rn. 1.
251 BGH NJW 2007, 2844 = JA 2008, 304 (Anm. Wolf) = JuS 2008, 87 (Anm. Schmidt).
252 BGHZ 59, 132 (135); 82, 274 (281); NJW 1992, 2566 (2567); BGH NJW 2012, 605 = JuS 2012, 554 (Anm. Schmidt).
253 BGH NJW 2012, 605 = JuS 2012, 554 (Anm. Schmidt).

Bsp.: V verkauft seinen alten VW Golf, der 4.000 € wert ist, für 1.000 € an seinen Neffen K, der die Wertverhältnisse kennt und den V für den Erwerb des Führerscheins belohnen will.

Bei den Privilegierungen, Einreden und Rückforderungsrechten des Schenkers[254] ist zu unterscheiden: Soweit die wertvollere **Leistung teilbar** ist, wird man gemischte Schenkung wie ein aus zwei Teilen zusammengesetztes Geschäft behandeln. Die besonderen Schenkerrechte beziehen sich dann nur auf den unentgeltlichen Teil. Bei einer **unteilbaren Leistung** können Formbedürftigkeit, Widerruf oder Rücktritt nur einheitlich beurteilt werden. Dabei kommt es auf das Wertverhältnis der Leistungen zueinander an. Überwiegt der unentgeltliche Teil, so ist das Geschäft insgesamt nach den Regelungen des Schenkungsrechts zu behandeln.[255]

II. Haftung des Schenkers bei Pflichtverletzungen

1. Haftungsmaßstab

Der Schenker, der ja eine unentgeltliche Leistung erbringt, ist aufgrund seines Altruismus im Vergleich mit Schuldnern, die eine Gegenleistung erhalten, schutzwürdiger. Deshalb kommt er in den Genuss einer Haftungsmilderung und muss nur **Vorsatz und grobe Fahrlässigkeit** vertreten, § 521.[256] Der Haftungsmaßstab des § 276 Abs. 1 wird also entsprechend modifiziert. Diese Modifikation gilt für sämtliche Pflichtverletzungen mit Ausnahme der Haftung wegen Sach- und Rechtsmängeln, die in §§ 523 ff. gesondert geregelt ist. Die in §§ 521, 523, 524 enthaltenen Haftungsprivilegien sind in ihrem Anwendungsbereich auch auf konkurrierende deliktische Ansprüche anzuwenden.[257]

Sie umfasst jedenfalls alle Schadensersatzansprüche statt der Leistung. Bezieht sich die Pflichtverletzung auf das Integritätsinteresse des Beschenkten (c. i. c., 280 Abs. 1) richtet sich die Haftung nach § 521, wenn ein Zusammenhang mit dem Vertragsgegenstand besteht.[258] Dann gilt der Haftungsmaßstab auch für die deliktische Haftung.[259] Die Haftungsprivilegierung gilt für das Verschulden des Schenkers ebenso wie für das Verschulden eines Erfüllungsgehilfen, an das regelmäßig der gleiche Maßstab anzulegen ist, § 278 Satz 1.[260]

> **Bsp.:** S schenkt dem B, der gerne an Autos bastelt, eine alte Lichtmaschine. B baut sie in sein Auto ein, dessen Elektrik durch den Betrieb der Lichtmaschine erhebliche Schäden erleidet, weil sich die Lichtmaschine als unerkannt defekt erweist. S hätte aber bei gehöriger Sorgfalt erkennen können, dass die Lichtmaschine nicht in Ordnung ist. – Trotzdem haftet S nicht für die Schäden des B, weil er sich auf § 521 berufen kann. Schädigt S bei der Übergabe der Lichtmaschine das Auto, weil er sie fallen lässt, haftet er hingegen nach § 276.[261]

---

254 Siehe hierzu Rn. 158 ff.
255 BGHZ 30, 120; BGH NJW 2012, 605 = JuS 2012, 554 (Anm. Schmidt).
256 Zu Haftungsprivilegierungen insgesamt *Walker*, JuS 2015, 865.
257 *Oetker/Maultzsch*, Schuldrecht, 4. Aufl., § 4 D IV.
258 BGHZ 93, 23.
259 BGHZ 93, 23.
260 RGZ 65, 17 (20).
261 So auch *Walker*, JuS 2015, 865 (866).

2. Unmöglichkeit und Verzug

154 Für **Unmöglichkeit** und Verzug des Schenkers gelten grundsätzlich die allgemeinen Regeln. § 522 modifiziert die Rechtsfolgen des **Verzugs** jedoch insoweit, als der Schenker entgegen § 288 **keine Verzugszinsen** zahlen muss. Unklar hingegen ist, ob § 287, der anordnet, dass der Schuldner während des **Verzugs jede Fahrlässigkeit** zu vertreten hat, auf den Schenker anzuwenden ist. Nach überwiegender Meinung soll hier der privilegierte Haftungsmaßstab des § 521[262] nicht anwendbar sein.[263] Dagegen wird eingewendet, dies widerspreche dem Normzweck des § 521, der den freigiebigen Schenker umfassend von allzu hohen Sorgfaltspflichten entlasten soll.[264] Dabei wird unberücksichtigt gelassen, dass bereits der Verzugseintritt Verschulden voraussetzt und der Schenker daher überhaupt nur in Verzug gerät, wenn er diesen grob fahrlässig oder vorsätzlich verschuldet hat, § 286 Abs. 4. Auch §§ 275 ff. schützen den Schenker und für eine Haftung nach § 283 ist wiederum grobe Fahrlässigkeit oder Vorsatz notwendig. Die Norm war in § 442 BGB-E1 noch auf die Haftung für Nichterfüllung beschränkt. Die Motive gehen daher davon aus, dass zwar der Schenker keine Verzugszinsen schuldet, aber die sonstigen Verzugsfolgen eintreten. § 287 ist daher mit der h. M. entgegen der Ansicht in der Vorauflage richtigerweise auf den Schenker anwendbar.

3. Mangelhafte Leistung

155 Auch bei **Sach- und Rechtsmängeln**[265] wird der Schenker privilegiert, §§ 523 ff. Er haftet für Mängel grundsätzlich nur, wenn er sie arglistig verschwiegen hat. § 365 BGB findet keine Anwendung.[266] Das Verschweigen stellt die Verletzung einer Aufklärungspflicht dar, bedeutet also eine Pflichtverletzung bei Vertragsschluss; §§ 523, 524 regeln deshalb einen Sonderfall der Haftung nach § 311 Abs. 2. Der Schenker schuldet somit den Ersatz des Vertrauensinteresses einschließlich der Folgeschäden und muss den Beschenkten so stellen, als ob er ihn über den Mangel ordnungsgemäß aufgeklärt hätte.[267]

156 Hat der Schenker die Leistung eines **Gegenstands** versprochen, **den er erst selbst noch erwerben muss**, so ist sein Haftungsrisiko für Rechtsmängel leicht verschärft, § 523 Abs. 2: Er haftet auf das Erfüllungsinteresse, wenn er den Mangel beim Erwerb der Sache kannte oder infolge grober Fahrlässigkeit nicht kannte. Weitere Voraussetzung für die Haftung ist nach gängiger Auffassung, dass der Mangel für den Schenker mit angemessenen Mitteln zu beseitigen oder vermeidbar gewesen wäre.[268] Bei der Sachmängelhaftung greift die Verschärfung nur dann, wenn die Beschaffungsschuld eine Gattungsschuld ist.[269] Kannte der Schenker den Sachmangel oder kannte er ihn aufgrund grober Fahrlässigkeit nicht, so kann der Beschenkte die Nachlieferung einer mangelfreien Sache verlangen, § 524 Abs. 2 Satz 1. Wenn der Schenker den Mangel arglistig verschwie-

---

262 Siehe hierzu oben Rn. 152.
263 MünchKomm-BGB/*J. Koch*, § 521 Rn. 3; Staudinger/*Chiusi*, § 521 Rn. 7; Erman/*Herrmann*, § 521 Rn. 2; Palandt/*Weidenkaff*, § 521 Rn 4.
264 BeckOK-BGB/*Gehrlein*, § 521 Rn. 4.
265 Zu den Voraussetzungen siehe oben Rn. 29 ff.
266 Looschelders/*Erm*, JA 2014, 161 (164).
267 Erman/*Herrmann*, § 523 Rn. 2; MünchKomm-BGB/*J. Koch*, § 523 Rn. 3.
268 MünchKomm-BGB/*J. Koch*, § 523 Rn. 6.
269 MünchKomm-BGB/*J. Koch*, § 524 Rn. 3.

gen hat, so schuldet er außerdem Schadenersatz auf das Erfüllungsinteresse (Schadenersatz statt der Leistung), § 524 Abs. 2 Satz 2.

Nach gängiger Auffassung ist die Haftungsprivilegierung aus §§ 523, 524 bei Mängeln auch auf **Mangelfolgeschäden** an anderen Rechtsgütern des Beschenkten anzuwenden.[270] Zutreffend möchte die Gegenauffassung hier § 521 anwenden,[271] weil die Interessenwertung des § 524 Abs. 1 nicht für die Verletzung sonstiger Rechtsgüter passt. **157**

III. Verweigerungs- und Rückforderungsrechte des Schenkers

1. Einrede des Notbedarfs

Der Schenker wird nicht nur durch Haftungsprivilegien geschützt, sondern auch **158** durch Einreden gegen den Anspruch des Beschenkten und besondere Rückforderungsansprüche. Die Einrede des Notbedarfs nach § 519 bildet eine **Spezialregelung zu** § 313, der Regelung zu Störungen der Geschäftsgrundlage.[272] Kommt der Schenker aufgrund seiner Freigiebigkeit in die Gefahr, seinen eigenen Unterhalt nicht mehr bestreiten oder seinen gesetzlichen Unterhaltsverpflichtungen nicht mehr nachkommen zu können, kann er die Erfüllung des Schenkungsvertrags verweigern. § 519 betrifft also nur das noch nicht erfüllte Schenkungsversprechen. Die **Verarmung** muss also noch nicht eingetreten sein, sondern lediglich **drohen** (Gefahr). Es genügt dafür die begründete Besorgnis, dass die Mittel zukünftig nicht ausreichen, den Unterhalt zu tragen.[273] Dabei sind in die Prognose gemäß § 519 auch alle sonstigen Verpflichtungen des Schenkers einzustellen. Sogar wenn die Gefährdung oder Verschlechterung der Vermögensverhältnisse **selbst verschuldet** ist, kann der Schenker diese Einrede erheben, dies folgt aus einem Gegenschluss zu § 529 Abs. 1.[274]

2. Rückforderung bei Verarmung

Hat der Schenker den Schenkungsvertrag bereits erfüllt, so kann er die Herausgabe des Geschenkes nach § 528 verlangen, wenn sich seine **Vermögensverhältnisse wesentlich verschlechtert** haben, also tatsächlich Verarmung eingetreten ist. **159**
Anders als in § 519[275] reicht eine bloße Gefahr hier nicht aus. Vielmehr muss der Schenker außerstande sein, seinen angemessenen Unterhalt bestreiten oder gesetzliche Unterhaltspflichten erfüllen zu können. Es kommt nicht darauf an, ob der Notbedarf vor oder nach Vollziehung der Schenkung entstanden ist.[276]

Die Herausgabe des Geschenkes durch den Beschenkten richtet sich nach § 818 **160** (Rechtsfolgenverweisung).[277] Die Rückforderung ist **ausgeschlossen**, wenn zwischen Schenkungsvollzug und Eintritt der Bedürftigkeit zehn Jahre vergangen sind oder der Schuldner die Bedürftigkeit vorsätzlich oder grob fahrlässig herbeigeführt hat, § 529 Abs. 1. Schließlich kann der Beschenkte, wenn sein eigener

---

270 BGHZ 93, 23 ff.; Erman/*Herrmann*, § 524 Rn. 2; Palandt/*Weidenkaff*, § 524 Rn. 6.
271 Staudinger/*Chiusi*, § 521 Rn. 10; MünchKomm-BGB/*J. Koch*, § 521 Rn. 7.
272 Staudinger/*Chiusi*, § 519 Rn. 3.
273 Staudinger/*Chiusi*, § 519 Rn. 4.
274 BGH NJW 2001, 1207 (1208).
275 Siehe hierzu oben Rn. 158.
276 BGH NJW 2007, 60.
277 BGH NJW 2001, 1207 (1208).

Unterhalt oder seine Unterhaltspflichten gefährdet würden, seinerseits die Herausgabe des Geschenkes verweigern, § 529 Abs. 2.

Die Rückforderung ist ausgeschlossen, wenn es sich um eine Pflicht- oder Anstandsschenkung handelt, § 534. Eine Anstandsschenkung liegt vor, wenn der Erblasser etwas **zu üblichen Anlässen** im gesellschaftlich **gebräuchlichen Ausmaß** zuwendet und er ohne die Schenkung an Achtung bzw. an Ansehen verlieren würde.[278] Eine Pflichtschenkung setzt voraus, dass eine Schenkung aufgrund einer **sittlichen Pflicht** geboten ist. Hier muss negativ gefragt werden, ob das Unterlassen der Schenkung sittlich pflichtwidrig wäre. Es genügt nicht, dass sich die Schenkung sittlich rechtfertigen lässt, sondern sie muss eben gerade geboten sein.[279] Diese Schenkungen will das Gesetz in ihrem Bestand schützen und nähert sie daher den entgeltlichen Geschäften an.[280]

3. Widerruf bei grobem Undank

161 Eine weitere Besonderheit des Schenkungsrechts liegt darin, dass der Schenker die Schenkung bei **schweren Verfehlungen des Beschenkten** gegenüber dem Schenker oder einem nahen Angehörigen des Schenkers widerrufen kann, §§ 530, 531. Auch hier erfolgt die Rückabwicklung nach Bereicherungsrecht, §§ 531 Abs. 2, 818.

162 Allerdings ist der Widerruf **ausgeschlossen**, wenn der Schenker dem Beschenkten verziehen hat oder zwischen Kenntniserlangung der Verfehlung und Rückforderung mehr als ein Jahr verstrichen ist, § 532 Satz 1. Schließlich sollen die Erben des Beschenkten nicht für dessen Verfehlungen haften, so dass nach dem Tod des Beschenkten die Rückforderung ausgeschlossen ist, § 532 Satz 2. Weitere Ausschlussgründe können sich aus einem Verzicht des Schenkers, § 533, und bei Pflicht- und Anstandsgeschenken, etwa zu Geburtstag oder Weihnachten, § 534, ergeben.

162a Auch der Widerruf ist unzulässig, wenn eine Anstands- oder Pflichtschenkung vorliegt, § 534.

163 ### 4. Sonderfragen des Familien- und Erbrechts

Wenn sich nach Trennung oder Scheidung der schenkende **Ehegatte** auf groben Undank des beschenkten Ehegatten berufen möchte, ist zu beachten, dass die meisten objektiv unentgeltlichen Zuwendungen unter Ehegatten nicht als Schenkungen, sondern als so genannte **unbenannte oder ehebezogene Zuwendungen** anzusehen sind, für die das Schenkungsrecht gerade nicht gilt.[281]

Möglich ist sowohl eine Rückforderung als auch ein Widerruf hingegen, wenn eine Ausgleichung (§ 2050 Abs. 3) oder Anrechnung (§ 2315 Abs. 1) angeordnet war. Dass die Zuwendung auch erbrechtliche Wirkungen hat, ändert nichts an ihrer Charakterisierung als Schenkung.[282]

Erklärt der Beschenkte einen Erbverzicht als „Gegenleistung" für die Zuwendung, ist im Einzelfall zu prüfen, ob die Parteien diese Zuwendung als unentgeltlich angesehen haben oder ob die Zuwendung ein Entgelt für den Erbverzicht darstellt. Der Schenkungswille ist dann „regelmäßig anzunehmen, wenn die

---

[278] BGH NJW 1981, 111.
[279] BGH NJW 1984, 2939; OLG Koblenz FamRZ 2006, 1789.
[280] *Schulze*, JuS 2011, 193 (197).
[281] Vgl. BGH NJW 2006, 2330.
[282] BGH NJW 2016, 324 = JuS 2016, 464 (Anm. Wellenhofer) = JA 2016, 302 (Anm. Löhnig).

Höhe der Zuwendung in etwa der Erberwartung entspricht oder diese gar übersteigt. Demgegenüber kann es gegen eine Schenkung sprechen, wenn die Zuwendung wertmäßig deutlich hinter der Erberwartung zurückbleibt."[283]

IV. Schenkung unter Auflage

Die Parteien können die Schenkung mit der Verabredung verbinden, dass der Beschenkte eine Auflage zu vollziehen hat.[284] Dabei handelt es sich **nicht um eine Gegenleistung** für die Schenkung, sondern um eine schenkungsrechtliche Besonderheit, die in §§ 525 ff. geregelt ist. Der Schenker kann die Erfüllung der Auflage erst verlangen, wenn er seinen Teil des Vertrages erfüllt hat. Erfüllt der Beschenkte dann die Auflage nicht, so kann der Schenker das Geschenk herausverlangen, soweit es zur Vollziehung der Auflage hätte verwendet werden müssen, § 527 Abs. 1. Die Voraussetzungen des Anspruchs richten sich nach Rücktrittsrecht; es gelten also insbesondere §§ 323, 326 Abs. 5. Allerdings richtet sich die Rückabwicklung selbst nicht nach §§ 346 ff., sondern es gelten die §§ 818 ff.

---

[283] BGH NJW 2016, 324 = JuS 2016, 464 (Anm. Wellenhofer) = JA 2016, 302 (Anm. Löhnig).
[284] Dazu mit Fallbeispiel *Martens*, JuS 2010, 481, 484.

Teil II

§ 4 Werkvertragsrecht

Literatur: *Büdenbender,* Der Werkvertrag, JuS 2001, 625; *Leistner,* Die „richtige" Auslegung des § 651 BGB im Grenzbereich von Kaufrecht und Werkvertragsrecht, JA 2007, 81; *Löhnig,* Gewährleistung beim Kauf- und Werkvertrag, JA 2002, 557; *Reinkenhof,* Das neue Werkvertragsrecht, Jura 2002, 433; *Reischl,* Grundfälle zum neuen Schuldrecht 4. Teil. Neuerungen im Kauf- und Werkvertragsrecht, JuS 2003, 1076; *Schimmel/Buhlmann,* Besonders Schuldrecht, Dienst- und Werkvertrag – Besprechung von BGHZ 151, 330, JA 2003, 265; *Teichmann,* Schuldrechtsmodernisierung 2001/2002 – Das neue Werkvertragsrecht. JuS 2002, 417.

Rechtsprechung: **BGHZ 34, 122** (Konkurrenz zwischen schuldrechtlichen und dinglichen Herausgabeansprüchen; Befriedigungs- und Zurückbehaltungsrecht der Autoreparaturwerkstatt gegenüber dem Eigentümer §§ 647, 985, 986, 994, 1000, 1003); **BGHZ 68, 323** (Gutgläubiger Erwerb eines Vertragspfandrechts ohne Vorlage des KfZ-Briefs §§ 1207, 932); **BGHZ 151, 330** (Abgrenzung Dienst- und Werkvertrag §§ 611, 631); **BGH NJW-RR 2007, 895** (Gewährleistung im Werkvertrag: Unwirksamkeit eines formelhaften Ausschlusses der Gewährleistung für Sachmängel beim Erwerb neu errichteter oder so zu behandelnder Häuser in einem notariellen Individualvertrag §§ 242, 633 ff., 637); **BGH NJW 2008, 511** (Werkvertragsrecht: Haftung des Unternehmers für einen Mangel der Funktionstauglichkeit durch die unzureichende Vorleistung eines anderen Unternehmers § 633 Abs. 2).

Fälle: *Bock,* „Ein zu günstiges Reetdach", JA 2016, 898; *Jarling,* Ärger beim Pferdekauf, JA 2015, 536; *Kramme,* Die Hafenkneipe, JuS 2016, 319; *Krüger,* Die Vorleistungspflicht der Werkunternehmerin, JA 2014, 575; *Metzger/Fiedler,* Holiday Schlimm, JA 2012, 896; *Schultheiß,* Referendarexamensklausur – Zivilrecht: Werkvertragsrecht und Kreditsicherungsrecht – Schwarzarbeit, JuS 2017, 142; *Stöhr,* Eine verhängnisvolle Elektroinstallation, JA 2014, 173; *Wiedemann,* „Der Fliesenleger", JA 2016, 494.

I. Allgemeines

1. Werkvertragliche Pflichten

165 Der Werkvertrag verpflichtet eine Partei, den Werkunternehmer, dazu, ein **Werk zu erstellen**, die andere Partei, den Werkbesteller, zur **Zahlung einer Vergütung**, § 631 Abs. 1.

166 Der Werkvertrag ist ein **gegenseitiger Vertrag**. Im Gegenseitigkeitsverhältnis stehen dabei die Herstellung des mangelfreien Werks auf der einen Seite und Abnahme des Werkes sowie Zahlung des Werklohns auf der anderen Seite. Kommt der Werkunternehmer seiner vertraglichen Hauptpflicht, der Herstellung des geschuldeten Werkes nicht nach, so kann der Werkbesteller die Zahlung des Werklohns verweigern, der erst bei Abnahme des Werkes fällig wird, § 641 Abs. 1 Satz 1. Der Werkunternehmer ist also insoweit vorleistungspflichtig, als er zunächst den Erfolg erzielen muss, bevor er Vergütung verlangen kann; soweit das

Werk seiner Natur nach herausgegeben werden kann, ist dies freilich nur Zug um Zug gegen Bezahlung des Werklohns geschuldet, § 320 Abs. 1.

2. Abgrenzung zum Dienstvertrag

166a

Die Abgrenzung von Dienst- und Werkvertrag ist extrem streitig und schwierig. Ausgangspunkt der Abgrenzung ist die Formulierung des Gesetzes in § 631 Abs. 2: „... *durch Arbeit oder Dienstleistung herbeizuführender Erfolg*". Anders als beim Dienstvertrag wird die Vergütung nicht für die erfolgsgerichtete Tätigkeit des anderen Teils als solche, sondern für die Erreichung eines bestimmten **Tätigkeitserfolges** (Werk) geschuldet. Entscheidendes Abgrenzungskriterium ist daher nicht die Frage, ob Dienstleistungen geschuldet werden, sondern ob diese als „solche" geschuldet sind oder ob ein mit den Dienstleistungen bezweckter Erfolg geschuldet ist.[285] Beim Werkvertrag trägt daher der Werkunternehmer das Risiko, dass der Erfolg nicht eintritt, während beim Dienstvertrag der Dienstnehmer dieses Risiko trägt. Die vertragliche Zuweisung nach dem Parteiwillen für dieses Risiko, ist daher für die Abgrenzung entscheidend.[286] Insgesamt ist eine Beurteilung unter Berücksichtigung aller Klauseln des Vertrags vorzunehmen, denn nur so kann festgestellt werden, wer dieses Risiko tragen soll. Wie immer kommt es auf die Bezeichnung des Vertrags durch die Parteien nach dem Grundsatz falsa demonstratio non nocet nicht an.[287]

Ein Architekt, der sich zur Erstellung einer Genehmigungsplanung verpflichtet, schuldet beispielsweise nicht nur ein Tätigwerden, sondern als Werkerfolg eine dauerhaft genehmigungsfähige Planung.[288] Ein Vertrag, in dem sich ein Unternehmer zur Lieferung und Errichtung eines Ausbauhauses gegen Teilzahlungen verpflichtet, ist ein Werkvertrag.[289] Geschuldetes Werk kann sowohl die Herstellung oder Veränderung einer Sache als auch ein anderer durch Arbeit oder Dienstleistung herbeizuführender Erfolg sein. Eine Kartenlegerin, die lediglich verspricht aufgrund der Karten einen Rat zu erteilen, erbringt Dienstleistungen. Verspricht sie jedoch die Vorhersage konkreter Geschehnisse, liegt ein Werk vor.[290] Wer sich verpflichtet eine bestimmte Fläche schnee- und eisfrei zu halten, erbringt eine Werkleistung.[291]

166b

Der Werkunternehmer schuldet vertragsgemäße, also sowohl rechtzeitige als auch mangelfreie Herstellung des Werkes, §§ 631, 633.

3. Abgrenzung zum Kaufrecht[292]

167

Schuldet der Werkunternehmer die Lieferung einer erst herzustellenden oder zu erzeugenden, beweglichen, **vertretbaren** Sache, § 91, so findet **Kaufrecht** Anwendung, § 651 Satz 1, obwohl freilich auch hier der Herstellungserfolg geschuldet ist; allerdings soll es keinen Unterschied machen, ob der Verkäufer einer Sache bereits über diese Sache verfügt oder sie erst herstellen muss, bevor er sie an den Käufer übergeben und übereignen kann, § 433 Abs. 1. Deshalb ordnet das BGB

---

285 BGH NJW 2002, 3323.
286 BGH NJW 2002, 3323.
287 OLG Düsseldorf NJW-RR 1998, 345.
288 BGH NJW 2003, 287.
289 BGHZ 165, 325.
290 *Faust* in der Anmerkung zu BGH NJW 2011, 756 = JuS 2011, 359 (Anm. Faust).
291 BGH NJW 2013, 3022 = JuS 2013, 1033 (Anm. Mäsch).
292 Dazu *Leistner*, JA 2007, 81.

die Anwendung von Kaufrecht an. Dieser Vertrag wird Werklieferungsvertrag genannt.

168 Muss eine **nicht vertretbare**, bewegliche Sache erst hergestellt oder erzeugt werden, so finden neben dem Kaufrecht mit §§ 642, 643, 645, 648, 649 einzelne Vorschriften des Werkvertragsrechts Anwendung, § 650 Satz 3; das ist deshalb sinnvoll, weil diese Normen insbesondere die Folgen erbrachter oder unterlassener Mitwirkungshandlungen des Werkbestellers regeln, die bei nicht vertretbaren Sachen häufig erforderlich sein werden.[293]

169 Schließlich ist auch zwischen dem **Kauf mit Montage**, vgl. § 434 Abs. 2 Satz 1, und Verträgen, bei denen die Montage als Werkvertragsleistung den Schwerpunkt der Verpflichtung bildet, etwa bei der Errichtung eines Fertighauses,[294] zu unterscheiden. Auch beim Portrait steht die künstlerische Leistung und nicht die Lieferung des Bildes als bewegliche Sache im Vordergrund, weshalb es sich um einen Werkvertrag handelt. Bei IT-Verträgen ist zu differenzieren: Hinsichtlich der Hardware und dem Erwerb von standardisierter Massensoftware findet Kaufrecht Anwendung, beinhaltet der Vertrag dagegen die Anpassung oder Herstellung einer speziell auf die Bedürfnisse des Anwenders zugeschnittenen Software, handelt es sich um einen Werkvertrag.[295]

4. Das Werkunternehmerpfandrecht und andere Sicherungsmittel des Werkunternehmers

170 Das Werkunternehmerpfandrecht sichert den Anspruch des Werkunternehmers auf die Werklohnforderung, was deshalb erforderlich ist, weil der Werkunternehmer, wie geschildert, in Vorleistung gehen muss und seinen Werklohnanspruch erst nach getaner Arbeit durchsetzen kann. § 647 ordnet deshalb an, dass zur Sicherung aller Forderungen des Unternehmers ein **gesetzliches Pfandrecht** an den von ihm hergestellten oder ausgebesserten beweglichen Sachen des Bestellers entsteht, soweit sie zur Herstellung oder Ausbesserung in seinen Besitz gelangt sind.

171 Die Formulierung „**seine Forderungen aus dem Vertrag**" bedeutet, dass über den Vergütungsanspruch des Werkunternehmers hinaus auch Entschädigungsansprüche aus § 642, Ansprüche aus §§ 645 Abs. 1, 326 Abs. 2 und schließlich sämtliche vertragsbasierte Schadenersatzansprüche, §§ 280 ff., erfasst werden.[296] Einzige weitere Voraussetzung ist es, dass es sich bei dem Gegenstand, an dem das Pfandrecht kraft Gesetzes entstehen soll, um eine bewegliche Sache im **Eigentum des Bestellers** handelt, die in den Besitz des Werkunternehmers gelangt ist. Gleiches gilt in analoger Anwendung des § 185 Abs. 1, wenn der Besteller nicht Eigentümer ist, der Eigentümer aber mit der Reparatur einverstanden ist, weil zwar keine Verfügung (Verpfändung) geschieht, die tatsächliche Abgabe beim Werkunternehmer jedoch kraft Gesetzes derartiges bewirkt.[297] Dies stößt zum Teil auf Kritik, da auf das gesetzliche Pfandrecht § 185 Abs. 1 mangels Verfügung über den Gegenstand gerade nicht anwendbar sei und zudem Rechtsge-

---

293 *Medicus*, Schuldrecht II, Rn. 693.
294 BGH NJW 2006, 904.
295 BGHZ 102, 135 (140 f.); *Oechsler*, Schuldrecht BT, Rn. 631.
296 Erman/*Schwenker*, § 647 Rn. 2, *Larenz*, Schuldrecht II/1, § 53 IIIe.
297 Staudinger/*Peters/Jacoby*, § 647 Rn. 12 f., Erman/*Schwenker*, § 647 Rn. 4, *Medicus*, Bürgerliches Recht, Rn. 594, *Oechsler*, Schuldrecht BT, Rn. 700.

schäft und gesetzliche Entstehung auf unzulässige Weise vermischt würden.[298] Ein solches Einverständnis kann jedenfalls nicht ohne weiteres unterstellt werden, weil der Eigentümer dann für eine fremde Rechnung mit seiner Sache haften würde.[299]

Darüber hinaus stellt sich die Frage, ob der Werkunternehmer, der ein großes wirtschaftliches Interesse an dem Pfandrecht hat, ein derartiges Pfandrecht auch **gutgläubig** an beweglichen Sachen erwerben kann, die dem Werkbesteller nicht gehören. Dafür spricht zunächst, dass § 1207 an den in § 647 vorausgesetzten Besitz als Rechtsscheinstatbestand anknüpft und § 647 den Parteien lediglich die rechtsgeschäftliche Verpfändung abnimmt, in deren Rahmen der gute Glauben geschützt würde. Zudem lässt § 366 Abs. 3 HGB den gutgläubigen Erwerb gesetzlicher Pfandrechte ausdrücklich zu.[300] Nach gängiger Auffassung wird ein gutgläubiger Erwerb des Werkunternehmerpfandrechts jedoch zu Recht abgelehnt, was bereits der Wortlaut des § 1257 nahelegt, der nur bereits „entstandene" gesetzliche Pfandrechte den rechtsgeschäftlichen Pfandrechten gleichstellt und damit gerade nicht auf die Entstehungsvoraussetzungen für rechtsgeschäftliche Pfandrechte, also auch nicht auf § 1207, verweist.[301] Außerdem regelt § 366 Abs. 3 HGB den gutgläubigen Erwerb gesetzlicher Pfandrechte für den Bereich bestimmter Handelsgeschäfte, so dass im Gegenschluss eine derartige Möglichkeit im Bereich des Bürgerlichen Rechts abzulehnen ist.[302] **172**

Der Unternehmer erwirbt an von ihm reparierten Sachen, die dem Besteller nicht gehören, regelmäßig auch dann kein gesetzliches Unternehmerpfandrecht, wenn der Eigentümer den Besteller, dem er den Besitz an der Sache überlassen hat, ermächtigt, erforderlich werdende **Reparaturen an der Sache ausführen zu lassen.**[303] Der BGH[304] geht jedoch davon aus, dass ein Anspruch des Werkunternehmers auf Verwendungsersatz aus § 994 gegen den Eigentümer gegeben ist, obschon zum Zeitpunkt der Vornahme der Verwendung (Reparatur des Unfallschadens) eine Vindikationslage nicht bestand, sondern erst später eingetreten ist (nicht mehr berechtigter Besitzer). Auch diese Auffassung ist jedoch abzulehnen, weil der Werkunternehmer zur Zeit der Reparaturen (Verwendungen) gerade ein Recht zum Besitz der Sache hatte, so dass es nach zutreffender Auffassung bereits an einer Vindikationslage fehlt, die den Weg nach § 994 eröffnen würde. **173**

> **Bsp.:** F kauft bei A ein Auto unter Eigentumsvorbehalt. Sie vereinbaren, dass sämtliche Schäden während der Abzahlungszeit auf Kosten von F repariert werden sollen. Schon kurze Zeit später muss das Auto zur Schadensreparatur in die Werkstatt des U. F hat sich mit dem Autokauf finanziell übernommen und kann ihre Kaufpreisraten gegenüber A nicht mehr begleichen; auch die Rechnung des U für die Reparatur bleibt offen. A tritt deshalb wirksam vom Kaufvertrag mit F zurück und verlangt das Auto

---

298 BeckOK-BGB/*Voit*, § 647 Rn. 10, MünchKomm-BGB/*Busche*, § 647 Rn. 13, Palandt/*Sprau*, § 647 Rn. 3.
299 Staudinger/*Peters/Jacoby*, § 647 Rn. 13.
300 Differenzierend: Staudinger/*Peters/Jacoby*, § 647 Rn. 14.
301 Erman/*Schwenker*, § 647 Rn. 5, MünchKomm-BGB /*Busche*, § 647 Rn. 11, Palandt/*Sprau*, § 647 Rn. 3 und § 1257 Rn. 2.
302 Bamberger/Roth/*Voit*, § 647 Rn. 11, MünchKomm-BGB /*Busche*, § 647 Rn. 11; a. A. *Baur/Stürner*, Sachenrecht, § 55, Rn. 40.
303 MünchKomm-BGB /*Busche*, § 647 Rn. 13, Palandt/*Sprau*, § 647 Rn. 3; a. A. Erman/*Schwenker*, § 647 Rn. 4: Einwilligung wirkt unabhängig von gutem Glauben des Unternehmers.
304 BGHZ 34, 122; BGH NJW 2002, 2875.

von U heraus, dieser ist dazu nur gegen Zahlung der Reparaturrechnung bereit. – Da sich an der Eigentumslage nichts geändert hat, ist zu prüfen, ob U ein Recht zum Besitz aus Werkunternehmerpfandrecht hat. A wurde nicht nach § 185 als Besteller verpflichtet, der mangelnde Wille ergibt sich aus der Vereinbarung des A mit F, die sich auf Reparaturen, nicht aber auf die Verpfändung bezieht. Nach h. M. kann das Werkunternehmerpfandrecht auch nicht gutgläubig erworben werden. Ein Recht zum Besitz besteht nicht. Nach der Rechtsprechung steht U aber ein Zurückbehaltungsrecht nach § 1000 zu.

174 Freilich kann der Werkunternehmer an der bestellerfremden Sache ein **rechtsgeschäftliches Pfandrecht gutgläubig** erwerben, § 1207.[305] Allerdings ist darauf zu achten, dass es möglicherweise am guten Glauben des Werkunternehmers fehlt, wenn er derartiges extra vereinbart, denn warum sollte er angesichts des gesetzlichen Werkunternehmerpfandrechts eine derartige Vereinbarung anstreben. Liegen allerdings keine Anhaltspunkte dafür vor, dass ein zur Reparatur gegebenes Kraftfahrzeug dem Auftraggeber nicht gehört, so scheitert der gutgläubige Erwerb eines Vertragspfandrechts des Unternehmers nicht schon daran, dass dieser sich den Kraftfahrzeugbrief nicht hat vorlegen lassen.[306] Ein solches Pfandrecht kann auch in AGB vereinbart werden, und zwar auch für Forderungen aus früheren Reparaturen.[307]

175 Bei Errichtung eines Bauwerks oder eines Teils davon hat der Werkunternehmer einen Anspruch auf **Bestellung einer Sicherungshypothek** am Grundstück, § 650e;[308] es entsteht also, anders als bei beweglichen Sachen, das Sicherungsrecht nicht kraft Gesetzes, sondern der Werkunternehmer hat lediglich einen Anspruch auf Bewilligung der Hypothek; vielfach ist dieser Anspruch praktisch wertlos, weil der Bauherr zur Sicherung der Finanzierung seines Vorhabens das Grundstück bereits mit vorrangigen Grundpfandrechten erheblich belastet hat. Stattdessen kann der Werkunternehmer Sicherheitsleistung verlangen, §§ 650f, 232 ff., ohne dass es sich dabei um einen durchsetzbaren Anspruch handelt.[309] Vielmehr steht dem Werkunternehmer bei Ausbleiben der Sicherheitsleistung trotz Fristsetzung lediglich seinerseits ein Leistungsverweigerungsrecht und ein Kündigungsrecht zu, § 650e Abs. 5.[310]

II. Pflichten und Pflichtverletzungen des Werkbestellers

1. Abnahme des Werkes als Hauptleistungspflicht

176 Neben der Pflicht zur Zahlung des Werklohns schuldet der Besteller die Abnahme des Werkes. Unter Abnahme des Werkes, § 641 Abs. 1 Satz 1, ist zu verstehen, dass der Werkbesteller das Werk **körperlich hinnimmt** und es als im Wesentlichen **vertragsgemäß anerkennt**;[311] ist derartiges nicht üblich oder aufgrund der Beschaffenheit des Werkes nicht möglich, so tritt die Vollendung des Werkes

---

305 BeckOK-BGB/*Voit*, § 647 Rn. 11; Staudinger/*Peters/Jacoby*, § 647 Rn. 14: Verpfändungsklauseln in AGB sittenwidrig.
306 BGHZ 68, 323.
307 BGH NJW 1987, 2818.
308 Dazu umfassend *Lukes*, JA 2016, 727.
309 BGHZ 146, 24 (28); Staudinger/*Peters/Jacoby*, § 648a Rn. 20; Palandt/*Sprau*, § 648a Rn. 5: bloße Mitwirkungsobliegenheit.
310 *Pioch*, JA 2016, 414 (416).
311 BGHZ 48, 257 (262); Palandt/*Sprau*, § 640 Rn. 3 und § 633 Rn. 6, *Oechsler*, Schuldrecht BT, Rn. 688.

an die Stelle der Abnahme, § 646; ein Konzert ist beispielsweise nicht abzunehmen, weil es zu einer bestimmten Zeit geschuldet war und eine anschließende Billigung deshalb keine Rolle spielt. Das gleiche gilt für die bereits dargestellte Erbringung des Winterdienstes.[312] Lediglich im Wesentlichen als vertragsgemäß anerkennen muss der Werkbesteller das Werk deshalb, weil er wegen unwesentlicher Mängel nicht die Abnahme verweigern darf, § 640 Abs. 1 Satz 2.

Die Abnahme kann auch durch schlüssiges Verhalten des Bestellers erfolgen, setzt allerdings die Fertigstellung voraus. Von einer **stillschweigenden Abnahme** ist regelmäßig bei vorbehaltloser Zahlung des Werklohns auszugehen, die bloße Benutzung reicht dagegen nur in Ausnahmefällen aus.[313] Es handelt sich bei dieser Pflicht um eine echte Leistungspflicht, was dazu führt, dass nicht nur die Vorschriften der §§ 293 ff., sondern auch das Pflichtverletzungsrecht aus §§ 280 ff. (insbesondere für Schadensersatz nach Verzug) anwendbar ist, wenn der Werkbesteller dieser Pflicht nicht oder nicht rechtzeitig nachkommt.[314] Hingegen kann alleine wegen der fehlenden Abnahme kein Rücktritt erklärt werden, weil es an der Gegenseitigkeit der Leistungspflichten fehlt.[315] Anders als im Kaufrecht[316] handelt es sich im Werkvertragsrecht in der Regel nicht um eine bloße Nebenleistungspflicht, sondern um eine **Hauptleistungspflicht**.

Die Abnahme hat folgende Wirkungen: Das **Erlöschen des Erfüllungsanspruchs** des Bestellers aus § 631 Abs. 1, der sich bei Mangelhaftigkeit des abgenommenen Werkes in einen Nacherfüllungsanspruch verwandeln kann, § 634 Nr. 1, die **Fälligkeit des Vergütungsanspruchs** plus Zinsen, § 641 Abs. 1 Satz 1, Abs. 4, die **Auslösung der Verjährungsfrist** des § 634a für Mängelrechte des Werkbestellers, die **Umkehr der Beweislast** nach § 363 (jetzt muss der Besteller beweisen, dass das Werk nicht mangelfrei war)[317] und schließlich der **Übergang der Preisgefahr** auf den Besteller, § 644 Abs. 1 Satz 1.

Verweigert der Werkbesteller die Abnahme zu Unrecht, so wird die Abnahme innerhalb einer vom Werkunternehmer gesetzten Frist fingiert, § 640 Abs. 2; diese Fiktion löst auch die Fälligkeit der Vergütung nach § 641 Abs. 1 Satz 1 aus. Die sog. Fertigstellungsbescheinigung, die in § 641a geregelt war, ist seit dem 1.1.2009 ersatzlos entfallen.[318] Scheitert die Fertigstellung des Werkes nur daran, dass die vom Unternehmer angebotene Mängelbeseitigung nicht angenommen wird, kann der Unternehmer auf Werklohn nach Empfang der Gegenleistung klagen, § 322 Abs. 2.[319]
Ab dem 1.1.2018 tritt nach § 640 Abs. 2 Satz 2 bei einem Vertrag mit einem Verbraucher die Abnahmefiktion nur ein, wenn dieser vom Unternehmer zusammen mit der Frist zur Abnahme auf diese Rechtsfolge in Textform hingewiesen wurde. Auch verlangt § 640 Abs. 2 nun, dass der Besteller die Abnahme innerhalb der Frist unter Angabe mindestens eines Mangels verweigert. Mit Letzterem

---

312 BGH NJW 2013, 3022 = JuS 2013, 1033 (Anm. Mäsch).
313 BGH Urteil vom 6.6.1989, Az: X ZR 6/88; BGH NJW-RR 1993, 1461; BauR 2007, 1943: Stillschweigende Abnahme bei vorbehaltloser Zahlung eines erheblichen Teiles des Werklohns und gleichzeitiger Ingebrauchnahme des Werkes.
314 BeckOK-BGB/*Voit*, § 640 Rn. 30.
315 BeckOK-BGB/*Voit*, § 640 Rn. 30.
316 Siehe hierzu oben Rn. 17.
317 BGHReport 2004, 1603 f., OLG Koblenz BauR 2007, 1106 f.
318 *Red*, DS 2008, 285.
319 BGH NJW 2002, 1262.

soll erreicht werden, dass alleine die pauschale Nichtabnahme des Werks nicht mehr genügt.[320]

2. Werklohnzahlung als Hauptleistungspflicht

180 a) **Umfang und Fälligkeit.** Der Werkbesteller ist zur **Entrichtung der Vergütung** verpflichtet; bei Nichtzahlung gilt das allgemeine Pflichtverletzungsrecht, §§ 280 Abs. 1 und 2, 286; §§ 280 Abs. 1 und 3, 281; § 323. Die Vergütung wird bei Abnahme des Werkes **fällig**, § 641 Abs. 1 Satz 1 (lex specialis zu § 271 Abs. 1[321]), soweit die Parteien keine anderen Vereinbarungen getroffen haben, etwa zur Vergütung des Werkunternehmers nach Arbeitsabschnitten, vgl. § 641 Abs. 1 Satz 2. Auch ohne eine derartige Vereinbarung kann der Werkunternehmer jedoch für in sich abgeschlossene Teile des Werkes Abschlagszahlungen verlangen; gleiches gilt auch für erforderliche Stoffe oder Bauteile, die eigens angefertigt oder angeliefert worden sind. Der Anspruch besteht nur, wenn dem Besteller Eigentum an den Teilen des Werkes, an den Stoffen oder Bauteilen übertragen wird, der Besteller nach §§ 946 ff. Eigentum erwirbt oder der Werkunternehmer nach §§ 232 ff. oder durch Garantie oder Zahlungsversprechen einer Bank (§ 632a Abs. 2) Sicherheit leistet, § 632a Abs. 1. Ist ein Bauwerk geschuldet, gilt zusätzlich Abs. 2, bei Bauwerken mit Verbrauchern als Besteller gilt § 650m.

181 Der Werklohn kann ausnahmsweise auch **ohne Abnahme fällig** sein. Das ist zum einen der Fall, wenn nach der Natur des Werkes eine Abnahme ausgeschlossen ist.[322] Zum anderen dann, wenn der Besteller nicht mehr die Erfüllung des Vertrages verlangt, sondern seine Mängelrechte geltend macht.[323] Mit der Geltendmachung der Mängelrechte wird das Vertragsverhältnis nämlich in ein Abrechnungsverhältnis umgewandelt, was zur Folge hat, dass der Werklohnanspruch ohne weiteres fällig wird; freilich kann der Werkbesteller mindestens das Dreifache der Kosten der Mängelbeseitigung zurückbehalten, § 641 Abs. 3, um den Werkunternehmer wirksam zur Mängelbeseitigung zwingen zu können.

182 Die vereinbarte Vergütung des Werkunternehmers wird regelmäßig in Geld geschuldet, auch wenn dies in § 631 nicht zwingend vorgeschrieben ist.[324] Die **Höhe der Vergütung** kann sich aus einer Festpreisvereinbarung ergeben, von der jedoch nur auszugehen ist, wenn der Unternehmer den Aufwand genau abschätzen kann, denn er wird nicht das Risiko eines unerwarteten Mehraufwands tragen wollen. Deshalb wird häufig eine Preisermittlungsgrundlage, etwa die Materialkosten plus die Arbeitszeit anhand bestimmter Stundensätze oder Arbeitswerte, vereinbart werden. Dann freilich trägt der Werkbesteller das Risiko eines Mehraufwands, mit dem er möglicherweise nicht gerechnet hat. Deshalb machen die Parteien vielfach einen **Kostenvoranschlag** zur Grundlage ihres Vertrages, also eine konkrete und sorgfältige Vorkalkulation des Werkunternehmers, die über eine bloße schnelle Schätzung hinausgeht. Wird der Kostenvoranschlag nicht nur unwesentlich, also um mindestens 15 %, überschritten,[325] so

---

320 BT-Drucks. 18/8486, S. 49.
321 MünchKomm-BGB/*Busche*, § 641 Rn. 2; a. A. Staudinger/*Peters/Jacoby*, § 641 Rn. 4: § 641 Abs. 1 sei Ausprägung von § 320, für Fälligkeit dagegen auf § 271 zurückzugreifen.
322 Palandt/*Sprau*, § 640 Rn. 11, 4.
323 Vgl. BGH NJW 1999, 3710.
324 *Gursky*, Schuldrecht BT, S. 124.
325 Palandt/*Sprau*, § 650 Rn. 2: 15–20 %.

muss der Werkunternehmer den Werkbesteller informieren, § 649 Abs. 2, damit dieser sein Kündigungsrecht aus § 650 Abs. 1 ausüben kann[326]. Er schuldet dann nur die bisher aufgelaufene Teilvergütung, §§ 649 Abs. 1, 645 Abs. 1. Letztlich ist § 649 Abs. 1, damit lex specialis zu § 313.[327] Eine **Verletzung der Informationspflicht** durch den Werkunternehmer führt zu einem Schadenersatzanspruch aus § 280 Abs. 1; der Werkbesteller ist also so zu stellen, wie er bei einer rechtzeitigen Anzeige und anschließender Kündigung stünde – wenn er gekündigt hätte.[328]

183 Haben die Parteien sich zwar über die Herstellung eines Werkes durch eine Partei, nicht aber über die Zahlung einer Vergütung durch die andere Partei geeinigt, so gilt eine **Vergütung als stillschweigend vereinbart**, wenn die Herstellung des Werkes den Umständen nach, und zwar auf Grundlage objektiver Kriterien unter Verwertung aller nach außen erkennbarer Hinweise, nur gegen Vergütung zu erwarten ist, § 632 Abs. 1; die Vergütung gehört deshalb nicht zu den essentialia des werkvertraglichen Konsenses. Sind sich die Parteien darüber einig, dass eine Vergütung geschuldet wird, nicht aber in welcher Höhe, so greift die Auslegungsregel des § 632 Abs. 2 und die Höhe der Vergütung bestimmt sich nach einem behördlich festgesetzten Preis (Taxe), also etwa Gebühren nach dem Rechtsanwaltsvergütungsgesetz, oder der marktüblichen, **angemessenen Vergütung** für die Herstellung eines derartigen Werkes unter den konkreten Umständen. Dies ist aber nur möglich, wenn die Parteien die Vergütung offen gelassen haben. Nicht möglich ist dies, wenn ein Dissens hinsichtlich des Preises vorliegt, eine Teilnichtigkeit der Preisklausel vorliegt oder die Auslegung der Preisvereinbarung Schwierigkeiten bereitet.[329]

> Bsp.: B beauftragt den Handwerker W mit dem Tünchen seiner Wohnung. Über die Kosten wird dabei nicht gesprochen. – In diesem Fall ergibt sich aus § 632 Abs. 1, dass überhaupt Werklohn geschuldet wird, weil ein Handwerker gewöhnlich nur gegen Werklohn tätig wird. Die Höhe des Werklohns, den W in Rechnung stellen kann, muss innerhalb der Spanne, die für das Streichen einer bestimmten Wandfläche am Wohnort des Werkerstellers von den Handwerkern verlangt wird, liegen.

184 Ein **Kostenvoranschlag** ist, wenn nichts Abweichendes vereinbart ist oder wenn nach der Verkehrsanschauung ein Kostenvoranschlag zu vergüten ist, **nicht zu vergüten**, § 632 Abs. 3. Kommt es zu einem Vertragsschluss, ist eine abweichende AGB-Klausel unwirksam nach § 305c Abs. 1 oder § 307 Abs. 2 Nr. 1. Gleiches gilt außer bei abweichender Vereinbarung, auch für andere Vorarbeiten des Werkunternehmers, weil diese nur dazu dienen, den Vertragsschluss mit dem potentiellen Werkbesteller zu erreichen; ist jedoch ein erheblicher Aufwand für Planung oder Beratung erforderlich, so kann im Einzelfall ihre Unentgeltlichkeit nicht mehr erwartet werden. Vielmehr ist dann, wenn es nicht zum Abschluss des angestrebten Vertrags kommt, vom Vorliegen eines selbständigen Werkvertrags über die Vorarbeiten auszugehen, dessen Vergütungspflicht sich aus § 632 Abs. 1 ergibt.[330]

---

326 Siehe hierzu auch Rn. 223.
327 BeckOK-*BGB*/*Voit*, § 650 Rn. 2, Erman/*Schwenker*, § 650 Rn. 2; a. A. MünchKomm-BGB/*Busche*, § 650 Rn. 2.
328 Palandt/*Sprau*, § 650 Rn. 1, 3.
329 BeckOK-BGB/*Voit*, § 632 Rn. 10.
330 BGH NJW-RR 2005, 19 (20).

185 b) **Entfallen des Werklohnanspruchs.** Wird die Leistung des Werkunternehmers (vor Abnahme) vollständig unmöglich, so entfällt nach § 326 Abs. 1 in der Regel auch die Zahlungsverpflichtung des Bestellers, denn der **Werkunternehmer trägt die Preisgefahr** bis zur Abnahme des Werkes, § 644 Abs. 1.

186 Von dieser Regel bestehen jedoch einige Ausnahmen. Trotz Vorliegens der Voraussetzung der §§ 275 Abs. 1–3 schuldet der Werkbesteller Vergütung, wenn er für die **Unmöglichkeit der Leistung allein oder weit überwiegend verantwortlich** ist, §§ 645 Abs. 2, 326 Abs. 2 Satz 1. Gleiches gilt, wenn die Unmöglichkeit zu einem Zeitpunkt eintritt, in dem sich der Werkbesteller im **Annahmeverzug** befindet, §§ 293 ff., was sich aus § 644 Abs. 1 Satz 2 ergibt; diese Norm entspricht ihrem Regelungsgehalt nach § 326 Abs. 2 Satz 1 Alt. 2 und ist deshalb eigentlich insoweit entbehrlich, zumal sie zusätzlich das Problem aufwirft, ob sich der Werkunternehmer die ersparten Aufwendungen anrechnen lassen muss, obschon § 644 Abs. 1 Satz 2 dies anders als § 326 Abs. 2 nicht anordnet. Nach zutreffender Auffassung muss er sich die ersparten Aufwendungen anrechnen lassen.[331] Schließlich schuldet der Werkbesteller trotz des Vorliegens der Voraussetzungen des § 275 Abs. 1–3 den Werklohn, wenn das Werk **auf Verlangen des Bestellers versendet** wurde, §§ 644 Abs. 2, 447.

187 Außerdem schuldet der Werkbesteller weiterhin Werklohn, wenn die Herstellung des Werkes unmöglich ist, weil der Besteller einen **mangelhaften Stoff geliefert** oder eine **Anweisung erteilt** hat, die zur Unmöglichkeit geführt hat, § 645 Abs. 1; „Stoffe" sind dabei alle Gegenstände, die zur Erstellung des Werkes dienen.[332] Dies gilt aber nur, wenn kein Umstand mitgewirkt hat, den der Unternehmer zu vertreten hat. Zu beachten ist dabei jedoch: Den Werkunternehmer trifft in der Regel auch ohne besondere Zusage eine Pflicht, sich nach Anlieferung durch Überprüfung der vom Besteller angelieferten Sachen zu vergewissern, dass diese zur Herstellung eines mangelfreien Werks geeignet sind.[333] Diese Prüfungspflicht besteht regelmäßig unabhängig davon, ob der Unternehmer dem Besteller vor der Anlieferung einen Hinweis auf die benötigte Beschaffenheit gegeben oder der Besteller es übernommen hat, sich um die nötige Beschaffenheit zu kümmern.[334] In diesen Fällen hat daher ein Verschulden des Unternehmers mitgewirkt.

188 Darüber hinaus kann § 645 Abs. 1 nach gängiger Auffassung analog angewendet werden, wenn Gründe für die Unmöglichkeit in der **Person des Bestellers** liegen oder auf eine Gefahr begründende oder Gefahr erhöhende **Handlung des Bestellers**[335] zurückzuführen sind.[336] Allerdings enthält § 645 Abs. 1 keine Regelung, die dahingehend zu verstehen ist, dass in allen Fällen, in denen das Leistungshindernis vor Abnahme aus der Sphäre des Bestellers stammt, der Werklohnanspruch fortbestehen würde.[337] Die §§ 644 und 645 sollen nämlich nach dem Willen des Gesetzgebers abschließend regeln, wer welche Gefahren zu tragen hat; es ist nicht ersichtlich, dass der Gesetzgeber weitere Fälle, die aus der Sphäre

---

331 Staudinger/*Peters/Jacoby*, § 644 Rn. 25: in analoger Anwendung des § 326 Abs. 2 ausnahmsweise zu bejahen; MünchKomm-BGB/*Busche*, § 644 Rn. 9.
332 BGHZ 60, 14; Staudinger/*Peters/Jacoby*, § 645 Rn. 12.
333 MünchKomm-BGB/*Busche*, § 645 Rn. 10, § 634 Rn. 80 ff.; OLG Koblenz NJW-RR 1996, 919.
334 BGH NJW 2000, 280.
335 BGHZ 40, 71.
336 Palandt/*Sprau*, § 645 Rn. 8.
337 Staudinger/*Peters/Jacoby*, § 645 Rn. 29, Palandt/*Sprau*, § 650 Rn. 9; *Gursky*, Schuldrecht BT, S. 136.

des Werkbestellers stammen, übersehen hätte, so dass § 645 in Form einer „Sphärentheorie" den Werklohnanspruch für all diese Fälle aufrechterhalten und auf diese Weise letztlich eine Gefährdungshaftung des Werkbestellers anordnen würde.[338] Allerdings kann, soweit die Voraussetzungen vorliegen, § 313 angewendet werden.

> Bsp.: B veranstaltet eine Wohltätigkeitsveranstaltung und engagiert dafür unter anderem den Caterer C. Noch bevor die Gesellschaft zum Essen gebeten wird, muss der Saal wegen Feueralarms geräumt werden und wird von der Sprinkleranlage unter Wasser gesetzt. Der Alarm wurde versehentlich von dem Gast G ausgelöst. Das vorbereitete Essen ist durch das Sprinklerwasser in Mitleidenschaft gezogen worden und kann nicht mehr verzehrt werden. – Der Werklohnanspruch des C für das Catering besteht nur, wenn die Preisgefahr schon auf B übergegangen ist. Das Werk des C wurde noch nicht abgenommen. Es liegt keiner der in §§ 644 Abs. 1 Satz 2, 645 Abs. 1 geregelten Ausnahmen vor. Die Sphärentheorie ist abzulehnen, außerdem ist vorliegend die Gefahr für das Werk von einem Dritten, der nichts mit der Werkherstellung zu tun hat, ausgegangen. B hat somit nicht für das Verhalten von G einzustehen.[339] C verliert seinen Vergütungsanspruch wegen § 326 Abs. 1. Wegen seines Schadens muss sich C an G halten.

3. Mitwirkungsobliegenheit

Schließlich obliegt es dem Werkbesteller, bei der Herstellung des Werkes erforderlichenfalls mitzuwirken. Es handelt sich dabei, vorbehaltlich abweichender Vereinbarung der Parteien, um **keine vom Werkunternehmer durchsetzbare Mitwirkungspflicht**, sondern um eine bloße Obliegenheit des Werkbestellers,[340] deren Verletzung jedoch dazu führt, dass der Werkbesteller in **Annahmeverzug** kommt, §§ 293, 295 Satz 1;[341] in Folge dessen schuldet er dem Werkbesteller Ersatz seiner verzugsbedingten Mehraufwendungen, § 304, und eine angemessene Entschädigung, § 642 Abs. 1. Die Preisgefahr geht auf den Werkbesteller über.[342]

189

Außerdem kann der Werkunternehmer den **Werkvertrag jederzeit kündigen**, wenn der Werkbesteller eine erforderliche Mitwirkungshandlung unterlassen hat und diese Mitwirkungshandlung auch nicht während einer unter klarer Kündigungsandrohung gesetzten Frist nachholt, § 643 Satz 1. In Analogie zu §§ 281 Abs. 2, 323 Abs. 2, 326 Abs. 5 ist die Frist entbehrlich bei ernsthafter, endgültiger Erfüllungsverweigerung[343] und bei Unmöglichkeit der Vornahme oder Nachholung der Mitwirkungshandlung.[344] Mit Verstreichen der Frist gilt der Vertrag als aufgehoben, § 643 Satz 2; trotz der erforderlichen Kündigungsandrohung bedarf es also keiner Kündigung mehr, was immerhin erstaunlich scheint, aber aufgrund des klaren Normwortlauts nicht anders gesehen werden kann.[345] In einem solchen Fall hat der Unternehmer einen **Anspruch** auf einen der geleisteten Arbeit entsprechenden **Teil der Vergütung**, § 645 Abs. 1.

190

Allerdings steht damit der Werkunternehmer schlechter, als bei Kündigung des Werkbestellers, denn dann steht ihm ein Vergütungsanspruch nach § 648 zu, auf

191

---

338 MünchKomm-BGB/*Busche*, § 645 Rn. 2, 14 ff.
339 Staudinger/*Peters/Jacoby*, § 645 Rn. 33.
340 BGHZ 11, 80 (83); *Larenz*, Schuldrecht II/1, § 53 IIIc; Staudinger/*Peters/Jacoby*, § 642 Rn. 17.
341 *Oechsler*, Schuldrecht BT, Rn. 716.
342 Vgl. oben Rn. 185 ff.
343 *Pioch*, JA 2016, 414 (415).
344 MünchKomm-BGB/*Busche*, § 643 Rn. 4.
345 MünchKomm-BGB/*Busche*, § 643 Rn. 7; Staudinger/*Peters/Jacoby*, § 643 Rn. 14.

den sich der Werkunternehmer nur die ersparten Aufwendungen anrechnen lassen muss. Wählt nun der Besteller **Sabotage** durch unterlassene Mitwirkung anstatt der Kündigung, so steht der Werkunternehmer schlechter, so dass bei kündigungsäquivalenter Verletzung der Mitwirkungsobliegenheit § 648 analog angewendet werden sollte, der die Gewinninteressen des Werkunternehmers sichert.[346]

III. Pflichten und Pflichtverletzungen des Werkunternehmers

192 Der Werkunternehmer schuldet **Herstellung des vertraglich vereinbarten Werkes** frei von Sach- und Rechtmängeln, §§ 631 Abs. 1, 633. Es kann es zu einer Vielzahl von Pflichtverletzungen kommen. Es ist zu beachten, dass bis zur Abnahme des Werks das **allgemeine Schuldrecht**, insbesondere §§ 320 ff., 280 ff., anwendbar ist, während der Werkbesteller nach Abnahme auf die in **§ 634 genannten Rechtsbehelfe** verwiesen ist, dort aber freilich, wenn auch mit gewissen Modifikationen, wiederum auf §§ 323 ff., 280 ff. verwiesen wird.

1. Unmöglichkeit der Herstellung des Werkes

193 Ist die Herstellung des (noch nicht abgenommenen) Werkes unmöglich, so erlischt die Pflicht des Werkunternehmers, § 275 Abs. 1, und in der Regel auch sein Vergütungsanspruch (siehe oben Rn. 186 f.). Gleiches gilt bei Vorliegen der Voraussetzungen der Einreden aus § 275 Abs. 2 und 3. Folge der Unmöglichkeit ist ein **Rücktrittsrecht** des Werkbestellers, §§ 323 Abs. 1, 326 Abs. 5, das insbesondere bei teilweiser Unmöglichkeit bedeutsam ist, weil bei vollständiger Unmöglichkeit in der Regel ohnehin der Gegenleistungsanspruch des Werkunternehmers entfällt, § 326 Abs. 2 Satz 1.

> Bsp.: Wegen einer künstlichen Veränderung des Flussbetts durch die Stadt S, liegt der Grundwasserspiegel auf dem Grundstück des G dauerhaft höher als früher und ist somit nicht mehr bebaubar. Das geplante Bauvorhaben kann nicht mehr durchgeführt werden, so dass § 275 Abs. 1 gilt.

194 Zudem kann ein Anspruch des Werkbestellers auf **Schadenersatz statt der Leistung** bestehen, wenn der Werkunternehmer die Vermutungen der § 311a Abs. 2 bzw. § 280 Abs. 1 Satz 2 nicht widerlegen kann. Er ergibt sich bei anfänglicher, also schon bei Vertragsschluss bestehender Unmöglichkeit aus § 311a Abs. 2, bei nachträglicher Unmöglichkeit aus §§ 280 Abs. 2, 3, 283. An Stelle des Schadenersatzes kann der Werkbesteller auch den **Ersatz vergeblicher Aufwendungen** verlangen, § 284, also solcher Aufwendungen, die er gerade in Hinblick auf die geplante Verwendung des Werkes getätigt hat. Ebenfalls hat der Werkbesteller einen Anspruch auf **Surrogate**, § 285, der verschuldensunabhängig ist. Zum Schicksal des Gegenanspruchs auf Werklohn siehe oben Rn. 185 ff.

2. Verzögerung der Herstellung des Werkes

195 Kommt der Werkunternehmer seiner Pflicht zur mangelfreien Herstellung des Werkes nicht rechtzeitig nach, so kann der Werkbesteller **Ersatz des Verzögerungsschadens** verlangen, soweit die Voraussetzungen des Verzugs vorliegen, §§ 280 Abs. 1, 2, 286.

---

346 Staudinger/*Peters/Jacoby*, § 642 Rn. 19, § 643 Rn. 18. – Siehe auch unten Rn. 222.

196 Darüber hinaus kann der Besteller unter den Voraussetzungen der §§ 280 Abs. 1, 3, 281 Abs. 1 **Schadenersatz statt der Leistung** (oder wie immer alternativ auch Aufwendungsersatz, § 284) verlangen; hierzu ist grundsätzlich die Setzung einer angemessenen Frist zur Herstellung des Werkes erforderlich, § 281 Abs. 1.

197 Unabhängig von einem Vertretenmüssen des Werkunternehmers kann der Besteller außerdem nach § 323 Abs. 1 vom Werkvertrag **zurücktreten**, wenn der Unternehmer das Werk trotz Setzung einer Frist nicht herstellt oder die Fristsetzung ausnahmsweise ohnehin entbehrlich war, § 323 Abs. 2.

3. Herstellung eines mangelhaften Werkes

198 a) **Allgemeines.** Der Werkunternehmer muss das Werk **frei von Mängel** herstellen, § 633 Abs. 1. Wie im Kaufrecht sind die Rechte des Werkbestellers bei Verletzung dieser Pflicht, also bei Sachmängeln und Rechtsmängeln, aus dem Allgemeinen Leistungsstörungsrecht zu entnehmen.[347] Das Werkvertragsrecht verweist lediglich unter einigen wenigen Modifikationen auf die allgemeinen Vorschriften. Die Herstellung eines mangelhaften Werkes stellt eine teilweise Nichterfüllung dar, die dem Besteller die in § 634 genannten Rechte gibt:
- Der Anspruch auf Nacherfüllung, §§ 634 Nr. 1, 635,
- Selbstvornahme und Aufwendungsersatz, §§ 634 Nr. 2, 637,
- Rücktritt, § 634 Nr. 3,
- Minderung, § 634 Nr. 3,
- Schadenersatz, § 634 Nr. 4,
- Ersatz vergeblicher Aufwendungen, § 634 Nr. 4.

199 Für das Vorliegen eines **Sachmangels** kann gemäß § 633 Abs. 2 auf die Ausführungen verwiesen werden, die sich beim Kaufrecht finden; es fehlt lediglich ein Pendant für die Haftung für Werbeaussagen aus § 434 Abs. 1 Satz 3.[348] Ohne dass dies ausdrücklich erwähnt wird, ist der maßgebende Zeitpunkt für das Vorliegen des Mangels wie im Kaufrecht der **Gefahrübergang**, also die Abnahme, §§ 640, 644.[349] Beruht der Mangel der Funktionstauglichkeit auf einer unzureichenden Vorleistung eines anderen nicht vom Werkunternehmer beauftragten Unternehmers, wird der Unternehmer von der Mängelhaftung frei, wenn er seine Prüfungs- und Hinweispflicht erfüllt hat.[350]

> **Bsp.:** W hat im Haus des B eine Heizungsanlage installiert. Die Anlage funktioniert deshalb nicht, weil das vom Unternehmer U errichtete Blockheizkraftwerk wider Erwarten keine ausreichende Wärme erzeugt.[351] – Hier haftet W nicht für die mangelnde Funktionstauglichkeit der Anlage.

200 Gleiches gilt für den in § 633 Abs. 3 geregelten **Rechtsmangel**. Ein solcher liegt etwa vor, wenn ein in Auftrag gegebener Werbespot unter Verletzung von Urheberrechten Dritter produziert wird, die deshalb Ansprüche gegen den Werkbesteller haben können.[352]

201 b) **Nacherfüllung. Vorrangiges Recht** des Werkbestellers ist der Anspruch auf **Nacherfüllung**, §§ 634 Nr. 1, 635. Der Werkunternehmer hat also ein **Recht zur**

---
347 *Schlechtriem*, Schuldrecht BT, Rn. 426.
348 BT-Drucks. 14/6040, S. 261, linke Spalte unten.
349 *Oechsler*, Schuldrecht BT, Rn. 637 f.
350 BGH NJW 2008, 511 = JuS 2008, 464 (Anm. Faust) = JA 2008, 385 (Anm. Looschelders).
351 BGH Urteil vom 8.11.2007, Az: VII ZR 183/05.
352 BGH NJW-RR 2003, 1285.

zweiten Andienung.[353] Das ergibt sich daraus, dass die in § 634 Nr. 2–4 geregelten Rechte des Werkbestellers grundsätzlich zunächst eine angemessene Frist zur Leistung oder Nacherfüllung fordern, die fruchtlos verstrichen ist, was sich aus §§ 637 Abs. 1, 323 Abs. 1, 281 Abs. 1 ergibt.

202 Die Nacherfüllung ist, wie beim Kauf, in Form der **Nachbesserung** oder der **Neuherstellung** möglich; sämtliche Kosten für die Erzielung des geschuldeten Erfolges im zweiten Versuch trägt jeweils der Werkunternehmer, § 635 Abs. 2. Allerdings ist zu beachten, dass, anders als beim Kauf, die **Wahl** zwischen den beiden Arten der Nacherfüllung dem **Werkunternehmer zusteht**, während im Kaufrecht der Käufer wählen darf. Für das Vorliegen eines Nacherfüllungsanspruchs ist es erforderlich, dass der Werkbesteller das Werk bereits abgenommen hat oder eine der Abnahmefiktionen eingreift. Vor Abnahme des Werkes hingegen steht dem Werkbesteller ohnehin sein ursprünglicher Erfüllungsanspruch aus §§ 631 Abs. 1, 633 Abs. 1 zu, der ihm die Möglichkeit gibt, die Abnahme zu verweigern und damit auch das Entstehen des Werklohnanspruchs zu verhindern.[354] Der Werkunternehmer übt sein Wahlrecht durch Erklärung gegenüber dem Werkbesteller aus, die auch durch schlüssiges Verhalten möglich ist, also etwa durch Vornahme der entsprechenden zur Nacherfüllung notwendigen Handlung. Ist eine Art der Nacherfüllung nicht möglich, richtet sich der Anspruch des Bestellers auf die verbleibende Möglichkeit. Das Wahlrecht des Unternehmers endet, anders als dasjenige des Käufers, nicht schon mit Zugang der Erklärung beim Werkbesteller; der Werkunternehmer kann nämlich auch später von sich aus zu einer kostengünstigeren Art der Nacherfüllung übergehen, während die Bindung des Käufers an seine Wahl gerade den Schutz der Dispositionen des Verkäufers dient.

203 Ist die **Nacherfüllung unmöglich**, so ist der Nacherfüllungsanspruch ausgeschlossen, § 275 Abs. 1. Darüber hinaus erweitert § 635 Abs. 3 die **Leistungsverweigerungsrechte des Werkunternehmers** bei der Nacherfüllung aus § 275 Abs. 2 und 3, wie dies beim Kauf in § 439 Abs. 3 geregelt ist. Ob Aufwendungen für die Mängelbeseitigung unverhältnismäßig sind, beurteilt sich nach den Grundsätzen des § 251 Abs. 2 Satz 1.[355] Allerdings sind die von der Rechtsprechung zu § 251 Abs. 2 Satz 1 entwickelten Wertgrenzen nicht übertragbar, da der Unternehmer im Werkvertrag freiwillig die Verpflichtung zur mangelfreien Leistung übernommen hat. **Unverhältnismäßigkeit** kommt vielmehr nur in Ausnahmefällen in Betracht, wenn der Mangel sehr gering ist, weil er beispielsweise die Funktionstauglichkeit nicht beeinträchtigt, seine Behebung aber nur unter ausgesprochen hohem Aufwand möglich ist, der zur Bedeutung des Mangels in keinem Verhältnis steht.[356] Weil der Werkunternehmer die Wahl zwischen den beiden Möglichkeiten der Nacherfüllung hat, muss sich die Unverhältnismäßigkeit zwischen seinen Kosten und den objektiven Interessen des Bestellers, die er einwenden kann, von vorneherein auf die gesamte Nacherfüllung, also beide Nacherfül-

---

353 *Schlechtriem*, Schuldrecht BT, Rn. 427.
354 BGH NJW 1999, 2046; Palandt/*Sprau*, Vor § 633 Rn. 7; *Oetker/Maultzsch*, Schuldrecht, § 8 F II Rn. 58 ff.
355 MünchKomm-BGB/*Busche*, § 635 Rn. 38; Staudinger/*Peters/Jacoby*, § 635 Rn. 10.
356 BGHZ 154, 301; BGH NJW-RR 2002, 661 (663); MünchKomm-BGB/*Busche*, § 635 Rn. 30.

lungsarten beziehen;[357] das ist nicht schon dann der Fall, wenn die Nacherfüllungskosten den vereinbarten Werklohn deutlich übersteigen.[358]

Entscheidet sich der Werkunternehmer für Nacherfüllung in Form der Neuherstellung, so steht ihm ein Anspruch gegen den Besteller auf **Rückgabe des bereits gelieferten mangelhaften Werkes** zu, § 635 Abs. 4.[359] Die Rückgewähr erfolgt nach den allgemeinen Rücktrittsregeln, §§ 346 ff.; hier besteht also Parallelität zur Regelung des § 439 Abs. 4 im Kaufrecht, auch mit dem Problem des Nutzungsersatzes, das hier aber nicht europarechtlich überlagert ist[360]. Die Rücknahme des mangelhaften Werkes kann der Besteller dem Unternehmer aber nur unter den Voraussetzungen der §§ 634 Nr. 4, 280 Abs. 1, 249 Abs. 1 abverlangen.[361] Andere bejahen eine solche **Rücknahmepflicht des Unternehmers** auch unabhängig vom Verschulden, also etwa beim Rücktritt, aus § 640 Abs. 1 analog als Kehrseite zur Abnahmepflicht des Bestellers, vgl. § 640 Abs. 1, vereinzelt wird auch vertreten, dass diese sich aus § 1004 analog ergebe.[362] Jedoch kann weder die Abnahmepflicht einfach in ihr Gegenteil verkehrt, noch der auf vertraglicher Grundlage handelnde Werkunternehmer mit einem Störer verglichen werden.

c) **Selbstvornahme des Werkbestellers.** Das Werkvertragsrecht regelt explizit ein Recht des **Werkbestellers, den Mangel selbst beseitigen** und Ersatz der dafür erforderlichen Aufwendungen zu verlangen, §§ 634 Nr. 2, 637; die Erforderlichkeit bemisst sich aus einer ex-ante-Perspektive nach objektiven Maßstäben.[363] Allerdings ist dies nicht ohne weiteres möglich, sondern erst nach erfolglosem **Ablauf einer angemessenen Frist** für den Werkunternehmer. Die Frist muss also so lange bemessen sein, dass die vorhandenen Mängel auch tatsächlich beseitigt werden können. Eine Fristsetzung ist jedoch unter den in § 323 Abs. 2 genannten Voraussetzungen entbehrlich; gleiches gilt, wenn die Nacherfüllung fehlgeschlagen oder unzumutbar ist, § 637 Abs. 2 Satz 2. Letztlich ergibt sich damit die gleiche Rechtslage wie im Kaufrecht, wo Ersatz der Kosten einer Selbstvornahme nach Fristsetzung über §§ 280 Abs. 2, 281 verlangt werden kann.

> Bsp.: B lässt seinen Flügel vom Klavierstimmer K stimmen. Beim nächsten Spielen bemerkt B jedoch, dass das Instrument noch immer nicht sauber klingt. Er fordert den K zur Nachbesserung noch am gleichen Tag auf. Nach Ablauf dieser Frist beauftragt er den U mit dem Nachstimmen. B verlangt nun von K die Kostenübernahme nach §§ 634 Nr. 2, 637. – Der Anspruch scheitert an der Angemessenheit der Frist. Denn die Frist ist so kurz, dass der Mangel nicht tatsächlich beseitigt werden kann. Die Frist bestimmt sich wie bei § 281 nach der Zeit, die ein Unternehmen benötigt, um die Vorbereitungen und die Mangelbeseitigung selbst durchzuführen. Auch hier ist eine zu kurze Frist unschädlich und setzt eine angemessene in Lauf.[364]

---

357 Oetker/Maultzsch, Schuldrecht, § 8 F II Rn. 94.
358 BGH NJW 1996, 3269 f., BGH NJW-RR 2006, 304 f.
359 Staudinger/Peters/Jacoby, § 635 Rn. 15, Bamberger/Roth/Voit, § 635 Rn. 24: auch Fälle denkbar, in denen die Herausgabepflicht über den Wortlaut hinaus auch bei Nachbesserung bestehen müsse.
360 Vgl. oben Rn. 68 ff.
361 Bamberger/Roth/Voit, § 636 Rn. 34, MünchKomm-BGB/Busche, § 634 Rn. 27, Erman/Schwenker, § 636 Rn. 18.
362 Staudinger/Peters/Jacoby, § 634 Rn. 103.
363 BGH NJW-RR 1991, 789; Staudinger/Peters/Jacoby, § 634 Rn. 77 f.; Oechsler, Schuldrecht BT, Rn. 653.
364 BeckOK-BGB/Voit, § 637 Rn. 3.

206 Auch das Recht zur Selbstvornahme mit dem nachgelagerten Aufwendungsersatzanspruch des Werkbestellers ist daher ein der Nacherfüllung nachrangiges Recht des Werkbestellers. Der **Aufwendungsersatzanspruch** ist auf die Zahlung der durch die Selbstvornahme verursachten Kosten gerichtet. Eine Selbstvornahme ohne Fristsetzung, also eine **eigenmächtige Selbstvornahme**, führt hingegen (wie im Kaufrecht) weder zu einem Aufwendungsersatzanspruch des Werkbestellers, noch zu einem Anspruch auf die vom Werkunternehmer durch die Selbstvornahme des Werkbestellers ersparten Aufwendungen etwa aus § 326 Abs. 2 Satz 2.[365]

207 Der Werkbesteller hat auch dann kein Recht zur Selbstvornahme, wenn der Werkunternehmer die **Nacherfüllung zu Recht verweigert**, § 637 Abs. 1 Halbsatz 2. Diese Norm bezieht sich auf die Einrede aus § 635 Abs. 3, denn die berechtigte Verweigerung nach § 275 Abs. 2 oder 3 führt bereits dazu, dass der Nacherfüllungsanspruch ausgeschlossen ist und deshalb auch eine Selbstvornahme der Nacherfüllung ausscheidet.[366]

208 Um die Selbstvornahme durchführen zu können, kann der Besteller vom Unternehmer gegebenenfalls einen **Vorschuss** für die erforderlichen Aufwendungen verlangen, § 637 Abs. 3, denn andernfalls könnte ein nicht leistungsfähiger Besteller nicht in den Genuss des Selbstvornahmerechts aus § 634 Nr. 2 kommen.

209 d) **Rücktritt.** Alternativ zur Selbstvornahme kann der Werkbesteller auch vom Werkvertrag zurücktreten, wenn ein Sach- oder Rechtsmangel vorliegt; erforderlich ist das Vorliegen der üblichen **Rücktrittsvoraussetzungen**, ergänzt um die Modifikation durch § 636. Es ist also eine mangelhafte Leistung erforderlich, die der Werkbesteller abgenommen hat und eine Fristsetzung oder deren Entbehrlichkeit. Außerdem darf der Mangel nicht unerheblich sein, § 323 Abs. 5, kein Ausschluss nach § 323 Abs. 6 oder nach § 218 vorliegen und schließlich dürfen auch nicht §§ 640 Abs. 2, 639 eingreifen.

210 Im Vergleich zu diesen aus dem allgemeinen Pflichtverletzungsrecht geläufigen Voraussetzungen ist zu beachten, dass außer in den Fällen der §§ 323 Abs. 2, 326 Abs. 5 eine **Fristsetzung** auch dann **entbehrlich** ist, wenn der Werkunternehmer die Nacherfüllung nach § 635 Abs. 3 zu Recht verweigert oder die Nacherfüllung entweder fehlgeschlagen oder für den Besteller unzumutbar ist, § 636. Wann die Nacherfüllung fehlgeschlagen ist, bestimmt das Werkvertragsrecht nicht näher, jedoch kann man hier auf § 440 aus dem Kaufrecht zurückgreifen, der einen zweimaligen erfolglosen Versuch in der Regel als Fehlgeschlagen ansieht.[367] Die unberechtigte Verweigerung der Nacherfüllung hingegen macht die Fristsetzung allenfalls nach § 323 Abs. 2 Nr. 1 entbehrlich, wenn diese Verweigerung ernsthaft und endgültig ist.

211 e) **Minderung.** Anstelle des Rücktritts kann der Werkbesteller auch mindern; er muss sogar mindern, wenn das Rücktrittsrecht wegen **Unerheblichkeit des Mangels** ausgeschlossen ist, § 323 Abs. 5. Zu weiteren Fragen, insbesondere zur Be-

---

365 MünchKomm-BGB/*Busche*, § 637 Rn. 7, 16; *Oetker/Maultzsch*, Schuldrecht, § 8 F II Rn. 114; a. A. BeckOK-BGB/*Voit*, § 637 Rn. 17, der ersparte Aufwendungen anrechnen will.
366 Staudinger/*Peters/Jacoby*, § 635 Rn. 8 f.
367 Staudinger/*Peters/Jacoby*, § 634 Rn. 31: „mehrfach", *Oetker/Maultzsch*, Schuldrecht, § 8 F II Rn. 119; OLG Bremen BauR 2006, 422 f: Fehlschlagen jedenfalls nach drei erfolglosen Nacherfüllungsversuchen.

rechnung, die in § 638 Abs. 3 geregelt ist, vergleiche die Ausführungen zum Kaufrecht, oben Rn. 97 ff.

f) Schadenersatz. Ein weiteres Recht des Werkbestellers bei Werkmängeln ist der Anspruch auf Schadenersatz, §§ 634 Nr. 4, 280 ff., 311a Abs. 2. Die Voraussetzungen des Schadensersatzanspruchs ergeben sich aus den allgemeinen Regelungen, auf die § 634 Nr. 4 lediglich verweist. Zu unterscheiden ist, wie im Kaufrecht, zwischen sog. Begleitschäden, die einen Anspruch auf **Schadenersatz neben der Leistung** zur Folge haben können, §§ 634 Nr. 4, 280 Abs. 1, und solchen Ansprüchen, die sich gerade auf die Mangelhaftigkeit des Werkes und den daraus folgenden Minderwert stützen, also **Schadenersatz statt der Leistung**.[368] Hier ist, wie beim Kauf, die Berechnung als „großer Schadenersatz" (statt der ganzen Leistung unter der zusätzlichen Voraussetzung des § 281 Abs. 1 Satz 3 mit der Folge § 281 Abs. 5) und „kleiner Schadenersatz" (zur Behebung des Mangels) möglich. Der Anspruch auf Schadenersatz statt der Leistung ist auf den zur Mangelbeseitigung notwendigen Betrag gerichtet. Der Besteller kann auch dann nicht auf den Ersatz der objektiven Minderung des Verkehrswerts des Werks verwiesen werden, wenn dieser erheblich geringer ist als die Kosten der Mangelbeseitigung. Lediglich bei Erfüllung der Voraussetzungen des § 635 Abs. 3 kann Schadensersatz nur in Höhe der Wertminderung verlangt werden, weil der Werkunternehmer in diesem Fall auch die Nacherfüllung verweigern könnte.[369]

Schadenersatz neben der Leistung ist unter den üblichen Voraussetzungen möglich, wenn es sich um Mangelfolgeschäden handelt.[370] Geht es hingegen um die **Verzögerung** der rechtzeitigen und mangelfreien Herstellung des Werkes, so müssen die Voraussetzungen der §§ 280, 286 erfüllt sein.

> **Bsp.:** Der Installateur I beschädigt beim Einbau und Anschluss einer Spülmaschine in der Wohnung des W die Wasserleitung. Infolge dessen tritt ständig Wasser aus und beschädigt den Parkettboden. – Diesen Schaden kann W als Mangelfolgeschaden nach §§ 634 Nr. 4, 280 Abs. 1, 241 Abs. 2 von I ersetzt verlangen.

Beim Schadenersatz statt der Leistung kommt es, ebenfalls wie beim Kauf darauf an, ob der **Mangel behebbar** ist oder nicht. Ist der Mangel behebbar, so findet sich die zutreffende Anspruchsgrundlage in §§ 634 Nr. 4, 280 Abs. 1 und 3, 281, so dass insbesondere die vergebliche Fristsetzung Voraussetzung ist. Den „großen Schadenersatz", also Schadenersatz statt der ganzen Leistung, kann der Werkbesteller zudem nur unter der weiteren Voraussetzung des § 281 Abs. 1 Satz 3 verlangen.

Ist die Nacherfüllung unmöglich, so ist weiter zu unterscheiden, ob die **Unmöglichkeit der Nacherfüllung** schon bei Vertragsschluss bestand, oder erst anschließend eingetreten ist. Je nachdem findet sich die zutreffende Anspruchsgrundlage in §§ 634 Nr. 4, 280 Abs. 1 und 3, 283 oder in §§ 634 Nr. 4, 311a Abs. 2. Bei Unmöglichkeit der Nacherfüllung ist insbesondere darauf zu achten, dass eine Fristsetzung nicht erforderlich ist.

g) Ersatz vergeblicher Aufwendungen. Unter den gleichen Voraussetzungen wie denen des Schadenersatzes statt der Leistung kann der Werkbesteller auch den

---
368 *Oetker/Maultzsch*, Schuldrecht, § 8 F II Rn. 138 f.
369 BGH BauR 2005, 1014.
370 MünchKomm-BGB/*Ernst*, § 280 Rn. 82.

Ersatz vergeblicher Aufwendungen verlangen, §§ 634 Nr. 4, 284; hier ist auf die Ausführungen zum Kaufrecht[371] zu verweisen.

217 h) **Ausschluss der Mängelrechte.** Die Mängelrechte können sowohl aufgrund Vertrages, als auch aufgrund Gesetzes ausgeschlossen sein. § 639 eröffnet den Parteien die Möglichkeit des **vertraglichen Haftungsausschlusses.** Auf einen solchen Haftungsausschluss kann sich der Unternehmer freilich nicht berufen, wenn er den Mangel arglistig verschwiegen hat oder für die Beschaffenheit des Werkes garantiert hat. Zur Beschaffenheitsgarantie vgl. oben Rn. 128. Für die Zulässigkeit von Haftungsausschlüssen im Rahmen allgemeiner Geschäftsbedingungen sind § 309 Nr. 7 und Nr. 8 zu berücksichtigen.

218 Ein **Ausschluss** der Mängelrechte des Werkbestellers **kraft Gesetzes** kann sich aus § 640 Abs. 3 ergeben. Das ist dann der Fall, wenn der Werkbesteller das Werk in Kenntnis eines Mangels abnimmt, ohne sich Mängelrechte vorzubehalten. Die Kenntnis des Bestellers muss sich dabei auf einen konkreten Mangel beziehen und darauf, dass dieser Mangel den Wert des Werkes oder seine Tauglichkeit mindert.[372] Abnahmefiktionen genügen für den Ausschlussgrund des § 640 Abs. 3 nicht.[373] Zu beachten ist, dass Ansprüche auf Schadenersatz und Aufwendungsersatz trotzdem bestehen, denn sie sind in § 640 Abs. 2 nicht genannt. Für das Bestehen eines Schadensersatzanspruchs in Fällen des § 640 Abs. 2 spricht neben dem Wortlaut, dass dieser im Gegensatz zu den anderen in § 634 Nr. 1–3 genannten Fällen Verschulden voraussetzt und der Unternehmer in diesem Fall nicht von seiner Haftung befreit werden sollte.[374]

219 Die Verjährung der Mängelrechte ist in § 634a abweichend vom allgemeinen Teil geregelt. Hiernach **verjähren** die Ansprüche aus § 634 Nr. 1, 2 und 4 in **zwei Jahren,** wenn die Werkleistung des Unternehmers in der Herstellung, Wartung oder Veränderung einer Sache oder in der Erbringung von zugehörigen Planungs- oder Überwachungsleistungen besteht. Beziehen sich die Arbeiten auf ein Bauwerk, so beträgt die Frist **fünf Jahre.** Im Übrigen gelten §§ **195, 199**; damit sind insbesondere Fälle angesprochen, in denen die Werkleistung sich nicht in einer Sache verkörpert und deshalb der Besteller die Mängel oft nur schwierig entdecken kann. Sobald sich aber die gleichsam geistige Werkleistung in einer Sache niederschlägt, gelten wieder die speziellen Regelungen des § 634a.[375] Bei den allgemeinen Vorschriften der §§ 195, 199 bleibt es auch in Fällen des arglistigen Verschweigens von Mängeln, § 634 Abs. 3. Zu beachten ist: Der Werkunternehmer, der das Werk arbeitsteilig herstellen lässt, muss die organisatorischen Voraussetzungen schaffen, um sachgerecht beurteilen zu können, ob das Werk bei Ablieferung mangelfrei ist. Unterlässt er dies und wäre der Mangel bei richtiger Organisation entdeckt worden, verjähren Gewährleistungsansprüche des Bestellers wie bei arglistigem Verschweigen des Mangels, also §§ 634 Abs. 3, 195, 199.[376]

220 Die Verjährungsfristen nach § 634a Abs. 1 Nr. 1, 2 beginnen mit **Abnahme des Werkes,** § 634a Abs. 2, für §§ 634a Abs. 1 Nr. 3, 195, 199 kommt es auf den

---

371 Siehe oben Rn. 117 ff.
372 Bamberger/Roth/*Voit*, § 640 Rn. 35.
373 OLG Brandenburg BauR 2003, 1054 f.; MünchKomm-BGB/*Busche*, § 640 Rn. 28: vgl. Wortlaut.
374 Bamberger/Roth/*Voit*, § 640 Rn. 41, Palandt/*Sprau*, § 640 Rn. 13.
375 *Oetker/Maultzsch*, Schuldrecht, § 8 F II Rn. 152.
376 BGH NJW 2005, 893.

Schluss des Jahres an, in welchem der Besteller Kenntnis oder grob fahrlässige Unkenntnis von der Mangelhaftigkeit der Sache und damit von Anspruch und Anspruchsschuldner erlangt hat.

Zu beachten ist, dass das **Selbstvornahmerecht** nach § 634 Nr. 2 kein Anspruch im Sinne des § 194 ist und folglich nicht verjähren kann; allerdings kann nach Verjährung des Nacherfüllungsanspruchs der Werkunternehmer die Einrede des § 214 erheben, so dass folgerichtig auch keine Selbstvornahme auf seine Kosten mehr erfolgen kann. Die erörterten Fristen gelten also gleichermaßen für den Anspruch auf Aufwendungsersatz, der nur verlangt werden kann, wenn auch Nacherfüllung hätte verlangt werden können. Für die in § 634a nicht genannten Rechte aus § 634 Nr. 3, das **Rücktritts-** und das **Minderungsrecht**, beides Gestaltungsrechte und nicht Ansprüche, gelten die gleichen Fristen über die Regelung des § 218: Rücktritt oder Minderung sind unwirksam, wenn sich der Besteller auf die Verjährung des (ggf. hypothetischen) Nacherfüllungsanspruchs berufen kann.[377] Genauso wie im Kaufrecht kann der Besteller aber trotz Verjährung seines Nacherfüllungsanspruchs noch die Zahlung des Werklohns verweigern, § 634a Abs. 4 Satz 2, Abs. 5. In einem solchen Fall kann wiederum der Werkunternehmer vom Vertrag zurücktreten, wenn es sich um einen höheren Betrag als den Teil des Werklohns handelt, um den der Werkbesteller hätte mindern können.

IV. Besondere Kündigungsrechte

Neben dem weiterhin anwendbaren § 314 BGB[378] regelt das Gesetz besondere Kündigungsrechte der Parteien. § 648 Satz 1 spricht dem Werkbesteller ein besonderes Kündigungsrecht zu: Der Besteller kann **jederzeit und ohne Angabe von Gründen** bis zur Vollendung des Werkes den Werkvertrag **kündigen**;[379] hier kommt es also nicht auf die Mangelhaftigkeit an, sondern darauf, dass das Werk noch nicht fertig ist, was freilich auch dann der Fall sein kann, wenn der Werkunternehmer zur Abnahme ein mangelhaftes Werk präsentiert. Einzelne Mängel hindern die Fertigstellung nicht, bei erheblichen Mängeln ist darauf abzustellen, ob sie unbehebbar oder behebbar sind und in letzterem Fall, ob das Werk bereits abgenommen wurde.[380] Der Werkunternehmer hat keinen Anspruch auf Vollendung des Werkes, sondern lediglich auf den Werklohn, insbesondere auf die darin enthaltene vollständige Gewinnspanne. Weil die Kündigung nur in die Zukunft wirkt, bleibt dem Werkunternehmer deshalb auch der **Werklohnanspruch** erhalten; allerdings muss er sich die ersparten Aufwendungen und die unterlassene anderweitige Verwertung seiner Arbeitskraft anrechnen lassen, die sich daraus ergeben, dass er aufgrund der Kündigung das Werk nicht mehr vollenden muss. Seit dem 1.1.2009 sieht das Gesetz nun Satz 3 der Vorschrift eine gesetzliche Vermutung dahingehend vor, dass der Werkunternehmer 5 % des Werklohns für den noch nicht erbrachten Teil verlangen kann. Schließen die Parteien eines Werkvertrags einen Aufhebungsvertrag, nachdem die Werkleistung unmöglich geworden ist, bestimmt sich die Vergütung des Unternehmers hingegen nicht

---
377 *Oetker/Maultzsch*, Schuldrecht, § 8 F II Rn. 149.
378 *Pioch*, JA 2016, 414.
379 Dazu umfassend *Pioch*, JA 2016, 414.
380 MünchKomm-BGB/*Busche*, § 649 Rn. 11: Kriterien des § 646.

nach § 648. Beruht die Unmöglichkeit auf einem von dem **Besteller gelieferten Stoff**, richtet sich die Vergütung nach § 645.[381]

223 Zum Kündigungsrecht des Werkbestellers wegen **Überschreitung des Kostenvoranschlags** nach § 649, vgl. oben Rn. 182.[382] Zu beachten ist jedoch, dass nach gängiger Auffassung die Kündigung nicht kausal mit der Überschreitung verbunden sein muss, so dass §§ 649, 645 immer dann gelten, wenn erstens gekündigt wird und zweitens zu diesem Zeitpunkt der Kostenvoranschlag erheblich überschritten war. Das ergibt sich daraus, dass die Kündigungsfolgen sich ansonsten nach § 648 richten würden, der Werkunternehmer also erheblich mehr verlangen könnte und die Sache zu Lasten des von der Überschreitung ahnungslosen Werkbestellers ginge; der Werkunternehmer muss hingegen in seinen Vergütungserwartungen nicht durch § 648 geschützt werden, wenn er den von ihm selbst ausgearbeiteten Kostenvoranschlag erheblich überschreitet.

223a Mit dem „Gesetz zur Reform des Bauvertragsrechts und zur Änderung der kaufrechtlichen Mängelhaftung"[383] hat der Gesetzgeber in § 650a–h den Bauvertrag als Vertrag über „Herstellung, die Wiederherstellung, die Beseitigung oder den Umbau eines Bauwerks, einer Außenanlage oder eines Teils davon" neu kodifiziert. Dabei gelten die Regeln des Werkvertrags und ergänzend die Regeln der §§ 650a–h. Hier wurde insbesondere eine Regelung für Vertragsanpassungen in § 650b und daraus folgende Vergütung in § 650c geschaffen sowie eine Regelung über die Ermöglichung einer einstweiligen Verfügung für diese Ansprüche ohne Glaubhaftmachung eines Verfügungsgrundes. In § 650e findet sich das Recht des Bestellers eine Sicherungshypothek eintragen zu lassen.

223b Der Gesetzgeber hat zudem in § 650i–n einen Verbraucherbauvertrag geschaffen. Dabei handelt es sich um Verträge nach § 650a zwischen Unternehmern und Verbrauchern. Allerdings wird auch der sachliche Anwendungsbereich weiter eingeschränkt: Es muss der Neubau oder der erhebliche Umbau eines Gebäudes Vertragsgegenstand sein, § 650i Abs. 1. Hier sind, wie im Verbraucherschutzrecht üblich, Informationspflichten (§ 650e) und ein Widerrufsrecht geregelt (§ 650k). Letzteres entfällt bei einer notariellen Beurkundung.

§ 5 Reisevertragsrecht

Literatur: *Blaurock/Wagner*, Der Anspruch auf Schadensersatz wegen Nichterfüllung im Reisevertragsrecht, JURA 1985, 169; *Echtermayer*, Verkehrssicherungspflichten im Reiserecht – Der „Balkonsturz" lebt, RRa 2003, 60; *Fischinger/Lettmaier*, Grundfälle zum Reisevertragsrecht, JuS 2007, 14 und 99; *Führich*, Reisevertrag nach modernisiertem Schuldrecht, NJW 2002, 1082; *Kaller*, Das Verhältnis des Gewährleistungsrechts nach § 651c ff. BGB zum allgemeinen Recht der Leistungsstörungen, RRa 1999, 19; *Lorenz*, Grundwissen – Zivilrecht: Der Reisevertrag (§§ BGB § 651a ff. BGB), JuS 2014, 589; *Neuner*, Der Reisevermittlungsvertrag, AcP 193 (1993), 1; *Schwerdtfeger/Voigt*, Vulkanaschewolke des »Eyjafjallajökull« – Rechte bei Flugausfällen wegen Luftraumsperrung, JA 2010, 772; *Staudinger/Röben*, Das Pauschalreiserecht – Ein Überblick über die wichtigsten Examensprobleme, JA 2015, 214; *Staudinger/Schmidt-Bendun*, Pauschalreise, Luftverkehrs-Eisenbahn, sowie

---
381 BGH BauR 2005, 735.
382 *Pioch*, JA 2016, 414 (415).
383 Zum Entwurf *Omlor*, JuS 2016, 967.

Reiseversicherungsrecht – Rechtsprechung aus den Jahren 2005 und 2006 sowie aktuelle Entwicklungen, NJW 2007, 2301; *Tamm*, Die Pflichten des Reisebüros gegenüber dem Reisenden, VuR 2006, 329; *Tempel*, Entwicklungen und Tendenzen im Reisevertragsrecht – Rückschau und Zukunftsperspektiven, RRa 1998, 19; *Tonner*, Schadensersatz wegen vertaner Urlaubszeit, BGHZ 77, 116, JuS 1982, 411; *Tonner*, Anmerkung zu BGH, Urteil X ZR 118/03 v. 11.1.2005, JZ 2005, 734; *Tonner*, Vertragliche und deliktische Verkehrssicherungspflichten im Reiserecht, NJW 2007, 2738; *Wolter*, Das Verhältnis des reiserechtlichen Gewährleistungsrechts der § 651c ff. zum allgemeinen Recht der Leistungsstörungen, AcP 183 (1983), 35.

Rechtsprechung: BGH NJW 1983, 35 (Schadensersatz für vertanen Urlaub; Berechtigung des Reisenden, eine nicht vertraglich vereinbarte Unterbringung abzulehnen); **BGH NJW 2005, 1047** (Entschädigungsanspruch bei Überbuchung des Urlaubsorts; Entschädigung für nutzlos aufgewendete Urlaubszeit ist nicht am Arbeitseinkommen zu messen = Aufgabe von BGHZ 63, 98 [101], BGHZ 77, 116 [120]); **BGH NJW 2005, 1420** (Rechtzeitige Mängelrüge, Haftung des Reiseveranstalters für Folgen eines Sturzes bei Dauerlauf auf Flughafen); **BGH NJW 2006, 2321** (Keine Beratungspflicht des Reisebüros hinsichtlich Pass und Visum); **BGH NJW 2006, 3137** (Keine Hinweispflicht des Reisebüros als Quasiveranstalter bezüglich Reiseabbruchversicherung); **BGH NJW 2006, 3268** (Wasserrutschenfall; Verkehrssicherungspflicht des Reiseveranstalters kann sich auf Einrichtungen erstrecken, die nicht Bestandteil der Hotelanlage sind); **BGH NJW 2006, 2918** (Verletzung einer Verkehrssicherungspflicht bei splitternder Appartementtür bei laut Reiseveranstalter kindgerechter Ausstattung); **BGH NJW-RR 2007, 1501** (Haftung des Reiseveranstalters für vor Ort gebuchte Zusatzleistungen trotz Fremdleistungsklausel); **BGH NJW 2007, 2549** (Geltendmachung von reiserechtlichen Ansprüchen nach Ablauf der Ein-Monats-Frist des § 651g bei fehlendem Hinweis des Reiseveranstalters oder gesundheitlichen Spätschäden des Reisenden; Beweislast beim Reiseveranstalter); **BGH NJW 2013, 308** (Analoge Anwendung von §§ 651a ff. bei Buchung eines Ferienhauses von einem Veranstalter); **BGH NJW 2013, 1674** (Anwendung von § 651j bei Verhinderung der Anreise zum Ausgangsort der Reise); **BGH NJW 2015, 1444** (In analoger Anwendung des § 651a BGB liegt ein Reisevertrag vor, wenn das Reisepaket auf Initiative und Wunsch des Kunden vor Antritt der Reise gestaltet wird).

Fälle: *Bertl/Lotte*, „Urlaub mit Hindernissen", JA 2014, 81; *Weishaupt*, Referendarexamensklausur – Bürgerliches Recht: Probleme des Reisevertragsrechts, JuS 2005, 241.

I. Reisevertragliche Pflichten und Beteiligte

Der Reisevertrag ist ein **gegenseitiger Vertrag**, der den **Reiseveranstalter** zur Erbringung einer Gesamtheit von Reiseleistungen und den **Reisenden** zur Zahlung des Reisepreises verpflichtet, § 651a Abs. 1. Der Reisevertrag ähnelt stark dem Werkvertrag, so dass zur Schließung möglicher Regelungslücken im Reisevertragsrecht auf das Werkvertragsrecht zurückgegriffen werden kann.[384] Der Vertragstyp wird teilweise als eigener Typ oder als Sonderfall des Werkvertrags gesehen.[385]

1. Reiseveranstalter

a) Erbringung der Reise. Prägender Gesichtspunkt für den Reisevertrag ist es, dass der Reiseveranstalter eine Gesamtheit von Reiseleistungen, die **Reise**, zu erbringen hat. Es müssen also vom Reiseveranstalter mindestens zwei etwa gleichgeordnete Leistungen, etwa Beförderung und Unterkunft, erbracht werden,

---
384 Palandt/*Sprau*, Vor § 651a Rn. 2; *Larenz*, Schuldrecht II/1, § 53 I a, S. 379; *Führich*, Reiserecht, 7. Aufl., § 5 Rn. 1.
385 Staudinger/*Röben*, JA 2015, 241.

damit das Reisevertragsrecht anwendbar ist. Diese müssen zu einem Gesamtpaket gebündelt werden.[386] Nachdem die § 651a ff. der Umsetzung der EU-Richtlinie zu Pauschalreisen dienen, ist § 651a insoweit entsprechend der EuGH-Rechtsprechung[387] richtlinienkonform auszulegen, weshalb es genügt, wenn das Paket auf Initiative und Wunsch des Kunden vor Antritt der Reise gestaltet wird.[388] Somit ist der Reisevertrag insbesondere **von der Individualreise abzugrenzen.** Dort organisiert der Reisende seine Reise selbst und schließt Verträge mit verschiedenen Personen, etwa einen Beherbergungsvertrag mit einem Hotelier oder einen Beförderungsvertrag mit einem Verkehrsunternehmen.[389] Reiseveranstalter ist derjenige, der dem Reisenden die Erbringung der Gesamtheit von Reiseleistungen in eigener Verantwortung verspricht (z. B. Neckermann, TUI etc.).

225a Darüber hinaus wendet die Rechtsprechung die § 651a ff. analog an, wenn ein Ferienhaus[390] von einem Veranstalter gebucht wird und nicht vom Eigentümer. Ebenso bei der Buchung eines Hotels[391] über einen Veranstalter oder Wohnmobilen, Booten, etc. über eine Agentur oder Veranstalter.[392] Entscheidendes Argument ist dabei ein Erst-Recht-Schluss: Derjenige der nur eine Reiseleistung in eigener Verantwortung erbringt, soll nicht besser stehen, weil er keine zweite Leistung erbringt.[393] Entscheidende Voraussetzung ist, dass der Vertragspartner ein gewerblicher Reiseveranstalter ist, der die Verantwortung für die Durchführung der Reise übernimmt.

226 b) **Reisebüro.** Deshalb ist das Reisebüro im Allgemeinen nicht Reiseveranstalter, denn es vermittelt nur den Reisevertrag zwischen dem Reiseveranstalter und dem Reisenden. Im Verhältnis zwischen Reisebüro und Reisendem kommt in der Regel ein **Reisevermittlungsvertrag** zustande, den die gängige Auffassung als Geschäftsbesorgungsvertrag nach §§ 675, 631 qualifiziert.[394] Das Reisebüro wiederum wird als **Vertreter** (Handelsvertreter, § 84 HGB) für den Reiseveranstalter tätig. Der Reiseveranstalter muss sich deshalb die Angaben des Reisebüros über die Beschaffenheit der Reise zurechnen lassen.[395] Nach überwiegender Meinung nimmt das **Reisebüro** insofern eine **Doppelfunktion** wahr: Zum einen als Handelsvertreter gegenüber dem Reiseveranstalter und zum anderen als Reisevermittler gegenüber dem Reisenden.[396]

227 Inwieweit sich die **Informations- und Beratungspflichten** aus dem Reisevertrag mit denen des Vermittlungsvertrags überschneiden, ist unklar. Der BGH grenzt

---

386 Staudinger/*Röben*, JA 2015, 241 (242).
387 EuGH EuZW 2002, 402.
388 Staudinger/*Röben*, JA 2015, 241 (242); BGH NJW 2015, 1444 = JuS 2015, 834 (Anm. Schwab) zum sog. Dynamic Packaging.
389 *Tonner*, Der Reisevertrag, 5. Aufl., S. 22.
390 BGH NJW 2013, 308; *Lettmaier/Fischinger*, JuS 2010, 14, Fall 2.
391 BGH NJW 2014, 2955.
392 Eine vollständige Liste findet sich bei BeckOK-BGB/*Geib*, § 651a Rn. 12.
393 Staudinger/*Röben*, JA 2015, 241 (242).
394 OLG Frankfurt NJW-RR 1996, 889; OLG Hamm NJW-RR 1998, 1668; *Führich*, Reiserecht, 5. Aufl., § 27 Rn. 565; MünchKomm-BGB/*Tonner*, § 651a Rn. 46; *Tonner*, Der Reisevertrag S. 44 f.; Staudinger/*Staudinger*, § 651a Rn. 62; Offengelassen von BGH NJW 1982, 377, BGH NJW 2003, 743 und zuletzt BGH NJW 2006, 2321.
395 BGH NJW 1982, 377; BGH NJW 1974, 852; BGH NJW 2003, 743; MünchKomm-BGB/*Tonner*, § 651a Rn. 56; *Führich*, Reiserecht, 7. Aufl., § 5 Rn. 164.
396 *Führich*, Reiserecht, 7. Aufl., § 27 Rn. 11; *ders.*, RRa 2006, 194 (197); Staudinger/*Staudinger*, § 651a Rn. 63; MünchKomm-BGB/*Tonner*, § 651a Rn. 46; Tempel NJW 1999, 3657.

die Haftung des Reisebüros jedenfalls dann ein, wenn daneben eine Haftung des Reiseveranstalters besteht.[397] In dieser Situation fehle es regelmäßig an der **Schutzbedürftigkeit des Reisenden**, der nicht auf eine doppelte Haftung angewiesen sei, und damit an der Notwendigkeit vom Grundsatz der fehlenden Vertragsbeziehungen zwischen Handelsvertreter und Kunden abzuweichen.[398] Ob der BGH dadurch im Ergebnis das Vorliegen eines eigenen Geschäftsbesorgungsvertrags zwischen Reisendem und Reisebüro generell verneint,[399] bleibt ausdrücklich offen. Zudem billigt der BGH die Ansicht der Instanzgerichte, dass zwischen der Beratung bei der Auswahl der Reise (die üblicherweise den Reisevermittler treffen) und der Beratung bei ihrer Durchführung (als Pflicht des Reiseveranstalters) zu unterscheiden sei.[400]

> Bsp.: Das Reisebüro hat die Pflicht über Lage, Klima, touristische Angebote am Urlaubsort, Größe des Hotels, Abflug- und Ankunftsflughafen (d. h. alle für die Auswahl einer Reise erfahrungsgemäß entscheidenden Umstände) zu informieren, nicht aber über die Erforderlichkeit eines Reisepasses für die Einreise, da dieser Umstand in der Regel erst im Rahmen der Durchführung der Reise relevant wird.[401]

Allerdings kommt eine **Eigenhaftung des Reisebüros** aus §§ 311 Abs. 3, 241 Abs. 2 in Betracht, die jedoch nicht schon deshalb zu bejahen ist, weil das Reisebüro ein eigenes Interesse am Verdienst von Provisionen hat.[402] Strittig bleibt, ob eine Haftung nach §§ 311 Abs. 3, 241 Abs. 2 unter dem Aspekt zu bejahen ist, dass das Reisebüro aufgrund seiner Sachkunde das Vertrauen des Reisenden in besonderem Maße in Anspruch nimmt und den Vertragsschluss dadurch erheblich beeinflusst.[403] Dies wird mit Hinweis auf die fehlende Schutzbedürftigkeit des Reisenden vom BGH für nicht erforderlich gehalten.[404]

228

c) **Leistungsträger.** Die einzelnen Leistungserbringer, die sog. Leistungsträger wie Hotels, Fluggesellschaften, Restaurants etc., sind **nicht Vertragspartner des Reisenden**. Vielmehr haben sie einen Vertrag mit dem Reiseveranstalter geschlossen, aufgrund dessen sie die einzelnen Leistungen an den Reisenden erbringen. Sie sind also **Erfüllungsgehilfen**, § 278, des Reiseveranstalters.[405]

229

> Bsp.: Der Reiseveranstalter schließt einen Beförderungsvertrag mit einem Busunternehmer ab, einen Chartervertrag mit einer Luftverkehrsgesellschaft, einen Beherbergungsvertrag mit einem Hotelier.

Nach gängiger Auffassung[406] entfaltet der Vertrag zwischen Reiseveranstalter und einzelnem Leistungsträger einen Anspruch für den Reisenden, ist also ein **Vertrag zugunsten Dritter,** der dem Reisenden einen eigenen Erfüllungsanspruch

230

---

397 BGH NJW 2006, 2321; a. A. Staudinger/*Staudinger,* § 651a Rn. 61.
398 A.A. *Tamm,* VuR 2006, 329; *Führich,* RRa 2006, 194 (197).
399 So *Führich,* RRa 2006, 194 (197).
400 BGH NJW 2006, 2321 (2322) unter Hinweis auf LG Frankfurt NJW-RR 1999, 1445; LG Kleve RRa 2000, 210; siehe auch: BGH NJW 2006, 3137 (3138) zur Informationspflicht bzgl. Reiserücktrittsversicherungen.
401 BGH NJW 2006, 2321 (2322).
402 BGH NJW 1990, 506.
403 Ablehnend BGH NJW 2006, 2321 (2322) unter Hinweis auf LG Frankfurt NJW-RR 1999, 1145; LG Kleve NJW-RR 2002, 558; a. A. *Tonner,* Der Reisevertrag, § 651a S. 49; *Tamm* VuR 2006, 329; *Führich,* RRa 2006, 194 (197).
404 BGH NJW 2006, 2321 (2322).
405 BGH NJW 2005, 1420.
406 BGHZ 93, 271; MünchKomm-BGB/*Tonner,* § 651a Rn. 39; *Führich,* Reiserecht, 7. Aufl., Rn. 61; Bamberger/Roth/*Geib,* § 651a Rn. 21; Palandt/*Sprau,* § 651a Rn. 10.

einräumt. Das wird nach Einführung der Insolvenzsicherung nach § 651k jedoch zu Recht bestritten, weil der Reiseveranstalter und der Leistungsträger nur ihre eigenen Leistungspflichten erfüllen und nicht den Reisenden begünstigen wollen.[407] Folgt man dieser Ansicht hat der Reisende also gegen das Hotel oder die Airline keinen eigenen Leistungsanspruch. Nach gängiger Auffassung entfaltet der Vertrag auch **Schutzwirkung zugunsten des Reisenden**.[408] Auch das wird zu Recht bestritten, weil der Reisende einen vertraglichen Anspruch gegen den Reiseveranstalter aus Pflichtverletzung hat, so dass es an der entsprechenden Schutzbedürftigkeit fehlt.[409]

2. Reisender

231 Reisender ist jeder, der **Vertragspartner eines Reiseveranstalters** ist. Er schuldet den Reisepreis, der nach §§ 640, 646 am Ende der Reise fällig ist; von dieser Regelung wird freilich in AGB regelmäßig zulässig abgewichen. Dabei sind allerdings gewisse Grenzen zu beachten:

> **Bsp. (1):** Eine AGB-Bestimmung, nach welcher der volle Reisepreis 30 Tage vor Reisebeginn zu zahlen ist, ohne zugleich eine Sicherung des Reisepreises, z. B. in Form von „qualifizierten" Reiseunterlagen (Fahrkarten, Flugschein, etc.) zu gewähren, benachteiligt den Reisenden unangemessen im Sinne des § 307.[410]

> **Bsp. (2):** Eine Anzahlung des Reisepreises nach Vertragsschluss ist zulässig, sofern der Reiseveranstalter selbst eine Vorauszahlung beim Kauf der Flug- oder Hotelkapazitäten leisten muss und er dies dem Reisenden zur Rechtfertigung seines Vorauszahlungsverlangens mitteilt und die zweckgemäße Verwendung nachweist.[411]

> **Bsp. (3):** Eine Anzahlung von 20 % des Reisepreises bei Vertragsschluss ist zulässig, weil das Insolvenzrisiko durch § 651k gemildert wird.[412]

232 Erforderlich ist lediglich, dass der **Reisende** im eigenen Namen für sich und/oder andere Reiseteilnehmer **bucht**. Er muss aber nicht selbst reisen. Wenn ein Reisender für mehrere Reiseteilnehmer bucht, so ist wiederum zu klären, ob allein der buchende Vertragspartner des Reiseveranstalters wird oder ob er die anderen Reisenden vertreten hat, § 164, so dass diese selbst Vertragspartner werden. Problematisch ist, ob jeweils die dafür nötige Offenkundigkeit vorliegt.[413] So kann die Offenkundigkeit bei Gruppen vorliegen, wenn aufgrund der Namensverschiedenheit offensichtlich ist, dass der Buchende nicht für die Zahlungspflichten sämtlicher Mitreisender einstehen möchte.[414]

> **Bsp.:** Bei der Buchung einer Klassenreise durch einen Lehrer liegt meist ein Vertreterhandeln des Lehrers für seine Schüler vor. Etwaige Mängelansprüche müssen von jedem Einzelnen geltend gemacht werden.[415]

233 Wenn die Mitreisenden beispielsweise Kinder des Buchenden sind, wird der Elternteil nicht als Vertreter handeln. Hier wird man davon ausgehen können, dass der buchende Elternteil alleiniger Vertragspartner des Reiseveranstalters wird

---

407 Staudinger/*Staudinger*, § 651a Rn. 59.
408 Erman/*Schmid*, § 651a Rn. 21; Jauernig/*Teichmann*, § 651a Rn. 8 f.; LG Frankfurt NJW-RR 1986, 852 (853).
409 Staudinger/*Staudinger*, § 651a Rn. 60.
410 BGH NJW 1986, 1613.
411 BGH NJW 1987, 1931 (1933).
412 BGH NJW 2006, 3134 = JuS 2007, 83 (Anm. Emmerich).
413 *Staudinger/Röben*, JA 2015, 241 (243).
414 BGH NJW 2015, 853 – Abs. Nr. 9.
415 Nach OLG Frankfurt NJW 1986, 1941.

und er insoweit, als die Reise seiner Kinder betroffen ist, einen echten Vertrag zugunsten Dritter abgeschlossen hat. Grund hierfür ist die Erkennbarkeit der Nähebeziehung für den Vertragspartner.[416]

II. Gestaltungsmöglichkeiten vor Reiseantritt

1. Grundloses Rücktrittsrecht des Reisenden

Der Reisende kann vor Beginn der Reise vom Reisevertrag zurücktreten, **ohne dass er einen Grund dafür angeben** müsste, § 651i Abs. 1. Der Reiseveranstalter verliert infolgedessen den Anspruch auf den Reisepreis, kann aber freilich eine angemessene **Entschädigung verlangen**, § 651i Abs. 2. Diese wird der Höhe nach letztlich am entgangenen Gewinn des Reiseveranstalters auszurichten sein, wenngleich die Entschädigung nach § 651i Abs. 2 einen Anspruch sui generis darstellt, der dem Schadensersatzanspruch nur angenähert ist.[417] In der Praxis machen die Reiseveranstalter regelmäßig von der Möglichkeit der Pauschalierung der Entschädigung Gebrauch, die in einer Höhe von etwa 50 % des Reisepreises bei kurzfristigem Rücktritt nicht zu beanstanden ist.[418] 234

2. Auswechslung des Reisenden

Bis zum Antritt der Reise kann außerdem ein **Dritter** anstelle des Reisenden **in die Rechte und Pflichten aus dem Reisevertrag eintreten**, § 651b. Es ist nicht erforderlich, dass der Reiseveranstalter zustimmt. Er hat nur unter bestimmten Voraussetzungen ein **Widerspruchsrecht** und kann außerdem die **Mehrkosten** verlangen, die durch den Eintritt entstehen, § 651b Abs. 2. Dieses Widerspruchsrecht besteht laut Gesetz in zwei Fällen. So kann der Reiseveranstalter widersprechen, wenn der Dritte den besonderen Reiseerfordernissen nicht genügt, z. B. aus gesundheitlichen oder altersmäßigen Gründen, oder wenn gesetzliche Vorschriften oder behördlichen Anordnungen, z. B. Visums- oder Einreisebestimmungen, entgegenstehen.[419] Nach dem Eintritt haften der ursprünglich Reisende und der Eintretende gesamtschuldnerisch sowohl für den Reisepreis als auch für die Mehrkosten, §§ 651b Abs. 2, 421. 235

3. Kündigung bei höherer Gewalt

Wird die Reise wegen bei Vertragsschluss nicht vorhersehbarer höherer Gewalt erheblich erschwert, gefährdet oder beeinträchtigt, so können sowohl der Reisende als auch der Reiseveranstalter kündigen, § 651j Abs. 1. Das Kündigungsrecht nach § 651j bildet somit eine **Sonderform des Wegfalls der Geschäftsgrundlage**, § 313. Höhere Gewalt sind von außen kommende Ereignisse, die von den Parteien nicht verhindert werden können, beispielsweise Kriege oder Naturkatastrophen,[420] nicht jedoch Störungen, die aus der Sphäre des Reiseveranstalters oder des Reisenden stammen (z. B. Krankheit). Allgemeine Gefährdungslagen genügen nicht.[421] Der BGH wendet § 651j auch an, wenn die höhere Gewalt zwar die Reise selbst nicht betrifft, aber der Reisende aufgrund dieser den Ort des 236

---

416 BGH NJW 1980, 1947; BGH NJW 1985, 1457; *Staudinger/Röben*, JA 2015, 241 (243).
417 *Führich*, Reiserecht, 7. Aufl., § 14 Rn. 415; MünchKomm-BGB/*Tonner*, § 651i Rn. 10; a. A. Staudinger/*Staudinger*, § 651i Rn. 22, 20.
418 BGH NJW 1992, 3163; OLG Frankfurt NJW 1982, 2198.
419 *Tonner*, Der Reisevertrag, § 651b Rn. 6.
420 *Lorenz*, JuS 2014, 589 (590).
421 *Lorenz*, JuS 2014, 589 (590).

Reisebeginns nicht erreichen kann. Damit erhält der Reiseveranstalter keine Vergütung.

> **Bsp.:** A wohnt in Regensburg. Er hat bei B eine Kreuzfahrt gebucht mit Abfahrtort Florida. Aufgrund eines Vulkanausbruchs kann er die – nicht bei B gebuchte – Flugreise nach Florida nicht antreten. Wendet man § 651i an, erhält B eine Entschädigung nach § 651 Abs. 2 Satz 2. Der BGH wendet allerdings § 651j an, so dass B leer ausgeht. Die Entscheidung wird zu Recht heftig kritisiert, weil sie die Risikosphäre des Veranstalters massiv ausdehnt.[422]

III. Rechte des Reisenden bei Reisemängeln

1. Allgemeines

237 Das Reisemängelrecht **verdrängt** in seinem Anwendungsbereich **das allgemeine Leistungsstörungsrecht**.[423] Probleme treten dann auf, wenn die ganze Reise oder eine abgrenzbare Reiseleistung vollständig entfällt, etwa wegen Überbuchung. Nachdem Reisen zeitlich festgelegt sind, handelt es sich um absolute Fixgeschäfte, so dass in diesen Fällen Unmöglichkeit eintritt.[424] Deshalb stellt sich die Frage des Verhältnisses der Unmöglichkeitsregeln zum Reisemängelrecht.

> **Bsp.:** A hat eine Pauschalreise zu einer beliebten Ferieninsel gebucht. Kurz nach der Anreise brennt das Hotel ab, in welchem er wohnen sollte. Da die Suche nach einer anderweitigen Unterkunft auch auf den benachbarten Inseln wegen der vielen Touristen erfolglos bleibt, muss A zurückreisen.[425]

238 Nach zutreffender Auffassung[426] wird das Unmöglichkeitsrecht vollständig verdrängt, denn die Interessenwertungen des Reisemängelrechts passen auch bei vollständigem Ausfall der Reise besser als jene des allgemeinen Pflichtverletzungsrechts; nur auf diese Weise wird insbesondere auch der Ersatz vergeudeter Urlaubszeit als immaterieller Schaden bei vollständigem Reiseausfall möglich.[427] Die Gegenauffassung[428], die den Vorrang erst ab dem tatsächlichen Beginn der Reise mit der ersten Reiseleistung sieht, ist deshalb abzulehnen.

2. Reisemangel

239 Zunächst ist zu prüfen, ob ein Reisemangel vorliegt, § 651c Abs. 1. Der Reiseveranstalter hat die Reise so zu erbringen, dass sie die **zugesicherten Eigenschaften hat** und **nicht mit Fehlern behaftet** ist, die den Wert oder die Tauglichkeit zu dem gewöhnlichen oder vertraglich vorausgesetzten Nutzen aufheben oder mindern. Im Reisevertragsrecht findet sich also wie im Mietrecht[429] (§ 536 Abs. 1, 2) noch die Unterscheidung zwischen Fehler und dem Fehlen einer zugesicherten Eigenschaft. Die Einstandspflicht bezieht sich auf die Reise als Ganzes, so dass § 651c nicht nur vom Reiseveranstalter beherrschbare Umstände erfasst

---

422 BGH NJW 2013, 1674 = JuS 2013, 744 (Anm. Mäsch).
423 BGH NJW 1986, 1748; BGH NJW 2000, 1188; *Führich*, NJW 2002, 1082 (1084); Münch-Komm-BGB/*Tonner*, § 651c Rn. 124f f.; ausführlich: *Wolter*, AcP 1983, 35 (57).
424 Palandt/*Heinrichs*, § 271 Rn. 17 m. w. N.
425 Abwandlung von OLG Frankfurt NJW 1967, 1373.
426 BGHZ 97, 255; MünchKomm-BGB/Tonner, § 651c Rn. 126 ff.
427 Vgl. BGH NJW 2005, 1047.
428 Mit Kritik an der Methodik: Staudinger/*Staudinger,* Vor § 651a–651m Rn. 21; *Bartl*, NJW 1983, 1092 (1096).
429 Siehe hierzu unten Rn. 293 ff.

(so der früher teilweise vertretene, enge Mangelbegriff[430]), sondern eine verschuldensunabhängige Pflicht zur Mangelfreiheit auferlegt, die nicht auf die Einflusssphäre des Reiseveranstalters begrenzt ist.[431]

a) Fehler. Eine Reise ist dann mit Fehlern behaftet, wenn die tatsächliche Beschaffenheit der Reise, die **Ist-Beschaffenheit**, zum Nachteil des Reisenden von der vertraglichen geschuldeten Beschaffenheit, der **Soll-Beschaffenheit**, abweicht.[432] Die Sollbeschaffenheit ergibt sich in erster Linie aus dem Reisevertrag. Konkretisierend können Leistungsbeschreibungen aus Prospekten oder der Reisebestätigung herangezogen werden.[433] Der Reiseveranstalter haftet auch für am Urlaubsort gebuchte Zusatzleistungen, wenn er durch sein tatsächliches Auftreten dem Reisenden gegenüber den Eindruck einer Eigenleistung erweckt hat.[434]

Das bedeutet auch, dass der Fehler einer Reise nicht auf Beeinträchtigungen gestützt werden kann, die sich aus dem **allgemeinen Lebensrisiko des Reisenden** ergeben. Derartige Beeinträchtigungen fallen nicht in die Risikosphäre des Reiseveranstalters, der nicht etwa eine von sämtlichen Unannehmlichkeiten und Risiken und Beeinträchtigungen freie Reise schuldet. Der Reisende kann nicht erwarten, dass das Zielland die Annehmlichkeiten des Landes bietet, das er gerade bewusst verlassen hat, er muss ortsübliche Beeinträchtigungen hinnehmen.[435]

> **Bsp.:** Kakerlaken sind in bestimmten Reiseländern in Hotelzimmern üblich. Es gehört also zum allgemeinen Lebensrisiko, solche im eigenen Zimmer vorzufinden, so dass daraus kein Reisemangel resultiert.[436]

In Frage kommt auch die Verletzung von Informationspflichten des Veranstalters[437] etwa in Bezug auf Einreisebestimmungen[438]. Auch die Beeinträchtigungen, die ein Reisender aufgrund der Verletzung von Verkehrssicherungspflichten eines Leistungserbringers erleidet, können einen Reisemangel darstellen.[439] Die Haftung des Reiseveranstalters erstreckt sich nach Auffassung des BGH[440] auch auf Einrichtungen des Vertragshotels, die er im Reisekatalog nicht erwähnt hat, sofern sie aus der Sicht des Reisenden als Bestandteil der Hotelanlage erscheinen. Dies gelte sogar, wenn der Hotelbetreiber für die Benutzung der Einrichtung (Schwimmbad) ein gesondertes Entgelt erhebe. Der Reiseveranstalter übernehme Planung und Durchführung der Reise, hafte insoweit für deren Erfolg und trage die Gefahr des Nichtgelingens. Deshalb dürfe der Reisende darauf vertrauen, dass der Veranstalter alles zur erfolgreichen Durchführung der Reise Erforderliche unternehme. Dazu gehöre nicht nur die sorgfältige Auswahl der Leistungs-

---

430 *Tempel*, JuS 1984, 81 (85); vgl. auch LG Frankfurt NJW 1983, 2264; LG Frankfurt NJW-RR 1990, 761; inzwischen *Tempel* aber einschränkend in RRa 1998, 19 (22).
431 BGH NJW 1983, 33 (34); BGH NJW 1986, 1748 (1749); MünchKomm-BGB/*Tonner*, § 651c Rn. 3; Staudinger/*Staudinger*, § 651c Rn. 42; *Bidinger/Müller*, Reisevertragsrecht, 2. Aufl., § 651c Anm. 5.
432 Staudinger/*Röben*, JA 2015, 241 (245).
433 BGH NJW 2000, 1188; Staudinger/*Staudinger*, § 651c Rn. 10; *Tonner*, Der Reisevertrag, § 651c Rn. 32 f.
434 BGH NJW-RR 2007, 1501.
435 Staudinger/*Röben*, JA 2015, 241 (245); Staudinger/*Staudinger*, § 651c Rn. 21.
436 AG Bad Homburg NJW-RR 1996, 820; zur Flussschifffahrt auf Borneo LG Frankfurt NJW-RR 2005, 1521; weitere Beispiele bei Staudinger/*Staudinger*, § 651c Rn. 21.
437 *Lettmaier/Fischinger*, JuS 2010, 14, Fall 6.
438 BGH NJW 2014, 2955.
439 Staudinger/*Röben*, JA 2015, 241 (245); BGH NJW 2007, 2549.
440 BGH NJW 2006, 3268.

träger, sondern auch deren Überwachung. Somit sei er für die Sicherheit der Hotels selbst mitverantwortlich, auch wenn Verkehrssicherungspflichten in erster Linie den Betreiber treffen.

243 Hier dürfte das Gericht die **Haftung des Reiseveranstalters jedoch zu weit ausgedehnt** haben. Es geht davon aus, dass jede Hotelanlage, die ein deutscher Tourist irgendwo auf der Welt betritt, deutschen Sicherheitsmaßstäben genügen muss. Es gehört jedoch zum allgemeinen Lebensrisiko des Touristen, dass jeweils nur landesübliche Standards eingehalten werden oder gar die Einhaltung dieser Standards üblicherweise nicht zu gewährleisten ist. Deswegen folgen die Instanzgerichte den weitgehenden Haftungsvorgaben des BGH zum Teil nicht. So wurde eine deliktsrechtliche Einstandspflicht des Reiseveranstalters bei der Verletzung eines Erwachsenen durch den Fall in eine Glastür verneint, da der Reisende nicht bewiesen hatte, dass die Glastür nicht den ortsüblichen Bauvorschriften entsprochen habe und er sie wegen fehlender Beleuchtung nicht habe sehen können.[441]

244 **b) Fehlen einer zugesicherten Eigenschaft.** Neben dem soeben erörterten Fehler kann auch das Fehlen einer zugesicherten Eigenschaft einen Reisemangel hervorrufen. Hier kommt es nur darauf an, dass eine zugesicherte Eigenschaft fehlt, unabhängig davon, ob Wert oder Tauglichkeit der Reise beeinträchtigt werden.[442] Bei einer zugesicherten Eigenschaft greift ein verschärfter Haftungsmaßstab, da bei Zusicherungen eine **verschuldensunabhängige Garantiehaftung** angenommen wird, § 276 Abs. 1 Satz 1.[443] Da eine Zusicherung also eine verschuldensunabhängige Haftung auf Schadenersatz nach § 651f begründen kann, sollte sie nur unter strengen Voraussetzungen angenommen werden.[444] Der Reiseveranstalter muss klar zum Ausdruck gebracht haben, dass er verschuldensunabhängig für das Vorliegen einer bestimmten Eigenschaft der Reise einstehen will. Das kann sich regelmäßig nicht aus bloßen Leistungsbeschreibungen im Reiseprospekt ergeben, es sei denn bestimmte Vorzüge einer Reise werden besonders herausgestellt oder der Reisende hat im Hinblick auf die Richtigkeit der Angaben ein berechtigtes Interesse.[445]

3. Vorrangiges Recht des Reisenden: Abhilfe

245 Bei Vorliegen eines Reisemangels muss der Reisende zunächst Abhilfe verlangen, § 651c Abs. 2 Satz 1. Das Abhilfeverlangen stellt einen **modifizierten Erfüllungsanspruch** dar, wie er beim Nacherfüllungsanspruch aus dem Kaufrecht geläufig ist. Die Abhilfe entspricht der Nacherfüllung. Abhilfe kann auf zweierlei Weise geschaffen werden: durch **Beseitigung des Mangels** der Reiseleistung oder durch **Erbringung einer gleichwertigen Ersatzleistung** (z. B. Unterbringung in einem anderen Hotel der gleichen Kategorie[446]). Erfordert die Abhilfe unverhältnismäßigen Aufwand, so kann der Reiseveranstalter sie verweigern, § 651c Abs. 2 Satz 2.

---

441 OLG Köln RRa 2007, 164.
442 OLG Düsseldorf RRa 2004, 65; *Führich*, Reiserecht, 7. Aufl., § 7 Rn. 106.
443 *Teichmann*, in: Echtermeyer, 9. Herbsttagung der Deutschen Gesellschaft für Reiserecht (DGfR) in Erfurt, RRa 2001, 260 (261); *Führich*, NJW 2002, 1082 (1084); MünchKomm-BGB/*Tonner*, § 651c Rn. 15.
444 Palandt/*Sprau*, § 651c Rn. 2a; *Weishaupt* JuS 2005, 241 (243).
445 *Führich*, Reiserecht, 7. Aufl., § 7 Rn. 228; Bamberger/Roth/*Geib*, § 651c Rn. 15.
446 *Tonner*, Der Reisevertrag, 5. Aufl., § 651c Rn. 42; *Führich*, Reiserecht, 7. Aufl., § 7 Rn. 136, 148; BGH NJW 1983, 35.

4. Selbstvornahme durch den Reisenden

Der Reisende kann zwar selbst Abhilfe schaffen, hat aber nur dann einen Anspruch auf **Ersatz der für die Abhilfe erforderlichen Aufwendungen**, wenn er dem Reiseveranstalter (nicht dem Leistungsträger!) zuvor eine angemessene Frist zur Abhilfe gesetzt hat. Diese Lösung ist vergleichbar mit der Möglichkeit der Selbstvornahme beim Werkvertrag, § 637[447]. Die Fristsetzung ist entbehrlich, wenn der Reiseveranstalter Abhilfe verweigert oder ein besonderes Interesse des Reisenden die sofortige Abhilfe gebietet, § 651c Abs. 3.

5. Minderung

Der Reisepreis mindert sich für die Dauer des Mangels, also solange Abhilfe ausbleibt, § 651d, abhängig von seiner Schwere[448]. Die **Minderung** tritt wie im Mietrecht[449] **kraft Gesetzes** ein und erfordert nicht die Ausübung eines Gestaltungsrechts, wie das etwa im Kaufrecht[450] der Fall ist. Das bedeutet auch, dass die Minderung nicht abhängig von der Setzung einer Abhilfefrist ist.

Jedoch tritt die Minderung nicht ein, wenn es der Reisende schuldhaft **unterlassen hat, den Mangel anzuzeigen**, § 651d Abs. 2. Nur dann kann der Reiseveranstalter nämlich Abhilfe schaffen und sich gegen die kraft Gesetzes eintretende Minderung verwahren. Die Berechnung der Minderung erfolgt nach den üblichen Regeln des Werkvertrags, § 638 Abs. 3[451].

6. Kündigungsrecht

Hat die Reise **schwerwiegende Mängel**, so kann der Reisende kündigen, § 651e. Der Mangel ist dann schwerwiegend, wenn die Reise infolge dieses Mangels erheblich beeinträchtigt ist oder es dem Reisenden aus einem anderen wichtigen und für den Reiseveranstalter erkennbaren Grund nicht zuzumuten ist, die Reise fortzusetzen.[452]

> Bsp.: Eine Familie mit kleinen Kindern hat eine Ferienwohnung gebucht, die über einen Aufzug erreichbar ist. Wegen Überfüllung muss sie in eine Wohnung einziehen, deren Bad und Schlafzimmer nur über eine Wendeltreppe erreichbar sind.[453] Das gleiche gilt natürlich bei anderen Personen, die in der Mobilität eingeschränkt sind.

Die Kündigung ist nur möglich, wenn der Reiseveranstalter die angemessene Abhilfefrist verstreichen hat lassen. Auch hier kann die Fristsetzung ausnahmsweise unter den oben genannten Voraussetzungen entbehrlich sein.

Der Begriff der „Kündigung" mag irritieren, da er typischerweise bei **Dauerschuldverhältnissen**, z. B. im Mietrecht, zu finden ist. Dort ist eine Rückabwicklung in Form einer Rückgewähr empfangener Leistungen schwierig und in der Regel unnötig, so dass eine Auflösung des Vertrags ex nunc angeordnet wird. Auch beim Reisevertrag erscheint ein Kündigungsrecht sachgemäß, da die Rückgewähr der ausgetauschten Leistungen vor allem für den Reisenden kaum mög-

---

447 Vgl. oben Rn. 205 ff.
448 Vgl. Frankfurter Tabelle zur Reisepreisminderung, etwa in Staudinger/*Staudinger*, Anhang zu § 651d.
449 Siehe oben Rn. 297 ff.
450 Siehe oben Rn. 97 f.
451 Siehe hierzu Rn. 97 f.
452 Staudinger/*Staudinger*, § 651e Rn. 2.
453 Nach LG Bonn NJW-RR 2001, 345.

lich sein wird[454] und gelungene Abschnitte der Reise nicht zwingend rückabgewickelt werden müssen. Doch kommen in § 651e Abs. 3 und 4 **Elemente des Rücktritts** hinzu, weswegen zum Teil von einem modifizierten Rücktrittsrecht gesprochen wird.[455] Wird die Kündigung erklärt, so erlischt der Anspruch des Reiseveranstalters auf den Reisepreis, § 651e Abs. 3 Satz 1 (ex tunc). Für die mangelfrei erbrachten Leistungen schuldet der Reisende eine Entschädigung, die einer Nutzungsvergütung nach § 346 Abs. 1 gleichkommt.[456] Diese Entschädigung kann allerdings entfallen, wenn der Reisende an den Leistungen des Reiseveranstalters kein Interesse hat. Zu beachten ist, dass tauglicher **Adressat** für die Kündigungserklärung sowohl der Reiseveranstalter als auch der örtliche Reiseleiter sein können.[457]

7. Schadenersatz

252 Wie stets im Pflichtverletzungsrecht, vgl. § 325, kann **unbeschadet der Minderung oder Kündigung Schadenersatz** verlangt werden, wenn der Reiseveranstalter den Mangel zu vertreten hat, § 651f Abs. 1. Das **Vertretenmüssen** des Schuldners wird hierbei **vermutet**. Den Reiseveranstalter trifft also die Darlegungs- und Beweislast dafür, dass sämtliche ernstlich in Betracht kommenden Verschuldenstatbestände auf seiner Seite, insbesondere die vom Reisenden aufgezeigten, nicht vorlagen.[458] Verhalten und Verschulden von Leistungsträgern wird dem Veranstalter nach § 278 zugerechnet.

253 § 651f Abs. 1 regelt nicht, dass der Reisende wie bei der Minderung eine **Mängelanzeige** vornehmen oder wie bei der Kündigung eine Abhilfefrist setzen müsse. Trotzdem erschiene es eigenartig, wenn die schwächeren Rechtsbehelfe der Minderung und Kündigung an derartige Voraussetzungen geknüpft wären (vgl. § 651d Abs. 2, § 651e Abs. 2), der Schadensersatzanspruch jedoch nicht. Deshalb ist Voraussetzung des Schadensersatzanspruches die vorherige Anzeige des Mangels beim Reiseveranstalter.[459] Die Gegenauffassung[460] lehnt dies unter Berufung auf den Gesetzeswortlaut ab, leitet jedoch aus der Schadensminderungsobliegenheit des Reisenden vielfach eine Anzeigeobliegenheit her. Eine fehlende Anzeige vor Ort führe zu einer Anspruchskürzung nach § 254 Abs. 1. Freilich ist unabhängig von der gewählten Meinung eine Anzeige jedenfalls nicht zu fordern, wenn Abhilfe nicht möglich ist oder der Schaden ohnehin eingetreten wäre.[461]

254 Der Schadensersatzanspruch aus § 651f Abs. 1 erfasst nicht nur **Schadenersatz statt der Leistung,** sondern auch **Schadenersatz neben der Leistung,** also Mangelfolgeschäden und Begleitschäden.[462] Insbesondere Ansprüche wegen Verletzung von Integritätsinteressen können also nicht auf die allgemeinen Regelungen der

---

454 MünchKomm-BGB/*Tonner*, § 651e Rn. 1; Staudinger/*Staudinger*, § 651e Rn. 2.
455 *Bidinger/Müller*, Reisevertragsrecht, 2. Aufl., § 651e Anm. 1; Bamberger/Roth/*Geib*, § 651e Rn. 1; Staudinger/*Staudinger*, § 651e Rn. 2.
456 MünchKomm-BGB/*Tonner*, § 651e Rn. 1; *Staudinger/Röben*, JA 2015, 241 (242).
457 Staudinger/*Staudinger*, § 651e Rn. 33 m. w. N.
458 BGH NJW 2005, 418.
459 BGH NJW 1985, 132; *Bidinger/Müller*, Reisevertragsrecht, 2. Aufl., § 651f Anm. 7; *Führich*, Reiserecht, 7. Aufl., § 11 Rn. 16.
460 MünchKomm-BGB/*Tonner*, § 651f Rn. 13 f.; Staudinger/*Staudinger*, § 651f Rn. 12 ff.; Blaurock/*Wagner*, Jura 1985, 169 (172); LG Frankfurt NJW 1980, 1230.
461 *Staudinger/Röben*, JA 2015, 241 (242).
462 BT-Drucks. 8/786, S. 29; Rn. 340; BGH NJW 1987, 1931 (1937).

§§ 280 Abs. 1, 241 Abs. 2 gestützt werden und unterliegen – wie alle Reisemängelrechte – den besonderen Fristen des § 651g.[463] Daneben kommen freilich auch deliktische Schadenersatzansprüche in Betracht, für die § 651g nicht gilt.[464]

Einen besonderen Ersatzanspruch gewährt § 651f Abs. 2: Wird die Reise vereitelt oder erheblich beeinträchtigt, so kann der Reisende eine angemessene Entschädigung in Geld für **nutzlos aufgewendete Urlaubszeit** verlangen. Es handelt sich dabei um einen im Gesetz bestimmten Fall des Ersatzes immaterieller Schäden, vgl. § 253 Abs. 1. Die Reise gilt als vereitelt, wenn sie entweder gar nicht angetreten werden kann (z. B. wegen Überbuchung des Urlaubsorts[465]) oder gleich am Anfang abgebrochen werden muss (z. B. wegen Unterbringung in einem anderen als dem vereinbarten Urlaubsort gegen den Willen des Reisenden[466]). Erheblich beeinträchtigt ist die Reise, wenn dem Mangel ein ganz besonderes Gewicht zukommt, vgl. § 651e.[467]

255

Für die Entschädigung kommt es **nicht auf das Arbeitseinkommen** des Reisenden[468] an, es kommt überhaupt nicht darauf an, ob der Reisende berufstätig war und im technischen Sinne Urlaub nehmen musste. Entscheidender Maßstab ist der Reisepreis.[469] Immateriellen Schaden kann beispielsweise auch ein Rentner oder Student erleiden. Arbeitet ein erwerbstätiger Reisender während der Urlaubszeit weiter oder führt er eine ihm nicht vom Reiseveranstalter angebotene Ersatzreise durch, so steht dies seinem Entschädigungsanspruch nicht entgegen,[470] denn der Reisende hat aufgrund eigener Initiative, um die Zeit seiner geplanten, aber vereitelten Reise doch noch nutzbringend zu gestalten, Anstrengungen entfaltet, zu denen er dem Reiseveranstalter gegenüber nicht verpflichtet war. Das Tatbestandsmerkmal der „nutzlos" aufgewendeten Urlaubszeit ist damit als zusätzliche anspruchsbegründende Voraussetzung entfallen und steht bereits allein mit der Vereitelung bzw. erheblichen Beeinträchtigung der Reise fest, da der Kunde seine Urlaubszeit nicht so verbringen konnte, wie vom Veranstalter geschuldet.[471]

256

8. Fristen

a) **Ausschlussfrist.** Nach § 651g Abs. 1 muss der Reisende seine Gewährleistungsansprüche **innerhalb eines Monats nach dem vertraglich vorgesehenen Reiseende** gegenüber dem Reiseveranstalter geltend machen; es genügt auch, wenn sie im Reisebüro[472] geltend gemacht werden. Auch genügt die Geltendmachung während der Reise. Es handelt sich um eine Ausschlussfrist, für die § 187 Abs. 1 maßgeblich ist, eine Ereignisfrist also, bei deren Lauf der Tag des vorgesehenen Reiseendes nicht mitgerechnet wird. Umstritten ist, ob sich der Reiseveranstalter

257

---

463 A.A. MünchKomm-BGB/*Tonner*, § 651g Rn. 3; Staudinger/*Staudinger*, § 651g Rn. 6.
464 So auch MünchKomm-BGB/*Tonner*, § 651g Rn. 4; Staudinger/*Staudinger*, § 651g Rn. 7, 10.
465 BGH NJW 2005, 1047.
466 BGH NJW 1983, 35.
467 Staudinger/*Staudinger*, § 651f Rn. 50, 73; BGH NJW 2013, 3170; Staudinger/*Röben*, JA 2015, 241 (242).
468 So aber noch BGH NJW 1983, 35.
469 BGH NJW 2005, 1047; *Lettmaier/Fischinger*, JuS 2010, 99, Fall 14.
470 BGH NJW 2005, 1047 (1049).
471 Bamberger/Roth/*Geib*, § 651f Rn. 15; BGH NJW 2005, 1047 (1049).
472 BGH NJW 1988, 488; BeckOK-BGB/*Geib*, § 651g Rn. 5; MünchKomm-BGB/*Tonner*, § 651g Rn. 10; Staudinger/*Staudinger*, § 651g Rn. 15.

auf die Ausschlussfrist berufen muss oder diese von Amts wegen zu berücksichtigen ist.[473] War der Reisende ohne sein Verschulden an der Geltendmachung gehindert, etwa weil ihm der Reisemangel in Form einer Gesundheitsverletzung erst später bekannt wurde oder weil er über die Ausschlussfrist nicht informiert wurde[474], gilt die Frist nicht, § 651g Abs. 1 Satz 2.[475]

> **Bsp.:** Sollte die Reise am 26. August enden, so beginnt die Frist nach § 651g Abs. 1 am 27. August um 0.00 Uhr, § 187 Abs. 1, und endet am 26. September um 24.00 Uhr, § 188 Abs. 2 Alt. 1.

258 Für eine Reisemängelrüge gemäß § 651g Abs. 1 reicht es aus, dass der Reisende erklärt, den Vorfall nicht auf sich beruhen lassen zu wollen und dabei die Mängel nach Ort, Zeit, Geschehensablauf und Schadensfolgen so konkret beschreibt, dass der Reiseveranstalter die zur Aufklärung des Sachverhalts gebotenen Maßnahmen zur Wahrung seiner Interessen ergreifen kann.[476]

259 Die Anmeldung der Ansprüche innerhalb der Monatsfrist ist eine **rechtsgeschäftsähnliche Handlung**. § 174 wird dabei ausdrücklich für unanwendbar erklärt, § 651g Abs. 1 Satz 2, so dass ein Vertreter des Reisenden nicht deshalb zurückgewiesen werden kann, weil er keine Vollmachtsurkunde vorgelegt hat.[477] Überdies kann der Reisende sie noch länger geltend machen, wenn er ausführen kann, dass die Nichteinhaltung der Frist nicht auf seinem Verschulden beruhte, § 651g Abs. 1 Satz 3 (entspricht der Wiedereinsetzung in den vorigen Stand). Diese Frist gilt nicht für konkurrierende deliktische Ansprüche.[478]

260 b) **Verjährungsfrist.** Die Verjährungsfrist für Reisemängelansprüche beträgt abweichend von § 195 **zwei Jahre**, § 651g Abs. 2 Satz 1. Sie beginnt an dem Tag, an dem die **Reise vertragsgemäß geendet** hätte. Auch hier handelt es sich um eine Ereignisfrist, die nach § 187 Abs. 1 zu berechnen ist. Diese Frist gilt ebenfalls nicht für konkurrierende deliktische Ansprüche.[479]

§ 6 Der Behandlungsvertrag

Literatur: *Katzenmeier*, Der Behandlungsvertrag – Neuer Vertragstypus im BGB, NJW 2013, 817; *Schneider*, Der Behandlungsvertrag, JuS 2013, 104.

260a Der Behandlungsvertrag (auch: Arztvertrag) ist in keinem Bundesland Pflichtfachstoff. Demnach werden nur die Grundzüge dargestellt.
Seit dem 26.2.2013 finden sich im BGB in den Vorschriften §§ 630a–h BGB spezielle Regeln für den sog. Behandlungsvertrag. Damit hat der Gesetzgeber die

---

473 Zum Meinungsstand *Staudinger/Röben*, JA 2015, 241 (247).
474 Dazu ist der Reiseveranstalter nach § 6 Abs. 2 Nr. 8 BGB-InfoVO verpflichtet.
475 *Staudinger/Röben*, JA 2015, 241 (247).
476 BGH NJW 2005, 1420.
477 So aber bis zur Einfügung des § 651g Abs. 1 Satz 2 weitgehende Rechtsprechung der Instanzgerichte und BGH NJW 2001, 289.
478 *Tonner*, Der Reisevertrag, 5. Aufl., § 651g Rn 18; so auch BGH NJW 2004, 2965, der eine AGB-Klausel, die deliktische Ansprüche der Einmonatsfrist des § 651g Abs. 1 unterwerfen will, für unwirksam erklärt, mit anschl. Besprechung von *Staudinger*, RRa 2004, 222 (zustimmend) und *Führich*, RRa 2004, 218 (ablehnend).
479 BGH NJW 1988, 1380 (1381).

bereits vorher bestehenden Modifikationen des Dienstvertragsrechts durch die Rechtsprechung in das BGB überführt.[480]

I. Behandlungsvertrag

Der Behandlungsvertrag wird vom Gesetz als Dienstvertrag charakterisiert. Das war auch schon vorher allgemeine Meinung. Teilweise wurde ein Werkvertrag angenommen. Trotz der Regelung in §§ 630a ff. kann ein Werkvertrag vorliegen, wenn Patient und Arzt dies vereinbart haben: Dies ist nach den oben aufgeführten Regeln dann der Fall, wenn der Arzt das Risiko eines bestimmten Erfolgs übernehmen will. Ein Werkvertrag oder jedenfalls einzelne werkvertragliche Pflichten können insbesondere dann vorliegen, wenn rein technische Leistungen geschuldet sind, wie etwa Einlagen oder Prothesen[481] oder Laborleistungen. Bei der Behandlung einer Krankheit spricht hingegen die Tatsache, dass das Erreichen des Behandlungserfolgs nicht nur vom Geschick des Arztes abhängt gegen eine Auslegung als Werkvertrag. Das schließt jedoch im Einzelfall eine solche Auslegung nicht aus. **260b**

Als Vertragsparteien des Behandlungsvertrags spricht das Gesetz vom Behandelnden und dem Patienten. Behandelnder kann jeder Angehöriger eines Heilberufes sein: Ärzte, Zahnärzte und Psychologen sowie Gesundheitsfachberufen: Hebammen, Physiotherapeuten und Masseure.[482] Auch Gemeinschaften von solchen Personen oder juristische Personen wie Krankenhäuser können Vertragspartner sein, wenn sie die Behandlung durch solche Berufe versprechen. Apotheker fallen mangels Behandlung aus dem Vertragstyp raus. Ebenso Veterinäre, weil es an einem (menschlichen) Patienten fehlt. **260c**

Patient kann jeder Mensch sein, unabhängig von seinem Versicherungsstatus. Das wird durch den letzten Halbsatz des § 630a Abs. 1 klar, der eine Vergütungspflicht des Patienten nur vorsieht, wenn nicht ein anderer zur Leistung verpflichtet ist. Dies ist bei allen Versicherten der gesetzlichen Krankenversicherung der Fall. In diesen Fällen besteht ein Vertrag des Patienten mit dem Arzt sowie daneben ein Vertrag des Arztes mit der Kassenärztlichen Vereinigung, der die Entgeltfrage regelt. **260d**

II. Vertragsinhalt

1. Behandlung

Durch den Behandlungsvertrag verpflichtet sich der Behandler, die Behandlung gemäß den allgemeinen anerkannten fachlichen Standards durchzuführen (§ 630a Abs. 2 Halbsatz 1), soweit nicht etwas anderes vereinbart ist (Halbsatz 2). **260e**
Hinsichtlich dieses Standards sind die wissenschaftlichen Leitlinien der entsprechenden Fachgesellschaften zu beachten. Bei ihrem Fehlen ist eine vorsichtige und gewissenhafte Berufsausübung geschuldet. Die Möglichkeit der Abweichung hiervon ist logische Folge der Vertragsfreiheit der Parteien und ermöglicht neue

---

480 BT-Drucks. 17/10488, S. 9; BeckOK-BGB/*Katzenmeier*, § 630a Rn. 8.
481 *Schneider*, JuS 2013, 104 (105), Beispiel 2; *Katzenmeier*, NJW 2013, 817 (818).
482 *Katzenmeier*, NJW 2013, 817 (818); *Schneider*, JuS 2013, 104 (105).

Behandlungsmöglichkeiten. In diesen Fällen schuldet der Berufsträger jedoch eine Aufklärung darüber, dass es sich um kein anerkanntes Verfahren nach den Leitlinien handelt.

2. Vergütung

260f Der Patient schuldet die Vergütung der Leistung des Behandelnden, soweit er nicht gesetzlich versichert ist und nicht für die Kostenerstattung nach § 13 SGB V votiert hat. Nachdem § 630b in das allgemeine Dienstrecht ohne das Arbeitsrecht verweist, findet auch § 612 BGB Anwendung, weshalb nach § 612 Abs. 2 BGB die Vergütungsordnungen der Ärzte (GOÄ) und Zahnärzte (ZOÄ) als Taxen den Preis regeln.[483]

3. Informationspflichten

260g Nach § 630c Abs. 1 sollen beide Vertragsparteien bei der Behandlung zusammenwirken, also insbesondere notwendige Informationen austauschen und die notwendigen Maßnahmen durchführen und dulden. Dadurch wird klar gestellt, dass das Arzt-Patienten-Verhältnis keine Einbahnstraße ist. Der Arzt ist für die Behandlung auf die Compliance des Patienten angewiesen und auf korrekte Antworten bei seiner Anamnese. Kommt der Patient dem nicht nach, muss er sich ein Mitverschulden nach § 254 Abs. 1 BGB zurechnen lassen.

260f § 630c Abs. 2 Satz 1 regelt die Informationspflichten des Behandelnden. Auch diese können nach Abs. 4 ausdrücklich abbedungen werden, etwa weil der Patient erklärt, er vertraue dem Arzt und verstehe das „Fachchinesisch" eh nicht. Auch kann sich aus den Umständen ergeben, dass die Aufklärung nicht erforderlich ist, weil die Maßnahme etwa eilt. Erkennt der Arzt, dass der Patient nicht in der Lage ist, die Informationen zu verstehen und besteht eine Betreuung oder eine Vorsorgevollmacht, wird der Arzt Betreuer bzw. Bevollmächtigten zu informieren haben. Soweit dem Behandler bekannt ist, dass die Kosten nicht von der Versicherung des Patienten oder einem sonstigen Dritten getragen werden, hat er den Patienten in Textform darauf hin zu weisen, § 630c Abs. 3. Damit regelt das Gesetz vor allem die sogenannten Individuellen Gesundheitsleistungen (IGEL), deren Erstattung durch die gesetzliche Krankenkasse mangels erwiesenem Nutzen abgelehnt wird.

260h Eine besondere Regelung sieht § 630c Abs. 2 Satz 2 und 3 vor. Danach hat der Behandler den Patienten über Behandlungsfehler auf Nachfrage zu offenbaren. Damit wird dem Wissensvorsprung des Behandlers Rechnung getragen.[484] Auch ohne Nachfrage hat er sie zu offenbaren, wenn es notwendig ist zur Abwendung gesundheitlicher Gefahren. Dies gilt für eigene und fremde Behandlungsfehler. Unterlässt der Behandler diesen Hinweis, macht er sich ggf. (erneut) nach § 280 Abs. 1 BGB für den aus der Unterlassung entstandenen Schaden haftbar. Weil es sich bei Behandlungsfehlern oftmals um fahrlässige Körperverletzung handelt, dürfen derart offenbarte Informationen nicht im Strafprozess verwertet werden, wenn der Behandlungsfehler vom Behandler selbst oder einem Angehörigen nach § 52 StPO begangen wurde. Mit diesem ausdrücklichen Beweisverwertungsverbot wägt der Gesetzgeber die Interessen von Behandler und Patienten ab. Dem Behandler wäre es nicht zumutbar, sich aufgrund der Hinweispflicht dem Risiko

---

483 BeckOK-BGB/*Fuchs*, § 612 Rn. 11.
484 *Schneider*, JuS 2013, 104 (105).

einer Strafverfolgung auszusetzen. Nachdem das deutsche Strafprozessrecht aber keine Fernwirkungen von Beweisverboten kennt, besteht nach wie vor die Gefahr, dass der Behandler letztlich wegen seiner Offenbarung strafrechtlich belangt wird, wenn aufgrund der Offenbarung überhaupt erst eine Beweiserhebung in Gang gesetzt wird, die auch ohne die Offenbarung an sich zur Verurteilung ausreicht.

Der Behandler hat therapeutisch über das zu informieren, was der Patient wissen muss, um die Behandlung sicherzustellen (Bettruhe, Diät, Bewegung, Physiotherapie, Medikamente), § 630c Abs. 2 Satz 1. **260i**

4. Aufklärungspflichten

Während die Informationspflichten sich auf die Vertragsdurchführung und Behandlungsfehler beziehen, definiert das Gesetz mit den Aufklärungspflichten des Behandlers in § 630e eine Pflicht des Behandlers zur Aufklärung vor einem ärztlichen Eingriff oder der Gabe von Medikamenten. **260j**

Der Arzt muss vor jeder Behandlung eine Einwilligung des Patienten einholen, § 630d Abs. 1 Satz 1, es sei denn die Behandlung ist unaufschiebbar, der Patient kann nicht einwilligen und die Behandlung entspricht seinem mutmaßlichen Willen, § 630d Abs. 1 Satz 3. Kann der Patient dauerhaft nicht einwilligen, muss auf eine Patientenverfügung (§ 1901a) und einen Betreuer oder Bevollmächtigten oder Vormund zurückgegriffen werden. **260k**

Ist eine Einwilligung notwendig, hat der Behandler den Patienten vor der Behandlung aufzuklären nach § 630e, um ihm eine selbstbestimmte Entscheidung zu ermöglichen. Er hat auch dem Patienten in verständlicher Form und persönlich oder durch einen anderen fachlich zur Behandlung geeignet Behandler (§ 630e Abs. 2 Nr. 1) und rechtzeitig auch über Art, Umfang, Durchführung, Risiken und Chancen einer Behandlung, ihre Notwendigkeit und ihre Eignung aufzuklären.[485] Letzteres dient der Ermöglichung der Einwilligung. Das Gesetz verpflichtet ihn explizit zur Aufklärung über Behandlungsalternativen, § 630e Abs. 1 Satz 2. **260l**

5. Dokumentation

Der Behandler ist zur lückenlosen Dokumentation der Anamnese, Verlauf der Behandlung, der Gabe von Medikamenten und der Anwendung von Therapien verpflichtet, § 630f. Damit wird sichergestellt, dass keine Doppelbehandlungen stattfinden und Wechselwirkungen dem Patienten schaden. Der Patient und seine Erben (§ 630g Abs. 3) haben das Recht in die Dokumentation unverzüglich Einsicht zu nehmen, § 630g. **260m**

6. Arzthaftung

Die Beweislast für die Arzthaftung ist nunmehr im BGB in § 630h geregelt. Der Arzt haftet grundsätzlich aus § 280 Abs. 1 und § 823 Abs. 1 für den Schaden, der durch einen Behandlungsfehler verursacht wird. Weil die Beweisführung oftmals schwierig ist, hat die Rechtsprechung ein System der abgestuften Beweislast entwickelt, welches sich nun in § 630h findet. Dabei schuldet der Arzt grundsätzlich „eine Behandlung nach dem jeweils zu fordernden medizinischen Standard" und muss daher „grundsätzlich diejenigen Maßnahmen ergreifen, die von **260n**

---

[485] *Schneider*, JuS 2013, 104 (106).

einem gewissenhaften und aufmerksamen Arzt aus berufsfachlicher Sicht seines Fachbereichs vorausgesetzt und erwartet werden".[486] Von einer Darstellung der Beweislast wird mangels Relevanz für das Studium hier abgesehen.[487]

---

486 BGH NJW 2000, 2737.
487 Nachzulesen sind die Regeln etwa bei *Katzenmeier*, NJW 2013, 817 (821).

Teil III

§ 7 Miete

Literatur: *Börstinghaus,* Die aktuelle Rechtsprechung des BGH zum Mietrecht – Berichtszeitraum Juli 2006 bis Juli 2007, NZM 2007, 897; *Derleder,* Mängelrechte des Wohnraummieters nach Miet- und Schuldrechtsreform, NZM 2002, 676; *ders.,* Der Kündigungsverzicht des Wohnraummieters, NZM 2004, 247; *Emmerich,* Starre Schönheitsreparaturfristen und die Folgen, NZM 2006, 761; *Fischer,* Vorrang des Vermieterpfandrechts vor dem Sicherungseigentum?, JuS 1993, 542; *Gerber,* Rechtsfolgen vorbehaltloser Mietzahlung in Kenntnis des Mangels – Besprechung von BGH NJW 2003, 697, *NZM 2003, 825; Jud,* Formfragen bei Abschluss befristeter Mietverträge; NJM 2006, 913; *Kraemer,* Die verspätete Vermieterleistung, NZM 2004, 721; *Kraus/Lange,* Verschuldensunabhängige Vertragshaftung des Mieters für Schäden der Mietsache?, ZMR 2006, 177; *Langenberg,* Zur Kodifizierung des Rechts der Schönheitsreparaturen, NZM 2005, 801; *Lehner,* Diskriminierungen im allgemeinen Privatrecht als Grundrechtsproblem, JuS 2013, 410; *Oechsler,* Schadensersatzansprüche im Mietverhältnis nach §§ 280, 281, 311a II BGB, NZM 2004, 881; *Schreier,* Das AGG in der zivilrechtlichen Fallbearbeitung, JuS 2007, 308; *Timme,* Schönheitsreparaturen gemäß Fristenplan bei Wohnungsumbau, NZM 2005, 132; *ders,* Vermieters Reaktionspflichten nach Wegfall des Eigenbedarfs, NZM 2006, 249; *Unberath,* Mietrecht und Schuldrechtsreform, ZMR 2004, 309; *Wendt/Schäfer,* Kontrahierungszwang nach § 21 I 1 AGG?, JuS 2009, 206.

Rechtsprechung: **BGH NJW 1954, 953** (Kein Schutz des Vormerkungsgläubigers gegen Vermietung des Grundstücks); **BGH NJW 1991, 1750** (Zur Auslegung und Zulässigkeit von Formularklauseln in einem Wohnungsmietvertrag); **BGH NJW 1992, 1156** (Vorrang des Vermieterpfandrechts gegenüber nachträglicher Sicherungsübereignung); **BGH NJW 1996, 838** (= BGHZ 131, 297) (Keine Ansprüche des Vermieters bei unberechtigter Untervermietung); **BGH NJW-RR 1997, 1503** (Voraussetzungen und Umfang des mietvertraglichen Gewährleistungsanspruchs; c. i. c. bei arglistig handelndem Vermieter); **BGH NJW 2003, 697** (Rechtsfolgen vorbehaltloser Mietzahlung in Mangelkenntnis); **BGH NJW 2004, 653** (Unwirksamkeit „starrer" Schönheitsreparaturfristen); **BGH NJW 2004, 56** (Zustimmung des Vermieters zum Einzug des Lebensgefährten); **BGH NJW 2005, 739** (Beginn der Verjährung von Schadensersatzansprüchen des Vermieters); **BGH NJW 2005, 1713** (Minderungsberechnung nach Bruttomiete); **BGH NJW 2006, 2915** (§§ 535 I 2, 538, 307, 306, 280, 281 BGB – Zu den Voraussetzungen eines Schadensersatzanspruchs des Vermieters von Wohnraum gegen den Mieter wegen Verunreinigungen der Wohnung durch Tabakkonsum); **BGH NJW 2008, 1216** (Eigenmächtige Mangelbeseitigung durch Mieter trotz fehlenden Verzugs des Vermieters; kein Aufwendungsersatz nach § 539 Abs. 1 BGB, kein Schadensersatz gem. § 536a Abs. 1 BGB); **BGH NJW 2010, 1518** (Für § 550 BGB genügt das Vorliegen einer schriftlichen Urkunde auch dann, wenn sich aus diesen ein Dissens ergibt); **BGH NJW 2013, 1526** (Hundehaltungsverbot in AGB unzulässig; kann aber gegen vertragsgemäßen Gebrauch verstoßen); **BGH NJW 2014, 2717** (Überlassung eines Teils der Wohnung nach § 553 Abs. 3 BGB auch dann, wenn der Hauptmieter nur gelegentlich übernachtet und sonst als Möbellager nutzt); **BGH NJW 2014, 2868** (Abgrenzung Wohnraummiete nach dem vertraglichen Zweck; bei Mischmietverhältnis ist der von den Parteien gewollte Schwerpunkt maßgeblich); **BGH NJW 2015, 1871** (Flexible Quoten mit Abgeltung bei Schönheitsreparaturen benachteiligen den Mieter unangemessen); **BGH,**

NJW 2016, 311 (Nachträgliche Änderungen des Mietvertrags von wesentlichen Teilen bedürfen der Schriftform des § 550 BGB); **BGH NZM 2017, 120** (Für die rechtzeitige Mietzahlung kommt es nicht auf den Zeitpunkt des Eingangs, sondern des Auftrags an die Bank an).

Klausuren: *Anfängerklausur – Zivilrecht:* Schuldrecht – Zu Hause ist es doch am … gefährlichsten!, JuS 2016, 613; *Fortgeschrittenenklausur – Zivilrecht:* Schuldrecht – Doppelte Miete, JuS 2016, 527; *(Original-)Referendarexamensklausur – Zivilrecht:* Anwaltshaftung, Mietrecht und Zivilprozessrecht – Der untätige Rechtsanwalt, JuS 2015, 156; *Referendarexamensklausur – Zivilrecht:* Mietrecht und Schadensrecht, JuS 2014, 624; *Referendarexamensklausur – Zivilrecht:* Allgemeines Schuldrecht, Kauf- und Mietrecht – Schwebende Probleme in der Hauptstadt, JuS 2014, 344; *Bergmann*, Referendarexamensklausur – Zivilrecht: Mietrecht – Ein Häuschen auf dem Rotenbühl, JuS 2010, 234; *Heinrichsmeier* (Original-)Referendarexamensklausur – Zivilrecht: Miet- und Nachbarrecht – Der neue Hauseigentümer, JuS 2010, 998; *Jobst,* Teures Pflaster, JA 2013, 747; *Kaiser* (Original-)Referendarexamensklausur – Zivilrecht: Scheingeschäft und Vormerkung, JuS 2012, 341; *Mogendorf/Richter,* Fortgeschrittenenklausur – Zivilrecht: Besonderes Schuldrecht – Ärger mit der Villa, JuS 2012, 1099; *Röck* (Original-)Referendarexamensklausur – Zivilrecht: Mietrecht und Gesellschaftsrecht – Eigenbedarf bei Personengesellschaften, JuS 2014, 249; *Schrader,* Umgekehrte Schönheitsreparaturen, JA 2015, 341; *Wiedemann,* Der Fliesenleger, JA 2016, 494.

I. Allgemeines

1. Parteien des Mietvertrags

261 Im Gegensatz zum Kauf-, zum Tausch- und zum Schenkungsvertrag handelt es sich beim Mietvertrag nicht um einen Vertrag auf endgültige Übertragung des Eigentums an einer Sache. Der Mietvertrag verpflichtet den Vermieter lediglich, dem Mieter für die Dauer des Mietverhältnisses den **Gebrauch** einer Sache zu **überlassen** und die Sache instand zu halten. Die Mietsache muss nicht im Eigentum des Vermieters stehen. Sie kann sogar im Eigentum des Mieters stehen, so etwa, wenn der Eigentümer die Sache zunächst vermietet hat und dann von seinem Mieter untermietet. Der Mieter ist zur Entrichtung der Miete verpflichtet, die regelmäßig, aber nicht zwingend in einer Geldzahlung besteht. Mietzahlungspflicht und Gebrauchsüberlassungs-/Instandhaltungspflicht stehen im Gegenseitigkeitsverhältnis, § 320.

262 Stehen auf Mieterseite mehrere Personen, so entsteht ein einheitliches Mietverhältnis, das auch nur einheitlich verändert oder beendet werden kann. Allerdings können sich die Mieter im Mietvertrag wirksam gegenseitig zur Entgegennahme von Erklärungen des Vermieters bevollmächtigen.[488] Das Innenverhältnis zwischen den Mietern kann sich, je nach Pflichten der Mieter untereinander, als Gesellschaft, §§ 705 ff., oder als Gemeinschaft, §§ 741 ff., darstellen.

2. Abgrenzung zu anderen Vertragstypen

263 Der Mietvertrag steht der Leihe, dem Sachdarlehen und der Pacht nahe. Von der Leihe, §§ 598 ff., grenzt sich der Mietvertrag durch die **Entgeltlichkeit** der Gebrauchsüberlassung ab. Die Differenz zum Sachdarlehen ist darin zu sehen, dass beim Sachdarlehen der Darlehensgeber nicht zwingend die gleichen Sachen, sondern lediglich Sachen gleicher Art, Güte und Menge, zurückerhält, §§ 607 ff. Eine Bestimmung der Mietsache der Gattung nach ist aber genauso möglich, wie

---

488 BGHZ 136, 314 (323 f.) = BGH NJW 1997, 3437.

die Miete von vertretbaren Sachen, wenn nur exakt dieselben Sachen zurückgegeben werden müssen.

> **Bsp.:** M mietet von V fünf Bierzelte des Modells „Alois Hingerl". – Er hat keinen Anspruch auf die Überlassung fünf bestimmter Zelte, sondern auf fünf Zelte dieser Gattung. Er muss jedoch exakt dieselben fünf Zelte zurückgeben und kann nicht einfach, wie das beim Sachdarlehen möglich wäre, fünf andere Zelte zurückgeben.

264 Zur Pacht grenzt sich der Mietvertrag durch die Berechtigung des Pächters ab, die Sache nicht nur benutzen, sondern auch deren Früchte, § 99, ziehen zu dürfen, § 581 Abs. 1. Außerdem kann Gegenstand eines Mietvertrags nur eine Sache sein, Gegenstand einer Pacht dagegen beliebige Gegenstände, also etwa auch Rechte, § 581 Abs. 1. Für den Mietvertrag charakteristisch ist also die **entgeltliche, zeitlich begrenzte Überlassung des Gebrauchs an einer Sache**.

> **Bsp.:** V überlässt M seine Kuh gegen Zahlung von 10 € am Tag. – Will M die Kuh vor seinem Hotel halten, damit die ankommenden Hotelgäste von Kuhglocken begrüßt werden, handelt es sich um ein Mietverhältnis. Räumt ihm V auch das Recht ein, die Milch zu behalten, handelt es sich um einen Pachtvertrag.

265 Das Gesetz enthält allgemeine Vorschriften, die für die Miete jeglicher Sachen gelten[489] und ergänzend dazu besondere Regeln zur Miete von Wohnraum[490] und anderen Räumen oder Grundstücken[491].

3. Zustandekommen des Mietvertrags

266 Der Mietvertrag entsteht, wie grundsätzlich jeder Vertrag, durch formfreien Konsens von Vermieter und Mieter. Dabei ist zwingend die Einigung über die Gebrauchsüberlassung einer Sache erforderlich, § 535 Abs. 1. Hingegen ist keine Vereinbarung über die Mietzeit notwendig, wie sich aus § 542 Abs. 1 ergibt;[492] die Mietzeit endet in diesem Fall mit der Kündigung. Auch die Höhe der Miete muss nicht zwingend vereinbart werden[493].

> **Bsp.:** V überlässt M seinen Rasenmäher gegen Zahlung von 10 € pro Tag. Da keine Mietzeit vereinbart ist, läuft die Miete, bis der Mieter oder Vermieter nach § 542 Abs. 1 kündigen.

II. Pflichten und Pflichtverletzungen des Mieters

1. Mietzahlung

267 a) **Höhe und Fälligkeit.** Hauptleistungspflicht des Mieters ist die Zahlung der vereinbarten Miete. Sie ist die Gegenleistung zur Gebrauchsgewährungs- und Instandhaltungspflicht des Vermieters, so dass § 320 Anwendung findet. Die Mietzahlung ist abweichend von § 271 am Ende der Mietzeit oder der vereinbarten Zeitabschnitte zu entrichten, also etwa wochen- oder monatsweise, § 579 Abs. 1.

---

489 Siehe hierzu unten Rn. 267 ff.
490 Siehe hierzu unten Rn. 343 ff.
491 Siehe hierzu unten Rn. 267 ff.
492 *Huber*, Schuldrecht BT/1, § 19 Rn. 489; Erman/*K. Lützenkirchen*, § 535 Rn. 16; *Brox/Walker*, Schuldrecht, § 10 Rn. 10; a. A. *Emmerich*, Schuldrecht, § 7 Rn. 12; Palandt/*Weidenkaff*, § 535 Rn. 1.
493 Siehe unten Rn. 268.

268 Die **Höhe der Miete** kann in den Grenzen des § 138 frei vereinbart werden. Im Regelfall besteht sie in einer wiederkehrenden Geldleistung. Andere Formen der Gegenleistung sind jedoch möglich, wie z. B. die Erbringung einer Einmalzahlung, Hausmeisterdienste oder die Gebrauchsgewährung an einer anderen Sache. Ist zwar generell Entgeltlichkeit vereinbart, das Entgelt jedoch weder bestimmt noch bestimmbar, so kann der Mietzins im Wege ergänzender Vertragsauslegung ermittelt werden; führt diese zu keinem Ergebnis, können § 612 Abs. 2, § 632 Abs. 2 analog angewendet werden und es wird die übliche Miete geschuldet.[494]

269 Zahlt der Mieter die Miete nicht oder nicht rechtzeitig, richten sich die Folgen nach allgemeinem Pflichtverletzungsrecht, §§ 280 ff. Außerdem kann ein Recht des Vermieters zur Kündigung entstehen.[495]

270 b) **Entfallen.** Ist die Vermieterpflicht zur Gebrauchsüberlassung an den Mieter nach § 275 ausgeschlossen, entfällt auch die zu dieser Pflicht im Gegenseitigkeitsverhältnis stehende Pflicht zur Mietzahlung, § 326 Abs. 2 Satz 1.

271 Ansonsten trägt der Mieter das Risiko, die gemietete Sache auch sinnvoll verwenden zu können. Deshalb ist in § 537 Abs. 1 Satz 1 geregelt, dass der Mieter durch seine Verhinderung, die Sache zu gebrauchen, nicht von der Mietzahlungspflicht frei wird. Damit verdrängt § 537 Abs. 1 Satz 1 in seinem Anwendungsbereich § 326 Abs. 2 Satz 1. Wurde dem Mieter die Sache bereits überlassen, kann die Vermieterpflicht zur Gebrauchsgewährung ohnehin nicht unmöglich sein, § 275, weil der Vermieter lediglich die Ermöglichung des Gebrauchs schuldet.

272 Hat der Mieter die Mietsache dagegen noch nicht erhalten und gerät der Mieter durch die Nichtabnahme der Mietsache in Annahmeverzug, § 293, regelt § 326 Abs. 2 Satz 1 das Fortbestehen des Vergütungsanspruchs. Bei absoluten Fixgeschäften, deren Leistung nicht nachholbar ist, wie das beim Mietvertrag i. d. R. der Fall ist, tritt jedoch kein Annahmeverzug ein,[496] so dass § 326 Abs. 2 Satz 1 keine Anwendung findet und § 537 Abs. 1 Satz 1 hier einen eigenen Regelungsgehalt entfaltet.[497] § 537 Abs. 1 Satz 1 verdrängt insoweit also die Regelungen über die Unmöglichkeit für Verhinderungen des Mieters, die Sache in Gebrauch zu nehmen.[498]

> **Bsp.:** M mietet von V eine Hochzeitskutsche. Die Hochzeit wird kurzfristig – von M unverschuldet – abgesagt; M holt die Kutsche nicht ab. – Da es sich bei diesem Mietvertrag um ein absolutes Fixgeschäft handelt, gerät M nicht in Annahmeverzug. Die Gebrauchsgewährungspflicht des Vermieters wird durch das Nichtabholen somit unmöglich, § 275 Abs. 1. Normalerweise würde nun § 326 Abs. 1 die Mietzahlungspflicht entfallen lassen, denn § 326 Abs. 2 greift nicht ein; aber § 537 Abs. 1 Satz 1 lässt den Vergütungsanspruch weiterbestehen.

273 § 537 erfasst alle Verhinderungen, die in der Risikosphäre des Mieters liegen, unabhängig von seinem Verschulden, also z. B. Krankheit, Tod (wichtig für die Erben, § 1922) und andere in der Person des Mieters liegende Gründe. Die Vorschrift gilt zudem bei Umständen, die die Zweckerreichung durch den Mieter verhindern. Das ist etwa der Fall wenn die Witterungsbedingungen die Nutzung

---

[494] *Schimmel/Buhlmann*, JA 2003, 916 = BGH NJW 2003, 1317.
[495] Siehe unten Rn. 323 ff.
[496] MünchKomm-BGB/*Ernst*, § 293 Rn. 7; Staudinger/*Löwisch*, Vor § 293 Rn. 5.
[497] *Oetker/Maultzsch*, Schuldrecht, § 5 S. 304.
[498] *Brox/Walker*, Schuldrecht, § 11 Rn. 34.

der Sache unmöglich machen, ein Kahn auf dem Fluss einfriert[499] oder ein Baugerüst wegen Frost nicht benutzt werden kann.[500] Die Erreichung des mit der Mietsache angestrebten Zwecks zählt zur Risikosphäre des Mieters.

Genau wie § 326 Abs. 2 Satz 2 sieht auch § 537 Abs. 1 Satz 2 vor, dass sich der Vermieter jedoch dasjenige anrechnen lassen muss, was er sich infolge des Nichtgebrauchs durch den Mieter erspart, sowie das, was er durch eine anderweitige Verwertung der Sache erlangt. Deshalb muss der Mieter nur eine um die Ersparnisse und anderweitig durch die Verwertung erlangten Vorteile reduzierte Miete bezahlen. Der Vermieter hat jedoch keine Pflicht, die Sache an einen Dritten zu vermieten; § 537 Abs. 2 Satz 2 rechnet ihm, im Gegensatz zu § 326 Abs. 2 Satz 2, auch nicht die Einnahmen an, die er böswillig zu erwerben unterlässt. **274**

2. Einhaltung der Grenzen des überlassenen Gebrauchs

Zum Teil wird von einer Pflicht des Mieters ausgegangen, den vertragsgemäßen Gebrauch nicht zu übertreten, die sich aus §§ 538, 540, 541, 543 ergeben soll.[501] Zutreffend erscheint es jedoch, davon zu sprechen, dass der Mieter nicht berechtigt ist, seinen Gebrauch anders als vertragsgemäß auszuüben. Tut er es dennoch, setzt er sich nach Abmahnung dem Risiko eines Unterlassungsanspruchs nach § 541 oder einer außerordentlichen Kündigung nach § 543 aus. **275**

Überschreitet der Mieter das eingeräumte Gebrauchsrecht, so haftet er wegen der Verletzung von Pflichten aus dem Mietvertrag nach §§ 280 ff. und zudem nach § 823, wenn der Vermieter, wie in der Regel, Eigentümer der Mietsache ist. Ist der Mietvertrag unerkannt unwirksam, stellt sich das sachenrechtliche Problem des sog. Fremdbesitzerexzesses.[502] **276**

> **Bsp.:** Raucht der Mieter in der Wohnung, so überschreitet er damit den vertragsgemäßen Gebrauch grundsätzlich nicht.[503] Anders liegt der Fall, wenn der Mieter durch exzessives Rauchen Schäden an der Wohnung hinterlässt, die sich durch Schönheitsreparaturen nicht (mehr) beseitigen lassen. Dann ist er insoweit zur Beseitigung der Mängel oder Schadensersatz nach §§ 280 ff., 823 verpflichtet.[504]

3. Obhuts- und Sorgfaltspflichten

Außerdem hat der Mieter Obhuts- und Sorgfaltspflichten bezüglich der Mietsache. Er muss sie also beispielsweise pflegen und reinigen. Die Instandhaltungsarbeiten, die der Vermieter aufgrund seiner Verpflichtung durchführt, hat der Mieter zu dulden. Er hat dem Vermieter außerdem, falls ein sachlicher Grund dafür besteht, die Besichtigung der Sache zu ermöglichen. **277**

Schließlich muss der Mieter dem Vermieter Mängel der Mietsache anzeigen, die er nach Gebrauchseinräumung an der Mietsache entdeckt oder die nachher entstanden sind, § 536c Abs. 1 Satz 1. Unterlässt er dies, erleidet er nicht nur Nachteile im Hinblick auf seine Mängelrechte; für die Verletzung dieser Pflicht hält das Mietrecht in § 536c Abs. 2 Satz 1 vielmehr überdies einen eigenen, vom all- **278**

---

499 OLG Celle OLGE 36, 54.
500 LG Koblenz NJW 1968, 942.
501 *Brox/Walker*, Schuldrecht, § 11 Rn. 28.
502 § 993 Abs. 1 Halbsatz 2 sperrt eigentlich § 823, die h. M. wendet jedoch die Ausnahme des § 991 Abs. 2 analog an und lässt § 823 zu. Siehe dazu *H. Roth*, JuS 2003, 937 (942); *Schmolke*, JA 2007, 101 (104).
503 BGH NJW 2006, 2915 (2917).
504 BGH NJW 2008, 1439.

gemeinen Pflichtverletzungsrecht nach §§ 280 ff. unabhängigen Schadensersatzanspruch bereit: Der Mieter muss den Schaden ersetzten, der dem Vermieter dadurch entstanden ist, dass der Mieter den Mangel nicht unverzüglich oder gar nicht angezeigt hat. Die Ersatzpflicht tritt jedoch nur ein, wenn der Mieter die Nichtanzeige zu vertreten hat.[505]

> Bsp.: M bemerkt ein komisches Geräusch beim Betrieb des gemieteten Rasenmähers. Er denkt sich jedoch nichts dabei und mäht munter weiter. Nach wenigen Tagen ist der Motor des Rasenmähers zerstört. Hätte M dem V mitgeteilt, dass der Rasenmäher ein komisches Geräusch von sich gibt, hätte dieser den Motor überprüfen lassen und den Fehler beheben lassen können, bevor der Motor zerstört worden wäre. M schuldet daher V Schadensersatz, da er bei Anwendung der im Verkehr üblichen Sorgfalt hätte erkennen müssen, dass das Geräusch auf einen Mangel hindeutet.

4. Keine Pflicht zur Inbesitznahme oder zum Gebrauch

279 Eine Besitznahme- und Gebrauchspflicht trifft den Mieter dagegen nicht, wie § 537 zeigt. Der Mieter gerät also bei Verzögerung der Ingebrauchnahme nicht in Schuldnerverzug, sondern lediglich in Gläubigerverzug, §§ 293 ff.[506] Eine Gebrauchspflicht kann aber vereinbart werden oder sich aus den Umständen ergeben, wenn die Mietsache durch Nichtgebrauch Schaden nimmt.

> Bsp.: M mietet ein Reitpferd. Ein Reitpferd muss regelmäßig geritten werden, M trifft also eine Gebrauchspflicht.[507]

5. Rückgabe der Mietsache

280 a) **Inhalt der Pflicht.** Mit Ende des Mietvertrags hat der Mieter dem Vermieter die Mietsache in vertragsgemäßem Zustand zurückzugeben, § 546 Abs. 1. Diese Pflicht trifft nach § 546 Abs. 2 auch Dritte, denen der Mieter den Gebrauch überlassen hat. Die Rückgewährpflicht steht nicht im Synallagma zu Vermieterpflichten, weshalb gegen sie kein Zurückbehaltungsrecht nach § 320 möglich ist. Allerdings kann der Mieter ein Zurückbehaltungsrecht nach §§ 273, 274 wegen Verwendungen auf die Mietsache geltend machen (wegen §§ 570 und 578 Abs. 1 nicht bei der Miete von Wohnraum und Räumen).[508] § 1000 ist dagegen mangels Vindikationslage (§§ 985 ff.) während der Mietzeit (der Mieter ist berechtigter Besitzer) ausgeschlossen.

281 Nach gängiger Auffassung bedeutet das, dass der Mieter die Sache am letzten Tag der Mietzeit zurückgewähren muss, damit der Vermieter die Mietsache nahtlos weitervermieten kann.[509] Unter vertragsgemäßem Zustand ist zu verstehen, dass die Mietsache lediglich die üblichen und mit dem Mietzins abgegoltenen Abnutzungen, aber keine weiteren Beeinträchtigungen aufweisen darf. Daneben können andere Herausgabeansprüche, insbesondere aus §§ 985, 812 oder 1007, bestehen.

282 b) **Pflichtverletzungen.** Gibt der Mieter die Sache nicht rechtzeitig zurück, ist er, unabhängig von einer Bereicherung seinerseits oder einem Schaden des Vermieters, verschuldensunabhängig zur Fortzahlung der vereinbarten Miete verpflich-

---

505 MünchKomm-BGB/*Häublein*, § 536c Rn. 11.
506 Staudinger/*Emmerich*, § 535 Rn. 91; MünchKomm-BGB/*Häublein*, § 535 Rn. 189.
507 MünchKomm-BGB/*Häublein*, § 535 Rn. 19.
508 MünchKomm-BGB/*Häublein*, § 546 Rn. 19.
509 Jauernig/*Teichmann*, § 546 Rn. 2; BeckOK-BGB/*Ehlert*, § 546 Rn. 19; a. A. MünchKomm-BGB/ *Häublein*, § 546 Rn. 15.

tet, § 546a Abs. 1 Alt. 1. Sollte die vereinbarte Miete unter dem ortsüblichen Niveau liegen, gewährt § 546a Abs. 1 Alt. 2 dem Vermieter Anspruch auf die ortsübliche Miete.

283 § 546a Abs. 2 lässt über diese gesetzlich geregelte Mindestschadenshöhe hinaus den Ersatz weiterer Schadensposten ausdrücklich zu, also insbesondere den Ersatz des Verzögerungsschadens nach §§ 280 Abs. 1 und 2, 286. Darüber hinaus wird diskutiert, ob bei Wegfall des Leistungsinteresses des Vermieters der Mieter als Schadensersatz statt der Leistung, §§ 280 Abs. 1 und 3, 281, die Mietsache vom Vermieter erwerben muss.[510] Das dürfte jedoch nur in seltenen Fällen in Betracht kommen, in denen der Vermieter aufgrund der verspäteten Rückgabe die Sache nach objektiven Gesichtspunkten nicht mehr wirtschaftlich sinnvoll verwerten kann.

284 c) **Auslösung der kurzen Verjährung durch Rückgabe.** Um eine rasche Abwicklung möglicher Streitigkeiten zwischen Vermieter und Mieter nach Beendigung des Mietverhältnisses zu gewährleisten, sieht das Gesetz für bestimmte Forderungen aus dem Mietverhältnis eine kurze Verjährung von sechs Monaten vor. So verjähren alle Ansprüche des Vermieters bzgl. Veränderungen und Verschlechterungen der Sache binnen sechs Monaten nach Rückgabe der Sache, § 548 Abs. 1. Dies gilt auch, wenn der Anspruch erst nach Rückgabe entsteht.[511] Ebenso verjähren der Anspruch des Mieters auf Wegnahme nach § 539 Abs. 2 und sein Aufwendungsersatzanspruch nach §§ 536a Abs. 2, 539, 578 Abs. 2 Satz 1 innerhalb von sechs Monaten nach Beendigung des Mietverhältnisses. Ob der Aufwendungsersatz nach § 555a Abs. 3 umfasst ist, ist in der Literatur streitig.[512]

III. Pflichten und Pflichtverletzungen des Vermieters

1. Gebrauchsgewährungspflicht

285 Erste **Hauptleistungspflicht** des Vermieters ist es, dem Mieter den Gebrauch an der Mietsache zu gewähren, § 535 Abs. 1 Satz 1. Wie dies zu geschehen hat, richtet sich nach den Umständen des Vertrages. Bei der Miete einer Plakatwand reicht es, wenn Zugang gewährt und die Plakatierung ermöglicht wird, bei einem KFZ muss der Vermieter dem Mieter den Besitz an Fahrzeug und Zündschlüssel beschaffen. Eine **sachenrechtliche Beziehung** muss nicht zwingend eingeräumt werden, wenn der Gebrauch anderweitig ermöglicht werden kann.[513] So ist etwa die Miete von Computer-Hardware in einem entfernten Rechenzentrum, ohne jede sachenrechtliche Beziehung wie Besitz (vgl. § 854) denkbar.[514] Ebenso ist auch die Miete von Software auf Abruf möglich.[515]

286 Hat der Vermieter den Gebrauch gewährt, muss er diesen dem Mieter für die Mietzeit belassen. Er hat es daher zu unterlassen, die Sache wieder an sich zu nehmen oder den Mieter im Besitz zu stören. Weiter muss er die vertragsgemäße Nutzung der Sache durch den Mieter dulden.

---

510 *Hau,* JuS 2003, 130 (135).
511 NJW 2005, 739 = JuS 2005, 460.
512 BeckOK-BGB/*Ehlert,* § 548 Rn. 25.
513 NJW-RR 2004, 1566.
514 BGH NJW-RR 1993, 178.
515 *Marly/Jobke,* LMK 2007, 209583.

287 Stört ein Dritter den Mieter im Gebrauch der Mietsache, hat der Vermieter die Störung zu beseitigen, soweit sie in direktem Zusammenhang mit der Mietsache steht. Bestreitet etwa ein Dritter das Recht des Mieters zum Besitz, muss der Vermieter diese Rechtsbehauptung widerlegen.

288 Die Mietsache muss sich bei Nutzungseinräumung in einem **vertragsgemäßen Zustand** befinden. Sie muss also so beschaffen sein, wie die Parteien es vereinbart haben und sich insbesondere zur vertragsgemäßen Nutzung eignen. Soweit keine Vereinbarung der Parteien vorliegt, sind Verkehrssitte und Art der Mietsache Maßstab für den Zustand, in dem sich die Mietsache befinden muss.[516]

> **Bsp.:** Ein Mietwagen muss für den Verkehr auf öffentlichen Straßen sicher sein. Haben die Parteien jedoch vereinbart, dass der Mieter den Wagen lediglich zu Dekorationszwecken benutzt, muss er nicht fahrtüchtig sein.

2. Instandhaltungspflicht

289 Als weitere **Hauptleistungspflicht** trifft den Vermieter die **Instandhaltungs- und Instandsetzungspflicht**, § 535 Abs. 1 Satz 2. Sie umfasst alle Tätigkeiten, die erforderlich sind, um die Mietsache während der Mietzeit in vertragsgemäßem Zustand zu erhalten, und die Behebung von Mängeln, die während der Mietzeit auftreten. Insbesondere muss der Vermieter die Abnutzung der Sache, die durch den vertragsgemäßen Gebrauch des Mieters entsteht, beseitigen, also vor allem Verschleißteile ersetzen. Diese Abnutzung ist durch die Miete abgegolten, so dass der Mieter sie nicht zu vertreten hat, § 538.

> **Bsp.:** Nachdem M mit einem Mietwagen 20.000 km zurückgelegt hat, benötigt der Wagen neue Reifen. V hat diesbezüglich keinen Anspruch gegen M, da es sich um Abnutzungen im Rahmen der vertragsgemäßen Nutzung handelt. Es ist Sache des Vermieters, den Mietpreis so zu bemessen, dass er kostendeckend ist.

290 Den Vermieter trifft dagegen keine Wiederherstellungspflicht: Geht die Mietsache unter oder ist dem Vermieter wegen hoher Kosten die Wiederherstellung unzumutbar, erlischt die Pflicht zur Gebrauchsgewährung nach § 275 Abs. 1 oder Abs. 2 und damit auch die Instandsetzungspflicht. Dies gilt grundsätzlich unabhängig von einem möglichen Verschulden des Vermieters.[517] Ein Verschulden kann jedoch im Rahmen des § 275 Abs. 2 Satz 2 bei der Bemessung des zumutbaren Wiederherstellungsaufwands Berücksichtigung finden.

3. Pflicht zur Tragung der Lasten

291 Der Vermieter hat nach § 535 Abs. 1 Satz 3 außerdem die **Lasten der Mietsache** zu tragen. Damit erklärt das BGB die Brutto- oder Warmmiete zur Regel, denn der Vermieter hat alle Neben- und Betriebskosten, sowie privatrechtlichen und öffentlich-rechtlichen Lasten an der Mietsache zu tragen. So hat beispielsweise der Vermieter eines KFZ Versicherungskosten und KFZ-Steuer zu tragen. Diese Lastentragungsregel ist jedoch dispositiv und wird häufig abbedungen.

4. Schutzpflichten

292 Schließlich treffen den Vermieter Schutzpflichten zugunsten des Mieters, § 241 Abs. 2. Darunter fallen etwa Aufklärungspflichten über von der Mietsache ausgehende Gefahren.

---

516 Staudinger/*Emmerich*, § 535 Rn. 35 ff.
517 Staudinger/*Emmerich*, Vor § 536 Rn. 5 ff.; anders: *Brox/Walker*, Schuldrecht, § 11 Rn. 3.

IV. Insbesondere: Mietmängel

1. Mangel

Zentrale Norm des Mietmängelrechts ist § 536 Abs. 1 Satz 1, dem eine Doppelfunktion zukommt. Einerseits definiert er den Sachmangel als einen Mangel, der die Tauglichkeit der Mietsache zum vertragsgemäßen Gebrauch aufhebt. Außerdem regelt er die Minderung.[518]

293

Mangel ist – wie im Kaufrecht in § 434 Abs. 1 Satz 1 – jede für den Mieter nachteilige Abweichung des tatsächlichen Zustands (Ist-Zustand) der Mietsache, vom vertraglich vereinbarten Zustand (Soll-Zustand).[519] Unerheblich ist dabei, ob der Mangel bereits bei Übergabe vorliegt oder erst entsteht, nachdem der Mieter sie in Gebrauch genommen hat. Insoweit setzt sich die Instandhaltungs- und Instandsetzungspflicht des Vermieters auf der Ebene des Mängelrechts fort. Der Mangel muss dabei nicht in der Sache selbst liegen. Auch Umwelteinflüsse kommen in Betracht, wenn diese den vertragsgemäßen Gebrauch negativ beeinträchtigen.

> Bsp.: Ein Sachmangel liegt vor, wenn die gemietete Kuh krank ist oder krank wird.

Zur Beweiserleichterung für den Mieter stellt § 536 Abs. 2 das Fehlen einer zugesicherten Eigenschaft dem Sachmangel gleich. Durch diese Gleichstellung muss der Mieter lediglich die Zusicherung nachweisen, jedoch nicht deren Auswirkung auf den vertragsgemäßen Gebrauch.[520] Als Eigenschaften kommen dabei alle wertbildenden Faktoren der Mietsache in Betracht, die ihr auf Dauer anhaften.[521] Nicht jede Aussage des Vermieters über Eigenschaften der Sache stellt jedoch eine Zusicherung dar: Der Vermieter muss vielmehr zu erkennen geben, dass er für das Vorhandensein der Eigenschaft unbedingt einstehen will,[522] wofür alleine die Kenntnis des Vermieters von Vorstellungen des Mieters nicht genügt.[523]

294

> Bsp.: Sichert V dem M ein grünes Mietauto zu und erhält M ein rotes, stellt das einen Sachmangel dar. Ohne die Zusicherung des V müsste M hier nachweisen, dass dies seinen Mietgebrauch beeinträchtigt, was selten der Fall sein wird.

Der Rechtsmangel steht dem Sachmangel gleich, § 536 Abs. 3, und liegt vor, wenn ein Dritter dem Mieter den Gebrauch der Mietsache durch die **Geltendmachung eines privaten Rechts** teilweise oder ganz entzieht. Öffentlich-rechtliche Beschränkungen werden dagegen als Sachmangel anzusehen sein.

295

> Bsp.: V, der Eigentümer der Mietsache, tritt an Untermieter U heran und macht einen Herausgabeanspruch aus § 985 geltend, nachdem der Mietvertrag zwischen V und Mieter M abgelaufen ist. Es liegt ein Rechtsmangel im Mietverhältnis zwischen M und U vor.

Im Wohnraummietrecht sind insbesondere Lärm durch Nachbarn oder andere Hausbewohner häufig problematische Mängel. War die lärmgeplagte Lage bereits bei Abschluss des Mietvertrags vorhanden, liegt natürlich kein Mietmangel vor, wenn dies vom Mieter erkannt wurde oder grob fahrlässig nicht erkannt

295a

---

518 Siehe hierzu unten Rn. 297 ff.
519 BGH NJW 2000, 1714 (1715); BGH NJW-RR 1991, 204.
520 MünchKomm-BGB/*Häublein*, § 536 Rn. 14.
521 BGH NJW 2000, 1714.
522 MünchKomm-BGB/*Häublein*, § 536 Rn. 4.
523 BGH NJW 2015, 2177 = JuS 2015, 1040 (Anm. Emmerich) = JA 2016, 65 (Anm. Förster).

wurde, § 536b. Nachdem der Vermieter aber auf den Umgebungslärm selbst nur beschränkte Abwehrmöglichkeiten hat, liegt auch dann kein Mietmangel vor, wenn die Umgebung ohne Zutun des Vermieters nach Abschluss stärker lärmt. Dabei lehnt der BGH über den Umweg einer ergänzenden Vertragsauslegung[524] einen Mangel dann ab, wenn auch für den Vermieter der Lärm nicht abwehrbar wäre. Geht der Lärm etwa von Kinderspielplätzen oder ähnlichen Einrichtungen aus, will der BGH dabei die Privilegierung des § 22 Ia BImSchG auf das Verhältnis von Mieter und Vermieter übertragen. Und auch dann, wenn der Lärm ortsüblich ist, soll § 906 BGB Anwendung finden.

2. Anspruch des Mieters auf Erfüllung

296 Der Mieter kann bei Vorliegen eines Mangels vom Vermieter weiterhin Erfüllung verlangen, § 535 Abs. 1. Der Erfüllungsanspruch des Mieters ist jedoch, anders als im Kaufrecht („Recht des Verkäufers zur zweiten Andienung"[525]), nicht vorrangig vor anderen Rechtsbehelfen auszuüben.[526] Solange der Vermieter seiner Pflicht zur Mangelbeseitigung nicht nachkommt, kann der Mieter die Zahlung der Miete nach § 320 ganz oder teilweise verweigern.[527] Dieses Recht steht dem Mieter neben der Minderung zu. Es unterliegt allerdings einer zeitlichen und betragsmäßigen Begrenzung. Hintergrund dieser Beschränkung ist die Möglichkeit des Mieters zur Minderung, so dass zwar über § 320 Abs. 1 ein zusätzlicher Druck auf den Vermieter aufgebaut werden kann, weil aber über die Minderung die Leistungsäquivalenz hergestellt wird, liegt ein Fall des § 320 Abs. 2, 242 BGB vor. Der BGH verlangt eine Begrenzung in zeitlicher und betragsmäßiger Hinsicht, wobei der Einzelfall zu betrachten sei. Eine Grenze finde das Zurückbehaltungsrecht, wenn deutlicher mehr als drei- oder vierfache der Monatsmiete einbehalten wird.[528] Diese für das Wohnraummietrecht ergangene Entscheidung dürfte allgemein für das Mietrecht gelten.

3. Minderung und Rücktritt

297 Liegt ein Sachmangel vor, lässt § 536 Abs. 1 Satz 1 bei vollständigem Wegfall der Eignung für den vertragsgemäßen Gebrauch den Anspruch des Vermieters auf die Bruttomiete komplett entfallen. Entfällt die Eignung nur teilweise, entfällt der Mietanspruch anteilig, § 536 Abs. 1 Satz 2. Die Bruttomiete[529] reduziert sich auf eine **angemessene Miete**, die der Richter im Prozess nach § 287 ZPO zu schätzen hat.[530] Von Bedeutung sind insbesondere die Schwere des Mangels, die tatsächliche Beeinträchtigung des Gebrauchs und die Dauer des Mangels. Außer Betracht bleiben nach § 536 Abs. 1a Beeinträchtigungen der Tauglichkeit aufgrund einer energetischen Modernisierung nach § 555b Nr. 1.

298 Die Minderung ist, anders als im Kaufrecht (§ 441 Abs. 1), nicht als Gestaltungsrecht ausgestaltet, sondern tritt ohne Weiteres kraft Gesetzes ein. Der Mieter muss von dem Zeitpunkt, an dem der Mangel auftritt, bis zur Behebung des Mangels nur die geminderte Miete bezahlen. Die Minderung muss nicht geson-

---

524 BGH NJW 2015, 2177 = JuS 2015, 1040 (Anm. Emmerich) = JA 2016, 65 (Anm. Förster).
525 Siehe hierzu oben Rn. 64.
526 *Westermann*, NJW 2002, 241 (248).
527 BGH NZM 2003, 437; *Kraemer*, NZM 2004, 721 (726).
528 BGH NJW 2015, 3087 = JuS 2016, 169 (Anm. Emmerich).
529 Staudinger/*Emmerich*, § 536 Rn. 55; BGH NJW 2005, 1713 = BGH JuS 2005, 840; a. A. Münch-Komm-BGB/*Häublein*, § 536 Rn. 31.
530 BGH NJW 2005, 1713 (1714).

dert geltend gemacht werden. Treu und Glauben, § 242, verlangen allerdings vom Mieter über die Anzeigepflicht aus § 536c Abs. 1 Satz 1 hinaus die Erläuterung seiner Minderung gegenüber dem Vermieter.[531] Zuviel bezahlte Miete kann mit der Leistungskondiktion, § 812 Abs. 1 Satz 1 Alt. 1, zurückgefordert werden. Zahlt der Mieter zu wenig, weil er sich schuldlos über die Höhe der Minderung irrt, kommt er mit dem Differenzbetrag nicht in Verzug, § 286 Abs. 4.

Ein Verschulden des Vermieters ist für die Minderung des Mietzinses nicht notwendig; umgekehrt ist die Minderung aber ausgeschlossen, wenn der Mieter alleine oder weit überwiegend für den Mangel verantwortlich ist, § 326 Abs. 2 Satz 1 Alt. 1 analog.[532] Um sein Minderungsrecht nicht zu verlieren, trifft den Mieter die Pflicht, den Mangel zu rügen, § 536c. Kannte der Mieter den Mangel bei Vertragsabschluss, schließt dies die Minderung ebenfalls aus, § 536b. Dies hat jedoch keinen Einfluss auf den Primäranspruch des Mieters auf Erfüllung, wenn nicht bereits der Vertragsinhalt aufgrund der Kenntnis vom „Mangel" verändert wurde.[533]

> Bsp. (1): Der von M gemietete Rasenmäher mäht wegen einer stumpfen Klinge nur unzureichend. M hat die Miete im Voraus entrichtet. – Da die Gebrauchsfähigkeit eines stumpfen Rasenmähers erheblich herabgesetzt ist, schuldet M von Anfang an nur eine geminderte Miete. Die zu viel gezahlte Miete kann er deshalb nach § 812 Abs. 1 Satz 1 Alt. 1 herausverlangen.
>
> Bsp. (2): An der stumpfen Klinge ist M schuld, weil er sehenden Auges Steine mitgemäht hat. – M muss die volle Miete bezahlen, da sein Minderungsrecht analog § 326 Abs. 2 Satz 1 Alt. 1 entfällt.
>
> Bsp. (3): Das von M gemietete Ladengeschäft soll laut Vertrag 100 qm Fläche haben. Die Miete beträgt 1.000 €. Als M nach mehreren Jahren eine neue Einrichtung kauft, stellt er beim Ausmessen fest, dass das Geschäft nur 80 qm Fläche hat.
> Nach der Rechtsprechung des BGH stellt eine Abweichung von mehr als 10 % immer einen Gebrauchsmangel dar. Die Miete ist dann um die volle prozentuale Flächenabweichung zu kürzen. Die geminderte Miete beträgt also 800 €.[534]

Eine vorbehaltslose Weiternutzung der Sache und Zahlung der ungeminderten Miete für einen erheblichen Zeitraum lässt nach gängiger Auffassung die Minderung entfallen. Wenn sich für den Vermieter der Sachverhalt so darstellen muss, dass der Mieter auf die Geltendmachung seiner Ansprüche aus Minderung verzichtet, gilt dies auch für die Zukunft. Es gelten die Regeln über die Verwirkung, § 242.[535] Die Minderung ist zumindest bei der Miete beweglicher Sachen abdingbar, wie sich aus einem Umkehrschluss aus § 536 Abs. 4 ergibt. Der Mieter verliert sein Minderungsrecht auch nach § 242, wenn er die Erhaltungsmaßnahmen pflichtwidrig nicht duldet. Dann entfällt sein Minderungsrecht in dem Moment, in dem die Erhaltungsmaßnahmen fiktiv beendet gewesen wären.[536]

Zur außerordentlichen Kündigung, die beim Dauerschuldverhältnis Miete das Rücktrittsrecht wegen eines Mangels der Mietsache ersetzt, siehe unten Rn. 325 ff.

---

531 MünchKomm-BGB/*Häublein*, § 536 Rn. 27.
532 Palandt/*Weidenkaff*, § 536 Rn. 38.
533 BGH NJW-RR 2007, 1021 = JuS 2008, 86 (Anm. Faust).
534 BGH NZM 2010, 313.
535 BGH NJW 2005, 1503; Staudinger/*Emmerich*, § 536 Rn. 67 ff.; *Brox/Walker*, Schuldrecht, § 11 Rn. 13; a. A. *Timme*, NZM 2002, 685; Übersicht bei *Huber*, Schuldrecht BT1, § 19 Rn. 489.
536 BGH NJW 2015, 2419 = JA 2016, 387 (Anm. Förster).

4. Selbstvornahmerecht des Mieters

302 Beseitigt der Mieter einen nicht unerheblichen (zur Minderung führenden) Mangel selbst, hat er in den zwei Fällen des § 536a Abs. 2 einen Anspruch auf Ersatz seiner dadurch entstandenen Aufwendungen.

303 a) **Verzug des Vermieters.** Das Recht des Mieters zur Beseitigung des Mangels besteht, wenn der Vermieter mit der Beseitigung des Mangels in Verzug, § 286, ist. Der Verzug des Vermieters beginnt in der Regel alsbald[537] nach dem Zugang der Mahnung des Mieters. Er endet mit der Vornahme der geschuldeten Leistung durch den Vermieter oder Annahmeverzug des Mieters hinsichtlich der Reparatur, § 293, weil er beispielsweise die Mietsache nicht zur Reparatur herausgibt.[538]

304 b) **Bedrohung der Mietsache.** Ist die umgehende vollständige oder teilweise Beseitigung des Mangels notwendig, um die Mietsache zu erhalten oder wiederherzustellen, und tätigt der Mieter die dafür erforderlichen Aufwendungen, hat der Vermieter sie ihm zu ersetzen, § 536a Abs. 2 Nr. 2. Eine bloße Beeinträchtigung des Gebrauchs löst den Aufwendungsersatzanspruch jedoch nicht aus, die Sache muss vielmehr vom Untergang bedroht sein.[539]

305 c) **Aufwendungsersatz nach GoA.** Liegen beide Fallgruppen nicht vor, hat der Mieter möglicherweise nach § 539 Abs. 1 Anspruch auf Aufwendungsersatz nach den Vorschriften über die Geschäftsführung ohne Auftrag.[540] Der BGH lehnt dies jedoch mit zum Kaufrecht analoger Argumentation (siehe Rn. 72) ab.[541] Da den Vermieter auch in Zukunft die Erhaltungspflicht hinsichtlich der Mietsache trifft, überzeugt die Argumentation des BGH in Bezug auf die Beweissicherung.

5. Schadensersatz

306 Liegt ein Sachmangel vor, kann der Mieter unabhängig von der geminderten Miete unmittelbar nach § 536a Schadensersatz verlangen; anders als im Kauf- oder Werkvertragsrecht findet hier keine Verweisung in das Allgemeine Schuldrecht statt. Für Pflichtverletzungen hingegen, die keinen Mangel im Sinne des § 536 darstellen, haftet der Vermieter nach den allgemeinen Regeln der §§ 280 ff. Der Mietvertrag ist zudem ein Musterbeispiel für den sogenannten Vertrag mit Schutzwirkung zugunsten Dritter. Demnach ist nicht nur der Mieter, sondern sind auch Dritte, die bestimmungsgemäß mit der Leistung des Vermieters in Berührung kommen, durch den Vertrag geschützt. Zusätzliche Voraussetzung ist ein Einbeziehungsinteresse des Mieters und dass beides für den Vermieter erkennbar ist und den Dritten keine eigenen vertraglichen Ansprüche zustehen.[542]

Das Gesetz unterscheidet drei verschiedene Schadensarten mit teilweise verschiedenen Anspruchsvoraussetzungen:

307 a) **Anfängliche Mängel, § 536a Abs. 1 Alt. 1.** Bestand der Mangel bereits bei Vertragsschluss, haftet der Vermieter **unabhängig von einem Verschulden** für die

---

537 Staudinger/*Löwisch*, § 286 Rn. 60.
538 LG Berlin GE 1999, 1498.
539 MünchKomm-BGB/*Häublein*, § 536a Rn. 28.
540 Siehe dazu mit Grundfällen *Martinek/Theobald*, JuS 1997, 612 ff., 805 ff., 992 ff.; JuS 1998, 27 ff.
541 BGH NJW 2008, 1216 = JuS 2008, 462 (Anm. Faust) = JA 2008, 541 (Anm. Looschelders).
542 Für Arbeitnehmer des Mieters BGH NJW 2010, 3152 = JuS 2011, 550 (Anm. Faust).

Folgen dieses Mangels. Dabei muss der Mangel selbst noch nicht vorgelegen haben, sondern lediglich in der Mietsache oder in ihrer Umwelt angelegt gewesen sein und sich dann später zu einem Mangel ausgewachsen haben.[543] Die Rechtsprechung dehnt diese **Garantiehaftung** über den gesetzlich normierten Fall auf Fälle aus, in denen einer noch herzustellenden Sache zwar nicht bei Vertragsschluss, aber nach Herstellung ein Mangel anhaftet.[544]

> **Bsp. (1):** Der von M gemietete Rasenmäher hat einen Materialfehler, den V nicht kannte. Infolgedessen löst sich die Klinge und verletzt M am Fuß. – V ist verschuldensunabhängig schadensersatzpflichtig nach § 536a Abs. 1 Alt. 1.
>
> **Bsp. (2):** Ein Chirurg verletzt sich im Hotelzimmer an einem Duschgriff so schwer, dass er nie wieder operieren kann. – Der Hotelbetreiber schuldet unabhängig davon, ob er den Schaden hätte vermeiden können, horrende Schadensersatzsummen aus § 536a Abs. 1 Alt. 1.

b) Später aufgetretene Mängel, § 536a Abs. 1 Alt. 2. Tritt an der Sache nach Vertragsschluss ein Mangel auf, haftet der Vermieter nur bei eigenem (§ 276) oder zugerechnetem (§ 278) Verschulden für den entstandenen Schaden, § 536a Abs. 1 Alt. 2.

c) Verzug mit der Mangelbeseitigung, § 536a Abs. 1 Alt. 3. Schließlich hat der Vermieter Schadensersatz zu leisten, wenn ein Mangel auftritt und er mit dessen Behebung schuldhaft in Verzug ist. Dazu ist regelmäßig eine Mahnung, § 286 Abs. 1 durch den Mieter erforderlich, oder es müssen die Voraussetzungen des § 286 Abs. 2 vorliegen. Der Wortlaut der Vorschrift erfasst anfängliche und später aufgetretene Mängel. Da der Vermieter für anfängliche Mängel ohnehin verschuldensunabhängig haftet, kommt es hier nicht auf einen verschuldeten Verzug an.

> **Bsp.:** V repariert den Rasenmäher nicht, nachdem die Klinge stumpf wurde. – V trifft zwar keine Schuld an dieser Tatsache, er kommt jedoch mit seiner Instandsetzungspflicht durch Mahnung des M nach § 286 Abs. 1 in Verzug. M ist Gärtner und ihm entgehen durch die stumpfe Klinge einige Aufträge. V schuldet Ersatz des entgangenen Gewinns nach §§ 536a Abs. 1 Alt. 3, 286, 249, 252 Satz 1.

d) Ausschluss der Schadensersatzhaftung. Kannte der Mieter bei Vertragsschluss einen Mangel der Mietsache, so schließt § 536b Satz 1 den Schadensersatzanspruch für diesen Mangel aus, wenn sich der Mieter nicht den Schadensersatzanspruch vorbehalten hat, § 536b Satz 1 und 3. Bei grob fahrlässiger Unkenntnis haftet der Vermieter nur, wenn er den Mangel arglistig verschwiegen hat.

Zeigt sich der Mangel erst nach Übergabe der Sache, trifft den Mieter eine Anzeigepflicht nach § 536c, der er nachkommen muss, will er seinen Schadensersatzanspruch nicht verlieren, § 536c Abs. 2 Satz 2 Nr. 2. Erkennt der Mieter den Mangel nicht, übersieht ihn aber grob fahrlässig, wendet die gängige Auffassung diese Vorschrift ebenfalls an.[545] Dieser Ausschlusstatbestand gilt jedoch nur für Schäden, die nur deshalb nicht verhindert werden konnten, weil der Vermieter wegen des Ausbleibens der Mängelanzeige keine Abhilfe schaffen konnte.

> **Bsp.:** War M im obigen Rasenmäher-Beispiel der Materialfehler vor dem Unfall aufgefallen und unterließ er es, dem V davon Anzeige zu machen, so haftet V nicht auf

---

543 MünchKomm-BGB/*Häublein*, § 536a Rn. 7.
544 Zum § 538 a. F.: BGHZ 56, 136; a. A. MünchKomm-BGB/*Häublein*, § 536a Rn. 8.
545 MünchKomm-BGB/*Häublein*, § 536c Rn. 6; Staudinger/*Emmerich*, § 536c Rn. 7.

den entstandenen Schaden. Ist M der Materialfehler dagegen nicht aufgefallen und musste er ihm auch nicht ohne weiteres auffallen, haftet V.

312 **e) Ersatzfähiger Schaden.** Der Vermieter hat alle Schäden zu ersetzen, die auf dem Mangel der Mietsache beruhen, also Mangel- und Mangelfolgeschäden. Der Mieter ist nach der Differenzhypothese so zu stellen, wie er stünde, wenn die Mietsache mangelfrei überlassen worden wäre bzw. ein später aufgetretener Mangel vom Vermieter rechtzeitig beseitigt worden wäre, § 249 Abs. 1. Erfasst werden – unter Anrechnung der geminderten Miete – also insbesondere ein Minderwert der Mietsache bei Weitervermietung, der entgangene Gewinn, Gesundheitsschäden und Sachschäden. Macht der Mieter von seinem außerordentlichen Kündigungsrecht aufgrund des Mangels Gebrauch, sind ihm außerdem die Mehrmiete für einen Ersatz sowie die Kosten für deren Suche zu ersetzen; die Ersatzpflicht endet zu dem Zeitpunkt, in dem sich der Vermieter frühestens vom Vertrag lösen könnte.[546]

> **Bsp.:** Der Rasenmäher ist bereits zum dritten Mal defekt. Daher macht M von seinem außerordentlichen Kündigungsrecht nach § 543 Abs. 1 Gebrauch. Er muss jetzt jedoch einen um täglich 5 € teureren Rasenmäher mieten. Vereinbart war eine ordentliche Kündigungsfrist von 10 Tagen. – Da V sich erst nach 10 Tagen ordentlich vom Vertrag hätte lösen können, schuldet er M 50 € Schadensersatz aus § 536a. Denn nur dann steht M so, wie er stünde, wenn der Vertrag ordentlich erfüllt worden wäre.

313 Zum Teil wird behauptet, dass die Garantiehaftung aus § 536a Abs. 1 Satz 1 Alt. 1 Mangelfolgeschäden nicht erfasse, die auch bei sorgfältigster Überprüfung der Mietsache nicht erkannt werden konnten.[547] Diese Einschränkung ist im Gesetzeswortlaut nicht angelegt, hat aber für sich, dass der Vermieter nur soweit für den Zustand der Mietsache garantieren müssen soll, wie sein Einfluss auf die Mietsache reicht.

> **Bsp.:** Ein Benutzer einer Mietbücherei erkrankt an einer ansteckenden Krankheit, die er sich durch Viren an einem gemieteten Buch zugezogen hat, das vorher schon andere Personen gemietet hatten. Niemand konnte ahnen, dass das Buch verseucht war und daher hätte auch bei höchster Sorgfalt die Ansteckung nicht verhindert werden können. Hier soll nach *Larenz* die Garantiehaftung nicht mehr die Folgeschäden abdecken.[548] Das akademische Beispiel mag überzeugen oder nicht, jedenfalls zeugt es von der gefühlten Gefährlichkeit der Arbeit mit Büchern.

314 Schließlich muss der Vermieter im Rahmen der **Rentabilitätsvermutung** bei gewerblich vermieteten Mietgegenständen auch **frustrierte Aufwendungen** ersetzen.[549] Die wohl allgemeine Meinung geht davon aus, dass § 284 Anwendung findet und so unter dessen zusätzlichen Voraussetzungen außerhalb der Rentabilitätsvermutung, also bei nicht auf Gewinnerzielung angelegten Mietverhältnissen, frustrierte Aufwendungen statt des Schadensersatzes geltend gemacht werden können.[550]

---

546 Staudinger/*Emmerich*, § 536a Rn. 19 ff.; MünchKomm-BGB/*Häublein*, § 536a Rn. 18 ff.
547 *Larenz*, Schuldrecht II 1, § 48 IIIb 3, S. 237; *Gursky*, Schuldrecht, S. 79 ff.; OLG Koblenz NJW 1966, 2017.
548 *Larenz*, Schuldrecht II 1, § 48 IIIb 3, S. 237.
549 BGHZ 136, 102 (105).
550 Staudinger/*Emmerich*, § 536a Rn. 24; MünchKomm-BGB/*Häublein*, § 536a Rn. 15–17.

V. Insbesondere: Unmöglichkeit der Gebrauchseinräumung

Geht die Mietsache vor Vertragsschluss unter, bleibt der Mietvertrag wirksam, § 311a Abs. 1. Der Anspruch des Mieters auf Gebrauchseinräumung erlischt nach § 275 Abs. 1. Kann der Vermieter nicht vortragen, dass er das Leistungshindernis nicht kannte und auch nicht kennen musste, § 311a Abs. 2 Satz 2, ist er nach § 311a Abs. 2 Satz 1 zum Schadensersatz statt der Leistung verpflichtet. Geht die Sache nach Vertragsschluss unter, schuldet der Vermieter gegebenenfalls nach §§ 280 Abs. 1 und 3, 283 Schadensersatz statt der Leistung. Das Schicksal der Gegenleistung, also des Anspruchs auf Mietzahlung, richtet sich in beiden Konstellationen nach § 326. Hier gelten keine Besonderheiten. **315**

Kann der Vermieter die Mietsache schon zu Anfang des Mietverhältnisses nicht dem Mieter überlassen, weil ein Dritter sie berechtigt besitzt (etwa der Vormieter, dessen Mietvertrag noch nicht beendet ist), so haftet der Vermieter für den daraus entstehenden Schaden wegen anfänglichen Rechtsmangels verschuldensunabhängig nach § 536 Abs. 3 analog. Die Rechtsfolgen richten sich dann nach § 536a,[551] nicht nach allgemeinem Pflichtverletzungsrecht.[552] **316**

Ist dagegen die Gebrauchseinräumung während des laufenden Mietverhältnisses zumindest zeitweise unmöglich, weil der Vermieter an einen Dritten vermietet hat oder durch eine Eigennutzung des Vermieters Unmöglichkeit eintritt, so entfällt der Zahlungsanspruch des Vermieters nach § 537 Abs. 2, der insoweit § 326 verdrängt.[553] Hat der Mieter die Unmöglichkeit, etwa die Weitervermietung durch den Vermieter, durch eigene Vertragsuntreue (z. B. unberechtigte vorzeitige Rückgabe der Sache) veranlasst, ist seine Berufung auf § 537 Abs. 2 nach § 242 treuwidrig und damit unzulässig. Er schuldet dann weiterhin Zahlung der Miete, allerdings reduziert um den Betrag, den der Vermieter aus der Weitervermietung erzielt hat. **317**

> **Bsp.:** M gibt den Rasenmäher nach der Hälfte der Mietzeit zurück; es war ein Mietpreis von 10 €/Tag vereinbart. V vermietet nun den Rasenmäher kurzfristig an D für 8 €/Tag. – M darf Zahlung des Mietpreises nach § 537 Abs. 2 nur in Höhe von 8 € verweigern. Hätte V den Rasenmäher nicht weitervermietet, könnte M sich gar nicht auf § 537 Abs. 2 berufen.

VI. Beendigung des Mietverhältnisses

Da es sich beim Mietverhältnis um ein Dauerschuldverhältnis handelt, erlischt es nicht einfach nach § 362 Abs. 1 mit Einräumung des Gebrauchsrechts an der Mietsache und Zahlung der Miete, sondern bedarf bestimmter Beendigungstatbestände. Dies können sein: Befristungsablauf, Bedingungseintritt, Kündigung oder Aufhebung. Der Rücktritt wird im Dauerschuldverhältnis durch das Recht zur außerordentlichen Kündigung ersetzt, um Abwicklungsschwierigkeiten durch die komplizierten Rechtsfolgen des Rücktrittsrechts gerade nach langen Vertragslaufzeiten zu vermeiden. **318**

---

551 Siehe hierzu oben Rn. 306 ff.
552 *Kraemer*, NZM 2004, 721 (724); *Brox/Walker*, Schuldrecht, § 11 Rn. 12; BGH NJW 1961, 917.
553 Staudinger/*Emmerich*, § 537 Rn. 33 ff.; MünchKomm-BGB/*Häublein*, § 537 Rn. 10 ff.

1. Bedingungseintritt/Befristungsablauf

319 Bei zeitlich befristeten Mietverträgen endet das Mietverhältnis nach § 542 Abs. 2 Nr. 1 mit Ablauf des vereinbarten Zeitraums, es sei denn, es wird verlängert, § 542 Abs. 2 Nr. 2; eine Verlängerung kann zwischen den Parteien des Mietvertrags vereinbart oder gesetzlich angeordnet werden, § 545 Satz 1[554].

> **Bsp.:** Der Rasenmäher wurde von V an M für zehn Tage vermietet. – Nach Ablauf der zehn Tage endet das Mietverhältnis automatisch nach § 542 Abs. 2 Nr. 1.

320 Die Parteien können die Befristung nachträglich jederzeit ändern, verlängern oder verkürzen oder das Mietverhältnis auch mit sofortiger Wirkung beenden, § 311 Abs. 1.

> **Bsp.:** V und M vereinbaren, den Mietvertrag noch 5 Tage länger laufen zu lassen, was sie nach § 311 Abs. 1 jederzeit dürfen. – Das Verhältnis endet nun nach Ablauf von 15 Tagen nach § 542 Abs. 2 Nr. 1.

321 Soll das Mietverhältnis dagegen bis zum Eintritt eines ungewissen Ereignisses bestehen, handelt es sich um eine auflösende Bedingung, das Verhältnis endet dann nach § 158 Abs. 2 und nicht nach § 542 Abs. 2.[555] Über die Natur des zugrundeliegenden Vertrags als befristeter oder unbefristeter Mietvertrag ist dabei nichts gesagt, denn ein befristeter Vertrag kann zusätzlich noch eine auflösende Bedingung enthalten.

> **Bsp.:** Der Rasenmäher ist für 5 Jahre vermietet, das Mietverhältnis soll aber auch enden, wenn M vorher sterben sollte. – Stirbt M vor Ablauf der fünf Jahre, endet das Verhältnis nach § 158 Abs. 2. Erlebt M das Befristungsende, endet der Vertrag nach § 542 Abs. 2 Nr. 1.

322 Eine Befristung länger als 30 Jahre löst die Kündigungsmöglichkeit des § 544 aus.

2. Kündigung

323 a) **Verhältnis zum Rücktritt.** Vor Überlassung der Mietsache gelten die §§ 323 ff. uneingeschränkt, so dass sowohl der Mieter als auch der Vermieter unter den aus dem Allgemeinen Schuldrecht bekannten Voraussetzungen vom Mietvertrag zurücktreten können. Nach Überlassung der Mietsache ist das Rücktrittsrecht jedoch durch das Recht zur außerordentlichen Kündigung, § 543, verdrängt.

324 b) **Ordentliche Kündigung.** Bei unbefristeten, also auf unbestimmte Zeit geschlossenen Mietverhältnissen, ist der Regeltatbestand für die Beendigung die ordentliche, fristgebundene Kündigung, § 542 Abs. 1. Die Frist berechnet sich dabei für bewegliche Sachen nach § 580a Abs. 3 und beträgt zwischen einem und vier Tagen. Die Kündigung ist eine empfangsbedürftige Willenserklärung.

325 c) **Außerordentliche fristlose Kündigung.** Für befristete Mietverhältnisse ist in der Regel das Befristungsende der Beendigungstatbestand. Allerdings kann in bestimmten Fällen vor Erreichung der Frist außerordentlich gekündigt werden. Die außerordentliche Kündigung ist zudem bei unbefristeten Mietverhältnissen möglich. Im Gegensatz zur ordentlichen Kündigung, die bei der Miete beweglicher Sachen weder vom Vermieter noch vom Mieter begründet werden muss,

---

554 Siehe hierzu unten Rn. 333.
555 Staudinger/*Emmerich*, § 542 Rn. 175.

ist die außerordentliche Kündigung nur in den vom Gesetz zugelassenen Fällen möglich.

326 Als Generalklausel lässt § 543 Abs. 1 eine außerordentliche Kündigung immer dann zu, wenn ein „wichtiger Grund" vorliegt, der in Satz 2 genauer definiert wird. § 543 Abs. 2 stellt zudem einige Regelbeispiele auf, bei deren Vorliegen ein wichtiger Grund vorliegt. So kann der Mieter vor allem bei Vorliegen eines Sach- oder Rechtsmangels, § 536 Abs. 1, nach § 543 Abs. 2 Nr. 1 fristlos kündigen, wenn er dem Vermieter zuvor eine angemessene Frist zur Abhilfe gesetzt hat, § 543 Abs. 3 Satz 1, oder die Fristsetzung ausnahmsweise entbehrlich ist, § 543 Abs. 3 Satz 2, insbesondere weil sie offensichtlich aussichtslos oder für den Mieter unter Abwägung der beiderseitigen Interessen unzumutbar ist.

327 Der Vermieter kann nach § 543 Abs. 2 Satz 1 Nr. 2 kündigen, wenn der Mieter seine Obhutspflichten verletzt. Für die Verletzung der Obhutspflicht gilt § 543 Abs. 3 mit der Folge, dass eine vorherige Mahnung im Regelfall notwendig ist. Beim Verzug mit der Mietzahlung entbindet § 543 Abs. 3 Nr. 3 den Vermieter von der Pflicht zur Mahnung, denn der Mieter hatte immerhin zwei Monate Zeit zu bezahlen und ist mit diesen Zahlungen ohnehin schon im Verzug. Der Vermieter kann außerordentlich kündigen, wenn der Mieter gem. § 543 Abs. 2 Satz 1 Nr. 3 lit. a für zwei aufeinander folgende Termine mit der ganzen oder einem nicht unerheblichen Teil der Mieter im Verzug ist. Oder wenn der Mieter in mehr als zwei nicht aufeinanderfolgenden Zahlungsterminen insgesamt mit einem Betrag im Verzug ist, der die Miete für zwei Monate erreicht. In beiden Fällen ist jedoch die Kündigung ausgeschlossen, wenn der Mieter den Vermieter vor Zugang der Kündigung vollständig ausgleicht, Abs. 2 Satz 2. Steht dem Mieter eine Gegenforderung zu, kann er die Kündigung unwirksam machen, wenn er unverzüglich nach Zugang der Kündigung die Aufrechnung erklärt, Satz 3.

327a Der Mieter hingegen kann kündigen, wenn ihm der vertragsgemäße Gebrauch der Mietsache ganz oder zum Teil nicht rechtzeitig gewährt oder entzogen wird. Hierhin gehören nach der Rechtsprechung auch die Fälle, dass vermietete Räume um mehr als 10 % negativ von der vertraglich vereinbarten Fläche abweichen, wobei dies auch dann gelten soll, wenn die Fläche über Jahre hinweg ohne Beanstandungen genutzt wurde. Eine Verwirkung kommt nur in Betracht, wenn die Flächenabweichung erkannt wird und trotzdem nicht zeitnah gekündigt wird.[556]

328 Liegt kein Regelbeispiel des § 543 Abs. 2 vor, muss auf § 543 Abs. 1 zurückgegriffen werden und das Vorliegen eines wichtigen Grundes ist unter umfassender Abwägung aller Belange festzustellen; es liegt vor, wenn es für den kündigenden Teil unzumutbar ist, das Mietverhältnis bis zum nächsten ordentlichen Beendigungszeitpunkt fortzusetzen. Bei leistungsbezogenen Störungen ist immer das Erfordernis einer Mahnung (bei Forderung einer Leistung/Nachbesserung) oder Abmahnung (bei Forderung eines Unterlassens) zu beachten, § 543 Abs. 3.

329 Liegt ein wichtiger Grund vor, so kann der Kündigungsberechtigte fristlos, aber auch mit einer von ihm festgelegten und für den anderen Teil zumutbaren Auslauffrist kündigen, beispielsweise wenn der kündigende Mieter die Mietsache bis zu Beschaffung von Ersatz noch benötigt oder der kündigende Vermieter einen

---

556 BGH NJW 2009, 2297.

Ersatzmieter suchen will.⁵⁵⁷ Soweit die entsprechenden Voraussetzungen vorliegen, kann freilich der andere Vertragspartner ebenfalls kündigen und so durch außerordentliche Kündigung die Auslauffrist entfallen lassen oder sie durch ordentliche Kündigung verkürzen.

330 d) **Außerordentliche Kündigung mit gesetzlicher Frist.** Als Sonderform kennt das Mietrecht die außerordentliche Kündigung mit gesetzlicher Frist, § 580a Abs. 4. Der Gesetzgeber ordnet sie an, wenn er zwar einer Partei die Möglichkeit geben möchte, sich zügig vom Vertrag zu lösen, andererseits aber einen Ausgleich der Parteiinteressen herstellen möchte. So kann der Mieter nach § 540 Abs. 1 Satz 2 außerordentlich und fristgebunden kündigen, wenn der Vermieter die Erlaubnis zur Untervermietung verweigert⁵⁵⁸. Bei einer Befristung des Mietvertrags auf länger als 30 Jahre können nach § 544 nach Ablauf der ersten dreißig Jahre beide Parteien jederzeit mit Frist kündigen, § 544.

331 Wenn der Mieter stirbt, gewährt § 580 den in den Mietvertrag eintretenden, § 1922, Erben des Mieters und dem Vermieter die Möglichkeit, sich durch außerordentliche Kündigung mit gesetzlicher Frist vom Mietvertrag zu lösen. Die Norm spielt nur bei befristeten Mietverhältnissen eine Rolle. Bei unbefristeten Mietverträgen hingegen können die Erben mit der gesetzlichen Frist kündigen. Bei befristeten Mietverträgen wären sie hingegen bis zum Ende der Mietzeit gebunden (vgl. § 542 Abs. 2), was § 580 verhindert.

332 e) **Fehlerhafte Berechnung einer Kündigungsfrist.** Ein Kündigungsschreiben muss nicht zwingend das Fristende, also den Kündigungstermin, beinhalten. Eine solche Kündigung wird zum nächstmöglichen Termin wirksam. Wird ein Termin angegeben und ist dieser unzutreffend, weil der Kündigende die Kündigungsfristen nicht eingehalten hat, so wird die Kündigung ebenfalls zum nächstmöglichen Termin wirksam:⁵⁵⁹ Die unwirksame Kündigung zu einem zu frühen Termin wird in eine wirksame Kündigung zum nächst möglichen Termin umgedeutet, § 140. Zulässig ist hingegen eine Kündigung zu einem späteren als dem nächstmöglichen Termin.

333 f) **Weitere Beendigungsvoraussetzungen.** Alleine der Eintritt einer Bedingung oder eine wirksame Kündigungserklärung beenden ein Mietverhältnis nicht in jedem Fall. Vielmehr wandelt sich das eigentlich beendete Mietverhältnis in ein unbefristetes Mietverhältnis um, wenn der Mieter den Gebrauch der Sache fortsetzt und weder Mieter noch Vermieter binnen 2 Wochen nach Fristablauf erklären, das Mietverhältnis nicht fortsetzen zu wollen, § 545 Satz 1.

334 Die reine Besitzentziehung durch den Mieter reicht jedoch nicht aus, um die Wirkungen des § 545 auszulösen. Der Mieter muss die Sache vielmehr weiterhin gebrauchen, sei es inner- oder außerhalb des vertragsgemäßen Gebrauchs.⁵⁶⁰ § 545 Satz 1 ist – auch formularmäßig⁵⁶¹ – abdingbar;⁵⁶² der Widerspruch kann mit der Kündigungserklärung verbunden werden.⁵⁶³

---

557 Staudinger/*Emmerich*, § 543 Rn. 88, 93, 97.
558 Siehe unten Rn. 335 ff.
559 Staudinger/*Rolfs*, § 542 Rn. 76.
560 BGH NJW-RR 1988, 76.
561 BGH NJW 1991, 1750; OLG Celle WuM 1990, 103 (107); OLG Hamm NJW 1983, 826; Palandt/*Weidenkaff*, § 545 Rn. 4.
562 BGH NJW 1991, 1750.
563 Staudinger/*Emmerich*, § 545 Rn. 10 ff.

Bsp.: Der Vermieter kann in seiner Kündigungserklärung bereits angeben: Ich widerspreche bereits jetzt einer eventuellen Verlängerung des Mietverhältnisses nach § 545. Damit ist es dem Mieter nicht möglich, die Folgen des § 545 herbeizuführen.

VII. Untermiete

1. Erlaubnis des Vermieters

Der Mietvertrag gestattet dem Mieter den vertragsgemäßen Gebrauch der Mietsache. Dazu gehört im Regelfall nur die Benutzung durch den Mieter selbst, soweit nicht vertraglich andere Abreden getroffen worden sind. Dies zeigt § 540 Abs. 1 Satz 1, der die Gebrauchsüberlassung an Dritte von der Erlaubnis des Vermieters, einer empfangsbedürftigen Willenserklärung, abhängig macht. Durch diese Erlaubnis modifiziert der Vermieter einseitig die Vereinbarung über den vertragsgemäßen Gebrauch.[564] **335**

Der häufigste Fall der Gebrauchsüberlassung an Dritte und Regelbeispiel in § 540 Abs. 1 Satz 1 ist die Untermiete, also die Vermietung der Mietsache durch den Mieter. Dabei handelt es sich, da der Vermieter nicht Eigentümer sein muss, um einen **normalen eigenständigen Mietvertrag**. **336**

Bsp.: M (Hauptmieter) mietet von V (Vermieter) dessen Rasenmäher. M vermietet den Rasenmäher weiter an U (Untermieter).

Zwar benötigt der Hauptmieter zur Untervermietung die Erlaubnis des Vermieters, § 540 Abs. 1, doch ist diese nicht Voraussetzung für die Wirksamkeit des Untermietvertrages. Die Erlaubnis kann aber von den Vertragsparteien zur aufschiebenden Bedingung des Untermietvertrags gemacht werden, § 158 Abs. 1. Wurde keine Bedingung vereinbart und die Untervermietung scheitert am Widerspruch des Vermieters, § 275 Abs. 1, hat der Untermieter die erörterten Ansprüche (z. B. Schadensersatz) gegen den Mieter, weil dieser nicht zur Gewährung des Gebrauchs an der Mietsache in der Lage ist. **337**

Hat der Vermieter seine Erlaubnis erteilt, rechnet § 540 Abs. 2 dem Hauptmieter das Verschulden des Untermieters beim Gebrauch der Mietsache zu. Dieser Fiktion des Untermieters als Erfüllungsgehilfen, § 278, kommen zwei Funktionen zu: Zum einen kann der Hauptmieter für Mängel, die der Untermieter verursacht hat, beim Vermieter keine Mängelhaftung geltend machen. Zum anderen kann der Vermieter den Hauptmieter für Schäden, die der Untermieter verursacht hat, auch ohne eigenes Verschulden in Anspruch nehmen.[565] **338**

Der Untermieter hat keine stärkere Position gegenüber dem Vermieter als der Hauptmieter. Endet dessen Mietvertrag, hat der Vermieter gegen ihn einen schuldrechtlichen Anspruch auf Rückgabe aus § 546 Abs. 2. Dieser Anspruch ist notwendig, weil dem Vermieter nicht zwingend § 985 BGB zustehen muss, denn der Vermieter muss nicht Eigentümer der Mietsache sein. **339**

2. Verweigerung der Erlaubnis

Auf die **Erlaubnis** des Vermieters hat der Hauptmieter **keinen Anspruch**. Das Gesetz räumt ihm aber ein außerordentliches fristgemäßes Kündigungsrecht ein, wenn der Vermieter die Erlaubnis verweigert, ohne dass dies durch wichtige **340**

---

564 Staudinger/*Emmerich*, § 540 Rn. 9.
565 Staudinger/*Emmerich*, § 540 Rn. 37.

Gründe in der Person des Untermieters begründet wäre, § 540 Abs. 1 Satz 2. Das Recht zur Untervermietung kann – auch in AGB – ausgeschlossen werden mit der Folge, dass auch das außerordentliche Kündigungsrecht aus § 540 Abs. 1 Satz 2 entfällt;[566] das Kündigungsrecht alleine kann jedoch nicht ausgeschlossen werden.[567] Wichtiger Grund in der Person des Untermieters kann nicht dessen Solvenz sein, denn der Hauptmieter bleibt weiterhin zur Mietzahlung verpflichtet.[568] Durch das Kündigungsrecht gleicht das BGB die Interessen des Vermieters, sich seinen Mieter selbst aussuchen zu dürfen, und das Interesse des Mieters an der Beendigung für ihn nutzlos gewordener befristeter Mietverträge aus.[569]

> Bsp.: M will den Rasenmäher an U untervermieten und verlangt dazu die Zustimmung des V. Dieser verweigert die Zustimmung mit der Begründung, er könne U nicht leiden, da dieser sonntags nicht in die Kirche gehe. – M kann den Mietvertrag nach §§ 540 Abs. 1 Satz 2, 580a Abs. 4, 580a Abs. 3 Nr. 2 mit einer Frist von drei Tagen kündigen.

3. Untervermietung ohne Erlaubnis

341 Da die unberechtigte Untervermietung eine Überschreitung des vertragsgemäßen Gebrauchs darstellt,[570] kann der Vermieter gegen den Hauptmieter die erörterten Ansprüche geltend machen, also nach Abmahnung auf Unterlassung klagen, § 541, und außerordentlich kündigen, § 543. Da sich das Vertretenmüssen nach § 276 nur auf die Pflichtverletzung (nicht auf den Eintritt eines Schadens) bezieht und diese in der vertragswidrigen Gebrauchsüberlassung liegt, macht sich der Hauptmieter schadensersatzpflichtig nach § 280 Abs. 1, unabhängig davon, ob ihn am Schadenseintritt selbst ein Verschulden trifft.[571]

342 Eine Abschöpfung des Gewinns aus der unberechtigten Untervermietung nach § 812 Abs. 1 Satz 1 Alt. 2 (Nichtleistungskondiktion) durch den Vermieter ist nicht möglich. Dem Vermieter, der eine Sache vermietet hat, fehlt insoweit selbst die Verwertungsmöglichkeit. Deshalb greift der unberechtigt untervermietende Hauptmieter nicht in den Rechtskreis des Vermieters ein.[572]

VIII. Sonderregelungen zum Wohnraummietrecht

1. Allgemeines

343 Aufgrund der enormen Bedeutung, die die Wohnung als Lebensmittelpunkt (vgl. Art. 13 GG) hat, haben sich verschiedene Besonderheiten für die Wohnraummiete herausgebildet, die sich in §§ 549 bis 577a finden. Die Frage, ob Wohnraum vermietet ist, ist eine entscheidende Weichenstellung, weil hier für den Mieter ein wesentlich höheres Schutzniveau besteht. Ob Wohnraum Gegenstand des Mietvertrags ist, richtet sich nach dem Vertragszweck, also danach, ob die Räume zum Aufenthalt und zur Übernachtung für Privatpersonen vermietet werden.[573] Werden Räume zu gemischten Zwecken (Gewerberaum und Wohnraum)

---

566 Zum Leasing, auf das der BGH Mietrecht anwendet: BGHZ 112, 65.
567 BGHZ 130, 50 (56).
568 LG Berlin NZM 2002, 947 (948).
569 Vgl. *Kandelhardt,* BB 1995, 2596.
570 Siehe hierzu oben Rn. 335.
571 Staudinger/*Emmerich,* § 540 Rn. 38.
572 Mit Streitstand BGHZ 131, 297; a. A. *Emmerich,* JuS 1996, 648 f., der § 816 anwenden will.
573 BGHZ 94, 11 (14 ff.); BGHZ 135, 269 (272); BGH NJW 2014, 2868 = JuS 2014, 1034 (Anm. Emmerich).

vermietet, so entscheidet der von den Parteien gewollte Schwerpunkt über die Einordnung des Vertrags,[574] dem hat sich nun auch der BGH angeschlossen, der zuvor von einem Vorrang der Gewerbenutzung ausgegangen war. Der BGH geht nun sogar soweit, dass im Zweifel von Wohnraum auszugehen ist.[575]

344 § 549 Abs. 1 stellt klar, dass auf Wohnraummietverhältnisse grundsätzlich das bereits dargestellte allgemeine Mietrecht Anwendung findet. Zum Schutz des Mieters werden manche Regeln modifiziert. Teilweise wird bereits im allgemeinen Mietrecht angeordnet, dass bestimmte Regeln für Wohnraummietverhältnisse nicht dispositiv sind, z. B. § 536 Abs. 4. Weitere Unterschiede ergeben sich bei der Frage, ob bestimmte gesetzliche Regelungen formularmäßig abdingbar sind, §§ 305 ff. Ansonsten finden sich auch oft in den letzten Absätzen von Mieterschutzvorschriften die Formulierung „Eine zum Nachteil des Mieters abweichende Vereinbarung ist unwirksam.", es handelt sich dann um einseitig zwingendes Recht, das nur zugunsten des Mieters vertraglich modifiziert werden kann.

345 § 549 Abs. 2 erklärt für bestimmte Erscheinungsformen der Wohnraummiete die Vorschriften zum Kündigungsschutz, zum Schutz vor Mieterhöhungen und zur Bildung von Wohneigentum sowie die sogenannte Mietpreisbremse (§§ 556d bis g) wiederum für unanwendbar. Diese Ausnahmen wurden vorgesehen, weil aufgrund der geringeren Schutzbedürftigkeit der Mieter in diesen Sonderformen der starke Schutz des Wohnraummieters nicht gerechtfertigt oder unpassend erscheint. Eine solche Ausnahme besteht für den vorübergehenden Gebrauch (Nr. 1). Vorübergehend meint hier kurzfristig in dem Sinne, dass der Wohnraum nicht Lebensmittelpunkt des Mieters sein darf (z. B. Hotel, Herberge). Eine zweite Ausnahme (Nr. 2) stellt die Vermietung von möbliertem Wohnraum in der Wohnung des Vermieters dar. Damit soll gewährleistet werden, dass der Vermieter innerhalb seines eigenen Lebensmittelpunktes einer störenden Mietpartei zügig und einfach kündigen kann. Ebenfalls ausgenommen wurde die Weitervermietung an Personen mit dringendem Wohnbedarf (Nr. 3).

346 Für Studenten interessant dürfte die Ausnahme von bestimmten Vorschriften zum Kündigungsschutz, zur Mieterhöhung und der Mietpreisbremse für Wohnraum in Studenten- und Jugendwohnheimen sein, § 549 Abs. 3. Ein Studentenwohnheim entsteht dabei nicht schon dadurch, dass der Vermieter nur an Studenten vermietet. In der Literatur wird häufig die Ansicht vertreten, der Betrieb des Wohnheims dürfe außerdem nicht auf Gewinnerzielung durch den Vermieter abzielen.[576] Dem hat sich der BGH nicht angeschlossen. Er sieht das entscheidende Strukturmerkmal in einem auf Rotation ausgelegtes Belegungskonzept, das möglichst vielen Studenten das Wohnen dort gewährleistet und dabei alle Bewerber gleich behandelt.[577]

2. Besonderheiten bei der Begründung des Mietverhältnisses

347 a) Form. Soll ein Wohnraummietverhältnis mindestens ein Jahr ohne ordentliche Beendigungsmöglichkeit Bestand haben, ordnet § 550 Satz 1 Schriftform an. Eine Mindestlaufzeit von einem Jahr liegt sowohl bei Kündigungsausschluss für

---

[574] Staudinger/*Emmerich*, Vor § 535 Rn. 27–29.
[575] BGH NJW 2014, 2868 = JuS 2014, 1034 (Anm. Emmerich).
[576] Staudinger/*Emmerich*, § 549 Rn. 48.
[577] BGH NZM 2012, 606.

die Dauer von mindestens einem Jahr als auch bei Befristung des Mietverhältnisses auf mindestens ein Jahr und einen Tag vor. Auch weitere Vertragsgestaltungen, die dazu führen, dass die Parteien mindestens ein Jahr ohne ordentliche Kündigungsmöglichkeit gebunden sind, unterfallen dem Schriftformgebot.

348 Der Schriftform ist dabei nur genüge getan, wenn alle wesentlichen Vertragsbedingungen aus der Urkunde hervorgehen, insbesondere Mietzeit, Höhe der Miete, Mietgegenstand und Parteien des Mietvertrags.[578] Es müssen zudem alle Parteien unterzeichnen.[579] Dazu gehören auch vertragliche Regeln, die von den gesetzlichen Regeln zur Fälligkeit der Miete abweichen.[580] Auch nachträgliche Änderungen des Mietvertrags, wenn sie wesentliche Inhalte, insbesondere die Miethöhe oder Um- und Ausbau betreffen, unterliegen dem Schriftformgebot. Rechtsfolge ist auch hier, dass der Vertrag zu einem unbefristeten und somit ordentlich kündbaren Vertrag wird. Nur ganz ausnahmsweise kann sich der Vermieter gegen diese Kündigung mit § 242 verteidigen.[581] Der BGH hat eine sogenannte Schriftformheilungsklausel als unwirksam angesehen, nach der der Vermieter verpflichtet sein soll, den Formfehler zu heilen, bevor er ordentlich kündigen könne.[582]

> Bsp. (1): Ist eine Erbengemeinschaft Vermieter, so ist die Schriftform mangels Rechtsfähigkeit der Erbengemeinschaft nur eingehalten, wenn alle Erben einzeln in der Urkunde genannt sind.[583]

> Bsp. (2): Es liegt ein Zeitmietvertrag über 10 Jahre vor. Nach 5 Jahren bietet der Mieter dem Vermieter eine Mieterhöhung von 20 € pro Monat für den Rest der Laufzeit mündlich an. Dieser willigt ein. Ein Jahr nach der Änderung[584] ist der Vertrag für den Mieter ordentlich kündbar.

349 Das Schriftformgebot dient nicht allein dem Schutz des Mieters, sondern soll vor allem auch den Erwerber von Wohnraum, der nach § 566 in das Mietverhältnis eintritt,[585] vor unerkannt langen Vertragslaufzeiten schützen.[586] Es dient jedoch auch der Beweisbarkeit langfristiger Abreden[587] und dem Schutz beider Parteien vor übereilt eingegangen langfristigen Bindungen.[588] Vor diesem Hintergrund ist auch die Rechtsfolge des § 550 Satz 1 zu sehen, die abweichend von § 125 keine Nichtigkeit vorsieht. Verstoßen die Parteien gegen das Formerfordernis, sieht § 550 Satz 1 die Fiktion eines unbefristeten Mietverhältnisses vor, allerdings mit der Einschränkung, dass die Parteien frühestens zum Ablauf eines Jahres ordentlich kündigen können. Der Vertrag selbst ist jedoch voll wirksam und beide Parteien können Erfüllung verlangen, ohne einen Anspruch auf Nachholung der Form zu haben.[589] Das hat zur Folge, dass ein Vertrag dann nicht gegen § 550 BGB verstößt, wenn zwar hinsichtlich des schriftlichen Mietvertrags ein Dissens vorliegt, etwa weil der Mieter nach Unterschrift des Vermieters eine Klausel aus

---

578 BGH NJW 2002, 3389 (3390) = Jäckel, JA 2003, 185.
579 BGH NZM 2010, 82.
580 BGH NJW 2008, 365.
581 BGH NJW 2016, 311 = JuS 2016, 551 (Anm. Riehm).
582 BGH NJW 2014, 1087 = JuS 2014, 648 (Anm. Emmerich).
583 Jäckel, JA 2003, 185.
584 BeckOK-BGB/Herrmann, § 550 Rn. 20.
585 Siehe hierzu unten Rn. 397 ff.
586 BGH NJW 2014, 2868 = JuS 2014, 1034 (Anm. Emmerich).
587 BGHZ 81, 46 (50 ff.).
588 Staudinger/Emmerich, § 550 Rn. 3a.
589 Staudinger/Emmerich, § 550 Rn. 39.

dem Vertrag streicht. Der Vertrag dann aber konkludent durch Vollzug geschlossen wird. Weil der Vertrag schriftlich vorliegt, ist kein Verstoß gegen § 550 nach der Rechtsprechung des BGH gegeben.[590]

b) Nichtigkeit des Mietvertrags. Im Wohnraummietrecht gilt eine von der Nichtigkeitsanordnung des § 134 abweichende Rechtsfolge bei Mietwucher. Vereinbaren die Parteien einen mindestens 20 % über dem ortsüblichen Mietniveau liegenden Mietzins, liegt bei Ausnutzung eines Unterangebots von Wohnungen verbotener Mietwucher vor, § 5 Wirtschaftsstrafgesetz (WiStrG). Dies hätte wegen Verstoßes gegen ein Verbotsgesetz die Nichtigkeit des Mietvertrags nach § 134 zur Folge. Da jedoch diese Rechtsfolge die Interessen des Mieters nicht ausreichend berücksichtigt, geht die gängige Auffassung von einer Teilnichtigkeit des Mietvertrags aus, so dass der Mietvertrag wirksam bleibt, die Höhe der Miete jedoch auf ortsangemessenes Niveau reduziert wird.[591] **350**

Der Vermieter von Wohnraum kann nicht wegen jeder Täuschung des Mieters bei Abschluss des Mietvertrags nach § 123 anfechten. § 123 Abs. 1 ist in der Weise zu lesen, dass lediglich eine **rechtswidrige** arglistige Täuschung zur Anfechtung berechtigt. Der Mietinteressent darf auf unzulässige Fragen mit einer Lüge antworten, da der Vermieter aus dem Schweigen auf eine für ihn unerwünschte Antwort schließen würde. Eine solche Lüge ist nicht rechtswidrig. Unzulässig sind insbesondere Fragen nach Vorstrafen, Behinderungen, Schwangerschaft oder Kinderwunsch, Konfession oder Mitgliedschaft in Parteien und anderen Vereinigungen. Zulässig sind alle Fragen die einen vernünftigen Bezug zur vermieteten Wohnung haben und die Auskunft darüber geben können, ob der Mieter seine Verbindlichkeiten erfüllen kann. Ausgeschlossen ist bei berechtigten Lügen auch das Recht zur außerordentlichen Kündigung nach § 543.[592] **351**

c) Befristete und bedingte Mietverträge. Weitere Besonderheiten gelten für die Bedingung, die Befristung und für Mietverträge mit Mindestlaufzeiten: Die Vereinbarung einer auflösenden Bedingung ist nicht möglich, § 572 Abs. 2. Unabhängig von der Dauer der Befristung ist die Vereinbarung eines Zeitmietvertrags, also eines befristeten Mietvertrags, nur möglich, wenn der Vermieter ein Befristungsinteresse hat und dieses dem Mieter bei Abschluss des Vertrags schriftlich mitteilt, § 575. Fehlt das Befristungsinteresse, so entsteht ein unbefristetes Mietverhältnis, § 575 Abs. 1 Satz 2. Ein Befristungsinteresse liegt nur in gesetzlich abschließend geregelten Fällen vor, also bei künftigem Eigenbedarf, § 575 Abs. 1 Satz 1 Nr. 1, Modernisierungsplänen, § 575 Abs. 1 Satz 1 Nr. 2, oder Werkswohnungen, § 575 Abs. 1 Satz 1 Nr. 3. **352**

Verzögert sich der Befristungsgrund oder fällt der Befristungsgrund später weg, steht dem Mieter das Recht auf Verlängerung bzw. Umwandlung in ein unbefristetes Mietverhältnis zu, § 575 Abs. 3. Fraglich ist bei diesem Recht des Mieters, ob es sich um ein Gestaltungsrecht[593] handelt, mit dem der Mieter den Mietvertrag einseitig umgestalten kann, oder um einen schuldrechtlichen Anspruch des Mieters gegen den Vermieter auf Abschluss eines entsprechenden Mietver- **353**

---

590 BGH NJW 2010, 1518.
591 *Oechsler*, Schuldrecht BT, § 6 Rn. 582.
592 MünchKomm-BGB/*Häublein*, Vor § 535 Rn. 65.
593 *Lammel*, Mietrecht, § 575 Rn. 69.

trags.[594] Nimmt man ein Gestaltungsrecht an, verlängert sich, sofern alle Voraussetzungen vorliegen, der Vertrag automatisch, nachdem der Mieter das Recht ausgeübt hat. Handelt es sich dagegen um einen Anspruch, muss der Mieter, wenn der Vermieter seinem Angebot auf Vertragsverlängerung pflichtwidrig nicht zustimmt, diesen Anspruch im Wege der Leistungsklage durchsetzen. Mit Rechtskraft des Leistungsurteils gilt die Annahme nach § 894 Abs. 1 ZPO dann als abgegeben. Damit der Mieter nicht zu derartiger Rechtsverfolgung gezwungen wird, sollte zu seinem Schutz von einem Gestaltungsrecht ausgegangen werden.

353a d) **Beschränkungen der Mietpreishöhe, sog. „Mietpreisbremse".** Aufgrund der Entwicklung der Mietpreise in vielen Ballungsräumen hat der Gesetzgeber zum 1.6.2015 die sogenannte Mietpreisbremse eingeführt. Zuvor waren bis zur Höhe des Mietwuchers (oben Rn. 350) die Parteien frei in der Gestaltung des Mietpreises. Mit § 556d Abs. 1 hat der Gesetzgeber für von den Landesregierungen bestimmte Gebiete (Abs. 2) die Miethöhe bei Neuvermietungen auf 10 % über der ortsüblichen Vergleichsmiete nach § 558 Abs. 2 bzw. der Vormiete gedeckelt (§ 556e Abs. 1). Eine Ausnahme besteht nur für modernisierte Wohnungen nach § 556e Abs. 2 und für Neubauten mit Fertigstellung nach dem 1.10.2014 (§ 556f). Höhere Mieten sind nach § 556g Abs. 1 unwirksam. Dem Mieter steht nach § 556g Abs. 3 ein Auskunftsanspruch zu.

354 e) **Der Einfluss des AGG auf das Mietrecht.** Das Allgemeine Gleichbehandlungsgesetz (AGG), das verschiedene EU-Richtlinien umsetzt,[595] stellt im deutschen Zivilrecht bereits vorhandene Ansprüche wegen Diskriminierungen auf eine neue Grundlage und weitet sie stark aus. Die §§ 19 ff. AGG stellen ein umfassendes Benachteiligungsverbot für eine Vielzahl zivilrechtlicher Geschäfte auf.[596] Darunter fallen unter bestimmten Voraussetzungen auch Mietverträge.

355 aa) **Fallgruppe 1: §§ 19 Abs. 1 Nr. 1, Abs. 5 Satz 3 AGG.** Bei Massengeschäften, § 19 Abs. 1 Nr. 1 Alt. 1 AGG und bei Geschäften, bei denen das Ansehen der Person lediglich nachrangige Bedeutung hat, § 19 Abs. 1 Nr. 1 Alt. 2 AGG, ist eine Benachteiligung aufgrund von sieben Einzelmerkmalen unzulässig. Diese Merkmale sind: Rasse, ethnische Herkunft, Geschlecht, Religion, Behinderung (nicht: Rauchen oder andere Suchtkrankheiten; Raucherdiskriminierung ist erlaubt. Gleiches gilt übrigens für Familien mit Kindern),[597] Alter und sexuelle Identität. Wegen der politischen Überzeugung darf diskriminiert werden.[598] Im Mietrecht greift das zivilrechtliche Benachteiligungsverbot ein, wenn der Vermieter eine Vielzahl von Mietverhältnissen zu gleichen Bedingungen unterhält und dabei typischerweise die Merkmale des § 19 AGG nach der Verkehrsanschauung keine Rolle spielen, § 19 Abs. 1 Nr. 1 Alt. 1 AGG. Nach § 19 Abs. 5 Satz 3 AGG liegt bei Mietverhältnissen ein Massengeschäft in der Regel vor, wenn der Vermieter insgesamt mehr als 50 Objekte vermietet. Das AGG stellt damit eine widerlegliche Vermutung zugunsten desjenigen Vermieters auf, der nicht mehr als 50 Objekte vermietet. Damit ist nicht gesagt, dass Vermieter mit weniger als 50 Wohnungen nicht unter die Regelung fallen. Umgekehrt steht dem Vermieter

---

594 *Blank*, in: Schmidt/Futterer, § 575 Rn. 52; MünchKomm-BGB/*Häublein*, § 575 Rn. 37.
595 RL 2000/43/EG, 2000/78/EG, 2000/73/EG, 2004/113/EG.
596 Dazu allgemein *Lehner*, JuS 2013, 410; zur Fallbearbeitung: *Schreier*, JuS 2007, 308.
597 Bauer/Göpfert/*Krieger*, AGG § 1 Rn. 44.
598 NPD-Funktionär: BGH NJW 2012, 1725.

auch der Gegenbeweis offen. Die Vermietung von Wohnraum hat der Gesetzgeber als wichtigsten Anwendungsfall von § 19 Abs. 1 Nr. 1 Alt. 2 AGG gesehen.[599] In jedem Fall unterliegt die Buchung eines Hotelzimmers oder einer Ferienwohnung über das Internet § 19 Abs. 1 Nr. 1 Alt. 1 AGG.

Eine Ausnahme von der Geltung sieht jedoch § 19 Abs. 5 Satz 1 AGG vor, wenn ein besonderes Nähe- oder Vertrauensverhältnis begründet wird. Bei Mietverhältnissen stellt § 19 Abs. 5 Satz 2 AGG klar, dass dies insbesondere der Fall sein kann, wenn Vermieter und Mieter Wohnungen auf demselben Grundstück nutzen. Vorstellbar sind im Mietrecht aber sicherlich auch andere Konstellationen, wenn z.B. das Elternhaus oder das saisonal selbst genutzte Ferienhaus vermietet werden sollen. Hier entsteht ein Vertrauensverhältnis, da der Vermieter ein besonderes, über das normale Erhaltungsinteresse hinausgehendes Interesse an der pfleglichen Behandlung des Mietobjekts hat. **356**

bb) Fallgruppe 2: §§ 19 Abs. 2, 2 Abs. 1 Nr. 8 AGG. Eine Benachteiligung aufgrund der Rasse oder ethnischen Herkunft ist überdies unzulässig für den Zugang zu Wohnungen, die der Öffentlichkeit zur Verfügung stehen, §§ 19 Abs. 2, 2 Abs. 1 Nr. 8 AGG. Schon ein Angebot an die Öffentlichkeit, also beispielsweise eine Annonce in einer Tageszeitung, reicht hier aus.[600] Dem wird in der Literatur teilweise entgegengetreten. Demnach müsse der Anbietende zu erkennen geben, dass er mit jedermann kontrahieren möchte, was bei einer Wohnung regelmäßig fehlen dürfte.[601] **357**

cc) Verbotene Benachteiligungen. Ist der sachliche Anwendungsbereich des § 19 AGG eröffnet, darf der Vermieter seine Mieter und Mietinteressenten nicht wegen oben genannter Kriterien bei der Begründung, Durchführung oder Beendigung des Mietverhältnisses unmittelbar benachteiligen, §§ 19 Abs. 1, 3 Abs. 1 AGG. Er darf also nicht anhand dieser Kriterien einzelne Mieter besser oder schlechter behandeln als andere. Er darf außerdem nicht einzelne Mieter mittelbar benachteiligen, also durch ein sachlich nicht gerechtfertigtes, vordergründig aber neutrales Verhalten Benachteiligungen verursachen. Das ist z.B. der Fall, wenn durch das vordergründige Verlangen nach einem polizeilichen Führungszeugnis Ausländer ohne Wohnsitz im Inland ausgeschlossen werden sollen, weil diese kein solches Führungszeugnis erhalten können. **358**

Ausnahmsweise dürfen Vermieter jedoch Mietinteressenten benachteiligen, wenn dadurch ausgeglichene Wohnstrukturen hergestellt werden sollen, § 19 Abs. 3 AGG. Damit soll ein friedliches Zusammenleben verschiedener Kulturen gefördert werden und verhindert werden, dass ethnische Gruppen sich in einzelnen Wohngebieten konzentrieren. Eine Benachteiligung wegen des Geschlechts, der sexuellen Identität, der Behinderung oder des Alters ist außerdem zulässig, wenn ein sachlicher Grund dafür vorliegt, § 20 AGG. **359**

dd) Rechtsfolgen der Benachteiligung, § 21 AGG. Dem Benachteiligten steht ein verschuldensunabhängiger Anspruch auf Beseitigung der Folgen der Benachteili- **360**

---

599 BT-Drucks. 16/1780, S. 42; dazu MünchKomm-BGB/*Thüsing*, § 19 AGG, S. 43.
600 BT-Drucks. 16/1780, S. 42; *Korell*, Jura 2006, 1 (3); Bauer/Göpfert/*Krieger*, AGG § 19 Rn. 13; *Ring*, ZGS 2006, 371 (373); Prütting/Wegen/*Weinreich*, AGG § 19 Rn. 8; Gaier/Wendtland/ *Wendtland*, AGG § 2 Rn. 30.
601 MünchKomm-BGB/*Thüsing*, § 19 AGG Rn. 66 ff.

gung zu, § 21 Abs. 1 Satz 1 AGG. Vorbeugend kann er Unterlassung verlangen, wenn eine zukünftige Beeinträchtigung konkret droht, § 21 Abs. 1 Satz 2.[602]

361 Außerdem steht dem Benachteiligten ein **verschuldensabhängiger** Schadensersatzanspruch zu, § 21 Abs. 2 Satz 1 AGG, § 249 ff. BGB. Dabei wird vermutet, dass der Vermieter, ein Organwalter (§ 31) oder ein Erfüllungsgehilfe (§ 278) die Pflichtverletzung zu vertreten haben, § 21 Abs. 2 Satz 2 AGG. Ebenfalls verschuldensabhängig[603] haftet der Vermieter auf eine angemessene Entschädigung in Geld für immaterielle Schäden, § 21 Abs. 2 Satz 3 AGG, § 253 BGB. Dieser Anspruch soll jedoch nur bei einer schwerwiegenden Verletzung des Benachteiligungsverbots bestehen.[604]

362 Im Rahmen des Folgenbeseitigungs- (verschuldensunabhängig) und des Schadensersatzanspruchs (verschuldensabhängig) aus § 21 Abs. 1 bzw. Abs. 2 AGG kommt als Naturalrestitution bzw. Beseitigung unter bestimmten Voraussetzungen ein Kontrahierungszwang in Betracht.[605] Für die Existenz eines Anspruchs auf Vertragsschluss spricht insbesondere ein Umkehrschluss aus § 15 Abs. 6 AGG, der einen solchen Anspruch für das Arbeitsrecht ausdrücklich ausschließt.[606] Ebenfalls für einen Kontrahierungszwang spricht die Überlegung, dass der Beseitigungs- und Unterlassungsanspruch nur so effektiv durchgesetzt werden kann. Auch die Gesetzgebungsgeschichte spricht für die Annahme eines solchen Anspruchs. Denn der Gesetzgeber hat ausdrücklich geäußert, dass sich ein solcher Anspruch aus dem wortlautidentischen § 22 des Entwurfs ergibt.[607] Hat der Vermieter bei der Auswahl von Mietinteressenten die Benachteiligung zu unterlassen und würde er, die vorgenommene Benachteiligung hinweggedacht, mit dem benachteiligten Mietinteressenten den Vertrag abschließen, so muss er, wenn er der Unterlassungspflicht nachkommt, bei einer erneuten Bewerbung auf die Wohnung mit dem zuvor benachteiligten Interessenten abschließen.

363 ee) **Ausschlussfrist.** Um eine schnelle Klärung der Ansprüche wegen Benachteiligung herbeizuführen, hat der Gesetzgeber in § 21 Abs. 5 Satz 1 AGG eine kurze Ausschlussfrist von zwei Monaten vorgesehen. Die Frist beginnt dabei jeweils mit Entstehung des Anspruchs zu laufen, beim Schadensersatzanspruch mit Entstehung des ersten Schadens, für die Ansprüche aus § 21 Abs. 1 AGG mit Beginn der Benachteiligung.[608] Zur Fristwahrung genügt die formlose Mitteilung an den Vermieter, Ansprüche wegen Benachteiligung geltend machen zu wollen. Aus der Mitteilung muss sich außerdem der Lebenssachverhalt ergeben.[609]

3. Vermieterpfandrecht und Kaution

364 Zur Sicherung der Ansprüche des Vermieters auf Mietzahlung und eventueller Schadensersatzansprüche aus dem Mietverhältnis gewährt ihm § 562 ein Pfand-

---

602 Prütting/Wegen/Weinreich/*Lingemann*, AGG § 21 Rn. 2.
603 Gaier/Wendtland/*Gaier*, AGG § 4 Rn. 232; a. A. Prütting/Wegen/Weinreich/*Lingemann*, AGG § 21 Rn. 4.
604 Gaier/Wendtland/*Gaier*, AGG § 4 Rn. 233; Prütting/Wegen/Weinreich/*Lingemann*, AGG § 21 Rn. 4.
605 *Maier-Reimer*, NJW 2006, 2577 (2582); Palandt/*Grüneberg*, § 21 AGG Rn. 7; *Thüsing/von Hoff*, NJW 2007, 21; zum Kontrahierungszwang nach AGG allgemein: *Wendt/Schäfer*, JuS 2009, 206.
606 *Wendt/Schäfer*, JuS 2009, 206 (207).
607 BT-Drucks. 15/4538, S. 43 f.; *Wendt/Schäfer*, JuS 2009, 206 (208).
608 Gaier/Wendtland/*Gaier*, AGG § 4 Rn. 248.
609 Gaier/Wendtland/*Gaier*, AGG § 4 Rn. 250.

recht an den in die Wohnung eingebrachten pfändbaren (§ 562 Abs. 1 Satz 2, § 811 ZPO) Sachen des Mieters. Es handelt sich um ein besitzloses gesetzliches Pfandrecht am Eigentum des Mieters, das vom Vermieter nicht gutgläubig erworben werden kann[610] und auf das die Vorschriften über das rechtsgeschäftliche Pfandrecht nach § 1257 entsprechende Anwendung finden. Ein Pfandrecht kann bei mieterfremden Sachen aber gegebenenfalls an einem Anwartschaftsrecht[611] des Mieters entstehen; erstarkt das Anwartschaftsrecht beim Mieter zu Eigentum, setzt sich das Vermieterpfandrecht am Eigentum fort. Ein Zugriff anderer Gläubiger auf die vom Vermieterpfandrecht erfassten Sachen ist zwar möglich, der Vermieter hat aber als Pfandgläubiger das Recht auf vorzugsweise Befriedigung, § 805 ZPO.[612]

365 Das Vermieterpfandrecht erlischt mit Entfernung der Sachen vom Grundstück, wenn der Vermieter von der Entfernung Kenntnis hat, nicht widerspricht und sie den gewöhnlichen Lebensverhältnissen entspricht, § 562a. Es erlischt außerdem, wenn der Mieter entsprechende Sicherheit leistet, § 562c. Zur Verhinderung der Entfernung vom Grundstück, zur Rückholung und zur Verwertung nach Auszug des Mieters steht dem Vermieter ein Selbsthilferecht zu, § 562b. Bereits eine nur vorübergehende Entfernung bringt das Pfandrecht zum Erlöschen.[613] Es wäre für den Rechtsverkehr nicht erkennbar, ob die Sache mit einem Pfandrecht belastet ist oder nicht, da der Umstand, ob die Entfernung vom Grundstück vorübergehend oder längerfristig ist, nicht publik wird. Entfernt der Mieter also eine Sache im Rahmen der gewöhnlichen Lebensverhältnisse vom Grundstück, erlischt das Vermieterpfandrecht bis zur Wiedereinbringung in die Wohnung.[614]

> Bsp.: So erlischt das Vermieterpfandrecht jedes Mal, wenn der Mieter mit seinem PKW aus der gemieteten Garage herausfährt. Deshalb kann der Mieter das außerhalb der Garage befindliche Auto unbelastet an einen Dritten übereignen.[615] Außerdem kann ein Werkunternehmer ein gesetzliches Werkunternehmerpfandrecht daran erwerben, § 647.

366 Sachenrechtliche Probleme ergeben sich bei der Kollision von Vermieterpfandrecht und Eigentumsvorbehalt, die der BGH zugunsten des Vermieterpfandrechts auflöst.[616]

367 Neben dem Vermieterpfandrecht sieht das BGB noch die Barkaution als weiteres Sicherungsinstrument für den Vermieter vor, § 551. Im Gegensatz zum Pfandrecht des Vermieters regelt das Gesetz hier jedoch nur die Modalitäten der Kaution, nicht den Anspruch darauf. Ein Anspruch des Vermieters auf Kaution muss folglich vereinbart werden. So schreibt das Gesetz als zulässige Maximalhöhe der Kaution die dreifache Kaltmiete vor, § 551 Abs. 1. Diese Kaution darf der Mieter in drei Teilzahlungen (Abs. 2 Satz 1) erbringen, die mit der ersten (Satz 2) und den weiteren Mietzahlungen fällig werden (Satz 3). Der Vermieter ist verpflichtet die Kaution vom Rest seines Vermögens getrennt aufzubewahren und muss sie verzinsen, wobei die Zinsen Teil der Kaution werden, § 551 Abs. 3.

---

610 BGHZ 34, 153 (154); *Alexander*, JuS 2014, 1 (4).
611 Zum Anwartschaftsrecht: *Haas/Beiner*, JA 1998, 23, 115, 846.
612 *Alexander*, JuS 2014, 1 (5).
613 Staudinger/*Emmerich*, § 562a Rn. 5.
614 A.A. *Alexander*, JuS 2014, 1 (5) der davon ausgeht, dass das Pfandrecht fortbesteht.
615 OLG Karlsruhe NJW 1971, 624.
616 BGHZ 117, 200; weiterführend *Oechsler*, Schuldrecht BT, § 6 Rn. 590.

Dabei muss es sich um ein auch so bezeichnetes Sonderkonto handeln.[617] Durch die Trennung vom restlichen Vermögen steht dem Mieter bei Zugriff von Gläubigern des Vermieters auf die Kaution die Drittwiderspruchsklage nach § 771 ZPO zu, in der Insolvenz ein Aussonderungsrecht nach § 47 InsO. Allerdings handelt es sich nur um eine schuldrechtliche Verpflichtung des Vermieters ohne jede sachenrechtliche Wirkung: Unterlässt es daher der Vermieter die Kaution getrennt anzulegen, verbleibt dem Mieter lediglich ein Rückzahlungs- und Schadensersatzanspruch als normale Insolvenzforderung.[618] Der Mieter hat allerdings ein Zurückbehaltungsrecht an der Miete nach §§ 273, 274 BGB bis zur Höhe der Kaution, bis der Vermieter die Kaution getrennt angelegt hat.[619]

4. Schönheitsreparaturen

368 a) **Formularklauseln.** Die Frage, inwieweit der Vermieter seine Instandhaltungspflicht vertraglich auf den Mieter übertragen kann, spielt vor allem bei der Wohnraummiete eine wichtige Rolle. Regelmäßig werden in Mietverträgen dem Mieter sog. Schönheitsreparaturen aufgetragen. Dabei handelt es sich vor allem um Malerarbeiten im Innenraum der Wohnung. Bei Teppichböden ist lediglich die Reinigung, nicht das Austauschen eine Schönheitsreparatur.[620] Die Abwälzung solcher Schönheitsreparaturen ist auch in Formularmietverträgen möglich und verstößt nicht gegen §§ 305, 307 Abs. 1. Allerdings ist die Rechtsprechung des Bundesgerichtshofs hierzu in den letzten Jahren stetig strenger geworden: So war eine sog. Flexible Quotenregelung mit der Verpflichtung zur Abgeltung notwendiger Schönheitsreparaturen nach einer Quote[621], bei Erscheinen der ersten Auflage dieses Buchs noch zulässig. Nur starre Fristen für die Vornahme der Reparaturen, wie etwa die Pflicht, alle fünf Jahre die Wände und die Decke zu streichen und starre Quoten orientiert an diesen Fristen waren unzulässig. So sind nun auch sind auch die flexiblen Quotenregelungen unzulässig. Der BGH hat seine alte Rechtsprechung 2015 ausdrücklich aufgegeben und geht nun davon aus, dass auch flexible Quoten den Mieter unangemessen benachteiligten, weil dieser seine Belastung nicht übersehen könne.[622] Bei unrenoviertem Wohnraum ist die Abwälzung von Schönheitsreparaturen in AGB nur noch zulässig, wenn dem Mieter für die erforderliche Renovierung bei Einzug ein angemessener Ausgleich gewährt wird.[623]

> **Bsp.:** Im dem vom BGH entschiedenen Fall hatte sich der Mieter verpflichtet, soweit dies aufgrund es tatsächlichen Zustands notwendig sein sollte, die Schönheitsreparaturen durchzuführen. Für den Fall, dass diese bei Auszug noch nicht notwendig wären, hat sich der Mieter zur Abgeltung verpflichtet: „Sind bei Beendigung des Mietverhältnisses einzelne oder sämtliche Schönheitsreparaturen noch nicht fällig, so hat der Mieter die zu erwartenden Kosten zeitanteilig an den Vermieter im Allgemeinen nach folgender Maßgabe (Quote) zu bezahlen". Der BGH geht nun zu Recht davon aus, dass derartige Klauseln den Mieter unangemessen benachteiligen, § 307, weil bei Einzug des Mieters nicht erkennbar ist, welche Verpflichtung ihn beim Auszug trifft. Vielmehr müsse er eine mehrfache hypothetische Betrachtung vornehmen.[624] Die Be-

---

617 BGH NJW-RR 2015, 1289.
618 MünchKomm-BGB/*Häublein*, § 551 Rn. 23.
619 BGH NJW-RR 2015, 1289.
620 OLG Hamm NJW-RR 1991, 844.
621 BGH NJW 2004, 2087 (2087).
622 BGH NJW 2015, 1871 = JuS 2015, 935 (Anm. Emmerich).
623 BGH NJW 2015, 1594 = JuS 2015, 840 (Anm. Emmerich).
624 BGH NJW 2015, 1594 = JuS 2015, 840 (Anm. Emmerich).

deutung dieser Rechtsprechung kann gar nicht überschätzt werden. Faktisch sind damit fast alle Schönheitsreparaturklauseln unwirksam, soweit sie AGB darstellen.
Auch eine bedarfsunabhängige Pflicht, die Tapeten zu entfernen, ist in Formularverträgen nicht mit § 307 zu vereinbaren.[625] Unwirksam sind zudem auch Quotenregelungen, nach denen der Mieter bei Auszug je nach Wohndauer einen bestimmten Prozentsatz der veranschlagten Kosten zu ersetzen hat.[626] Ebenso ist bei bedarfsunabhängigen Endrenovierungsklauseln zu entscheiden, die den Zeitpunkt der letzten Schönheitsreparatur nicht berücksichtigen. Insbesondere durch den so genannten Summierungseffekt von Schönheitsreparaturen und Endrenovierung kann sich eine unangemessene Benachteiligung des Mieters ergeben, § 307 Abs. 1, die zur Unwirksamkeit beider Klauseln führt.[627] Hingegen sieht der BGH eine Schadensersatzpflicht des Mieters nach §§ 535, 280 Abs. 1, 241 Abs. 2 und 242 BGB vor, wenn der Mieter die Wohnung farblich oder anderweitig so dekoriert, dass diese für breite Mieterkreise nicht akzeptabel ist.[628]

369 Der Vermieter kann folglich vom Mieter nur die Reparaturen verlangen, die tatsächlich notwendig sind, um die Wohnung zu erhalten. Ist eine Klausel bzgl. Schönheitsreparaturen unwirksam, gilt die gesetzliche Regelung und die Instandhaltungspflicht trifft den Vermieter mit der Folge, dass er die Kosten tragen muss.

370 Kommt der Mieter einer zulässig begründeten Pflicht zur Schönheitsreparatur nicht nach, trifft ihn eine Schadensersatzpflicht wegen Verletzung einer Hauptpflicht und er muss nach §§ 280, 281 Ersatz leisten.

371 Dem Mieter können darüber hinaus auch die Kosten für die Reparatur von Bagatellschäden an der Wohnung übertragen werden. Die Grenzen pro Reparatur liegen dabei bei 50 bis 100 € mit einer Obergrenze für alle Reparaturen von 6–8 % der Bruttojahresmiete.[629] Jede darüber hinausgehende Verlagerung der Instandhaltungspflicht auf den Mieter, verstößt bei Formularverträgen gegen § 307 Abs. 1 und ist damit unwirksam.

371a b) **Individualvereinbarung.** Liegen keine AGB vor, was äußerst selten der Fall ist, weil regelmäßig Formulare von Verbänden oder aus dem Zeitschriftenhandel verwendet werden,[630] ist die Klausel an § 536 Abs. 4 zu messen. Nach dieser Norm kann das Minderungsrecht des Mieters nicht zu dessen Lasten abbedungen werden. Nach der Rechtsprechung des BGH wird das Minderungsrecht durch die Vereinbarung von Schönheits- und Kleinreparaturen nicht beeinträchtigt,[631] was jedoch in er Literatur bestritten wird.[632] Soweit allerdings mehr als nur diese vereinbart werden, sieht die h. M. das Minderungsrecht beeinträchtigt und die Klauseln damit auch in Formularmietverträgen als unwirksam an.

---

625 BGH NJW 2006, 2115 = JuS 2006, 933.
626 BGH NZM 2006, 924.
627 BGH NJW 1993, 532; BGH NJW 2003, 2234 = *Kellermann*, JA 2004, 89.
628 BGH NJW 2014, 143 = JuS 2014, 360 (Anm. Emmerich).
629 BGHZ 108, 9 ff.
630 *Gietl/Löhnig*, JuS 2012, 393, Fall 9.
631 NJW 1992, 1759.
632 BeckOGK-BGB/*Bieder*, § 536 Rn. 112; *Langenberg*, NZM 2005, 801 (804).

5. Instandsetzung und Modernisierung

371b Als Kehrseite der Instandsetzungspflicht des Mieters sieht das Gesetz eine Duldungspflicht des Mieters nach § 555a vor. Auch bestimmte Modernisierungsmaßnahmen nach § 555b hat der Mieter nach § 555d zu dulden. Der Mieter kann bei Modernisierungsmaßnahmen nach § 555e den Mietvertrag außerordentlich zum Ablauf des übernächsten Monats kündigen. Soweit die Nutzbarkeit der Wohnung durch die Maßnahmen während der Bauzeit beeinträchtigt wird, steht dem Mieter das Minderungsrecht (bis zu 100 %) zu.[633] Anschließend kann der Vermieter die Miete nach § 559 BGB nach dem in § 559b beschrieben Verfahren erhöhen. Dies allerdings nicht, wenn eine Indexmiete vereinbart ist, § 557b Abs. 2 Satz 2.[634]

6. Die Mieterhöhung

371c Das Wohnraummietverhältnis ist ein besonders langlebiges Dauerschuldverhältnis. Zudem kann der Vermieter einen Wohnraummietvertrag auch nicht grundlos beenden. Aufgrund von Inflation oder veränderter Marktlage kann sich daher im Lauf der Zeit die erzielbare Miete am Markt und die vereinbarte Miete erheblich auseinanderentwickeln. Es ist daher zwingend geboten, dem Vermieter die Möglichkeit einer Erhöhung der Miete zu ermöglichen. Aber auch der Mieter muss, um nicht eine Kündigung durch Mieterhöhungen zu erzwingen, vor überzogenen Miethöhen geschützt werden.

Das Gesetz kennt daher drei Möglichkeiten, diesen Konflikt zu lösen. Abweichungen zu Lasten des Mieters sind dabei natürlich nicht möglich.

371d a) **Staffelmiete.** So kann bereits bei Abschluss des Mietvertrags schriftlich (Abs. 1 Halbsatz 1) durch Vereinbarung der Staffel- oder Indexmiete geschehen. Eine Staffelmiete nach § 557a BGB liegt vor, wenn ein fester Betrag vereinbart wird, um den die Gesamtmiete nach Ablauf mindestens eines Jahres (§ 557a Abs. 2) angepasst wird. Sowohl der genaue Geldbetrag als auch der genaue Zeitpunkt der Erhöhung muss von vornherein nach dem Kalender feststehen. Die Laufzeit der Staffelvereinbarung kann, muss aber nicht befristet werden. Andere Mieterhöhungen sind für den Zeitraum der Staffelmiete ausgeschlossen. Soweit die Grenzen der Mietpreisbremse erreicht werden, ist die Staffelmiete unwirksam (Abs. 4).

> Bsp.: Es wird ein Mietvertrag geschlossen, der am 1.1. zu laufen beginnt. Zulässig ist die Vereinbarung einer Klausel, nachdem die Miete jeden 1.1. um 20 Euro steigt für die komplette Laufzeit des Vertrags. Unzulässig wäre die Vereinbarung einer Steigerung um 3 % jeden 1.1. Unzulässig wäre auch die Vereinbarung einer Steigerung zum 1.1., wenn der Vertrag erst am 1.2. zu laufen beginnt. Unzulässig wäre auch die Vereinbarung, dass die Miete jeden 1.1. auf die ortsübliche Miete angehoben wird.

371e b) **Indexmiete.** Eine weitere Möglichkeit kennt das Gesetz mit der sogenannten Indexmiete nach § 557b. Im Unterschied zur Staffelmiete wird die Miete hier an einen Preisindex gebunden, den das Statistische Bundesamt ermittelt. Ansonsten gelten die gleichen Bedingungen wie für die Staffelmiete.

---

[633] Blank/Börstinghaus/*Blank*, § 555a BGB Rn. 31; Schmidt-Futterer/*Eisenschmid*, § 555a BGB Rn. 66.
[634] BGH NJW-RR 2014, 650.

c) **Mieterhöhungsverlangen.** Darüber hinaus kann der Vermieter nach § 558 die Zustimmungen zur Erhöhung der Miete bis zur ortsüblichen Vergleichsmiete verlangen. **371f**

aa) **Verfahren.** Das Verfahren zur Mieterhöhung ist nicht als Gestaltungsrecht ausgestaltet, sondern als Anspruch auf Zustimmung des Mieters. Der Vermieter kann also nicht einseitig durch Erklärung die Miete erhöhen, vielmehr muss er in Textform dem Mieter ein begründetes (§ 558a) Verlangen zusenden, der Mieter möge der neuen Miethöhe zustimmen. Stimmt der Mieter zu, wird die Miete mit Beginn des dritten Kalendermonats nach Zugang des Erhöhungsverlangens erhöht, § 558b Abs. 1. Stimmt der Mieter nicht bis zum Ende des zweiten Monats nach Zugang des Verlangens zu, muss der Vermieter, wenn er die Mieterhöhung durchsetzen will, den Mieter auf Abgabe der Zustimmungserklärung binnen drei Monaten nach Ablauf der Zustimmungsfrist (Abs. 1 Satz 1 mit Satz 2) verklagen, § 558b Abs. 1. **371g**

> **Bsp.:** Geht das Erhöhungsverlangen am 1. Mai zu, endet die Zustimmungsfrist am 31. Juli 24 Uhr. Geht das Mieterhöhungsverlangen am 30. April zu, endet die Zustimmungsfrist am 30. Juni 24 Uhr. Die Frist ist also zwischen 2 Monaten und 3 Monaten lang. Im ersten Fall endet die Klagefrist am 31.10. 24 Uhr, im zweiten Fall am 30.9. 24 Uhr, wenn kein Fall des § 193 BGB vorliegt. Ist das Ende der Überlegungsfrist ein Samstag, Sonntag oder Feiertag ist nach § 193 BGB die Überlegungsfrist erst am darauffolgenden Werktag abgelaufen, so dass die Klagefrist dann einige Tage später endet.[635]

Die Klage ist zu richten auf Abgabe der Zustimmungserklärung. Mit Rechtskraft des Urteils gilt die Zustimmung gem. § 894 ZPO als erteilt. Unabhängig vom Zeitpunkt der (verspäteten) Zustimmung oder des Urteils wird die erhöhe Miete ab dem dritten Monat nach Zugang geschuldet. Die Komplexität dieses Verfahrens zeigt die Vorzüge einer Staffel- oder Indexmiete deutlich auf. Hier muss zunächst auf Zustimmung geklagt werden und dann auf Zahlung, während der Anspruch auf erhöhte Miete bei der Staffel- und Indexmiete sofort entsteht und einklagbar ist.

bb) **Voraussetzungen.** Ein wirksames Erhöhungsverlangen setzt voraus, dass die Miete seit 15 Monaten unverändert ist und keine Staffel- oder Indexmiete vereinbart ist. Zudem muss zwischen der Wirksamkeit der letzten Mieterhöhung und einem weiteren Verlangen mindestens ein Jahr liegen. Zum Schutz des Mieters kann der Vermieter nicht willkürlich Mieterhöhungen verlangen. Er kann insgesamt nur bis zur ortsüblichen Vergleichsmiete (Abs. 2) erhöhen und kann innerhalb von drei Jahren um maximal 20 % erhöhen (Abs. 3 Satz 1), in Gebieten, in denen die Landesregierung durch Verordnung festgelegt hat, dass „die ausreichende Versorgung der Bevölkerung mit Mietwohnungen zu angemessenen Bedingungen in einer Gemeinde oder einem Teil einer Gemeinde besonders gefährdet ist", sogar nur um 15 % (Abs. 3 Satz 2). Findet sich im Mietvertrag eine falsche Angabe der Fläche, ist die reale Fläche Grundlage für die Ermittlung der ortsüblichen Vergleichsmiete.[636] Voraussetzung ist weiter ein wirksames Erhöhungsverlangen, das insbesondere ausreichend begründet ist, also auch darstellt, wo die ortsübliche Vergleichsmiete liegt und wie sie ermittelt wurde. Auch hier **371h**

---

635 Schmidt-Futterer/*Börstinghaus*, § 558b BGB Rn. 3, 89.
636 BGH NJW 2016, 239 = JuS 2016, 271 (Anm. Emmerich).

muss der genaue Endbetrag der Erhöhung oder der neuen Miete angegeben werden, ein Quadratmeterpreis genügt nicht.

371i cc) **Sonstige Wirkungen.** Der Mieter kann das Mietverhältnis nach § 561 bis zum Ablauf der Überlegungsfrist zum Ablauf des übernächsten Monats kündigen. Dann tritt die Mieterhöhung nicht ein.

7. Aufnahme Dritter in die Wohnung

372 a) **Angehörige oder Lebensgefährten.** Die dauerhafte Aufnahme von Familienangehörigen in die Wohnung des Mieters stellt keine Gebrauchsüberlassung an Dritte im Sinne des § 540 dar, da diese aufgrund des besonderen Schutzes der Familie in Art. 6 GG und der Verkehrsanschauung nicht als Dritte gesehen werden können. Insofern ist die Einräumung unselbstständigen Gebrauchs (also zusammen mit dem Mieter) nicht erlaubnispflichtig.[637] Trennt sich das Ehepaar, liegt eine Überlassung an Dritte erst vor, wenn der Mieter die Wohnung nicht vorübergehend aufgrund der Trennungssituation verlassen hat und noch sporadisch zurückkehrt, sondern endgültig aufgegeben hat.[638] Will der Mieter dagegen einen unehelichen Lebensgefährten in seine Wohnung aufnehmen, bedarf er der Erlaubnis nach § 540 Abs. 1, auf die er jedoch aufgrund von § 553 Abs. 1 Satz 1 einen Anspruch hat.[639]

373 b) **Untervermietung.** Dem Mieter von Wohnraum steht unter bestimmten Voraussetzungen ein unabdingbarer, § 553 Abs. 3, Anspruch auf Erteilung der Erlaubnis zur Untervermietung nach § 553 Abs. 1 Satz 1 zu. Dies gilt allerdings nur, wenn der Mieter lediglich einen Teil der Wohnung zu Wohnzwecken untervermieten will. Besondere Schwierigkeiten bereitet daher die Frage, wann der Mieter die komplette Wohnung untervermietet und wann lediglich ein Teil untervermietet wird. Die gängige Auffassung grenzt dabei danach ab, ob der Hauptmieter weiter die Sachherrschaft an der Wohnung innehat und somit seinen Obhutspflichten für die Wohnung nachkommen kann oder nicht.[640] Der BGH legt dies relativ großzügig aus. Eine Überlassung eines Teils soll nach seiner Ansicht auch dann noch vorliegen, wenn er ein Zimmer zurück hält, um darin Einrichtung zu lagern oder gelegentlich zu übernachten.[641]

374 Der Anspruch besteht überdies nur bei einem berechtigten Interesse des Mieters an der Untervermietung, das erst nach Vertragsschluss entstanden sein darf. Dabei taugt jeder vernünftige Grund, der den Wunsch nach Untervermietung nachvollziehbar macht,[642] sei er wirtschaftlich[643] oder persönlich[644]. Nach unzutreffender herrschender Meinung reichen humanitäre Gründe dagegen nicht aus.[645]

> **Bsp.:** Die Unterbringung eines Bürgerkriegsflüchtlings soll als humanitärer Grund kein berechtigtes Interesse des Mieters darstellen.

---

637 BGH NJW 1991, 1750.
638 BGH NJW 2013, 2507 = JuS 2014, 170 (Anm. Wellenhofer).
639 BGH NJW 2004, 56; siehe dazu *Krauss*, JA 2004, 345; JuS 2004, 625.
640 MünchKomm-BGB/*Häublein*, § 553 Rn. 6; Schmidt/Futterer/*Blank*, § 553 Rn. 7; Staudinger/*Emmerich*, § 535 Rn. 6.
641 BGH NJW 2014, 2717 = JuS 2015, 171 (Anm. Emmerich).
642 Zu § 549 Abs. 2 a. F.: BGHZ 92, 213.
643 BGH NZM 2006, 220.
644 RE BayObLGZ 1997, 292.
645 Staudinger/*Emmerich*, § 553 Rn. 4; BeckOGK-BGB/*Emmerich*, § 553 Rn. 7; LG Berlin WuM 1994, 326; a. A.: *Derleder*, WuM 1994, 305; Schmidt/Futterer/*Blank*, § 553 Rn. 4.

Das Gesetz gesteht dem Vermieter nur in drei Fällen die Ablehnung der Erlaubnis **375**
zu, § 553 Abs. 1 Satz 2. Erstens kann der Vermieter ablehnen, wenn in der Person des Dritten ein wichtiger Grund vorliegt. Dies ist beispielsweise bei Verfeindung des Vermieters mit dem Dritten der Fall, wenn vom Dritten die Gefahr der Störung des Hausfriedens ausgeht[646] oder entgegen eines (zulässigen) vertraglichen Verbots die Haltung von Haustieren[647] befürchtet werden muss.[648] Weiter darf der Vermieter ablehnen, wenn der Wohnraum übermäßig belegt würde, wenn also das Verhältnis von Wohnfläche und Zimmer in keinem angemessenen Verhältnis zur Anzahl der Bewohner steht. Ein Maßstab kann sich dabei aus den Wohnaufsichtsgesetzen der Länder ergeben, die zwischen 6 und 9 m² Wohnfläche pro Person verlangen.[649] Ablehnen kann der Vermieter schließlich auch, wenn es ihm ansonsten schlechthin unzumutbar ist, die Erlaubnis zu erteilen. Hier ist eine umfassende Interessenabwägung durchzuführen.

Das Besitzrecht des Untermieters hängt vom Besitzrecht des Hauptmieters ab. **375a**
Wird der Vertrag zwischen Eigentümer und Hauptmieter beendet, hat der Untermieter zwar ggf. einen Anspruch auf Besitzeinräumung gegen den Hauptmieter, er sieht sich allerdings einem Herausgabeanspruch des Eigentümers aus § 546 Abs. 2 und ggf. § 985 BGB ausgesetzt. Darin liegt eine Beeinträchtigung des sozialen Mieterschutzes, der jedoch letztlich hinzunehmen ist. Lediglich für Fälle, in denen der Hauptmieter nach dem Vertrag mit dem Vermieter den Wohnraum gewerblich an den Untermieter vermieten soll, tritt der Vermieter mit Beendigung des Vertrags zwischen Vermieter und Hauptmieter in die Verträge zwischen Hauptmieter und Untermieter ein, § 565 BGB. Eine gewerbliche Weitervermietung setzt voraus, dass der Hauptmieter eine „geschäftsmäßige, auf Dauer gerichtete, mit der Absicht der Gewinnerzielung oder im eigenen wirtschaftlichen Interesse ausgeübte Vermietungstätigkeit" ausübt.[650] Bestrebungen in der Literatur, diesen Schutz analog auf ähnliche Vertragskonstellationen anzuwenden, hat der BGH eine Absage erteilt.[651]

> **Bsp.:** Im dem vom BGH entschiedenen Fall hatte die Eigentümerin eines Hauses dieses für 20 Jahre an eine Genossenschaft vermietet, die das Haus wiederum in einzelnen Wohnungen untervermietet hatte. Nachdem die Genossenschaft keine Gewinne anstrebte, traten die Erben der Eigentümerin mit Ablauf der 20 Jahre nicht in die Verträge zwischen Genossenschaft und Untermietern ein.[652]

c) **Haustiere.** Die Haltung von Kleintieren in Mietwohnungen kann formularver- **376**
traglich nicht ausgeschlossen werden. Ein Erlaubnisvorbehalt des Vermieters bei Kleintieren ist ebenfalls als Verstoß gegen § 307 Abs. 1 zu werten. Hinsichtlich Hunden hat die Rechtsprechung eine solche Klausel früher als wirksam angesehen, hat jedoch 2013 eine Kehrtwende vollzogen. Nach neuester Rechtsprechung verstößt daher ein Verbot der Haltung von Hunden und Katzen ebenfalls gegen § 307 Abs. 1, Abs. 2 Nr. 1 BGB. Der BGH hat aber auch klar gestellt, dass eine Hundehaltung je nach den Umständen des Einzelfalls den vertragsgemäßen Ge-

---

646 LG Bamberg WuM 1974, 197 (198).
647 LG Berlin MDR 1967, 405.
648 Staudinger/*Emmerich*, § 553 Rn. 13.
649 Staudinger/*Emmerich*, § 553 Rn. 14.
650 BGH NJW 2016, 1086 = JuS 2016, 648 (Anm. Emmerich).
651 BGH NJW 2016, 1086 = JuS 2016, 648 (Anm. Emmerich).
652 BGH NJW 2016, 1086 = JuS 2016, 648 (Anm. Emmerich).

brauch im Sinne des § 535 BGB überschreiten könne.[653] Ein generelles Tierhalteverbot ohne Klarstellung, dass Kleintiere gehalten werden dürfen, kann nicht geltungserhaltend reduziert werden und ist daher komplett unwirksam.

8. Mietvertragliches Sondererbrecht

377 **a) Verstorbener Alleinmieter.** Stirbt der Mieter, treten eigentlich nach § 1922 die Erben in das Mietverhältnis durch Universalsukzession ein. § 563 Abs. 1 sieht jedoch abweichend davon vor, dass unabhängig von einer Erbenstellung der Ehepartner oder Lebenspartner, der mit dem Mieter einen gemeinsamen Haushalt führt, in den Mietvertrag eintritt.

> **Bsp.:** M lebte mit seiner Ehefrau F zusammen in einer Mietwohnung, die M alleine gemietet hatte. Durch Erbvertrag haben beide gegenseitig zugunsten ihrer Kinder wirksam auf die Erbschaft verzichtet, § 2346. – Nach § 563 hat F ein Eintrittsrecht. Ohne diese Norm würden nach § 1922 die Kinder in das Mietverhältnis eintreten.

378 Ein zweitrangiges Eintrittsrecht haben nach § 563 Abs. 2 Satz 1 die Kinder, § 563 Abs. 2 Satz 1, wenn der Ehegatte oder Lebenspartner nicht eintreten. Während der Lebenspartner mit dem Verstorbenen einen Haushalt geführt haben muss, reicht es bei Kindern aus, wenn sie im Haushalt gelebt haben. Der Lebenspartner und die Kinder können gemeinsam als Gesamtgläubiger und -schuldner eintreten, wie § 563 Abs. 2 Satz 2 klar stellt. Auch andere Verwandte, die den Haushalt mit dem Verstorbenen gemeinsam führten, haben ein Eintrittsrecht, wenn Ehepartner und Lebenspartner nicht eintreten wollen oder mangels gemeinsamer Haushaltsführung nicht eintreten können, § 563 Abs. 2 Satz 2. Diese Verwandten treten neben den Kindern ein. Zuletzt haben noch andere Personen, gleichrangig mit den sonstigen Verwandten nach § 563 Abs. 2 Satz 3 ein Eintrittsrecht,[654] allerdings nur, wenn der gemeinsame Haushalt auf Dauer angelegt war. Dabei reicht der Wille zur Dauerhaftigkeit aus, auch wenn der Mieter stirbt, bevor man von einer dauerhaften gemeinsamen Haushaltsführung sprechen kann.[655] Diese sonstigen Personen treten ebenfalls gemeinsam mit den sonstigen Verwandten nach § 563 Abs. 2 Satz 3 ein.[656]

379 Der Eintritt wird kraft Gesetzes wirksam, wenn der Eintretende nicht binnen eines Monats nach Kenntniserlangung vom Tod des Mieters dem Vermieter mitteilt (empfangsbedürftige Willenserklärung), dass er das Mietverhältnis nicht fortsetzen wolle, § 563 Abs. 3. Die Erklärung kann jeder Eintrittsberechtigte mit Wirkung nur für sich abgeben. Die Erklärung wirkt auf den Zeitpunkt des Todes zurück, so dass der Eintrittsberechtigte nie Mieter war. Lehnt ein Berechtigter ab, treten jeweils die nachfolgend Berechtigten ein, bei Ablehnung des Ehegatten also die Kinder und sonstige Verwandte.

380 Steht endgültig fest, dass einer oder mehrere Berechtigte in das Mietverhältnis eintreten, kann der Vermieter außerordentlich mit gesetzlicher Frist kündigen, wenn in der Person eines Eingetreten ein wichtiger Grund vorliegt, § 563 Abs. 4. Die Kündigung muss allen Eingetretenen gegenüber erklärt werden. Der wichtige Grund stellt im Regelfall auch ein berechtigtes Interesse im Sinne des § 573 Abs. 1 dar und muss nach § 573 Abs. 3 mitgeteilt werden, Schriftform ist nach

---

653 BGH NJW 2013, 1526 = JuS 2013, 937 (Anm. Emmerich).
654 *Löhnig*, FamRZ 2001, 891 (893).
655 MünchKomm-BGB/*Häublein*, § 563 Rn. 14.
656 *Löhnig*, FamRZ 2001, 891 (893).

§ 568 Abs. 1 erforderlich. Dem Mieter steht das Widerspruchsrecht nach § 574 auch bei dieser Kündigungsform zu.[657]

b) Verstorbener Mitmieter. War der Verstorbene nicht Alleinmieter, sondern Mitmieter zusammen mit einer oder mehreren von § 563 erfassten Personen, sieht § 563a vor, dass diese Mitmieter das Mietverhältnis fortsetzen. Auch hier findet eine Sonderrechtsnachfolge zulasten des Vermieters und der Erben statt. **381**

> Bsp.: Wie im obigen Beispiel, jedoch waren M und F zusammen Mitmieter. – Nun tritt F kraft § 536a in den Vertrag ein, die Kinder werden nicht nach § 1922 Mieter.

Problematisch ist das Verhältnis der beiden Vorschriften § 563 und § 563a zueinander. Es stellt sich die Frage, ob eine Fortsetzung mit überlebenden Mitmietern das Eintrittsrecht der Personen nach § 563 verdrängt oder ob umgekehrt ein Eintrittsrecht nach § 563 den § 563a verdrängt. Da beide Vorschriften letztlich aber nur die Mitmieter und die Haushaltsangehörigen gegenüber den Erben und dem Vermieter schützen sollen, ist davon auszugehen, dass § 563 als speziellere Norm dem § 563a vorgeht. Denn der Mitmieter ist immerhin auch bei Anwendung des § 563 geschützt, denn er ist Vertragspartner. Erst wenn keiner der Berechtigten von § 563 Gebrauch macht, ist der Mitmieter wieder schutzbedürftig und setzt das Mietverhältnis nach § 563a fort.[658] **382**

> Bsp.: Ein unverheiratetes Paar (M und F) hat gemeinsam ein Haus gemietet. Später nehmen sie den pflegebedürftigen Vater (V) des Mannes auf. M stirbt, seine Kinder aus erster Ehe werden Alleinerben. – Nach § 563a würde die F das Mietverhältnis alleine fortsetzen; wendet man § 563 vorrangig an, hätte der pflegebedürftige V ein Eintrittsrecht. Da beide lediglich vor den Erben und deren Eintritt und eventueller Kündigung geschützt werden sollen, hat § 563 Vorrang; F ist nunmehr zusammen mit V Mitmieterin.
> Problematisch wäre der Fall nur, wenn der V den Eintritt ablehnt und dann die Kinder des Verstorbenen M als Erben eintreten würden. Hier lebt allerdings das Fortsetzungsrecht der F wieder auf, so dass diese Alleinmieterin wird.[659]

c) Vertragsbeendigung. Existieren keine Eintrittsberechtigten nach § 563 und wird das Mietverhältnis nicht nach § 563a fortgesetzt, so wird das Mietverhältnis mit den Erben fortgesetzt, § 564. Insofern entspricht diese Regelung der Grundregel des § 1922. Allerdings gestattet § 564 den Erben und dem Vermieter das Mietverhältnis außerordentlich mit der gesetzlichen Frist zu kündigen, §§ 564 Satz 1, 573d. Ein berechtigtes Interesse ist nicht notwendig, da § 573d ausdrücklich § 564 nicht in Bezug nimmt. Der Erbe, der nach § 563 nicht eintrittsberechtigt ist, lebt typischerweise nicht mit in der Wohnung des Verstorbenen, so dass er diesen Schutz auch nicht benötigt. Sollte ausnahmsweise der Erbe mit in der Wohnung leben, kann er sich immerhin auf § 574 berufen.[660] Das Kündigungsrecht existiert jedoch aus Gründen des Bestandsschutzes nicht, wenn der Verstorbene lediglich Mitmieter war. Denn eine Teilkündigung ist nicht zulässig und den anderen Mietern kann eine Kündigung nicht zugemutet werden.[661] **383**

---

657 MünchKomm-BGB/*Häublein*, § 574 Rn. 8.
658 *Löhnig*, FamRZ 2001, 891 (893 f.).
659 *Löhnig*, FamRZ 2001, 891 (893 f.).
660 Schmidt/Futterer/*Blank*, § 574 Rn. 14.
661 Prütting/Wegen/Weinreich, § 564 Rn. 4; MünchKomm-BGB/*Häublein*, § 564 Rn. 20 ff.

9. Beendigung des Wohnraummietverhältnisses

384 **a) Allgemeines.** Das Wohnraummietverhältnis endet durch Ablauf einer zulässigen Befristung oder durch einen jederzeit auch mündlich zulässigen Aufhebungsvertrag, § 311 Abs. 1. Unzulässig ist die Beendigung durch eine auflösende Bedingung jedenfalls dann, wenn der Vermieter sich auf diesen Auflösungstatbestand beruft und der Mieter das Mietverhältnis fortsetzen will, § 572 Abs. 2.

385 Regelmäßig wird das Wohnraummietverhältnis jedoch durch schriftliche, § 568 Abs. 1, Kündigung beendet. Eine Kündigung kann nicht unter einer Bedingung oder Befristung abgegeben werden, da dem Vertragspartner die damit verbundene Unsicherheit über die Wirksamkeit der Kündigung nicht zuzumuten ist. Zulässig ist jedoch eine Bedingung, die den Vertragspartner nicht in eine ungewisse Lage versetzt.

> **Bsp.:** Die Kündigung zu dem Zeitpunkt, zu dem der Mieter neue Räume gefunden hat, ist unzulässig.[662]

386 **b) Ordentliche Kündigung durch den Mieter.** Der Mieter kann das Mietverhältnis jederzeit ordentlich kündigen. Dabei ist er jedoch an die Frist des § 573c Abs. 1 Satz 1 gebunden und hat das Schriftformerfordernis des § 568 Abs. 1 zu beachten. Ansonsten gelten für den Mieter keine Besonderheiten. Bei der Fristberechnung gilt der Samstag als Werktag.[663]

387 Das Recht zur ordentlichen Kündigung durch den Mieter kann befristet jedenfalls individualvertraglich ausgeschlossen werden.[664]

388 **c) Ordentliche Kündigung durch den Vermieter. – aa) Allgemeines.** Der Vermieter kann das Mietverhältnis nicht beliebig ordentlich kündigen. Er muss dafür ein berechtigtes Interesse an der Kündigung haben, § 573 Abs. 1, wenn nicht die Voraussetzungen für eine erleichterte Kündigung nach § 573a vorliegen. Das besondere Interesse ist nicht abschließend geregelt, § 573 Abs. 2 zählt jedoch einige Regelbeispiele auf. Fällt das besondere Interesse an der Kündigung später weg, so hat der Vermieter dies dem Mieter mitzuteilen und ihm eine Vertragsfortsetzung anzubieten. Dies gilt jedoch nur, wenn das Interesse vor Ablauf der Kündigungsfrist wegfällt.[665]

389 Die unberechtigte Kündigung stellt eine Pflichtverletzung dar, die den Mieter zum Schadensersatz nach § 280 Abs. 1 berechtigt. Dabei bleibt es bei der üblichen Beweislastverteilung: Der Mieter muss die Pflichtverletzung, also zum Beispiel die Tatsache, dass der Vermieter niemals die Wohnung zum Eigenbedarf nutzen wollte, beweisen.

390 **bb) Erhebliche Vertragspflichtverletzung des Mieters, § 573 Abs. 2 Nr. 1.** Der Vermieter kann kündigen, wenn der Mieter seine vertraglichen Pflichten schuldhaft nicht unerheblich verletzt hat, § 573 Abs. 2 Nr. 1. Zu beachten ist hier das Stufenverhältnis zur Pflichtverletzung bei der außerordentlichen Kündigung in § 543 und § 569 Abs. 2. Die Schwere der Pflichtverletzung muss also nicht an das Niveau dieser Vorschriften heranreichen, da die außerordentliche Kündigung

---

[662] BGH NJW 2004, 284 = JuS 2004, 339 = JA 2004, 507.
[663] BGH NJW 2005, 2154.
[664] BGH NJW 2004, 1448.
[665] NJW 2006, 220 = JuS 2006, 369.

die härtere Sanktion ist. Eine Abmahnung oder Mahnung ist grundsätzlich nicht erforderlich, allerdings kann die Fortsetzung einer Pflichtverletzung trotz Abmahnung oder Mahnung zunächst unerhebliche Pflichtverletzungen erheblich werden lassen.[666] Als erhebliche Pflichtverletzungen kommen insbesondere die Überschreitung des vertragsgemäßen Gebrauchs, sowie ein Zahlungsverzug in Betracht. Nach der Rechtsprechung des BGH ist dabei die Grenze des § 543 Abs. 2 Nr. 3 nicht zu beachten, so dass eine Kündigung auch bei einem Rückstand von weniger als der Schwelle für die außerordentliche Kündigung möglich ist. Es muss allerdings wenigstens eine Monatsmiete für mehr als einen Monat Verzug bestehen. Allerdings soll eine Zahlung innerhalb der Frist des § 569 den Verzug in einem anderen Licht erscheinen lassen, weshalb die Kündigung unwirksam werde oder nach § 242 ein Berufen darauf treuwidrig sei.[667] Verzug liegt nur vor, wenn der Mieter die Miete nicht rechtzeitig, also mangels anderer Vereinbarung am dritten Werktag (Montag–Freitag)[668] des Monats im Voraus, entrichtet hat. Aufgrund dieser Formulierung kommt es nicht auf den Eingang, sondern auf den Zeitpunkt des Auftrags an die Bank an.[669]

cc) Eigenbedarf, § 573 Abs. 2 Nr. 2. Außerdem kann der Vermieter ordentlich kündigen, wenn er die Wohnung wenigstens teilweise zu eigenen Wohnzwecken benötigt; gleiches gilt, wenn die Wohnung nicht vom Vermieter selbst, aber von Familienangehörigen (auch Nichten/Neffen[670]) oder Angehörigen seines Haushalts benötigt wird. Die Intensität der Nutzung ist dabei nicht relevant, es genügt auch unvernünftiger Nutzungswille. Es findet keine Abwägung der Vermietergegen die Mieterinteressen statt. Die Interessen des Mieters werden nur im Verfahren nach § 574 geschützt.[671] Der Vermieter verhält sich treuwidrig, wenn er die Wohnung an einen Mieter vermietet, der erkennbar mit einer längeren Mietdauer rechnet, und anschließend kurzfristig wegen Eigenbedarfs kündigt, obwohl er diesen Eigenbedarf bei Vermietung bereits ernsthaft erwogen hat. Dann muss er bei Abschluss dieses Vertrags zur Vermeidung widersprüchlichen Verhaltens den Mieter über seine Erwägungen aufklären. Ansonsten kann der Mieter der Kündigung § 242 entgegenhalten. Alleine die ernsthafte Erwägung genügt nicht, wenn die langfristige Mietabsicht nicht erkennbar ist. In diesen Fällen trifft den Vermieter auch keine Aufklärungspflicht.[672] Kündigen darf der Vermieter erst, wenn die Eigenbedarfsnutzung konkret ansteht und nicht auf Vorrat.[673]

Die Eigenbedarfskündigung ist ausgeschlossen, wenn die Wohnung in eine WEG umgewandelt wurde und die Wohnung drei Jahre vor Kündigung veräußert wurde (vgl. auch Rn. 401a.) So wird der Mieter eines Mehrparteienhauses, das nur einen Gesamteigentümer hat, weitgehend davor geschützt, dass das Wohnhaus in Eigentumswohnungen umgewandelt wird. Nachdem § 573 Abs. 2 nur Regelbeispiele enthält, kommt eine Kündigung nach Abs. 1 in Frage, wenn der

---
666 Schmidt/Futterer/*Blank*, § 573 Rn. 13 f.
667 BGH NJW 2013, 159.
668 BGH NZM 2010, 661.
669 BGH NZM 2017, 120.
670 BGH NJW 2010, 1290.
671 Siehe hierzu unten Rn. 393 ff.
672 BGH NJW 2015, 1087 = JuS 2015, 649 (Anm. Emmerich).
673 BGH NJW 2015, 3368.

Eigenbedarf sich nicht auf eine Wohn-, sondern eine gewerbliche Nutzung durch den Vermieter oder Angehörige bezieht.[674]

392 dd) **Form.** Der Vermieter hat das berechtigte Interesse im nach § 568 Abs. 1 erforderlichen Kündigungsschreiben zu begründen, § 573 Abs. 3 Satz 1, und soll (keine Nichtigkeitsfolge) auf die Möglichkeit des Widerspruchs nach § 574 hinweisen, § 568 Abs. 2.

> **Bsp.:** Bei einer Kündigung wegen Zahlungsrückständen muss der Vermieter angeben, dass wegen Zahlungsrückständen gekündigt wird und wie hoch die Rückstände in der Summe sind. Bei einfacher Sachlage muss der Vermieter die Summe nicht nach einzelnen Monaten aufschlüsseln.[675]

393 ee) **Widerspruch des Mieters nach § 574 ff.** Nach § 574 Abs. 1 kann der Mieter vom Vermieter Verlängerung des Mietverhältnisses verlangen, wenn die Kündigung für ihn oder einen Haushaltsangehörigen eine unzumutbare Härte darstellen würde oder Ersatzwohnraum nicht auffindbar ist. Die Vorschrift ist nur anwendbar bei einer wirksamen ordentlichen Kündigung. Hätte der Vermieter die ordentliche Kündigung mit demselben Grund auch als außerordentliche Kündigung aussprechen können, oder liegt sonst ein Grund vor, der eine außerordentliche Kündigung rechtfertigen würde, ist der Anspruch ausgeschlossen, § 574 Abs. 1 Satz 2. Der Ausschlussgrund gilt auch für einen Widerspruch wegen § 574 Abs. 2.[676]

394 d) **Außerordentliche Kündigung durch den Vermieter.** § 569 modifiziert und konkretisiert die Regeln des § 543 zur außerordentlichen Kündigung. Insbesondere kann demnach ein Grund für die außerordentliche Kündigung bestehen, wenn der Mieter den Hausfrieden nachhaltig stört und daher die Fortsetzung unzumutbar ist. Da die Störung des Hausfriedens eine Verletzung einer Pflicht aus dem Mietvertrag ist, ist nach § 543 Abs. 3 eine Abmahnung nötig, bevor nach erneuter Störung gekündigt werden kann. In formeller Hinsicht muss das Kündigungsschreiben die Kündigungsgründe konkret benennen (§ 569 Abs. 4).

395 Konkretisiert wird in § 569 Abs. 3, wann der Vermieter aufgrund von Mietrückständen kündigen kann. Dabei ist nicht nur, wie in § 543 Abs. 2 Satz 1 Nr. 3, ein Rückstand von Forderungen aus zwei Mietperioden nötig. Hinzu kommt, dass die Höhe der ausstehenden Forderungen höher sein muss als eine Monatsmiete. Diese Voraussetzung spielt eine Rolle bei der Vereinbarung von Wochenmieten oder bei zu geringen Mietzahlungen über mehrere Monate hinweg, bei denen sich die Außenstände aber noch nicht zu einer Monatsmiete summiert haben. Zahlt der Mieter später die Miete ordnungsgemäß, wird die Kündigung unwirksam, § 569 Abs. 3 Nr. 2. Erklärt der Vermieter hilfsweise mit der außerordentlichen Kündigung eine ordentliche Kündigung nach § 573, bleibt diese aber trotzdem wirksam und das Mietverhältnis wird fristgemäß beendet.[677] Seit dem 1.5.2013 ist auch gesetzlich geregelt, dass Ausstände mit der Mietsicherheit von mehr als zwei Nettokaltmonatsmieten die Kündigung rechtfertigt (§ 569 Abs. 2a). Zahlt der Mieter die Rückstände binnen zwei Monaten nach Rechts-

---

674 BGH NJW 2013, 225.
675 BGH NJW 2004, 850 = JuS 2004, 537.
676 Schmidt/Futterer/*Blank*, § 574 Rn. 10.
677 *Fischinger*, JA 2005, 569: Anm. zu BGH vom 16.2.2005, Az: VIII ZR 6/04.

hängigkeit (§ 261 ZPO) einer Räumungsklage vollständig[678] an den Vermieter, wird die Kündigung unwirksam, § 569 Abs. 3 Nr. 2. Dies gilt auch, wenn inzwischen ein Urteil ergangen ist. Dann muss der Mieter nach § 766 ZPO gegen das Urteil vorgehen.

e) Außerordentliche Kündigung durch den Mieter. § 569 Abs. 1 stellt klar, dass ein wichtiger Grund im Sinne des § 543 Abs. 1 vorliegt, wenn die Wohnung die Gesundheit des Mieters gefährdet. Insbesondere stellt Satz 2 fest, dass die Kenntnis von diesem Zustand die Kündigung nicht ausschließt. Da es sich um die Verletzung einer Leistungspflicht des Vermieters handelt, ist nach § 543 Abs. 3 eine Mahnung erforderlich.[679]

10. Kauf bricht nicht Miete

Bei der Miete beweglicher Sachen kann der Erwerber vom Mieter vor Ablauf der Mietzeit die Herausgabe der Mietsache nicht verlangen, denn bei der Veräußerung nach §§ 929, 931 kann der Mieter dem Erwerber über § 404 sämtliche Einreden gegen den mietvertraglichen Herausgabeanspruch entgegenhalten. Diese Einreden werden über § 986 Abs. 2 auf den Herausgabeanspruch aus § 985 ausgedehnt.

Da Grundstücke und deshalb auch Wohnraum nicht nach §§ 929 ff. veräußert werden können, sondern nach §§ 873, 925 aufgelassen werden, ist der Wohnraummieter nicht nach § 986 Abs. 2 gegen ein Herausgabeverlangen des Erwerbers geschützt. Jedoch schafft § 566 Abs. 1 einen gesetzlichen Austausch der Vertragsparteien des Mietvertrags bei Erwerb des Wohnraums durch einen Dritten vom Vermieter[680]. Trotz der amtlichen Überschrift, die von „Kauf" spricht, gilt § 566 Abs. 1 auch bei anderen Vertragstypen wie z.B. einer Schenkung des Wohnraums. Ohnehin ist die Überschrift schon deshalb unzutreffend, weil das Verpflichtungsgeschäft kein Hindernis für das Wohnrecht des Mieters darstellt. Erst die Übereignung als Erfüllungsgeschäft kann dieses Recht vereiteln.

> **Bsp.:** V (Veräußerer) schließt mit M (Mieter) einen Mietvertrag über eine Wohnung und M zieht ein. 3 Jahre später verkauft V die Wohnung an E (Erwerber) und lässt sie ihm auf. – War der Wohnraum zum Zeitpunkt des Eigentumserwerbs des Erwerbers dem Mieter bereits übergeben und sind Eigentümer und Vermieter personenidentisch, tritt nun der Erwerber kraft Gesetzes in den Mietvertrag ein, § 566 Abs. 1. Vertragsparteien sind damit M und E. Allerdings stellt der Wortlaut „während der Dauer seines Eigentums" klar, dass der Erwerber nicht in Rechte und Pflichten eintritt, die bereits vor dem Eigentumsübergang fällig waren.[681] So haftet der Erwerber etwa nicht für eventuelle Schadensersatzforderungen des Mieters, die bereits vor Eigentumsübergang entstanden waren. Umgekehrt stehen auch Mietforderungen aus diesem Zeitraum dem Veräußerer zu.

Veräußert bei einem einheitlichen Mietvertrag über eine Wohnung und eine Garage der Vermieter die Garage und die Wohnung an zwei verschiedene Erwerber, werden die Verträge nicht aufgespalten. Beide Erwerber werden Vermieter in

---

678 Der BGH hat einen kleinen Rückstand als unschädlich angenommen, wenn dies auf einem Verschulden des Jobcenters beruht BGH NJW 2015, 1749.
679 Schmidt/Futterer/*Blank*, § 569 Rn. 13.
680 BVerfG NJW 2013, 3774.
681 MünchKomm-BGB/*Häublein*, § 566 Rn. 30.

einem einheitlichen Mietvertrag, auf den die Regeln über die Bruchteilsgemeinschaft (§§ 741 ff.) Anwendung finden.[682]

400 Die Frage, inwieweit Abreden über die Vorauszahlung der Miete den Erwerber binden, hat der Gesetzgeber zugunsten des Erwerbers in § 566c beantwortet, indem er die Wirkung des § 566c für Mietzahlungen auf maximal zwei Monate beschränkt. Der BGH wendet allerdings den § 566c bei werterhöhenden **Baukostenzuschüssen** nicht an. Es handelt sich hier um Konstellationen, in denen der Mieter dem Vermieter für Baumaßnahmen an seiner Wohnung Mittel zur Verfügung stellt und im Gegenzug für einen gewissen Zeitraum keine oder reduzierte Miete bezahlt. Eigentlich ein Fall des § 566c, denn es handelt sich um ein „Rechtsgeschäft über die Mietforderung". Der BGH allerdings löst die Frage zugunsten des Mieters und wendet § 566c nicht an.[683] Der Erwerber bekommt also gegebenenfalls über einen sehr langen Zeitraum keine Miete und hat in der Regel einen durch den Baukostenzuschuss erhöhten Kaufpreis bezahlt, wird also doppelt belastet. Das Insolvenzrisiko des Mieters, der eigentlich dem Veräußerer ein Darlehen gewährt und sich somit diesen als Gläubiger ausgesucht hat, wird auf den Erwerber verschoben. Dieser hat sich den Veräußerer, jedoch nicht als Geschäftspartner für ein eventuell riskantes Darlehensgeschäft ausgesucht, sondern für einen relativ risikolosen Immobilienerwerb. Daher ist der Meinung des BGH nicht zu folgen.

401 Auch eine Vormerkung zugunsten des Erwerbers (§ 883) schützt den Erwerber nicht vor den Wirkungen des § 566.

> **Bsp.:** Bereits bevor V sein Haus vermietete, stand eine Auflassungsvormerkung zu Gunsten des E im Grundbuch. Nach Eintragung der Grundschuld vermietet V das Haus an M. – Der BGH geht davon aus, dass die Vormerkung hier den E nicht gegen die Übernahme des Mietvertrags nach § 566 schützt.[684]

11. Vorkaufsrecht des Mieters

401a Wird ein Mietshaus, das aus mehreren Wohnungen besteht, in eine WEG umgewandelt, werden die einzelnen Wohnungen sonderrechtsfähig.[685] Um es dem Mieter zu erlauben, in seiner Wohnung zu verbleiben, die dann ohnehin drei Jahre nicht gekündigt werden kann nach § 577a, steht ihm ein Vorkaufsrecht nach § 577 zu. Der Mieter kann also in einen Kaufvertrag zwischen Vermieter und Käufer zu gleichen Bedingungen eintreten und die Wohnung kaufen. Der Vermieter ist zur unverzüglichen Mitteilung des Kaufvertrags nach § 469 Abs. 1 Satz 1 verpflichtet. Der Mieter kann binnen zwei Monaten (§ 469 Abs. 1 Halbsatz 1) schriftlich (§ 577 Abs. 3) das Vorkaufsrecht ausüben. Die Frist beginnt nur zu laufen, wenn der Vermieter auch über das Vorkaufsrecht unterrichtet, § 577 Abs. 2. Unterlässt der Vermieter die Information an den Mieter, macht er sich nach der Rechtsprechung gem. §§ 280 Abs. 1, 283, 275 Abs. 1 schadensersatzpflichtig für die Differenz zwischen Marktpreis und vereinbartem Preis der Wohnung. Die Entscheidung wird kritisiert, weil der BGH eine subjektive Unmöglichkeit schon dann annimmt, wenn der Vermieter nicht mehr Eigentümer ist und nicht erst dann, wenn der Käufer unter keinen Umständen die Wohnung

---

[682] BGH NJW 2005, 3781 = JA 2006, 241.
[683] BGHZ 137, 106 (112).
[684] BGH NJW 1989, 451; auch *Löhnig/Gietl*, JuS 2008, 102 ff.
[685] *Armbrüster*, JuS 2002, 141.

an den Verkäufer zurückveräußern möchte.[686] Wer allerdings die Entscheidung aufmerksam liest, stellt fest, dass der BGH die Frage materiell-rechtlich wie die allgemeine Meinung löst. Lediglich prozessual nimmt der BGH eine Umkehr der Beweis- und Darlegungslast vor: „Ist die Unmöglichkeit – wie bei einem Anspruch aus §§ 311a, 280 Abs. 1, 3, 281 BGB – anspruchsbegründende Voraussetzung, nimmt der *BGH* jedoch, um die Anforderungen an die Darlegungs- und Beweislast des Gläubigers nicht zu überspannen, in ständiger Rechtsprechung an, dass die Weiterveräußerung die Unmöglichkeit indiziert, solange der Schuldner – wie hier – nicht darlegt, dass er zur Erfüllung willens und in der Lage ist."[687] Nachdem der Kläger nicht wissen kann, ob der Beklagte die Möglichkeit hat, die Wohnung zurück zu erlangen, ohne am Prozess nicht beteiligte Dritte „auszuforschen", ist diese Entscheidung des BGH absolut folgerichtig.

§ 8 Pacht

I. Allgemeines

Die Pacht, §§ 581 ff., regelt wie die Miete Fälle der **Gebrauchsüberlassung**. Der wesentliche Unterschied zur Miete besteht darin, dass der Pächter berechtigt ist, auch die **Früchte der Sache**, § 99, zu ziehen, soweit diese nach der ordnungsmäßigen Wirtschaft als Ertrag des Pachtgegenstands anzusehen sind. Man kann deshalb nicht nur Sachen pachten, sondern auch Rechte.[688] Im Hinblick auf die Früchte gilt das zivilrechtliche Trennungsprinzip, so dass der Pachtvertrag lediglich die schuldrechtliche Berechtigung zum Behaltendürfen der Früchte gibt. Das Eigentum an den Früchten erlangt der Pächter nach den allgemeinen sachenrechtlichen Vorschriften, §§ 953 ff.

402

Unproblematisch ist die **Abgrenzung zum Mietvertrag** bei der Überlassung beweglicher Sachen. Sie werfen im Regelfall keine Früchte ab, sondern können lediglich genutzt werden und somit nur Gegenstand einer Miete sein. Lediglich Tiere oder bewegliche Pflanzen können daher gepachtet werden, weil etwa eine Kuh Milch gibt. Betriebe und Rechte dagegen können ausschließlich gepachtet werden, da eine bloße Nutzung von Rechten und Betrieben nicht möglich ist. Problematisch ist die Abgrenzung zum Mietvertrag vor allem bei der **Überlassung von Geschäftsräumen**. Die Räumlichkeiten einer Gaststätte können beispielsweise gemietet oder gepachtet werden. Werden lediglich die Räume überlassen, so handelt es sich um eine Miete. Wird dagegen eine Gaststätte derart überlassen, dass daraus Früchte gezogen werden können, handelt es sich um Pacht.[689]

403

Das Gesetz regelt den Pachtvertrag nur in wenigen Einzelnormen und verweist ansonsten in § 581 Abs. 2 auf das Mietrecht. Lediglich die Pacht über landwirtschaftlich genutzte Flächen (Landpacht) wird von dieser Verweisung ausgenommen und gesondert in §§ 585 ff. geregelt, auch hier mit zahlreichen Verweisungen. Da **Wohnraum** aufgrund der Unmöglichkeit der Fruchtziehung nicht

404

---

686 BGH NJW 2015, 1516 = JuS 2016, 67 (Anm. Riehm) = JA 2015, 706 (Anm. Looschelders).
687 *Riehm*, JuS 2006, 67 (68).
688 *Oechsler*, Schuldrecht BT, § 6 Rn. 605.
689 BGH NJW 1968, 692 (693).

gepachtet werden kann, finden die Vorschriften über die Miete von Wohnraum nur dann Anwendung, wenn bei der Raum- oder Grundstückspacht in §§ 581 Abs. 2, 578 auf diese verwiesen wird.

> **Bsp.:** P pachtet von V eine Gaststätte befristet auf fünf Jahre. – Der Vertrag muss wegen §§ 581 Abs. 2, 578 Abs. 1, 550 schriftlich geschlossen werden, damit die Befristung wirksam ist. Andernfalls gilt der Vertrag unbefristet.

II. Die Pflichten der Vertragsparteien

405 Die Leistungspflichten gestalten sich bei der Pacht **ähnlich wie beim Mietvertrag:**
- Der Pächter muss den vereinbarten Pachtzins entrichten, § 581 Abs. 1 Satz 2.[690]
- Der Verpächter muss den Pachtgegenstand in einem Zustand überlassen, der dem Pächter Gebrauch und Fruchtziehung ermöglicht, § 581 Abs. 1 Satz 1.
- Auch die Erhaltungspflicht für den Gegenstand trifft (wie im Mietrecht den Vermieter[691]) im Pachtrecht den Verpächter, §§ 581 Abs. 2, 535 Abs. 1 Satz 2.
- Dem Verpächter steht ein Verpächterpfandrecht zu, §§ 581 Abs. 2, 562 ff.[692]
- Der Pächter darf ohne Zustimmung des Verpächters nicht unterverpachten, §§ 581 Abs. 2, 540.[693]
- Für die Pflichtverletzungsfolgen kann vollständig auf das Mietrecht verwiesen werden §§ 581 Abs. 2, 536 ff.[694]
- Der Pächter ist nach § 596 Abs. 1 verpflichtet, die Sache nach Ablauf der Pacht in dem Zustand zurückzugeben, der einer bis zur Rückgabe fortgesetzten ordnungsgemäßen Bewirtschaftung entspricht.[695] Darin liegt eine Abweichung zu § 546 BGB im Mietrecht. Die Sache ist ggf. auch verbessert zurückzugeben, wenn nur eine Verbesserung der ordnungsgemäßen Bewirtschaftung entspricht.

III. Besonderheiten bei Verpachtung von Grundstücken mit Inventar

406 Wird ein Grundstück mit Inventar, § 98, verpachtet, trägt im Gegensatz zum Mietrecht der Pächter die notwendigen Verwendungen zum Erhalt des Inventars selbst, § 582 Abs. 1. Die **Erhaltungspflicht** wird auf den Pächter verlagert. Verschlechtert sich ein Gegenstand im Inventar so weit, dass eine Benutzung nicht mehr möglich ist und eine Reparatur kostenaufwendiger wäre als eine Neuanschaffung, liegt ein sog. Abgang vor, § 582 Abs. 2 Satz 1. Dieser verpflichtet den Verpächter, den **Inventargegenstand zu ersetzen, wenn der Pächter den Abgang nicht zu vertreten hat.** Für Tiere im Inventar existiert eine Rückausnahme in § 582 Abs. 2 Satz 2, diese hat der Pächter zu ersetzen, wenn das der ordnungsgemäßen Bewirtschaftung entspricht.

---

[690] Vgl. hierzu Rn. 267 ff.
[691] Vgl. oben Rn. 289 ff.
[692] Vgl. oben Rn. 364 ff.
[693] Vgl. oben Rn. 373 ff.
[694] Siehe oben Rn. 293 ff.
[695] Siehe dazu die Anmerkung von *Looschelders*, JuS 2010, 1016.

Diese komplizierten Regelungen können die Parteien dadurch vermeiden, dass sie eine **Übernahme zum Schätzwert** nach § 582a vereinbaren. Dabei übernimmt zu Beginn der Pacht der Pächter das Inventar zum Schätzwert und verpflichtet sich gleichzeitig, es am Ende der Pachtzeit dem Verpächter zum Schätzwert zurückzugewähren. Das Risiko der Verschlechterung und des Untergangs von Inventarstücken trägt dann der Pächter, § 582a Abs. 1 Satz 1. Ihn trifft aufgrund dieser Risikozuweisung die Pflicht, das Inventar zu erhalten und ggf. zu modernisieren und zu ersetzen. Dabei bleibt jedoch der Verpächter Eigentümer des Inventars, was sich aus § 582a Abs. 2 Satz 2 ergibt.

407

Bei dieser Vorschrift handelt es sich um einen Fall **dinglicher Surrogation**. Das bedeutet in diesem Zusammenhang, dass ein Inventargegenstand, den der Pächter als Ersatz für einen anderen Inventargegenstand dem Inventar einverleibt, alleine durch die bewusste Herstellung eines räumlichen Zusammenhangs mit dem restlichen Inventar in das Eigentum des Verpächters übergeht.[696] Eine Einigung wie bei der Übereignung nach §§ 929 ff. ist nicht erforderlich, der Eigentumsübergang erfolgt vielmehr ipso iure und der Verpächter erwirbt exakt diejenige dingliche Rechtsposition, die der Pächter vor Einverleibung erworben hatte. In der Regel wird es sich um **Volleigentum** handeln, der Verpächter erwirbt nach § 582a Abs. 2 Satz 2 jedoch auch ein **Anwartschaftsrecht** des Pächters, vgl. §§ 929, 158 Abs. 1, das mit Bedingungseintritt in seiner (des Verpächters) Hand zum Eigentum erstarkt. Der Erwerbsakt des Verpächters ist damit zweiaktig: Nicht bereits die **Anschaffung** des Gegenstandes führt zur Surrogation, sondern erst die **Einverleibung** ins Inventar. Damit kann der Gegenstand vor Einverleibung noch mit Rechten Dritter belastet werden. Ein **gutgläubiger Erwerb** des Verpächters ist dann ausgeschlossen; die Frage, ob gutgläubiger Erwerb möglich ist, richtet sich alleine nach dem Wissen des Pächters.[697]

408

> Bsp. (1): Der Pächter ersetzt in der gepachteten Gaststätte einzelne Stühle. – Der Verpächter wird mit dem Austausch der Stühle in der Gaststube deren Eigentümer.
>
> Bsp. (2): Der Pächter hat die Stühle unter Eigentumsvorbehalt erworben. – Der Verpächter erwirbt das Anwartschaftsrecht an den Stühlen. Selbst wenn der Verpächter gutgläubig ist und denkt, der Pächter sei Eigentümer, wird er nicht Eigentümer. Hat der Pächter jedoch den Kaufpreis vollständig bezahlt, entsteht direkt in der Person des Verpächters Eigentum an den Stühlen.
>
> Bsp. (3): Der Pächter erwirbt die Stühle gutgläubig von einem Nichtberechtigten. Der Verpächter hingegen erkennt, dass die Stühle nicht im Eigentum des Veräußerers standen; er wird aber trotzdem Eigentümer, weil es auf seinen guten Glauben nicht ankommt.

Obwohl der Verpächter Eigentümer des Inventars bleibt, kann der Pächter über Inventargegenstände im Rahmen der **ordnungsgemäßen Wirtschaft verfügen**, § 582a Abs. 1 Satz 2; übereignet er beispielsweise einen Inventargegenstand an einen Dritten, so handelt der Pächter als ausnahmsweise berechtigter Nichteigentümer. Insgesamt stellen die einzelnen Regelungen des § 582a einen Ausgleich dar zwischen dem Interesse des Verpächters am Erhalt eines funktionsfähigen Pachtgegenstandes und dem Interesse des Pächters, möglichst frei wirtschaften zu können. Am Ende des Pachtverhältnisses werden ggf. Über- oder Zuwenigleistungen des Pächters in das Inventar nach § 582a Abs. 3 ausgeglichen.

409

---

696 Staudinger/*Sonnenschein*, § 582a Rn. 24; MünchKomm-BGB/*Harke*, § 582a Rn. 5.
697 Vgl. zum Ganzen: MünchKomm-BGB/*Harke*, § 582a Rn. 5.

IV. Vertragsbeendigung

410 Die **Kündigung eines Pachtvertrages** ist nur binnen Jahresfrist möglich, § 584; die Vorschrift ist jedoch abdingbar. Außerdem schließt § 584a als lex specialis bestimmte Kündigungsrechte des Mieters für den Pächter aus, so dass insofern die Verweisung des § 581 Abs. 2 nicht gilt. Gibt der Pächter dem Verpächter den Pachtgegenstand verspätet zurück, so findet § 584b Anwendung.

§ 9 Der Leihvertrag

I. Vertragspflichten

411 Die Leihe, §§ 598 ff., stellt einen weiteren **Gebrauchsüberlassungsvertrag** dar. Der wesentliche Unterschied zur Miete besteht in der **Unentgeltlichkeit** der Überlassung. Der Verleiher hat dem Entleiher die Sache, genau wie ein Vermieter, zum Gebrauch zu überlassen. Der Entleiher schuldet jedoch keine Gegenleistung; damit ist die Leihe das unentgeltliche Pendant zur Miete, so wie die Schenkung zum Kauf.

412 Der Entleiher trägt jedoch die Kosten der gewöhnlichen **Verwendungen** (= Aufwendungen, die der Sache zugutekommen), § 601; er hat dafür die gewöhnlichen **Abnutzungen** der Sache nicht zu vertreten, § 602. Die Kosten für Verwendungen, die über das gewöhnliche Maß hinausgehen, kann der Entleiher nach der Rechtsgrundverweisung des § 601 Abs. 2 unter den Voraussetzungen der GoA nach § 677 ff. vom Verleiher verlangen.

> **Bsp.:** V hat dem E für längere Zeit sein Auto geliehen. – E ist in diesem Fall dazu verpflichtet, die regelmäßigen Kundendienste auf seine Kosten durchführen zu lassen, weil diese Aufwendungen dem Auto zugutekommen, indem sie seiner Erhaltung dienen. E schuldet dem V keinen Ersatz für den Wertverlust des Autos, das dieses durch den bestimmungsgemäßen Gebrauch erleidet. Wird das Auto von Vandalen erheblich beschädigt und lässt E es reparieren, so handelt es sich um Verwendungen, die über das gewöhnliche Maß hinausgehen; ob E sie ersetzt verlangen kann, bestimmt sich nach Willen und Interesse des V, §§ 601 Abs. 2, 677.

II. Abgrenzung zum Gefälligkeitsverhältnis

413 Es handelt sich trotz der unentgeltlichen Gebrauchsüberlassung bei der Leihe um einen „normalen" Vertrag, nicht nur um ein reines Gefälligkeitsverhältnis. Die Parteien müssen daher mit **Rechtsbindungswillen** handeln. Darüber werden sie sich oftmals keine Gedanken machen, so dass im Rahmen der ergänzenden Vertragsauslegung nach §§ 133, 157 zu ermitteln ist, ob die Parteien den Umständen nach und unter Beachtung von Treu und Glauben einen Vertrag schließen wollten. Dazu muss man sich fragen, ob die Parteien einen Leihvertrag mit den entsprechenden Rechtsfolgen geschlossen hätten, wenn sie die Frage bedacht hätten, ob sie sich rechtlich binden wollen.

414 Entscheidendes Kriterium ist: Bei der Leihe kann im Gegensatz zum Gefälligkeitsverhältnis der Verleiher die **Zeitspanne der Gebrauchsüberlassung** nicht beliebig verkürzen: Er ist durch die §§ 604, 605 gebunden, wenn sich die Leihdauer aus der Vereinbarung oder dem Zweck der Leihe ergibt. Ist daher die

Dauer der Gebrauchsüberlassung für den potentiellen **Entleiher von Bedeutung** und ist dies dem potentiellen **Verleiher erkennbar,** so spricht dies für die Annahme eines Rechtsbindungswillens. Behält sich der Begünstigende jedoch die **jederzeitige Rückforderung** vor, so spricht dies eher gegen das Vorliegen eines Leihvertrags. Es kommt also darauf an, ob sich der Begünstigte auf die Beständigkeit der Gebrauchsüberlassung für einen bestimmten Zeitraum verlassen können soll oder nicht. Im Alltag wird es sich oft lediglich um eine unentgeltliche Gebrauchsüberlassung aus reiner Gefälligkeit handeln.

> Bsp.: Die kurzfristige Überlassung eines Opernglases oder eines Stadtplans unter Anwesenheit des Begünstigers stellt eine Gebrauchsüberlassung aus Gefälligkeit dar. – Der Begünstigte soll dabei nach h. M. noch nicht einmal Besitzdiener nach § 855 werden.[698]

Dem **Wert der Sache** kommt dagegen entgegen einer Meinung im Schrifttum[699] keine Indizwirkung zu. Bei hohem Wert der Sache hat der Begünstigende möglicherweise zwar ein Interesse daran, den Begünstigten vertraglich zu binden, um bei Verzögerungen der Rückgabe Schadensersatz nach §§ 280, 286 zu erhalten oder um in den Genuss der günstigen Beweislastverteilung des § 280 Abs. 1 Satz 2 zu kommen. Der Begünstigte wird dagegen zur Annahme eines Gefälligkeitsverhältnisses neigen, um lediglich der deliktischen Haftung ausgesetzt zu sein. Insofern kann alleine aufgrund des Werts der Sache **kein übereinstimmender hypothetischer Parteiwille** ermittelt werden, mit dem eine ergänzende Vertragsauslegung gegründet werden könnte.

415

III. Pflichtverletzungen und Haftungsmaßstab

Für die bereits angesprochenen Pflichtverletzungen gelten im Rahmen der Leihe nicht ohne weiteres die §§ 280 ff. Vielmehr ist zu beachten, dass der Verleiher für **Mängel des Leihgegenstands** nur bei arglistigem Verschweigen eines Sach- oder Rechtsmangels auf Schadenersatz haftet, § 600. Darüber hinaus genießt er für alle anderen Pflichtverletzungen das Privileg des § 599, das seine Haftung entgegen § 276 auf **Vorsatz und grobe Fahrlässigkeit** beschränkt. Da der Verleiher die Sache dem Entleiher unentgeltlich überlässt, soll er nicht bei fahrlässig verursachten Pflichtverletzungen haften. Diese Wertung ist bei der Prüfung von deliktsrechtlichen Ansprüchen zu beachten, so dass konkurrierende Ansprüche dieses Privileg nicht aufheben können.

416

> Bsp.: E leiht sich von seinem Bekannten V für einen Nachmittag einen Rasenmäher. Als E das Gerät mit der Steckdose verbindet, gibt es einen Kurzschluss. V hatte aus Nachlässigkeit vergessen den E darüber zu informieren, dass das Anschlusskabel defekt ist und besonders vorsichtig eingesteckt werden muss. Durch den Kurzschluss kommt es zu einem Defekt am Sicherungskasten des E, der repariert werden muss. – Ein vertraglicher Schadensersatzanspruch aus § 280 Abs. 1 scheitert an § 599. Prüft man im Anschluss § 823, so ist auch hier § 599 zu beachten, so dass § 823 Abs. 1 wie folgt zu lesen ist: „(1) Wer vorsätzlich oder *grob* fahrlässig […]" und ein deliktischer Anspruch ebenfalls ausscheidet.

Die Ersatzansprüche des Verleihers wegen Veränderungen oder Verschlechterungen der verliehenen Sache, sowie die Ansprüche des Entleihers auf Ersatz von

417

---

[698] Palandt/*Weidenkaff*, Vor § 598 Rn. 7.
[699] So bis zur 5. Auflage MünchKomm-BGB/*Kollhosser*, § 599 Rn. 15, jetzt nicht mehr erwähnt.

Verwendungen oder auf Gestattung der Wegnahme einer Einrichtung **verjähren** nach sechs Monaten, § 606. Diese kurze Verjährungsfrist wird von der gängigen Auffassung ebenfalls auf konkurrierende deliktische Ansprüche übertragen.[700]

418 Zum Teil wird die Abgrenzung von Gefälligkeitsverhältnis und Leihe auch auf der Ebene der Pflichtverletzungen vorgenommen: Geht von der Sache möglicherweise eine erhebliche Gefahr für die Rechtsgüter des Begünstigten aus, spricht einiges dafür, dass der Überlassende einen Leihvertrag vereinbaren wollte. Der Begünstigte wird dagegen zu der Annahme eines Gefälligkeitsverhältnisses tendieren, um in den Genuss der nicht privilegierten deliktischen Haftung des Überlassenden zu kommen. Deshalb kann auch in diesem Fall **kein übereinstimmender hypothetischer Parteiwille** und damit wiederum kein taugliches Abgrenzungskriterium ermittelt werden. Zudem spielt die Unterscheidung auf dieser Ebene deshalb meist keine Rolle, weil bei Gefälligkeitsverhältnissen oftmals ein stillschweigender Haftungsausschluss nach dem Vorbild des § 599 anzunehmen ist.[701]

IV. Beendigung

1. Ordentliche Beendigung

419 Die Leihe endet, wenn die von den Parteien vereinbarte **Zeitdauer** abgelaufen ist, § 604 Abs. 1, oder der vereinbarte **Leihzweck** erreicht wurde bzw. vom Entleiher hätte erreicht werden können, § 604 Abs. 2.

> **Bsp.:** V leiht dem E sein Auto, damit E einen Schrank, der er ersteigert hat, aus dem Auktionshaus nach Hause transportieren kann. Drei Tage später hat E den Schrank immer noch nicht abgeholt. – V kann jedoch das Auto trotzdem zurückverlangen, weil E innerhalb der drei Tage den Schrank abholen hätte können.

420 Wurde nichts vereinbart, so kann der Verleiher die Sache **jederzeit zurückverlangen** und damit die Leihe beenden, § 604 Abs. 3.

2. Außerordentliche Beendigung

421 Der Verleiher kann die Leihe kündigen, wenn er infolge eines nicht vorhergesehenen Umstandes die **verliehene Sache selbst benötigt**, obwohl die Voraussetzungen des § 604 Abs. 1 oder 2 noch nicht erfüllt sind, § 605 Nr. 1. Erhält der Verleiher schon keine Gegenleistung, so soll er nicht dazu gezwungen werden, nun seinerseits entgeltlich eine Ersatzsache zu mieten.

> **Bsp.:** Der Fußballspieler E hat sich einen Bänderriss zugezogen. Sein Mannschaftskamerad V hat von einer Verletzung aus dem Vorjahr noch Krücken im Keller, die er E leiht, „bis er wieder laufen kann". Einige Tage später verletzt sich V selbst. – In diesem Fall kann er die Krücken von E zurückverlangen und muss sich nicht etwa andere Krücken kaufen oder mieten.

422 Außerdem besteht ein Rückforderungsrecht, wenn der Entleiher die Sache **vertragswidrig gebraucht**, insbesondere wenn er unbefugt den Gebrauch einem Dritten überlässt oder die Sache durch Vernachlässigung der ihm obliegenden Sorgfaltspflicht erheblich gefährdet, § 605 Nr. 2. Ein Rückforderungsrecht besteht schließlich auch, wenn der **Entleiher stirbt**, § 605 Nr. 3.

---

700 BGHZ 54, 264 (267).
701 Vgl. zum Ganzen BeckOGK-BGB/*Lohsse*, § 599 Rn. 32.

§ 10 Leasing

Literatur: *Beckmann,* Rechtswirkungen eines unberechtigten Rücktritts von einem Liefervertrag und Auswirkungen auf den Leasingvertrag, WM 2006, 952; *ders.,* Aktuelle Rechtsfragen aus Finanzierungsleasingverträgen, DStR 2007, 157; *Canaris,* Interessenlage, Grundprinzipien und Rechtsnatur des Finanzierungsleasing, AcP 190 (1990), 410; *Emmerich,* Grundprobleme des Leasings, JuS 1990, 1; *Gebler/Müller,* Finanzierungsleasing: Die Auswirkungen der Schuldrechtsreform und neuere Entwicklungen in der Vertragspraxis, ZBB 2002, 107; *Schmalenbach/Sester,* Fortschreibung der typischen Vertragsstruktur für Leasingtransaktionen nach der Schuldrechtsreform; WM 2002, 2184; *Schnauder,* Schadensersatz beim Kraftfahrzeugleasing – BGHZ 116, 22, JuS 1992, 820; *Tiedtke/Möllmann,* Auswirkungen der Schuldrechtsreform im Leasingrecht, DB 2004, 583; *von Westphalen,* Auswirkungen der Schuldrechtsreform auf das Leasingrecht, ZIP 2006, 1653; *Weber,* Die Entwicklung des Leasingrechts von Mitte 2005 bis Mitte 2007, NJW 2007, 2525; *Zahn,* Der kaufrechtliche Nacherfüllungsanspruch – ein Trojanisches Pferd im Leasingvertrag?, DB 2002, 985.

Rechtsprechung: BGH NJW 1982, 105 (Zu den Voraussetzungen eines Schadens- oder Aufwendungsersatzanspruches des Leasinggebers gegenüber dem Leasingnehmer bei erfolgreicher Wandelung; Arglistige Täuschung des Lieferanten gegenüber Leasingnehmer vor Vertragsschluss); **BGH NJW 1987,** 1072 (Minderungsrechte im Leasingvertrag; Unwirksamkeit einer AGB-Klausel zur Freizeichnung des Leasinggebers ohne unmittelbare und vorbehaltlose Abtretung der Gewährleistungsansprüche an den Leasingnehmer); **BGH NJW 1990,** 2370 (Abwälzung von Sach- und Gegenleistungsgefahr – Kfz-Leasingvertrag; keine unangemessene Benachteiligung bei Einräumung eines kurzfristigen Kündigungsrechts); **BGH NJW 2004,** 1041 (Bestätigung der BGH-Rechtsprechung zum Abwälzen der Sach- und Preisgefahr in Leasing-AGB); **BGH NJW-RR 2005,** 1421 (Vom Leasinggeber nicht autorisierte Kaufoption des Lieferanten; Ergänzende Vertragsauslegung); **OLG München v. 1.10.2007, 20 U 4475/06** (Zum Wegfall der Geschäftsgrundlage nach Vollzug der Wandelung des Kaufvertrags bzw. rechtskräftigem Urteil); **BGH NJW 2007,** 1066 (Keine Umsatzsteuer hinsichtlich eines Schadensersatzes bei vorzeitiger Leasingvertragsabrechnung).

I. Finanzierungsleasing

1. Beteiligte

Das Leasing (englisch für Miete) ist ein atypischer Gebrauchsüberlassungsvertrag. Dabei beinhaltet der Sammelbegriff Leasing eine Vielzahl von Geschäften. Rechtliche Schwierigkeiten bereitet vor allem das Finanzierungsleasing. Es zeichnet sich durch ein Dreiecksverhältnis zwischen dem Leasinggeber, dem Leasingnehmer und dem Lieferanten aus.[702] In der Regel sucht der Leasingnehmer die gewünschte Sache beim Lieferanten aus, dieser verkauft sie dem Leasinggeber, der sie wiederum an den Leasingnehmer verleast. Diese komplizierte Lösung

---

702 *Löhnig/Gietl,* JuS 2009, 491 (492).

wird von Gewerbetreibenden oft gewählt, um kurzfristig Steuern zu sparen und die Liquidität des Unternehmens zu erhalten.[703]

424 **a) Verhältnis Lieferant – Leasinggeber.** Zwischen dem Lieferanten und dem Leasinggeber besteht ein Kaufvertrag, § 433. In der Regel ist der Leasinggeber Unternehmer, § 13, weshalb die Vorschriften der §§ 474 ff. keine Anwendung finden. Dies kann im Verhältnis zwischen Leasinggeber und -nehmer zu Problemen führen.[704] Teilweise wird dieser Kaufvertrag zunächst zwischen dem Leasingnehmer und dem Lieferanten geschlossen und der Leasinggeber tritt erst später durch Vertragsübernahme anstelle des Leasingnehmers in diesen Kaufvertrag ein.[705]

425 **b) Verhältnis Leasinggeber – Leasingnehmer.** Die Einordnung des eigentlichen Finanzierungsleasingvertrags gestaltet sich schwieriger: Den Leasinggeber treffen im Wesentlichen zwei Vertragspflichten, nämlich die Pflicht zu Kauf und Bezahlung der Sache (Finanzierungspflicht)[706] und die Pflicht zur Überlassung der Sache an den Leasingnehmer (Gebrauchsverschaffungspflicht). Den Leasingnehmer trifft die Pflicht zur Ratenzahlung[707] und gegebenenfalls zu Sonderzahlungen. In der Regel wird die Gebrauchsüberlassungspflicht als vertragsprägend angesehen, so dass der Finanzierungsleasingvertrag nach gängiger Auffassung[708] als atypischer Mietvertrag zu behandeln ist, auf den die Vorschriften des Mietrechts anzuwenden sind. Mietrecht wird jedoch nicht angewendet, „soweit es gilt, leasingtypischen Besonderheiten Rechnung zu tragen".[709] Zutreffender erscheint es jedoch, im Einzelfall die Interessenlage der Parteien zu analysieren und für Einzelfragen nach dem Maßstab ergänzender Vertragsauslegung entweder Miet- oder Darlehensrecht anzuwenden.[710]

Mietrecht ist jedenfalls dann nicht anzuwenden, wenn dies vertraglich ausgeschlossen ist. So wird regelmäßig vereinbart, dass der Leasinggeber im Gegensatz zum Vermieter nicht die Instandhaltungskosten trägt; diese werden vielmehr vertraglich auf den Leasingnehmer überbürdet. Ebenso werden zwischen Leasinggeber und Leasingnehmer die mietvertraglichen Mängelrechte ausgeschlossen. Im Gegenzug tritt der Leasinggeber seine Gewährleistungsrechte aus dem Kaufvertrag mit dem Lieferanten an den Leasingnehmer ab (dazu gleich unten Rn. 429).

---

703 Da der Leasinggeber Eigentümer der Leasingsache ist, muss dieser die Sache steuerlich abschreiben. Er muss die Sache zwar sofort komplett bezahlen, darf aber je nach Nutzungsdauer nur einen Bruchteil des Kaufpreises steuerlich als Aufwand geltend machen, bei drei Jahren Nutzungsdauer beispielsweise 1/3. Die restlichen 2/3 wirken sich steuerlich gewinnerhöhend aus und müssen versteuert werden. Die Zahlung der Steuern auf die 2/3 führen daher neben den Anschaffungskosten zu einem zusätzlichen Liquiditätsabfluss. Da der Leasingnehmer nicht Volleigentümer ist, kann er die Leasingraten voll gewinnmindernd steuerlich geltend machen. So fließt weder durch Anschaffung noch durch zusätzliche Steuer Liquidität ab. Für den Fiskus ist dieses Verfahren neutral, denn der Leasinggeber tätigt die Abschreibungen und hat durch die Leasingraten Einnahmen, die er versteuern muss. Dies wird vom Fiskus jedoch nur akzeptiert, wenn der Leasinggeber durch das Leasing seine Kosten voll amortisieren kann, § 39 AO, eingehend *Oechsler*, Schuldrecht BT, § 4 Rn. 476. In dieser steuerlichen Behandlung ist der Vorteil des Leasings zum Raten- oder Finanzierungskauf zu sehen, bei dem der Käufer als wirtschaftlicher Eigentümer abschreiben müsste.
704 Siehe dazu Rn. 431.
705 BGH NJW 1986, 918.
706 A.A. Staudinger/*Stoffels*, Leasing Rn. 87, der die Finanzierung nicht als Rechtspflicht im engeren Sinne ansieht.
707 *Löhnig/Gietl*, JuS 2009, 491, Fall 1.
708 BGH NJW 1977, 195 (196); BGH NJW 1990, 1113.
709 BGH NJW 1996, 2860; *Wolf*, JuS 2002, 335.
710 *Oechsler*, Schuldrecht BT, § 4 Rn. 477.

c) **Verhältnis Lieferant – Leasingnehmer.** Zwischen dem Lieferanten und dem Leasingnehmer besteht keine Vertragsbeziehung. Dieser Zustand ist jedoch für die Parteien misslich, da der Leasingnehmer bei Sachmängeln der Leasingsache nicht gezwungen sein soll, sich an seinen Vertragspartner, den Leasinggeber, zu wenden, der sich dann wiederum mit dem Lieferanten auseinandersetzen muss. Er soll vielmehr in die Lage versetzt werden, sich direkt mit dem Lieferanten auseinanderzusetzen. Darüber hinaus will der Leasinggeber, der sich Kaufsache und Verkäufer nicht ausgesucht hat, nicht für den Zustand der Sache als Vermieter haften. **426**

Daher wird, wie schon erwähnt, in Leasingverträgen typischerweise eine Abtretung der Mängelrechte des Leasinggebers aus dem Kaufvertrag an den Leasingnehmer unter gleichzeitiger Abbedingung des Mietmängelrechts vereinbart. Die Käuferrechte aus § 437 Nr. 1 und 3 auf Nacherfüllung und Schadensersatz werden an den Leasingnehmer abgetreten, § 398, was bei derartigen zukünftigen, bestimmbaren Ansprüche ohne weiteres möglich ist. **427**

> **Bsp.:** LN interessiert sich für einen Bagger des D. D gibt bezüglich des Ladegewichts und der Belastbarkeit des Baggers falsche Auskünfte. Aufgrund der Aussage des D tritt LN an LG heran. LG schließt mit D einen Kaufvertrag über den Bagger und einen Finanzierungsleasingvertrag mit LN. Nach zweieinhalb Jahren stellt sich heraus, dass die Angaben des D nicht stimmten. Nun will LN wissen, ob er gem. §§ 437 Nr. 1, 439 Nacherfüllung verlangen kann, obwohl die Verjährungsfrist der Mängelansprüche eigentlich schon abgelaufen ist. – Da D hier arglistig getäuscht hatte, verjähren die Gewährleistungsansprüche gem. § 438 Abs. 3 Satz 1 erst nach drei Jahren. Fraglich ist daher, ob es schadet, dass die Täuschung nicht gegenüber LG, dem eigentlichen Vertragspartner des D stattfand, sondern gegenüber LN. In einer solchen Konstellation befand der BGH jedoch, dass der Lieferant (D) sich „mithin nach Treu und Glauben nicht auf das formelle Auseinanderfallen von Gewährleistungsberechtigtem und Getäuschtem berufen könne."[711]

Die Gestaltungsrechte aus § 437 Nr. 2 (Rücktritt und Minderung) werden als ähnliche Rechte nach §§ 413, 398[712] übertragen. Der Leasingnehmer verpflichtet sich in der Regel sogar vertraglich dazu, die kaufrechtlichen Gewährleistungsansprüche durchzusetzen. **428**
Diese Konstruktion scheitert nach Auffassung des BGH[713] nicht an § 309 Satz 1 Nr. 8 lit. b aa, der seinem Wortlaut nach eigentlich einschlägig wäre. Im Vordergrund des Finanzierungsleasingvertrags stehe nicht die Lieferung der Sache, wie dies § 309 Satz 1 Nr. 8 lit. b aa verlange, sondern die Finanzierungsfunktion; darüber hinaus habe sich der Leasingnehmer Sache und Lieferanten ausgesucht. Auch sei die Klausel aufgrund ihrer Häufigkeit im Geschäftsverkehr nicht überraschend, § 305c, noch benachteilige sie den Leasingnehmer unangemessen, § 307 Abs. 1, da er zum Ausgleich die kaufrechtlichen Mängelrechte erhalte. In der Tat steht der Leasingnehmer in Folge dieser Vereinbarung nicht wesentlich schlechter als unter Beibehaltung seiner mietvertraglichen Rechte. Zwar treffen den Vermieter auch Erhaltungspflichten und nicht nur Pflichten zur mangelfreien Übergabe. Außerdem haftet der Vermieter (anders als ein Verkäufer) für anfängliche Sachmängel verschuldensunabhängig auf Schadensersatz. Für die Parteien steht insoweit jedoch die Finanzierungsfunktion des Leasings im Vordergrund

---

711 BGH NJW 1982, 105 (106).
712 BGH NJW 1985, 2640 (2641) a. E.; BGH NJW 1973, 1793.
713 BGH NJW, 1985, 1547 ff.

und nicht die Gebrauchsüberlassung auf Zeit. Probleme treten freilich auf, wenn die Abtretung scheitert.[714]

2. Pflichtverletzungen

429 a) **Untergang oder Beschädigung der Leasingsache.** Im Mietrecht trägt der Vermieter die Gefahr des Untergangs der Sache: Hat der Mieter den Untergang oder die Beschädigung der Mietsache nicht zu vertreten, ist der Vermieter verpflichtet, die Sache zu ersetzen oder instand zu setzen, § 535 Abs. 1 Satz 2. Diese Gefahr kann nach gängiger Auffassung beim Finanzierungsleasing auf den Leasingnehmer abgewälzt werden.[715] In der Regel trifft deshalb den Leasingnehmer die Pflicht zur Erhaltung der Leasingsache. Er haftet also nicht nur aus § 280 Abs. 1 oder § 823 Abs. 1 für von ihm zu vertretende Beschädigungen der Leasingsache, sondern er ist daneben vertraglich dazu verpflichtet, auch nicht von ihm zu vertretende Schäden reparieren zu lassen und gegebenenfalls eine Ersatzsache zu beschaffen.

Der Ausschluss der Wiederherstellungs- und Erhaltungspflicht des Leasinggebers ist individualvertraglich zulässig, da der Leasingnehmer im Regelfall die Sache aus betriebswirtschaftlichen oder steuerlichen Gründen nicht kauft, sondern least. Ansonsten will er die Sache wie ein Käufer besitzen und nicht wie ein Mieter. Daher ist es gerechtfertigt ihn wie einen Käufer zu behandeln und es dem Leasinggeber zu ermöglichen, sich von allen Pflichten außer der Gebrauchsgewährung, § 535 Abs. 1 Satz 1, frei zu zeichnen. In AGB ist eine solche Regelung nach Rechtsprechung des BGH jedenfalls insoweit zulässig, als sich die Klausel auf Risiken bezieht, die aus der Sphäre des Leasingnehmers stammen.

> **Bsp. (1):** An einem von LN bei LG geleasten Bagger geht, ohne dass LN irgendeinen Wartungs- oder Bedienungsfehler gemacht hätte, ein Teil der Hydraulik kaputt. Im Leasingvertrag war eine leasingtypische Abtretungskonstruktion geregelt, sowie ein Ausschluss der mietrechtlichen Ansprüche auf Mängelbeseitigung, § 535 Abs. 1 Satz 2 und Gewährleistungsansprüche, § 536. Daneben bestand eine Instandhaltungspflicht des Leasingnehmers. – LN ist daher verpflichtet, den Bagger auf seine Kosten wiederherstellen zu lassen, da die Klauseln der Nachprüfung wie gezeigt standhalten: das Risiko stammt aus der Sphäre des Leasingnehmers.
>
> **Bsp. (2):** Bei der Lieferung und Montage des Baggers wird der Bagger beschädigt. – Die Lieferung und Montage oder deren Reparatur im Rahmen einer Nachbesserung durch den Lieferanten fallen in den Risikobereich des Leasinggebers (Beschaffungspflicht). Daher muss LN den Bagger in diesem Beispiel nicht reparieren lassen.

430 Einschränkend ist eine Klausel zur Ersatzbeschaffung eines Leasing-PKWs, wenn dieser zerstört wurde, abhanden gekommen ist oder erheblich beschädigt wurde, aber nur zulässig, wenn dem Leasingnehmer eine Möglichkeit gegeben wird, sich durch Kündigung kurzfristig vom Vertrag zu lösen.[716] Im Gegenzug wird der Leasingnehmer verpflichtet, durch eine Abschlusszahlung dem Leasinggeber alle für die Amortisation des Leasinggeschäfts noch ausstehenden Beträge zu bezahlen.[717] Im Schrifttum wird zutreffend gefordert, diese Rechtsprechung auf andere

---

714 Siehe hierzu Rn. 431.
715 *Löhnig/Gietl*, JuS 2009, 491, Fall 4.
716 *Löhnig/Gietl*, JuS 2009, 491, Fall 5; BGH NJW 1987, 377; Staudinger/*Stoffels*, Leasing Rn. 205.
717 BGH NJW 1998, 3270.

als KFZ-Leasing-Verträge auszudehnen, soweit der Leasingnehmer ein schutzwürdiges Interesse an einer fabrikneuen Leasingsache hat.[718]

> **Bsp.:** Der Bagger wird, obwohl er ordnungsgemäß gesichert war, auf einer Baustelle von Unbekannten gestohlen. – Bei analoger Anwendung des Mietrechts wäre hier LG aufgrund von § 275 Abs. 1 von seiner Gebrauchsgewährungspflicht befreit. Da LN hier keinerlei Verschulden am Diebstahl des Baggers trifft, wäre dieser nach § 326 Abs. 1 von der Zahlung der Leasingraten befreit, denn § 326 Abs. 2 ist nicht einschlägig. Davon ergeben sich im Leasing aufgrund der Verlagerung der Sach- und Preisgefahr folgende Abweichungen zu Lasten des Leasingnehmers: § 326 Abs. 1 findet keine Anwendung, da § 326 Abs. 2 Satz 1 die Leistungspflicht bei Verantwortlichkeit des Leasingnehmers aufrechterhält. Die Verantwortlichkeit des Leasingnehmers ergibt sich dabei aus der erwähnten vertraglichen Übernahme der Sach- und Gegenleistungsgefahr. Daher muss LN weiter die Leasingraten zahlen, abzüglich der von Leasinggeber ersparten Aufwendungen, § 326 Abs. 2 Satz 2. Er kann jedoch von seinem oben beschriebenen Recht auf außerordentliche Kündigung Gebrauch machen und sich so vom Vertrag lösen. Dann muss er dem Leasinggeber den entgangenen Gewinn und die Kosten für die Leasingsache für die Dauer der vereinbarten Mindestlaufzeit ersetzen (Amortisationsanspruch).

b) Scheitern der leasingtypischen Abtretung. Bisher wurde stets vorausgesetzt, **431** dass die Abtretung der Gewährleistungsansprüche des Leasinggebers gegen den Lieferanten an den Leasingnehmer wirksam ist; sie kann jedoch auch scheitern, was weitere Probleme aufwirft.

> **Bsp.:** V verkauft unter Geltung seiner AGB ein KFZ an LG. Dieser verleast unter Vereinbarung der leasingtypischen Abtretungskonstruktion das KFZ an LN, der das KFZ privat nutzen will. In den AGB von V ist die Gewährleistung für Kaufverträge mit Unternehmern vollständig ausgeschlossen. LN hatte das KFZ bei V ausgesucht. – Der Umstand, dass das Fahrzeug mit Wissen des V letztlich für LN bestimmt ist, könnte auf eine Umgehung des verbraucherschützenden § 475 hindeuten, der einen derartigen Gewährleistungsausschluss verbietet. Der BGH sieht jedoch zu Recht keine Umgehung des § 475 Abs. 1 Satz 1, denn das KFZ wird nicht verleast statt verkauft, um den Verbraucher um seine Gewährleistungsrechte zu bringen. Es werden vielmehr lediglich die normalen Verkaufsbedingungen des V zugrunde gelegt.

Scheitert die Abtretung der Gewährleistungsrechte mangels Existenz dieser Rechte, ist die Lösung des Problems in dem Rechtsverhältnis zu suchen, in dem der Verbraucher tatsächlich benachteiligt wird und auch selbst Vertragspartner ist, also im Verhältnis zwischen Leasinggeber und Leasingnehmer. Können dem Leasingnehmer die kaufrechtlichen Gewährleistungsansprüche vom Leasinggeber nicht verschafft werden, hat dies eine unangemessene Benachteiligung im Sinne des § 307 Abs. 2 Nr. 1 zur Folge.[719] Die Klausel, die mietrechtliche Gewährleistungsansprüche ausschließt und im Gegenzug die Abtretung der kaufrechtlichen Gewährleistungsansprüche regelt, ist dann insgesamt unwirksam und dem Leasingnehmer stehen die mietrechtlichen Gewährleistungsansprüche zu.

c) Ausübung der abgetretenen Käuferrechte aus § 437 durch den Leasingnehmer. **432** Ist die Leasingsache mangelhaft und übt der Leasingnehmer deshalb seine Rechte aus §§ 437, 398, 413 aus, so stellt sich jeweils die Frage nach den Auswirkungen auf die Vertragsbeziehung zwischen Leasingnehmer und Leasinggeber.

---

[718] MünchKomm-BGB/*Koch*, Finanzierungsleasing Rn. 82; *v Westphalen*, Der Leasingvertrag, Kap I Rn. 41 f.
[719] BGH NJW 1987, 1072 (1073); MünchKomm-BGB/*Koch*, Finanzierungsleasing Rn. 95; Staudinger/*Stoffels*, Leasing Rn. 219; *v Westphalen*, Der Leasingvertrag, Kap H Rn. 4 f.

433 aa) **Nacherfüllung.** Ohne Einfluss auf den Leasingvertrag bleibt ein Nacherfüllungsverlangen des Leasingnehmers gegenüber dem Lieferanten. Der Leasingnehmer bleibt weiterhin zur Zahlung der Leasingraten verpflichtet. Ihm steht kein Zurückbehaltungsrecht aus § 320 zu.[720]

434 bb) **Rücktritt.** Liegen die Voraussetzungen für die Ausübung des abgetretenen Rücktrittsrechts aus dem Kaufvertrag zwischen Lieferanten und Leasinggeber aus §§ 398, 413, 437 Nr. 2, 323 vor,[721] kann der Leasingnehmer durch die Ausübung seines Rücktrittsrechts den Kaufvertrag zwischen dem Lieferanten und dem Leasinggeber in ein Rückgewährschuldverhältnis umwandeln. Zum Rücktritt ist der Leasingnehmer wegen § 413 BGB berechtigt.

435 Über die Frage, wie sich diese Rückabwicklung des Kaufvertrags auf den Leasingvertrag auswirkt, besteht seit jeher Streit. Lange war es gängige Auffassung, dass durch den Wegfall des Kaufvertrags auch dem Leasingvertrag die Geschäftsgrundlage entzogen worden sei. Der Leasingvertrag entfiel vor Inkrafttreten des § 313 n. F. (2002) ex tunc und musste nach Bereicherungsrecht abgewickelt werden. Durch die Formulierung des § 313 Abs. 3 Satz 2, der den Wegfall der Geschäftsgrundlage bei Dauerschuldverhältnissen regelt, ist nun zusätzlich eine Kündigungserklärung an den Leasinggeber notwendig. Es bestehen insgesamt drei Lösungsmöglichkeiten:

436 (1.) Bleibt man, wie die gängige Auffassung, bei der Anwendung der Grundsätze des Wegfalls der Geschäftsgrundlage, so kommt man zu einem Kündigungsrecht nach § 313 Abs. 3 Satz 2. Die Kündigung wirkt jedoch nur für die Zukunft, so dass sich die Frage nach der weiteren Abwicklung stellt. Die gängige Auffassung[722] nimmt an, dass Vorausleistungen des Leasingnehmers (also Verwendungen auf die Leasingsache und Vorauszahlungen der Leasingraten) nach Bereicherungsrecht rückabgewickelt werden. Dem Leasinggeber steht der Amortisationsanspruch (Rn 430) zu. Dieser soll um den Betrag gekürzt werden, den der Leasinggeber vom Lieferanten aufgrund des Rücktritts vom Kaufvertrag erhält. Fällt der Lieferant wegen Insolvenz aus, so muss der Leasingnehmer den Amortisationsanspruch voll bezahlen.[723]

> Bsp.: Der Bagger wird an LN geliefert. Nach einer Woche zeigt sich ein irreparabler Defekt, der auch nach zwei Reparaturversuchen nicht behoben werden kann. Daraufhin tritt LN dem Lieferanten gegenüber zurück, §§ 413, 398, 437 Nr. 2, 440, 323 Abs. 1. Da der Lieferant mittlerweile insolvent ist, kann LG seinen infolge des Rücktritts entstehenden Anspruch aus § 346 Abs. 1 nicht durchsetzen. – Im diesem Fall ist LN zur vollen Zahlung des Amortisationsanspruchs, also des Kaufpreises für den Bagger zzgl. des durch das Leasinggeschäft für LG zu erwartenden Gewinns verpflichtet.

Weil die Kündigung nur für die Zukunft wirkt, ist der Leasingnehmer von der Pflicht zur Zahlung der zukünftigen Leasingraten mit wirksamer Ausübung des Rücktrittsrechts und Kündigung gegenüber dem Leasinggeber befreit. Nutzungsausfälle vor Ausübung des Rücktritts- und Kündigungsrechts können jedoch nicht berücksichtigt werden.

---

[720] A.A. *v Westphalen*, Der Leasingvertrag, Kap H Rn. 105–119.
[721] Siehe dazu Rn. 86 ff.
[722] Palandt/*Weidenkaff*, Vor § 535 BGB Rn. 58; Erman/*Jendrek*, Anh § 535 Rn. 31.
[723] Ähnlich schon *Canaris*, AcP 190 (1990), 410 (426 f.).

(2.) Zum Teil wird behauptet, die Wirkungen der Kündigung nach § 313 Abs. 3 Satz 2 seien unangemessen, so dass auf die Rücktrittsfolgen, die § 313 Abs. 3 Satz 1 vorsieht, zurückzugreifen sei.[724] Bei dieser Lösung trägt alleine der Leasingnehmer das Insolvenzrisiko des Lieferanten, da er dem Leasinggeber auf jeden Fall aus §§ 346 ff. zur Zahlung verpflichtet ist. Der Leasingnehmer ist dem Leasinggeber zum Nutzungsersatz, § 346 Abs. 1 und 2, verpflichtet und erhält seinerseits alle bereits gezahlten Leasingraten zurück, § 346 Abs. 1. Diese Ansprüche kann er jedoch erst durchsetzen, wenn er den Rücktritt beim Lieferanten durchsetzen konnte, § 320.[725]

437

(3.) Zum gleichen Ergebnis gelangt eine weitere Ansicht,[726] die auf die Situation nach Erklärung des Rücktritts das Unmöglichkeitsrecht anwendet. Durch den Rücktritt wird hiernach die Erfüllung der Gebrauchsüberlassungspflicht durch den Leasinggeber nach § 275 Abs. 1 unmöglich. Im Gegenzug entfällt die Pflicht des Leasingnehmers zur Ratenzahlung nach § 326 Abs. 1; die bereits bezahlten Raten sind nach §§ 326 Abs. 4, 346 vom Leasingeber zurückzuerstatten. Der Leasingnehmer schuldet jedoch für die Zeit, in der er die Sache nutzen konnte, Nutzungsersatz, § 346 Abs. 1. Diese Ansprüche werden erst mit Durchsetzung des Rücktritts beim Lieferanten fällig.

438

(4.) Stellungnahme. Die Instanzengerichte und auch große Teile des Schrifttums bevorzugen Lösung 2). Aufgrund ihrer Nähe zur alten h. M. und ihrer größeren Gesetzesnähe als Lösung 1) ist sie auch u. a. zu bevorzugen, bedarf allerdings einer Korrektur. Der Leasingnehmer trägt bei Lösung 2) das Insolvenzrisiko des Lieferanten, da er einen Ausfall des Lieferanten über seine erhöhte Abschlusszahlung in Form des Amortisationsanspruchs bezahlt.

Dies entspricht nicht der vertraglichen Risikozuweisung. Der Leasingnehmer hat das Risiko von Sachmängeln nur übernommen, soweit es um deren Durchsetzung geht, nicht soweit es bereits um die Insolvenz des Lieferanten geht. Hätte der Lieferant nie geliefert und der Leasinggeber bereits den Kaufpreis geleistet, wäre der Leasingnehmer unstreitig nach § 326 Abs. 1 frei von Zahlung der Leasingraten. Da der Lieferant Vertragspartner des Leasinggebers ist, muss auch dem Leasinggeber dessen Insolvenzrisiko zugewiesen werden.

Eine Lösung des Problems bietet sich über die Berechnung des Amortisationsanspruchs an (unten Rn. 444a). Das Problem ähnelt der Situation, in der dem Leasinggeber eine angemessene Verwertung der Leasingsache nicht gelingt. Daher ist statt des tatsächlich zurückgeflossenen Kapitals aufgrund des Anspruchs aus § 346 Abs. 1 dessen Wert zu bestimmen und dieser in Abzug zu bringen. So kann mit der Lösung über § 313 Abs. 3 Satz 2 eine stimmige Gesamtlösung erreicht werden.

cc) Minderung. Dagegen gestaltet sich eine Minderung durch den Leasingnehmer unproblematisch. Hier verändert sich die Geschäftsgrundlage für den Leasingvertrag, so dass nach § 313 Abs. 1 eine Vertragsanpassung stattzufinden hat. Die bereits bezahlten Leasingraten und die zukünftigen Raten sind entsprechend der Höhe der Minderung prozentual zu kürzen.[727] Auch hier ist neben der Erklärung

439

---

724 MünchKomm-BGB/*J. Koch*, Finanzierungsleasing Rn. 103; *Schmalenbach/Sester*, WM 2002, 2184 (2186); *Tiedtke/Möllmann*, DB 2004, 583 (588).
725 Vgl. BeckOK-BGB/*Ehlert*, § 535 Rn. 71, der jedoch gleichzeitig ein Fehlen der Geschäftsgrundlage annimmt.
726 *Emmerich*, JuS 1990, 1 (7).
727 MünchKomm-BGB/*Koch*, Finanzierungsleasing Rn. 106; Staudinger/*Stoffels*, Leasing Rn. 258.

der Minderung gegenüber dem Lieferanten ein Anpassungsverlangen an den Leasinggeber zu richten, § 313 Abs. 1. Der Anspruch kann ab Erklärung der Minderung geltend gemacht werden.

440 dd) **Schadensersatz.** Macht der Leasingnehmer einen Schadensersatzanspruch gegen den Lieferanten wegen Mängeln der Leasingsache geltend, §§ 398, 437 Nr. 3, so steht ihm dieser Betrag selbst zu. Wenn er Schäden am Leasinggut geltend macht, handelt er nicht für den Leasinggeber, soweit er zur Instandsetzung der Sache verpflichtet ist. Lediglich bei einem Schadensersatzanspruch statt der ganzen Leistung ergeben sich aufgrund der Wirkung des § 281 Abs. 5 im Verhältnis zwischen Leasingnehmer und Leasinggeber dieselben Probleme wie beim Rücktritt.[728]

3. Beendigung des Finanzierungsleasings

441 a) **Ordentliche Beendigung.** Der Leasingvertrag endet im Regelfall nach Ablauf der vereinbarten Leasingzeit oder, falls nichts vereinbart ist, durch ordentliche Kündigung nach Ablauf der Mindestleasingzeit. Je nach Vereinbarung hat der Leasingnehmer die Leasingsache in ordnungsgemäßem Zustand zurückzugeben, § 546 (Vollamortisationsleasing) oder zudem noch die Amortisation beim Leasinggeber herbeizuführen (Teilamortisationsvertrag). Dabei kommt eine Pflicht des Leasingnehmers zum Erwerb der Leasingsache oder die Vereinbarung einer Abschlusszahlung in Frage.

442 Fehlt eine solche Vereinbarung, so kann der Leasinggeber seinen Amortisationsanspruch geltend machen. Dieser Anspruch setzt sich aus der Summe der bis Ende der Leasingzeit noch zu entrichtenden Leasingraten abzüglich ersparter Vertragskosten (ersparte Zinsen) und zuzüglich kündigungsbedingter Mehraufwendungen zusammen. Ebenfalls abgezogen werden 90 % des Erlöses aus der Verwertung der Leasingsache.[729] Dabei obliegt es dem Leasinggeber, tatsächlich eine angemessene Verwertung herbeizuführen. Gelingt ihm das nicht, wird der erzielbare Verwertungserlös zu Grunde gelegt.

443 b) **Außerordentliche Kündigung.** Eine außerordentliche Kündigung durch den Leasingnehmer kommt insbesondere aufgrund Vorenthaltung der Sache nach § 543 Abs. 2 Satz 1 Nr. 1 analog in Frage.[730] Dem Leasinggeber steht ein solches Recht insbesondere bei vertragswidrigem Gebrauch, § 543 Abs. 1 Satz 2, Abs. 2 Satz 1 Nr. 2, oder Zahlungsverzug zu, § 543 Abs. 2 Satz 1 Nr. 3. Daneben besteht das Kündigungsrecht aus § 314.[731]

> **Bsp.:** LN hat sich im Kfz-Leasingvertrag mit LG zur Instandhaltung des geleasten Kfz verpflichtet. LN kümmert sich jedoch nicht um das Auto und lässt auftauchende Rostflecken, sowie die durch einen Unfall eingedrückte Seitentür nicht reparieren. – LG hat bei solchen Vertragsverletzungen ein außerordentliches Kündigungsrecht.

444 Bei Verschulden des jeweiligen Kündigungsgrundes, das vermutet wird, schuldet der Vertragspartner nach §§ 280 Abs. 1, Abs. 3, 281 Schadensersatz statt der Leistung. Der Anspruch des Leasinggebers gegen den Leasingnehmer bemisst sich dabei nach den Regeln des Amortisationsanspruchs.

---

[728] Siehe oben Rn. 434 ff.
[729] BGH NJW 1990, 2377 (2378).
[730] MünchKomm-BGB/*Koch*, Finanzierungsleasing Rn. 137.
[731] MünchKomm-BGB/*Koch*, Finanzierungsleasing Rn. 138.

c) Der Amortisationsanspruch.

Findet sich im Vertrag keine wirksame Regelung über die Abschlusszahlung des Leasingnehmers oder ist die vertragliche Regelung insgesamt unwirksam, ist der Leasingnehmer aufgrund der kreditvertraglichen Prägung des Leasings zu einer konkret zu berechnenden Abschlagszahlung verpflichtet (sog. Amortisationsanspruch). **444a**

Dieser Anspruch setzt sich zusammen aus der Summe der bis Ende der Leasingzeit noch zu entrichtenden Leasingraten abzüglich ersparter Vertragskosten (ersparte Zinsen) und zuzüglich kündigungsbedingter Mehraufwendungen. Ebenfalls abgezogen werden 90 % des Erlöses aus der Verwertung der Leasingsache. Dabei obliegt es dem Leasinggeber tatsächlich eine angemessene Verwertung herbeizuführen. Gelingt ihm das nicht, wird der erzielbare Verwertungserlös zu Grunde gelegt.

4. Verbraucherfinanzierungsleasing

Ist der Leasingnehmer Verbraucher, § 13, oder Existenzgründer, § 506, und der Leasinggeber Unternehmer, § 14, so gelten aufgrund des § 506 einige Besonderheiten. Diese Vorschrift ordnet die Geltung verschiedener Vorschriften über Verbraucherkredite an. Wichtig ist hier vor allem, dass diese Verträge der Schriftform bedürfen, §§ 506, 492 Abs. 1 Satz 1. Die Nichtigkeitsfolge regelt nicht § 125 BGB, sondern § 507 Abs. 2 Satz 2. Zusätzlich steht dem Verbraucher ein Widerrufsrecht zu, §§ 506, 495 Abs. 1, 355. Bedeutsame Änderungen ergeben sich außerdem durch § 498f, der erschwerte Voraussetzungen für die Kündigung durch den Leasinggeber bei Zahlungsverzug aufstellt. Zu beachten ist, dass ein Fall des § 506 nur unter den Voraussetzungen des § 506 Abs. 2 vorliegt. Aufgrund dieser Norm fallen die häufigen Fälle des KfZ-Leasings mit Kilometerabrechnung nicht unter § 506.[732] Lediglich das Restwertleasing, bei dem der Leasingnehmer für einen Restwert einzustehen hat, fällt unter § 506 beim KfZ-Leasing. Allerdings wird eine analoge Anwendung bei km-Leasing befürwortet.[733] **445**

Problematisch ist die Frage, ob das Verbraucherleasing ein verbundener Vertrag sein kann. § 506 verweist auf § 358, was dafür spricht, das generell anzunehmen. Allerdings sieht sich der Verbraucher beim Finanzierungsleasing immer nur einem Vertragspartner gegenüber. Insoweit liegen die Voraussetzungen des § 358 niemals vor. Nachdem § 506 aber nicht nur das Leasing regelt, sondern Finanzierungshilfen insgesamt, kann man in dem Verweis durchaus eine vollständige Rechtsgrundverweisung sehen, so dass die Voraussetzungen tatsächlich nicht vorliegen. Die Kritik in der Literatur, dass der Verweis also ansonsten ins Leere gehe, trägt nicht.[734] So hat auch der BGH die Anwendung des § 358 BGB auf das Leasing abgelehnt.[735] Eine analoge Anwendung lehnt der BGH ebenfalls ab, weil der Verbraucher durch die leasingtypische Abtretungskonstruktion und den Wegfall der Geschäftsgrundlage ausreichend geschützt sei. **446**

---

732 *Bayerle*, JA 2013, 659 (661).
733 *Bayerle*, JA 2013, 659 (661).
734 *Looschelders*, Schuldrecht BT, Rn. 515.
735 BGH NJW 2014, 1519.

II. Weitere Leasingformen

1. Operatingleasing

447 Als Operating-Leasing bezeichnet man einen klassischen Mietvertrag mit flexibler Laufzeit. Er wird meist für Technik angewendet, die oft erneuert wird. Der Leasinggeber verleast die Ware entweder nach Ablauf der Leasingzeit erneut oder veräußert sie, um seine Kosten zu amortisieren.[736] Das Operating-Leasing wird rechtlich wie ein Mietvertrag behandelt.

2. Hersteller-Leasing

448 Eine Sonderform des Finanzierungsleasings stellt das Hersteller- oder händlerabhängige Leasing dar, bei dem Verkäufer und Leasinggeber personenidentisch sind. Es gelten die Regeln des Finanzierungsleasings. Der Hersteller bezweckt mit diesem Modell oft eine Absatzförderung. Das Hersteller-Leasing stellt eine Sonderform des Finanzierungsleasings dar, mit der Besonderheit, dass kein Drei-Personen-Verhältnis vorliegt.

§ 11 Darlehensvertrag

Literatur: *Bodenbenner,* Rechtsfolgen sittenwidriger Ratenkreditverträge, JuS 2001, 1172; *Coester-Waltjen,* Der Darlehensvertrag, Jura 2002, 675; *Fischinger,* Einführung ins Factoring, JA 2005, 651; *Klocke,* Grundfälle zu den verbundenen und zusammenhängenden Verträgen, JuS 2016, 875; *ders.,* Grundfälle zu den verbundenen und zusammenhängenden Verträgen, JuS 2016, 975; *Langenbucher,* Die Lösung vom Darlehensvertrag, in: Dauner/Lieb/Konzen/Schmidt (Hrsg.), Das neue Schuldrecht in der Praxis, 2003, S. 569; *Wehrt,* Zweifelsfragen der Vorfälligkeitsentschädigungsberechnung, WM 2004, 401; *Leube,* Inhaltliche Anforderungen an die qualifizierte Mahnung nach § 498 I 1 Nr. 2 BGB, NJW 2007, 3240; *Oechsler,* Die Entwicklung des privaten Bankrechts im Jahre 2006, NJW 2007, 1418; *Wimmer/Rösler,* Vorfälligkeitsentschädigung bei vorzeitiger Beendigung von Darlehensverträgen, WM 2005, 1873; *Wittig/Wittig,* Das neue Darlehensrecht im Überblick, WM 2002, 145.

Rechtsprechung: BGHZ 104, 337 (Verzugszinsenberechnung bei Darlehensverträgen); **BGH NJW 1986, 1928** (Außerordentliche Kündigung eines Kredits wegen Unwirtschaftlichkeit des Betriebs); **BGH NJW 1991, 1817** (Schadensberechnung der Bank bei pflichtwidriger Nichtabnahme des Darlehens); **BGH NJW-RR 1999, 842** (Recht zur fristlosen Kündigung eines Kreditvertrags bei gewerblichem Millionenkredit; unangemessen pauschalierte Vorfälligkeitsentschädigung); **BGH NJW 2001, 1127** (§§ 138 Abs. 1, 818 Abs. 1 BGB, Sittenwidrigkeit eines Grundstückskaufs – Grobes Missverhältnis zwischen Leistung und Gegenleistung); **BGHZ 161, 196** (Zur Berechnung der Vorfälligkeitsentschädigung); **BGH NJW 2006, 2099** (Rückabwicklung der „Schrottimmobilien"-Fälle beim BGH – Schadensersatzlösung bei institutionalisiertem Zusammenwirken); **OLG Schleswig, BKR 2008, 75** (Zu den Voraussetzungen eines institutionalisierten Zusammenwirkens bei Darlehensvertrag; Positive Vertragsverletzung); **BGH, NJW 2014, 3713** (Kein Bearbeitungsentgelt für Banken beim Darlehen an Verbraucher).

I. Vertragsparteien und Pflichten

449 Der Darlehensvertrag zeichnet sich dadurch aus, dass eine Partei, der Darlehensgeber, sich dazu verpflichtet, der anderen Partei, dem Darlehensnehmer, einen

---

[736] Beim Operating-Leasing trägt der Leasinggeber das Risiko der Amortisation in vollem Umfang, vgl. BGH NJW 1990, 1785 (1788); *v Westphalen,* Der Leasingvertrag, Kap A Rn. 9.

Geldbetrag in bestimmter Höhe **zur Verfügung zu stellen**, § 488 Abs. 1. Zur Verfügung stellen bedeutet, dass der Darlehensgeber nicht zwingend Bargeld, sondern beispielsweise Buchgeld (Gutschrift auf einem Konto) zur Verfügung stellen kann.[737] Statt des Zur-Verfügung-Stellens kann aber auch eine Vereinbarung getroffen werden, dass ein bisher aus anderem Rechtsgrund geschuldeter Betrag künftig als Darlehen geschuldet wird (**Vereinbarungsdarlehen**).[738] Eine solche Einigung kann auch konkludent erfolgen, das bloße Hinausschieben einer Forderung stellt aber noch kein konkludentes Vereinbarungsdarlehen dar, sondern eine Stundung.[739] Daneben gibt es noch das Sachdarlehen nach § 607 Abs. 1, hier werden statt Geld vertretbare Sachen zur Verfügung gestellt. Von der Leihe grenzt sich das Sachdarlehen durch die Entgeltverpflichtung (Abs. 1 Satz 2 Halbsatz 1) und dadurch ab, dass nicht die gleiche, sondern Sachen gleicher Art, Menge und Güte zurückzuerstatten sind (Abs. 1 Satz 2 Halbsatz 2). In beiden Fällen wird dem Darlehensnehmer der „Darlehensgegenstand" übereignet.

> **Bsp.**: K schuldet Autohändler H den Kaufpreis für ein von H erworbenes VW Cabriolet. Beide einigen sich später, dass K dem H das Geld nicht nur als Kaufpreis, sondern als Darlehen schuldet. – Hier hat sich die bestehende Schuld in eine Darlehensschuld umgewandelt, § 311 Abs. 1. Welche Rechtsfolgen die Parteien dadurch herbeiführen wollen, muss im Einzelfall ermittelt werden. In Betracht kommen: (a.) eine **Schuldabänderung**, bei der die alte Schuld bestehen bleibt, nun aber den Regeln des Darlehensvertrags unterworfen wird; bestehende Einwendungen und Einreden aus dem alten Vertrag bleiben bestehen, (b.) eine **Schuldnovation**, durch die die alte Schuld durch die neue Darlehensschuld ersetzt wird; etwaige Einreden oder Einwendungen entfallen dadurch oder (c.) ein **konstitutives Schuldanerkenntnis**, §§ 780, 781, das unabhängig von der alten Schuld begründet werden soll.

450 Darüber hinaus hat der Darlehensgeber die üblichen **Nebenpflichten** nach § 241 Abs. 2. Aus der Rücksichtspflicht auf Interessen des Vertragspartners lässt sich aber keine allgemeine **Aufklärungs- oder Warnpflicht** des Darlehensgebers gegenüber dem Darlehensnehmer über Risiken des Geschäfts herleiten.[740] Ausnahmsweise besteht aber eine solche Pflicht, wenn das Kreditinstitut bezüglich wesentlicher Umstände einen Wissensvorsprung hat und diesen auch erkennen kann.[741] Ein Wissensvorsprung wird bei institutionalisiertem Zusammenwirken der kreditgebenden Bank und dem Vertragspartner des zu finanzierenden Projekts vermutet (z. B. wenn die Finanzierung des Vorhabens vom Vertragspartner vorgeschlagen wird).[742] Eine Aufklärungspflicht besteht auch dann, wenn das Kreditinstitut kraft Wissensvorsprungs damit rechnen kann, dass das zu finanzierende Vorhaben scheitern wird.[743]

451 Die Verpflichtung des Darlehensnehmers besteht darin, den **Darlehenszins zu zahlen**, § 488 Abs. 1 Satz 2, mangels abweichender Vereinbarung sind Zinsen nach Ablauf eines Jahres, spätestens bei der Rückerstattung der Darlehenssumme fällig, § 488 Abs. 2. Außerdem muss er den **Darlehensbetrag** bei Fälligkeit des Darlehens **zurückerstatten**, § 488 Abs. 1 Satz 2. Der Anspruch auf Rück-

---

737 RegE, BT-Drucks. 14/6040, S. 253; BeckOK-BGB/*Rohe*, § 488 Rn. 15.
738 Palandt/*Weidenkaff*, § 488 Rn. 20.
739 MünchKomm-BGB/*Berger*, § 488 Rn. 18.
740 BGH WM 1996, 475 (476); OLG Köln ZIP 1999, 1794 f.; BGH WM 1990, 920 (922).
741 BGH WM 1988, 561 (563).
742 OLG Schleswig BKR 2008, 75; vgl. auch BGH NJW 2006, 2099.
743 BGH WM 1987, 1546 f.

zahlung des Darlehens aus § 488 Abs. 1 Satz 2 besteht nur, wenn neben dem Parteikonsens der Darlehensbetrag auch tatsächlich an den Darlehensnehmer ausgezahlt wurde[744] und schließlich Fälligkeit[745] eingetreten ist.[746] Hingegen schuldet ein Verbraucher kein Bearbeitungsentgelt für die Gewährung des Darlehens. Eine derartige Klausel verstößt gegen § 307 Abs. 1, Abs. 2 Nr. 1. Sie verstößt gegen den allgemeinen Rechtssatz, dass derjenige der eine Leistung im eigenen Interesse erbringt, dies ohne Gegenleistung tut. Weil die Bank das Darlehen ausreicht, um damit an den Zinsen Geld zu verdienen, kann sie sich nicht für die Bearbeitung des Darlehens erneut vergüten lassen.[747]

452 Das Zurverfügungstellen des Darlehensbetrages und die Verpflichtung zur Zinszahlung stehen im **Gegenseitigkeitsverhältnis**, während die Rückzahlungspflicht lediglich einen Abwicklungsvorgang bei Beendigung des Dauerschuldverhältnisses darstellt, ähnlich wie die Rückgabe der Mietsache nach Beendigung des Mietvertrages.[748] Eine Nebenleistungspflicht besteht schließlich in der **Abnahme des Darlehens**, jedenfalls dann, wenn der Darlehensgeber ein wirtschaftliches Interesse hieran hat.[749] Davon wird jedenfalls bei gewerblichen Darlehensgebern auszugehen sein.[750] Der Darlehensnehmer ist nicht zur Stellung von Sicherheiten verpflichtet, wenn dies nicht ausdrücklich vereinbart ist.[751]

453 Das Darlehen ist als **unentgeltlicher Vertrag** vereinbart, wenn der Darlehensgeber dem Darlehensnehmer den Geldbetrag zinslos zur Verfügung stellt. Da ein verzinstes Darlehen aufgrund des Wortlauts des § 488 den gesetzlichen Regelfall darstellt, wird hierzu teilweise vertreten, dass das Bestehen einer Zinsvereinbarung vermutet wird. Die Beweislast für das Nichtbestehen einer Zinsvereinbarung liege dann beim Darlehensnehmer.[752] Jedoch spricht der Wortlaut, dass ein „geschuldeter" Zins zu zahlen sei, dafür, dass eine Verzinsungsvereinbarung nicht ohne weiteres in jedem Darlehensvertrag enthalten ist.[753]

454 Von den Überlassungsverträgen, insbesondere zur Miete, Pacht und Leihe, **unterscheidet sich der Darlehensvertrag** dadurch, dass der Darlehensnehmer, soweit Bargeld hingegeben wird, Eigentümer der betreffenden Geldscheine wird. Er muss, anders als bei Überlassungsverträgen, nicht dieselben Geldscheine zurückgeben, sondern nur deren Wert erstatten[754].

II. Nichtigkeit des Darlehensvertrags wegen Sittenwidrigkeit

455 Der Darlehensvertrag kommt, wie jeder Vertrag, durch Parteikonsens zustande.[755] Dieser Konsens wird regelmäßig den Darlehensbetrag, den Darlehenszins und eine Vereinbarung zur Fälligkeit der Rückerstattung des Darlehens ent-

---
744 Palandt/*Weidenkaff*, § 488 Rn. 9; MünchKomm-BGB/*Berger*, § 488 Rn. 44.
745 Siehe hierzu unten Rn. 465 ff.
746 Jauernig/*Mansel*, § 488 Rn. 26.
747 BGH NJW 2014, 3713 = JuS 2015, 168 (Anm. Schwab).
748 Jauernig/*Mansel*, § 488 Rn. 25.
749 MünchKomm-BGB/*Berger*, § 488 Rn. 67.
750 BGH NJW 1991, 1817 (1818); BeckOK-BGB/*Rohe*, § 488 Rn. 24.
751 MünchKomm-BGB/*Berger*, § 488 Rn. 56.
752 Palandt/*Weidenkaff*, § 488 Rn. 28.
753 BeckOK-BGB/*Rohe*, § 488 Rn. 51.
754 RegE, BT-Drucks., 14/6040, S. 253; MünchKomm-BGB/*Berger*, § 488 Rn. 46.
755 RegE, BT-Drucks., 14/6040, S. 252; *Oechsler*, Schuldrecht BT, Rn. 411.

halten.[756] Eine derartige Einigung über einen Darlehensvertrag kann, wie das bei Girokonten häufig der Fall ist, auch konkludent durch Einräumung eines Überziehungskredits geschehen.[757]

456 Ein Darlehensvertrag kann, neben den üblichen Nichtigkeitsgründen, insbesondere wegen § 138, **Sittenwidrigkeit**, nichtig sein. Vorrangig ist zunächst § 138 Abs. 2 (**Wucher**) zu prüfen, dessen enge Voraussetzungen auf der subjektiven Seite jedoch selten nachweisbar sind.[758] Doch auch wenn der Tatbestand des Wuchers nicht erfüllt ist, kommt eine Sittenwidrigkeit nach § 138 Abs. 1 in Betracht, wenn es sich um ein sog. **wucherähnliches Geschäft** handelt. Das ist nach gängiger Auffassung der Fall, wenn Leistung und Gegenleistung in einem ganz auffälligen Missverhältnis stehen, der vereinbarte Zinssatz also den marktüblichen Zinssatz um mindestens 100 % überschreitet.[759] Freilich ist dies nur ein Richtwert. Wie immer bei Prüfung der Sittenwidrigkeit sind alle **Umstände des Einzelfalls** in Betracht zu ziehen, so dass ein Vertrag mit einem Zinssatz, der den marktüblichen Zins um 100 % überschreitet, nicht in jedem Fall sittenwidrig sein muss und umgekehrt auch unterhalb der 100 %-Grenze bereits Sittenwidrigkeit in Betracht kommt.[760]

457 Auf der subjektiven Seite ist für § 138 Abs. 1 erforderlich, dass der Darlehensgeber bewusst die wirtschaftliche **Unterlegenheit des Darlehensnehmers ausgenutzt** hat. Das soll bereits dann der Fall sein, wenn der Darlehensgeber leichtfertig übersieht, dass sich der Darlehensnehmer nur aufgrund seiner schwachen Stellung auf die nachteiligen Bedingungen eingelassen hat.[761] Der **Unterschied zum Wucher**, § 138 Abs. 2 ist daher, dass beim wucherähnlichen Geschäft die subjektiven Voraussetzungen vermutet werden, wenn der objektive Tatbestand erfüllt ist und es sich um einen gewerblichen Darlehensgeber handelt.[762] Dass damit die Voraussetzungen des § 138 Abs. 2 umgangen werden, wird gemeinhin hingenommen.

458 Folge der Sittenwidrigkeit ist, wie stets, die **Nichtigkeit des Vertrages**. Es kommt nicht etwa eine geltungserhaltende Reduktion des Zinssatzes auf den gerade noch zulässigen Zinssatz in Betracht, weil andernfalls der Darlehensgeber in der Lage wäre, einen beliebigen Zinssatz zu vereinbaren und dann doch immer noch den gerade zulässigen Höchstzinssatz zu erhalten.[763] Wie stets bei nichtigen Verträgen wird eine Rückabwicklung nach § 812 Abs. 1 Satz 1 Alt. 1, Leistungskondiktion, durchgeführt.[764] Der Darlehensgeber kann also **Rückzahlung des Darlehens** verlangen, wobei der Ausschlusstatbestand des § 817 Satz 2 nicht entgegensteht, weil das Darlehen nur für einen begrenzten Zeitraum gewährt wird und der Wert des Darlehens nicht endgültig in das Vermögen des Darlehensnehmers übergehen soll.[765]

---

756 Jauernig/*Mansel*, § 488 Rn. 5.
757 Jauernig/*Mansel*, § 488 Rn. 7.
758 Palandt/*Heinrichs*, § 138 Rn. 25.
759 BGH NJW 1988, 1659 (1660); BGH NJW 1990, 1595 (1596).
760 MünchKomm-BGB/*Berger*, § 488 Rn. 114.
761 BGH NJW 1981, 1206 (1207); BGH NJW 2001, 1127 f.
762 BGH NJW 1984, 2292 (2294); BGH NJW 1986, 2564 (2565); BGH NJW 1995, 1019 (1020); MünchKomm-BGB/*Berger*, § 488 Rn. 118.
763 MünchKomm-BGB/*Berger*, § 488 Rn. 123; a. A. Staudinger/*Sack*, § 138 Rn. 220.
764 *Bodenbenner*, JuS 2001, 1172 (1173 ff.).
765 MünchKomm-BGB/*Berger*, § 488 Rn. 126.

459 Nach gängiger Auffassung ergibt sich aus § 817 Satz 2 jedoch, dass der Darlehensnehmer das Darlehen nur nach den Regeln zurückzahlen muss, denen er bei Wirksamkeit des Darlehensvertrages unterlegen wäre, also beispielsweise in den **vereinbarten Raten**.[766] Dabei ist aber zu beachten, dass sich die Höhe der Raten um den sittenwidrigen Zinsanteil reduziert.[767] Hier schließt sich die Frage an, ob der Darlehensnehmer nicht doch für die zwischenzeitliche Nutzungsmöglichkeit **Zinsen** zu zahlen hat. Eine Auffassung[768] lehnt dies im Hinblick auf § 817 Satz 2 ab und bestraft damit letztlich den Darlehensgeber. Die Gegenauffassung[769] gewährt dem Darlehensgeber den angemessenen, also marktüblichen Zinssatz. Sie leitet dies allerdings nicht aus dem Vertrag her, der ja nichtig ist, sondern aus § 818 Abs. 2. Das erscheint freilich unzutreffend, denn auf diese Weise würde dem Darlehensgeber ebenfalls das Risiko genommen, das er mit der Vereinbarung erheblich überhöhter Zinsen auf sich nimmt.

> **Bsp.:** K schließt einen Darlehensvertrag mit der B-Bank über ein Darlehen in Höhe von 10.000 € zu einem effektiven Jahreszins von 14 %, zu tilgen in 50 gleichen Monatsraten. Der marktübliche Zins beträgt 6 %. – Der Vertrag ist gem. § 138 Abs. 1 sittenwidrig und daher als Ganzes nichtig, § 139. K muss gem. § 812 Abs. 1 Satz 1 Alt. 1 das erhaltene Geld (ohne Zinsen) zurückzahlen, wobei K nicht sofort 10.000 € zurückzahlen muss, sondern 50 Monatsraten à 200 € schuldet.

III. Pflichtverletzungen

460 Die Parteien können, wie stets, Pflichtverletzungen begehen und lösen damit gegebenenfalls ein Rücktrittsrecht oder einen Schadenersatzanspruch des anderen Teils aus.

1. Darlehensgeber

461 Wenn der Darlehensgeber den Kredit nicht pünktlich zur Verfügung stellt, kann der Darlehensnehmer bei Vorliegen der Verzugsvoraussetzungen aus §§ 280 Abs. 1, Abs. 2, 286 **Schadenersatz neben der Leistung** und bei Vorliegen der Voraussetzungen aus §§ 280 Abs. 1, Abs. 3, 281 **Schadensersatz statt der Leistung** verlangen;[770] außerdem schuldet der Darlehensgeber **Verzugszinsen**, § 288 Abs. 1.

462 Ist das Darlehen entgeltlich, so handelt es sich um einen gegenseitigen Vertrag, und der Darlehensnehmer kann unter den Voraussetzungen des § 323 vom Vertrag zurücktreten. Dieses **Rücktrittsrecht** besteht jedoch nur vor Auszahlung des Darlehens. Nach Auszahlung kommt, wie stets bei Dauerschuldverhältnissen, die in Vollzug gesetzt worden sind, lediglich eine **Kündigung aus wichtigem Grund**, § 490 in Betracht. Daneben ist auch § 314 anwendbar.

2. Darlehensnehmer

463 Die häufigste Pflichtverletzung des Darlehensnehmers besteht darin, dass er seiner Rückzahlungspflicht aus § 488 Abs. 1 Satz 2 nicht nachkommt. In diesem Fall kann der Darlehensgeber gegebenenfalls **Ersatz des Verzögerungsschadens** als Schadensersatz neben der Leistung fordern, §§ 280 Abs. 1, Abs. 2, 286, außer-

---

[766] BGH NJW 1987, 944 (945); BeckOK-BGB/*Rohe*, § 488 Rn. 12.
[767] BGH WM 1982, 1021 (1023); MünchKomm-BGB/*Berger*, § 488 Rn. 129.
[768] BGH WM 1983, 115 (118); BGH WM 1989, 1083 (1085).
[769] Staudinger/*Lorenz*, § 817 Rn. 12; *Brox/Walker*, Besonderes Schuldrecht, S. 224.
[770] MünchKomm-BGB/*Berger*, § 488 Rn. 38.

dem **Zahlung von Verzugszinsen**, § 288 Abs. 1. Ob er neben dem Verzugszins auch noch den vertraglich geschuldeten Zins verlangen kann, ist strittig. Teilweise wird dies unter Bildung einer Analogie zu § 546a Abs. 1 befürwortet.[771] Die Rechtsprechung betont jedoch den Ausnahmecharakter des § 546a Abs. 1 und verneint eine weitere Zinszahlungspflicht. Die Lage sei schon deshalb nicht vergleichbar, weil der Vermieter Eigentümer der überlassenen Sache bleibe.[772] Den Verzögerungsschaden schuldet der Darlehensnehmer auch dann, wenn er lediglich die Zinsen nicht rechtzeitig bezahlt; hier kann der Darlehensgeber jedoch keine Verzugszinsen nach § 288 Abs. 1 verlangen, weil **Zinseszinsen nicht geschuldet** werden, § 289.[773]

Schließlich kommt eine **Kündigung** nach §§ 490 Abs. 3, 314 durch den Darlehensgeber in Betracht, wenn der Darlehensnehmer mit Zahlung von Tilgungsraten oder Zinsen in Verzug ist. Ein **wichtiger Grund** lässt sich aber noch nicht allein aus einer einmaligen Zahlungsverzögerung herleiten. Hierbei sind stets die Gesamtumstände des Einzelfalls zu berücksichtigen und die Interessen der Beteiligten abzuwägen.[774] Aus den Wertungen der §§ 498 Abs. 1 Satz 1 Nr. 1 und 543 Abs. 2 Satz 1 Nr. 3 wird vielmehr allgemein hergeleitet, dass der Darlehensnehmer in der Regel mit mindestens **zwei aufeinander folgenden Raten** zu einem erheblichen Teil in Verzug sein muss, damit ein wichtiger Grund vorliegt und ein außerordentliches Kündigungsrecht des Darlehensgebers in Betracht kommt, wenn nicht ausnahmsweise besondere Umstände vorliegen.[775]

464

> **Bsp.** (nach BGH NJW-RR 1999, 842): Im August 1993 gewährte die Bank B der Bau-KG einen Kredit in Höhe von 18 Mio. € und die Parteien vereinbarten vierteljährliche Zins- und Tilgungsleistungen in Höhe von gleich bleibend 382.000 €. Die Bau-KG zahlte die ersten beiden Raten vollständig, geriet danach jedoch in finanzielle Schwierigkeiten, so dass es bei der dritten Rate zu einem Tilgungsrückstand von 3.000 € kam und die vierte Rate von der Bau-KG überhaupt nicht mehr gezahlt wurde. Die B-Bank erklärte daraufhin die außerordentliche Kündigung des Kreditvertrags und forderte Rückzahlung der 18 Mio. € zuzüglich einer Vorfälligkeitsentschädigung innerhalb von zwei Wochen. – Der BGH befand die außerordentliche Kündigung des Kreditvertrags durch die B-Bank für wirksam, da ein einmaliger Zahlungsverzug auf Kreditnehmerseite bei einem gewerblichen Millionenkredit und vierteljährlichen Tilgungsraten dem Darlehensgeber unzumutbar sei und ein Recht zur fristlosen Kündigung gewähre.

IV. Kündigungsrechte außerhalb des Pflichtverletzungsrechts

Wie bereits ausgeführt, entsteht die Rückzahlungspflicht des Darlehensnehmers aus § 488 Abs. 1 Satz 2 erst mit Fälligkeit des Darlehens. Die **Fälligkeit** richtet sich vorrangig nach der Vereinbarung der Parteien. Mangels Vereinbarung gilt § 488 Abs. 3 Satz 1, der Fälligkeit als **Folge der Kündigung des Darlehens** durch eine der Vertragsparteien eintreten lässt. Die Kündigung ist, wie stets, als außerordentliche oder ordentliche Kündigung möglich.

465

---

771 *Mack*, WM 1986, 1337 (1342 f.).
772 BGHZ 104, 337 (341).
773 BeckOK-BGB/*Unberath*, § 289 Rn. 1.
774 BGH NJW 1986, 1928 (1929); OLG Brandenburg BB 1999, 655 (666).
775 MünchKomm-BGB/*Berger*, § 490 Rn. 49.

1. Ordentliche Kündigung

466 Eine ordentliche Kündigung ist bei Darlehen ohne vereinbarte Laufzeit, mangels abweichender Vereinbarung, nach § 488 Abs. 3 Satz 1 und 2 für **beide Parteien mit einer Frist von drei Monaten** möglich. Beim zinslosen Darlehen kann der Darlehensnehmer das Darlehen stets sofort zurückerstatten, § 488 Abs. 3 Satz 3, weil der Darlehensgeber dadurch keine wirtschaftlichen Nachteile erleidet, während er ansonsten bei der Kündigung den Nachteil erlitte, dass keine weiteren Zinsen gezahlt würden und er nicht rechtzeitig eine neue Verwendungsmöglichkeit für die Geldmittel suchen könnte.[776] Der Darlehensgeber hingegen muss auch beim zinslosen Darlehen fristgerecht kündigen.

467 Der **Darlehensnehmer** hat auch, wenn eine vertragliche Fälligkeitsvereinbarung besteht, ein Kündigungsrecht nach § 489. Ist ein Darlehensvertrag mit einem veränderlichen Zinssatz geschlossen worden, so kann der Darlehensnehmer trotz fester Laufzeit jederzeit mit der genannten Dreimonatsfrist kündigen, § 489 Abs. 2, um den Zinsschwankungen nicht ausgeliefert zu sein. Ist ein fester Zinssatz vereinbart, so besteht eine höhere Schwelle für das Kündigungsrecht. Der Darlehensnehmer kann kündigen, wenn die Zinsbindung vor dem vereinbarten Rückzahlungstermin endet und die Parteien sich nicht über einen neuen Zinssatz einigen können, § 489 Abs. 1 Nr. 1. Außerdem kann er mit einer Frist von sechs Monaten nach Ablauf von zehn Jahren seit der Auszahlung der Darlehenssumme kündigen, § 489 Abs. 1 Nr. 2.

2. Außerordentliche Kündigung

468, 469 **Beide Parteien** haben ein Recht zur außerordentlichen Kündigung des Darlehensvertrags, § 490. Der Darlehensgeber kann bereits vor Auszahlung des Darlehens fristlos kündigen, erst recht danach, wenn die Rückerstattung des Darlehens gefährdet ist, weil sich die **Vermögensverhältnisse des Darlehensnehmers** oder der **Wert einer Sicherheit wesentlich zu verschlechtern** drohen oder die Verschlechterung bereits eingetreten ist. Das ist beispielsweise dann der Fall, wenn eine zur Sicherheit übereignete Sache zerstört wird oder der Darlehensnehmer seinen Arbeitsplatz und damit den Großteil seiner Einkünfte verliert. Wenn die Vermögensverhältnisse aber schon bei Vertragsschluss schlechter waren als angenommen, ist dies kein Kündigungsgrund. Jedoch könnte hier eine Befreiung vom Vertrag nach § 119 Abs. 2 oder eine Leistungsverweigerung nach § 321 möglich sein.[777] Die Kündigung des Darlehensgebers wegen Zahlungsverzugs richtet sich nach Abs. 3 i. V. m. § 314. Es ist daher eine umfassende Interessensabwägung vorzunehmen.[778] Das liegt jedenfalls dann vor, wenn zwei aufeinander folgende Raten nicht bezahlt wurden.[779]

470 Der **Darlehensnehmer** kann einen Darlehensvertrag mit fester Zinsvereinbarung und Sicherung durch ein Grundpfandrecht unter Einhaltung der Fristen des § 488 Abs. 3 Satz 2 kündigen, wenn er ein berechtigtes Interesse an der Kündigung vortragen kann, § 490 Abs. 2, z. B. weil er das beliehene Objekts anderweitig verwerten möchte, § 490 Abs. 2 Satz 2. Dann jedoch schuldet er dem Darle-

---

776 BeckOK-BGB/*Rohe*, § 488 Rn. 45; Erman/*Saenger*, § 488 Rn. 73.
777 MünchKomm-BGB/*Berger*, 490 Rn. 2; BeckOK-BGB/*H. Schmidt*, § 321 Rn. 4.
778 BeckOGK-BGB/*Weber*, § 490 Rn. 148.
779 BGH NJW 1986, 46.

hensgeber eine sog. Vorfälligkeitsentschädigung, § 490 Abs. 2 Satz 3. Auf die Kündigungsrechte bei Pflichtverletzungen wurde bereits oben[780] eingegangen.

Bsp. (nach BGHZ 161, 196, 201): Im Mai 1999 schloss die Hypothekenbank H mit der BAG einen Darlehensvertrag über 8,3 Mio. €, um der B-AG die Finanzierung eines Grundstückkaufs zu ermöglichen. Die Laufzeit des Darlehensvertrages wurde auf zehn Jahre festgelegt. Zur Sicherung der Darlehensforderung wurde das Grundstück mit einer Grundschuld zugunsten der H belastet. Im Jahr 2004 wollte die B-AG das Grundstück lastenfrei an einen Dritten verkaufen, und kündigte daher den Darlehensvertrag gem. § 490 Abs. 2 mit einer Kündigungsfrist von drei Monaten. H verlangte daraufhin Schadensersatz in Form einer Vorfälligkeitsentschädigung, § 490 Abs. 2 Satz 3. – Die Vorfälligkeitsentschädigung ist der Ersatz desjenigen Schadens, der dem Darlehensgeber aus der vorzeitigen Kündigung entsteht. Dies ist jedoch nicht so zu verstehen, dass die H-Bank so zu stellen ist, als habe die B-AG ordnungsgemäß erfüllt, was bedeuten würde, dass die H letztlich die gesamten Zinsen als Schaden verlangen könnte. Vielmehr trifft sie die Pflicht, das während der Laufzeit des Darlehens zurückerlangte Kapital, wiederum in „sichere Kapitalmarkttitel" anzulegen. Der Schaden ergibt sich dann aus der Differenz zwischen den von der B-AG geschuldeten Zinsen und den Zinsen aus der Kapitalmarktanlage.

V. Verbraucherdarlehen

470a Das Verbraucherdarlehen hat in den §§ 491 ff. eine umfangreiche Regelung gefunden. Die Regelung geht auf die Verbraucherkreditrichtlinie (2008/48/EG) und die Richtlinie über Wohnimmobilienkreditverträge (2014/17/EU) zurück. Es gelten daher auch die für den Verbrauchsgüterkauf dargestellten besonderen Auslegungsregeln (Rn. 3a). Es handelt sich um Verbraucherschutzrecht mit der Folge, dass es sich um einseitig zwingendes Recht handelt. Es darf also nicht zugunsten des Unternehmers abgewichen werden, wenn das Gesetz dies nicht erlaubt. Das findet sich auch ausdrücklich so im Normtext des § 512 Satz 1. Der Gesetzgeber hat zusätzlich noch ein Umgehungsverbot vorgesehen, § 512 Satz 2. Dabei kommt es nur darauf an, dass die vertragliche Beziehung zwischen den Parteien objektiv so gestaltet ist, dass die Normen der §§ 491–510 nicht Anwendung finden, obwohl ihr Schutzzweck vorliegt. Eine Absicht der Umgehung ist nicht nötig.[781] Die Vorschriften der § 491 ff. ergänzen und modifizieren die allgemeinen Regeln des Darlehensrechts und des Leistungsstörungsrechts.

1. Anwendungsbereich

470b Ein Verbraucherdarlehen kommt zustande durch Abschluss eines Vertrags zwischen einem Unternehmer (§ 14) und einem Verbraucher (§ 13) oder Existenzgründer (§ 513). Bei letzteren nur, wenn der Darlehensbetrag nicht 75.000 € überschreitet. § 491 Abs. 2 nimmt bestimmte Verträge vom Anwendungsbereich des Verbraucherdarlehens wieder aus, insbesondere wenn ein Darlehensbetrag von 200 € nicht erreicht wird (Nr. 1) oder wenn der Verbraucher das Darlehen binnen drei Monaten zurückzahlen muss und nur geringe Kosten vereinbart sind (Nr. 3).

---

780 Siehe Rn. 460 ff.
781 BeckOK-BGB/*Möller*, § 512 Rn. 6.

2. Begründung des Vertrags

470c Der Vertrag entsteht wirksam unabhängig von der Erfüllung der Informationspflichten nach § 491a, die Verletzung kann aber Schadensersatzansprüche begründen und lässt die Widerrufsfrist später beginnen.

470d Das Verbraucherdarlehen kann nicht formfrei geschlossen werden, es ist qualifizierte Schriftform erforderlich, wobei die Unterschrift auf getrennten Urkunden genügt, § 492 Abs. 1 Satz 1 und 2, und auf die Unterschrift des Darlehensgebers bei einer automatischen Einrichtung verzichtet werden kann, Satz 3. Auch hat der Darlehensgeber bestimmte Informationen in die Urkunde aufzunehmen, Abs. 2. Damit soll der Verbraucher über die wirtschaftliche Belastung durch das Darlehen informiert werden. Die qualifizierte Schriftform dient dem Schutz des Verbrauchers vor übereilten Kreditentscheidungen.[782] Auch eine eventuelle Vollmacht auf Seiten des Darlehensnehmers muss dieser Form genügen, Abs. 4 und damit der Verbraucher als Vollmachtgeber auch dann über die Belastung informiert wird, wenn nicht eine notarielle Vollmacht vorliegt, Abs. 4 Satz 2.

470e Die Rechtsfolge richtet sich nach § 494 Abs. 1, wonach ein Verstoß gegen die Schriftform die Vollmacht oder den Darlehensvertrag nichtig macht, wenn die Form insgesamt nicht eingehalten ist oder wenn bestimmte Teile der Informationen nicht im Vertrag enthalten sind, § 494. Der Vertrag wird allerdings wirksam, wenn der Darlehensnehmer das Darlehen empfängt oder in Anspruch nimmt, § 494 Abs. 2 Satz 1. Dabei genügt es für den Empfang, wenn das Darlehen vereinbarungsgemäß auf das (auch beim Darlehensgeber geführte) Konto des Darlehensnehmers ausbezahlt wird.[783]

470f Für den Verbraucher günstig, wird dann allerdings nur der gesetzliche Zinssatz von 4 % (§ 246) geschuldet, wenn dazu jede Angabe in der Urkunde fehlt, Satz 2. Ist der vereinbarte Zinssatz niedriger, gilt allerdings dieser, denn das Gesetz spricht von einer „Ermäßigung". Auch andere Kosten und Bearbeitungsgebühren werden dann nicht geschuldet, sondern nur der gesetzliche Zins. Ist der effektive Jahreszins zu niedrig angegeben, sanktioniert dies Abs. 3 mit einer verhältnismäßigen Reduzierung des Sollzinses. Der Verbraucher ist jederzeit zur Kündigung berechtigt, wenn dazu keine Angaben in der Urkunde gemacht wurden, Abs. 6.

3. Pflichtverletzung und Vertragsbeendigung

470g Dem Darlehensnehmer steht nach § 495 ein Widerrufsrecht nach den Vorschriften des § 355 zu, wenn nicht ausnahmsweise ein Fall des § 495 Abs. 2 vorliegt. Wichtigste Ausnahmen sind hier notarielle Verträge, in denen der Notar die Einhaltung der §§ 491a und 492 bestätigt (Nr. 2) sowie der Dispositionskredit nach § 504 Abs. 2 und die geduldete Überziehung nach § 505.
Die Folgen eines Schuldnerverzugs auf Seiten des Verbrauchers regelt § 497 BGB. Insbesondere die Verzinsungspflicht nach § 288 Abs. 1. Für Immobiliarkredite sieht das Gesetz einen gesonderten, niedrigeren Zinssatz von 2,5 %-Punkten über dem Basiszinssatz vor, Abs. 4. In Abs. 3 regelt das Gesetz eine von § 367 abweichende Tilgungsreihenfolge bei nicht ausreichenden Teilzahlungen,

---

782 *Medicus/Lorenz*, Schuldrecht II BT, Rn. 594.
783 BeckOGK-BGB/*Knops*, § 494 Rn. 22; BeckOK-BGB/*Möller*, § 494 Rn. 10; BGH NJW 2006, 1788 (1791) (empfangen, wenn in der vereinbarten Form dem Vermögen des Darlehensnehmers zugeführt); a. A. *Medicus/Lorenz*, Schuldrecht II BT wonach die Gutschrift nicht ausreichen soll.

Satz 1. Entgegen § 266 ist der Darlehensgeber auch verpflichtet diese Teilleistung anzunehmen, Satz 2.

Das Kündigungsrecht des Darlehensgebers bei Verzug regelt § 498. Abweichend von §§ 490 Abs. 3 i. V. m. § 314 kommt es zusätzlich darauf an, dass Verzug in Höhe von mindestens zwei aufeinanderfolgenden Raten ganz oder teilweise in Verzug ist (Nr. 1 lit. a), dieser Rückstand mindestens 10 % bzw. 5 % des Darlehensbetrags erreicht hat (Nr. 1 lit. b, oder 2,5 % nach Abs. 2) und eine zweiwöchige Zahlungsfrist mit Androhung der Gesamtfälligkeitsstellung gesetzt wurde (Nr. 2). Nach der Rechtsprechung des BGH[784] liegt aufgrund dieser Umstände stets ein Kündigungsgrund nach § 314 vor, so dass bei Vorliegen dieser Voraussetzungen die Kündigung immer möglich ist. § 498 ist kein eigener Kündigungstatbestand, sondern schränkt die Kündigung nach § 314 ein.[785] **470h**

Die Frist zur ordentlichen Kündigung für den Darlehensgeber ist nach § 499 Abs. 1 auf mindestens zwei Monate festgelegt. Der Darlehensnehmer kann einen Vertrag ohne Ablaufdatum hingegen jederzeit ohne Frist – auch teilweise – kündigen, § 500 Abs. 1 Satz 1, eine längere Frist als ein Monat kann nicht vereinbart werden, Abs. 1 Satz 2. Der Darlehensnehmer kann seine Verpflichtungen aus dem Darlehensvertrag aber jederzeit nach § 500 Abs. 2 erfüllen. Die Folge ist dann einerseits zu seinen Gunsten die Kostenermäßigung nach § 501 sowie zu seinen Lasten eine Vorfälligkeitsentschädigung nach § 502. Einschränkungen ergeben sich nur beim Immobilienvertrag nach § 500 Abs. 2 Satz 2. **470i**

4. Analoge Anwendung

Die §§ 491 ff. finden analog auch bei einem Schuldbeitritt Anwendung, wenn der Beitretende Verbraucher ist. Hingegen ist es nicht nötig, dass der Kreditnehmer Verbraucher ist. Auch dem Beitretenden stehen daher die Informationsrechte zu und er hat ein Widerrufsrecht. **470j**

Bei einer Schuldübernahme auf Darlehensnehmerseite finden die §§ 491 ff. analog Anwendung, wenn ein dreiseitiger Vertrag vorliegt, der Darlehensgeber also gegen den Übernehmenden Zahlungsansprüche erwirbt. Dann kann der Übernehmende den Übernahmevertrag widerrufen, mit der Folge, dass der Vertrag weiter gegen den alten Darlehensnehmer besteht.

VI. Finanzierungshilfen für Verbraucher

Eine ähnliche Gefährdung wie bei einem Verbraucherdarlehen sieht sich der Verbraucher bei einer Finanzierungshilfe etwa für einen Kaufvertrag ausgesetzt. Dann nimmt der Verbraucher zwar kein Gelddarlehen, aber einen Warenkredit auf. Das Gesetz differenziert zwischen einem Zahlungsaufschub, sonstigen Finanzierungshilfen und Teilzahlungsgeschäften. Soweit die ersten beiden Fälle eine solche Hilfe entgeltlich gewähren, regelt § 506 die Anwendung der §§ 358–360 über verbundene Verträge sowie die §§ 491a bis 502 ohne § 492 Abs. 4 und 505a bis 505d des Verbraucherdarlehens. Bei einem Teilzahlungsgeschäft regeln §§ 507 und 508 wiederum Besonderheiten, § 506 Abs. 3. **470k**

---

[784] BGH NJW 1986, 46.
[785] A.A. *Medicus/Lorenz*, Schuldrecht II BT, Rn. 599.

1. Zahlungsaufschub

470l Ein Zahlungsaufschub liegt vor, wenn die Fälligkeit der Forderung des Unternehmers in Abweichung, insbesondere von § 320, zeitlich hinter seine Leistungspflicht verschoben wird, der Unternehmer also in Vorleistung geht.[786]
Der Zahlungsaufschub muss aufgrund der komplizierten Verweisung von § 506 Abs. 4 i. V. m. § 491 Abs. 2 Satz 2 Nr. 3 für mindestens drei Monate gelten, wenn nur geringe Kosten vereinbart sind. Auch muss der Betrag von 200 Euro überschritten sein, § 506 Abs. 4 i. V. m. § 491 Abs. 2 Satz 2 Nr. 1.
Entscheidend für die Anwendung ist jedoch, dass dies entgeltlich geschehen muss. Soweit also der Barzahlungspreis mit den vereinbarten Raten identisch ist, also weder Zinsen noch Gebühren anfallen, liegt kein Fall des § 506 vor. Die Entgeltlichkeit wird jedoch unter den Voraussetzungen des § 506 Abs. 2 fingiert. Ein Entgelt liegt auch vor, wenn bei einer sofortigen Barzahlung ein niedrigerer Preis verlangt worden wäre.

2. Sonstige entgeltliche Finanzierungshilfe

470m Unter den gleichen Voraussetzungen ist auch jede sonstige entgeltliche Finanzierungshilfe von § 506 erfasst. Das ist jede vertragliche Gestaltung, die weder als Darlehen noch als Zahlungsaufschub zu qualifizieren ist und dem Verbraucher zeitweilige Kaufkraft überlässt.[787] Beispiele sind Mobilfunkverträge mit subventioniertem Handy, der Mietkauf und nach Abs. 2 auch das Finanzierungsleasing (siehe dazu Rn. 445).

3. Teilzahlungsgeschäft

470n Erhält der Verbraucher seine Leistung sofort, zahlt aber den geschuldeten Betrag in Raten ab, liegt ein sog. Teilzahlungsgeschäft vor. Hier ist die Verweisung auf das Verbraucherdarlehen durch § 507 eingeschränkt.[788] Es gelten nur die Regeln über die verbundenen Verträge, die Form nach § 492 Abs. 1 Satz 1 bis 4, das Widerrufsrecht und die Anrechnung von Teilleistungen und die Kündigung bei Zahlungsverzug (§§ 495 Abs. 1, 496–498).

470o Hier kann der Unternehmer wegen Zahlungsverzug den Rücktritt vom Teilzahlungsgeschäft nach § 508 nur unter den Voraussetzungen des § 498 Abs. 1 Satz 1 erklären. Das Recht des Unternehmers nach § 323 vom Vertrag wegen Nichtleistung zurückzutreten ist also zugunsten des Verbrauchers eingeschränkt. Damit der Verkäufer einer nur unter Eigentumsvorbehalt verkauften Sache nicht einfach nach § 985 den finanzierten Gegenstand herausverlangen kann oder sich die Sache sonst wieder verschafft, sieht das Gesetz eine Rücktrittsfiktion vor, § 508 Abs. 2 Satz 5, wenn der Verkäufer die Sache zurückerlangt. Dadurch soll verhindert werden, dass der Verkäufer die Sache ohne Rücktritt an sich nimmt und der Käufer weiter zur Zahlung der Raten verpflichtet wird. Das gilt aber natürlich nur, wenn die Rücktrittsvoraussetzungen vorliegen. Es wird also nur die Rücktrittserklärung fingiert.[789] Bei verbundenen Verträgen genügt es, wenn der Darlehensgeber die Sache an sich nimmt, Satz 6.
Wichtigster Anwendungsfall ist der Kauf auf Raten, wie er mittlerweile für Möbel und Unterhaltungselektronik in großem Umfang üblich geworden ist.

---
[786] BGH NJW 1996, 457; BeckOK-BGB/*Möller*, § 506 Rn. 5.
[787] BeckOK-BGB/*Möller*, § 506 Rn. 9.
[788] *Klocke*, JuS 2016, 875, Fall 1.
[789] BeckOK-BGB/*Möller*, § 508 Rn. 14.

4. Unentgeltliche Darlehen und unentgeltliche Finanzierungshilfen

Schließlich finden auch auf unentgeltliche Darlehensverträge (§ 514) und unentgeltlichen Finanzierungshilfen (§ 515) zwischen einem Unternehmer und einem Verbraucher die Vorschriften teilweise Anwendung.
470p

Danach sind die Vorschriften über den Verzug und die damit verbundene Kündigung (§ 497 Abs. 1 und 3, § 498) einbezogen sowie die Vorschriften zur Bonitätsprüfung (§§ 505a ff.).
Auch steht dem Verbraucher nach § 514 Abs. 2 ein Widerrufsrecht nach § 355 zu.

5. Rechtsfolge dieser Finanzierungshilfen und verbundene Verträge

In all diesen Fällen kann sich der Verbraucher also durch Widerruf nach § 355 vom Vertrag über die Finanzierungshilfe lösen. Damit ist er nach § 358 Abs. 2 auch nicht an seine Willenserklärung aus dem finanzierten Vertrag gebunden, wenn ein verbundener Vertrag im Sinne von § 358 Abs. 3 vorliegt.[790]
470q

Dazu ist notwendig, dass das Darlehen der Finanzierung des anderen Vertrags dient[791] und objektiv eine wirtschaftliche Einheit vorliegt.[792] Eine solche Einheit liegt nach Abs. 2 Satz 2 insbesondere vor, wenn der Unternehmer die Finanzierung selbst übernimmt oder sich der Darlehensgeber bei Abschluss des Vertrags des Unternehmers bedient.
470r

Liegt ein solcher verbundener Vertrag vor, kann der Verbraucher außerdem die Leistung gegenüber dem Darlehensgeber verweigern, wenn er gegenüber dem Unternehmer aus dem finanzierten Vertrag gegenüber die Leistung verweigern könnte, § 359 Abs. 1 Satz 1, bei einer Nacherfüllung aber erst, wenn diese fehlgeschlagen ist, Satz 3.[793]
470s

Rechtsgedanke hinter dieser verbraucherfreundlichen Regelung ist, dass man den Verbraucher vom sogenannten Aufspaltungsrisiko befreien will. Das heißt der Verbraucher soll nicht, weil er den Kaufvertrag nicht mehr wünscht, weiter an den Darlehensvertrag gebunden sein. Denn das Darlehen benötigt er ohne den Kaufvertrag gar nicht, muss aber dafür Zinsen bezahlen. Widerriefe er den Darlehensvertrag, sähe er sich umgekehrt einer Kaufpreisforderung ausgesetzt aus einem Vertrag, den er ohne Finanzierungshilfe nicht geschlossen hätte.[794]
470t

Nach § 360 Abs. 1 wirkt der Widerruf eines Vertrags auch auf einen damit zusammenhängenden Vertrag. Letzterer wird in § 360 Abs. 2 definiert.[795]
470u

---

790 *Schärtl*, JuS 2014, 577 (582).
791 *Klocke*, JuS 2016, 875, Fall 3.
792 *Klocke*, JuS 2016, 875, Fälle 4 und 5.
793 *Klocke*, JuS 2016, 975, Fälle 14 bis 19.
794 *Klocke*, JuS 2016, 875, Fall 2.
795 Siehe dazu *Klocke*, JuS 2016, 975, Fälle 23 bis 27.

Teil IV

§ 12 Bürgschaft

Literatur: *Alexander*, Gemeinsame Strukturen von Bürgschaft, Pfandrecht und Hypothek, JuS 2012, 481; *Braun*, Von den Nahbereichspersonen bis zu den Arbeitnehmern als Bürgen: ein Überblick über die Rechtsprechung des BGH zur Sittenwidrigkeit von Bürgschaften, Jura 2004, 474; *Coester-Waltjen*, Die Bürgschaft, Jura 2001, 742; *Eckard*, Die Blankettbürgschaft, Jura 1997, 189; *Heyers*, Wertungsjuristische Grundlagen der Bürgschaft – von einem liberalen zu einem sozialen Vertragsmodell, JA 2012, 81; *Görmer*, Der Befreiungsanspruch, JuS 2009, 7; *Homann/Maas*, Sittenwidrige Nahbereichsbürgschaften und Restschuldbefreiung, JuS 2011, 774; *Karst*, Die Bürgschaft auf erstes Anfordern im Fadenkreuz des BGH, NJW 2004, 2059; *Krafka*, Die Rechtsprechung des BGH im Bürgschaftsrecht, JA 2004, 668; *Lettl*, Haustürgeschäft (§ 312 I 1 BGB) und Fernabsatzvertrag (§ 312d I 1 BGB), JA 2010, 694; *Lieder/Berneith*, Die Umdeutung nach § 140 BGB, JuS 2015, 1063; *Löhnig*, Die aktuelle Rechtsprechung zur „Angehörigenbürgschaft" in der Klausur, JA 1998, 760; *Lorenz*, Innenverhältnis und Leistungsbeziehungen bei der Bürgschaft, JuS 1999, 833; *Mertens/Schröder*, Der Ausgleich zwischen Bürgen und dinglichem Sicherungsgeber, Jura 1992, 305; *Musielak*, Bürgschaft, JA 2015, 161; *Pfab*, Die Sittenwidrigkeit von Arbeitnehmerbürgschaften, Jura 2005, 737; *Regenfus*, Gesetzliche Schriftformerfordernisse – Auswirkungen des Normzwecks auf die tatbestandlichen Anforderungen (Teil 2), JA 2008, 246; *Schreiber*, Die Verteidigungsmittel des Bürgen, Jura 2007, 730; *Stöhr*, Der objektive Empfängerhorizont und sein Anwendungsbereich im Zivilrecht, JuS 2010, 292; *Thomas*, Umfang der Bürgenhaftung bei einer Höchstbetragsbürgschaft, JA 2003, 91; *Tonner*, Neues zur Sittenwidrigkeit von Ehegattenbürgschaften – BGHZ 151, 34 und BGH NJW 2002, 2230, JuS 2003, 325.

Übungsfälle: *Büchler*, Referendarexamensklausur – Zivilrecht: Zwangsvollstreckung gegen die „Blankettbürgin", JuS 2008, 804; *Bukow, Vogelmann*, Der praktische Fall – Bürgerliches Recht – Der Bürge und der Grundschuldner, JuS 2001, 773; *Fehrenbacher*, Übungsklausur – Bürgerliches Recht: Das neue Leistungsstörungsrecht, JuS 2005, 427; *Lux*, »Der ungestüme Bürge«, JA 2009, 179; *Mogendorf/Richter*, Fortgeschrittenenklausur – Zivilrecht: Besonderes Schuldrecht – Ärger mit der Villa, JuS 2012, 1099; *Paefgen*, Minimax der Kleine, JA 2004, 205; *Richter/Dietrich*, Fortgeschrittenenklausur – Bürgerliches Recht: Die gefälschte Beglaubigung und der Wettlauf der Sicherungsgeber; *Riehm*, Aktuelle Fälle zum Bürgschaftsrecht, JuS 2000, 138, 241, 343; *Rußmann*, Referendarexamensklausur – Zivilrecht: Scheingeheißerwerb, Ausgleich unter verschiedenartigen Sicherungsgebern, Haustürwiderrufsrecht des Bürgen, JuS 2012, 1008; *Scherpe*, Referendarexamensklausur – Zivilrecht: Grundpfandrechte, Bürgschaft und Zivilprozessrecht – Wer zuerst zahlt..., JuS 2014, 51; *Schmolke*, Grundfälle zum Bürgschaftsrecht, JuS 2009, 585, 679, 784; *Schultheiß*, Referendarexamensklausur – Zivilrecht: Bürgschaft – Der geplatzte Lebenstraum, JuS 2014, 143; *Schulze/Aden*, Fortgeschrittenenhausarbeit – Zivilrecht: Nahbereichsbürgschaft und Lösegeldzahlung, JuS 2008, 988; *Segger/Gauß*, Referendarexamensklausur – Zivilrecht: Bürgschaft für den finanzierten Kauf, JuS 2015, 627; *Staudinger/Sölting*, Ich bin ein Bürge. Holt mich hier raus! Jura 2005, 263; *Zetzsche/Nast*, „Gerichtsvollzieher mit Damenschmuck", JA 2016, 582.

Rechtsprechung: BGHZ 46, 14 (Bürgschaft bei Gesamtschuld); BGHZ 108, 179 (Ausgleichungspflicht unter mehreren gleichrangigen Sicherungsgebern analog Gesamtschuldregeln); **BGH NJW 1990, 903** (selbständige Sicherungsrechte und Bürgschaft); **BGHZ 125, 206** (Sittenwidrigkeit einer Bürgschaft des Kindes für seine Eltern); **BGHZ 132, 119** (Anforderungen an Schriftform der Bürgschaft); **BGHZ 151, 34** (sittenwidrige Ehegattenbürgschaft); **BGHZ 151, 374** (formularmäßige Höchstbetragsbürgschaft); **BGHZ 156, 302** (Sittenwidrigkeit einer Arbeitnehmerbürgschaft); **BGH NJW 2008, 1729** (Entstehen des Anspruchs gegen den Bürgen mit Fälligkeit der Hauptforderung); **BGH NJW 2009, 2671** (Restschuldbefreiung und überfordernde Angehörigenbürgschaft).

I. Allgemeines

Der Bürgschaft liegt ein **Drei-Personen-Verhältnis** zugrunde. Der **Bürge** verpflichtet sich gegenüber dem **Gläubiger** eines Dritten (**Hauptschuldner**) für die Erfüllung der Verbindlichkeit des Dritten mit seinem gesamten Vermögen einzustehen, § 765 Abs. 1. Sie ist damit ein Sonderfall der gesetzlich nicht geregelten Garantie (Rn. 509).[796] Die Bürgschaft stellt eine **Personalsicherheit** dar. In Abgrenzung hierzu stehen Realsicherheiten wie Grundschulden, Hypotheken oder Pfandrechte, bei denen jeweils nur mit dem belasteten Gegenstand gehaftet wird. Die Bürgschaft ist damit ein **einseitig verpflichtender Vertrag** zwischen dem Gläubiger und dem Bürgen.[797]

Ein Schuldverhältnis besteht jedoch nicht nur zwischen dem Gläubiger und dem Bürgen (Bürgschaft), sowie zwischen dem Gläubiger und dem Hauptschuldner (in der Regel ein **Darlehensvertrag**), sondern auch zwischen dem Hauptschuldner und dem Bürgen. Aus diesem ergibt sich, warum der Bürge verpflichtet ist, sich gegenüber dem Gläubiger für den Hauptschuldner zu verbürgen. Regelmäßig handelt es sich hierbei um einen **Auftrag**, §§ 662 ff., oder einen Geschäftsbesorgungsvertrag, § 675 Abs. 1. Handelt der Bürge ohne Vereinbarung mit dem Hauptschuldner, so bemisst sich deren Beziehung nach den Regeln über die Geschäftsführung ohne Auftrag, §§ 677 ff.[798]

Die Bürgschaft ist (wie auch Hypothek und Pfandrecht) ein **akzessorisches Sicherungsmittel**; ihr Entstehen, ihr Fortbestehen und ihr Umfang sind vom Entstehen, Fortbestehen und Umfang der Hauptforderung abhängig.[799] Eine Abtretung der Rechte aus der Bürgschaft ohne die Hauptforderung ist unwirksam.[800] Die Abtretung der Hauptforderung ohne die Rechte aus der Bürgschaft führt zum Erlöschen der Bürgschaft.[801] Folge der Akzessorietät ist zudem, dass die Rechte des Gläubigers aus der Bürgschaft bei der Abtretung der Hauptforderung auf den neuen Gläubiger übergehen, § 401 Abs. 1. Schließlich sind auch im Rahmen der Durchsetzbarkeit die gesicherte Forderung und die Forderung des Gläubigers gegen den Bürgen miteinander verbunden (vgl. etwa § 768).

Ein wesentliches Strukturmerkmal der Bürgschaft ist, dass der Bürge im Verhältnis zum Hauptschuldner grundsätzlich nur **subsidiär haftet**.[802]

---

796 *Heyers*, JA 2012, 81 (82).
797 BGHZ 113, 287 (288).
798 Staudinger/*Horn*, § 765 Rn. 104.
799 BGHZ 90, 187 (190); zu den gemeinsamen Strukturen der akzessorischen Sicherungsmittel *Alexander*, JuS 2012, 481.
800 BGHZ 115, 177 ff.
801 BGHZ 115, 177.
802 *Larenz/Canaris*, Schuldrecht BT, § 60 III 3; Staudinger/*Horn*, Vor §§ 765 ff. Rn. 17.

II. Zustandekommen der Bürgschaft

1. Schriftform

475 Die Bürgschaft kommt wie jeder Vertrag durch Konsens der Vertragsparteien zustande. Zu beachten ist, dass das **Bürgschaftsversprechen der Schriftform** bedarf, § 766 Abs. 1. Es ist also nicht der gesamte Bürgschaftsvertrag, sondern nur die Willenserklärung des Bürgen an den Anforderungen des § 126 zu messen. Eine Bürgschaftserklärung per Telefax genügt diesen Anforderungen beispielsweise nicht, weil dem Gläubiger dabei keine mit Originalunterschrift des Bürgen versehene Erklärung zugeht.[803] Die Annahmeerklärung des Gläubigers ist hingegen formfrei, auf den Zugang beim Bürgen kann regelmäßig verzichtet werden, § 151. Der Form bedarf es nicht, wenn die Bürgschaft für den kaufmännischen Bürgen, ein zu seinem Handelsgewerbe gehörendes Geschäft darstellt, § 350 HGB; das ist insbesondere bei Bankbürgschaften (Bank = Bürge) der Fall.[804] Der häufige Fall, dass Gesellschafter für eine Handelsgesellschaft bürgen, fällt nicht unter § 350 HGB. Denn die Gesellschafter sind keine Kaufleute, nur die Gesellschaft.[805]

476 Der Gesetzgeber hat die Schriftform angeordnet, damit der Bürge vor einer **übereilten Verpflichtung** zur Haftung für eine fremde Schuld mit seinem gesamten Vermögen geschützt wird.[806] Deshalb ist die Schriftform nur dann gewahrt, wenn sich sowohl Inhalt als auch Umfang der Haftung aus der Erklärung des Bürgen ergeben, denn diese Erklärung muss alle Umstände enthalten, die für die Bürgschaft wesentlich sind.[807]

477 Beim Bürgschaftsversprechen ist zunächst gem. §§ 133, 157 der Inhalt der Erklärung auszulegen, bevor in einem zweiten Schritt zu prüfen ist, ob die Erteilung der Bürgschaftserklärung mit diesem Inhalt dem Schriftformerfordernis nach §§ 766 Satz 1, 126 Abs. 1 genügt.[808] Obwohl eine **Vollmacht** grundsätzlich nicht der für das Hauptgeschäft vorgeschriebenen Form bedarf, ist in teleologischer Reduktion des § 167 Abs. 2 auch eine Vollmacht zur Abgabe einer Bürgschaftserklärung nach § 766 Abs. 1 analog formbedürftig, um die Warnfunktion des § 766 Abs. 1 nicht zu unterlaufen.[809]

478 Dies gilt insbesondere für den Fall einer „**Blankobürgschaft**", also einer unvollständigen Bürgschaftserklärung, die erst noch durch einen Dritten zu vervollständigen ist (z. B. hinsichtlich der Person des Gläubigers, des Umfangs der zu sichernden Schuld). Beispielsweise ist eine lediglich mündlich erteilte Ermächtigung zum Ausfüllen der Blanketturkunde daher unwirksam.[810] Es werden die Vorschriften der Vollmacht angewendet. Füllt der Bevollmächtigte die Urkunde abredewidrig aus und gibt sie dem Gläubiger weiter, so haftet der Bürge dennoch

---

803 BGHZ 121, 224 (228 ff.).
804 Z.B. OLG Köln WM 92, 138.
805 *Schmolke*, JuS 2009, 585, 586, Fall 3.
806 BGHZ 121, 224 (229); BGHZ 132, 119 (122).
807 BGHZ 132, 119 (122 f.); BGH NJW 84, 798 f.; *Larenz/Canaris*, Schuldrecht BT, § 60 II 1 a; *Musielak*, JA 2015, 161 (162).
808 BGH NJW 1995, 1886.
809 BGHZ 132, 119 (125); Palandt/*Sprau*, § 766 Rn. 2; anders noch BGH NJW 1992, 1448 (1449 f.); differenzierend *Oetker/Maultzsch*, Schuldrecht, § 13 Rn. 43.
810 BGHZ 132, 119; *Regenfus*, JA 2008, 246 (251).

nach § 172 Abs. 2 analog, soweit der Gläubiger gutgläubig ist.[811] Bei abredewidrigem Ausfüllen des Blanketts durch den Gläubiger selbst kommt hingegen kein Bürgschaftsvertrag zustande, auch nicht über den verabredeten Betrag.[812]

> **Bsp.:** S bittet den B sich bis zu einer Höhe von 5.000 € für ihn zu verbürgen, da er ein Darlehen aufnehmen möchte. Daraufhin übergibt B ihm eine unterzeichnete Erklärung, in welcher der Name des Gläubigers offen gelassen wurde. Er ermächtigt den S mündlich, den Namen der kreditgebenden Bank in die Urkunde einzusetzen. S nimmt daraufhin mit der ergänzten Urkunde bei G das Darlehen auf. – Es liegt eine „Blankobürgschaft" vor. Diese ist jedoch nur wirksam, wenn die Ausfüllungsermächtigung nach § 766 Abs. 1 analog schriftlich erfolgt. Dies ist vorliegend nicht der Fall, da S lediglich mündlich bevollmächtigt wurde. Es liegt kein formwirksamer Bürgschaftsvertrag vor. Allerdings haftet B bei Gutgläubigkeit der G dennoch nach Rechtsscheingrundsätzen gem. § 172 Abs. 2 analog.

479 Der Mangel der schriftlichen Form wird **geheilt**, wenn der Bürge seine Verpflichtung erfüllt, also den Gläubiger befriedigt hat, § 766 Abs. 1 Satz 3. Auch wenn der Gesetzestext von der Erfüllung der Hauptverbindlichkeit spricht, ist damit die Erfüllung der eigenen Verbindlichkeit des Bürgen aus dem Bürgschaftsvertrag und nicht die Erfüllung der Hauptverbindlichkeit des Hauptschuldners gegenüber dem Gläubiger gemeint.

2. Bestehen und Umfang der gesicherten Forderung

480 Weitere Voraussetzung neben dem formwirksamen Konsens für das Entstehen und Fortbestehen der Bürgschaft ist, dass die **gesicherte Forderung** entsteht oder entstanden ist und weiter fortbesteht; diese Voraussetzung ergibt sich aus der in § 765 Abs. 1 geregelten Akzessorietät der Bürgschaft.[813] Verzichtet der Darlehensgeber bspw. in einem Vergleich auf einen Teil der Darlehenssumme, kann der Darlehensgeber nicht die Summe, auf die er verzichtet hat, vom Bürgen verlangen.[814]

> **Bsp. (1):** Eine Haftung des Bürgen ist daher nicht gegeben, wenn der Gläubiger nach §§ 323 Abs. 1, 346 ff. vom Darlehensvertrag zurücktritt, weil dann die Hauptschuld erloschen ist.
>
> **Bsp. (2):** B bürgt für die X GmbH. Nach fünf Jahren wird die Gesellschaft aus dem Handelsregister gelöscht, weil sie inzwischen zahlungsunfähig war. Zwar besteht keine Schuld mehr gegen die X GmbH, weil diese nicht mehr existiert. Trotzdem ergibt sich aus dem Sicherungszweck, dass B weiter bezahlen muss, weil ja gerade der Sicherungszweck eingetreten ist.[815]

481 Es kann auch eine Bürgschaft für eine **zukünftige oder bedingte Verbindlichkeit** übernommen werden, § 765 Abs. 2. Freilich entsteht die Bürgschaft und damit die Bürgenverpflichtung erst dann, wenn die Hauptschuld tatsächlich entstanden ist.[816] Es muss aber bereits bei Abschluss der Bürgschaft bestimmt oder bestimmbar sein, ob eine Forderung zum Bürgschaftsumfang gehört. Das gilt natürlich auch für bereits bestehende Forderungen.[817]

---

811 BGHZ 113, 48 (53); BGHZ 40, 65 (68); BGHZ 40, 297 (304); BGHZ 132, 119 (127 f.).
812 BGH NJW 1984, 798 f.; Palandt/*Sprau*, § 766 Rn. 4.
813 BGH ZIP 2002, 2125 (2126 f.).
814 *Heyers*, JA 2012, 81 (83).
815 BGH NJW 2003, 1250 = JuS 2003, 712 (Anm Schmidt).
816 Bis zu diesem Zeitpunkt ist sie schwebend unwirksam, *Heyers*, JA 2012, 81 (82).
817 *Heyers*, JA 2012, 81 (82).

482 Für den **Umfang der Bürgenverpflichtung** ist der jeweilige Bestand der Hauptverbindlichkeit maßgeblich, § 767 Abs. 1. Deshalb führt eine **Verminderung der Hauptschuld**, etwa durch Rückführung eines Darlehens, zur Herabsetzung auch der Bürgenverpflichtung. Eine **Hauptschulderhöhung** wirkt sich hingegen nicht ohne weiteres haftungserhöhend auf den Bürgen aus. Hier ist zu unterscheiden: Bei Erhöhungen kraft Gesetzes, etwa durch Verzug des Hauptschuldners, §§ 280 Abs. 1 und 2, 286, erweitert sich auch die Verpflichtung des Bürgen.[818] Dies gilt insbesondere bei Erhöhungen aufgrund schuldhaften Verhaltens des Hauptschuldners, § 767 Abs. 1 Satz 2, etwa durch Kosten einer Kündigung oder Prozesskosten, § 767 Abs. 2. Durch Rechtsgeschäft hingegen kann der Hauptschuldner den Haftungsumfang ohne Zustimmung des Bürgen nicht erhöhen, § 767 Abs. 1 Satz 3. Andernfalls wäre der Bürge schutzlos dem eigenmächtigen Handeln des Hauptschuldners ausgesetzt. Das gilt auch dann, wenn bei einem Werkvertrag von Anfang an die Möglichkeit einer Erweiterung des Auftrags bestand und das dem Bürgen bekannt war, weil es nach der VOB jederzeit möglich war.[819]

> **Bsp.:** Ein solcher Fall rechtsgeschäftlicher Erhöhung liegt vor, wenn der Schuldner die Darlehensaufnahme, für welche sich der Bürge verbürgt hat, nachträglich von 5.000 € auf 10.000 € erhöht.

483 Probleme können sich hier bei einer **Höchstbetragsbürgschaft** ergeben, also einer Bürgschaft, mit der ein Bürge für sämtliche Forderungen eines Gläubigers gegen einen Schuldner bis zu einem bestimmten Gesamtbetrag bürgt. Erstreckt sich die Bürgenhaftung durch AGB über diejenigen Forderungen, die Anlass zur Verbürgung gaben, auf alle gegenwärtig bestehenden Ansprüche aus der Geschäftsverbindung des Gläubigers mit dem Hauptschuldner hinaus, so kann dies gegen § 307 Abs. 2 Nr. 1 verstoßen.[820] Die Erstreckung kann zudem überraschend sein, § 305c Abs. 1 („Anlassrechtsprechung").[821]

484 Erweist sich der Vertrag, der die Hauptschuld begründen sollte, als unwirksam, wurde jedoch schon abgewickelt, so tritt an die Stelle der Hauptforderung ein **bereicherungsrechtlicher Anspruch des Gläubigers**: Beispielsweise kann der Darlehensgeber Rückzahlung nicht nach § 488, wohl aber nach § 812 Abs. 1 Satz 1 Alt. 1 verlangen. Es stellt sich dann die Frage, ob auch dieser Anspruch durch die Bürgschaft gesichert wird. Zum Teil wird angenommen, dass es für die Beteiligten nicht darauf ankomme, ob sich ein Zahlungsanspruch aus Kreditvertrag oder aus Bereicherungsrecht ergebe, so dass beide Ansprüche erfasst würden.[822] Dem ist nicht zu folgen: Die Hauptschuld ist nie entstanden, wenn der entsprechende Vertrag unwirksam war. Daher konnte auch die akzessorische Bürgschaft nicht zur Entstehung gelangen. Die Frage ihrer Erstreckung auf andere Forderungen stellt sich deshalb erst gar nicht.[823] Etwas Anderes kann sich – wie der BGH zutreffend darlegt – aus der Auslegung des Bürgschaftsvertrags im jeweiligen Einzelfall ergeben.[824]

---

818 *Heyers*, JA 2012, 81 (82).
819 BGH NJW 2010, 1668 = JA 2010, 382 (Anm. Stadler).
820 BGHZ 151, 374 (380 ff.).
821 BGH NJW 1996, 1470.
822 MünchKomm-BGB/*Habersack*, § 765 Rn. 62; *Larenz/Canaris*, Schuldrecht BT, § 60 III 1c; *Musielak*, JA 2015, 161 (163).
823 So auch *Tiedtke*, JZ 1987, 853 (856 ff.).
824 BGH NJW 1987, 2076; BGH VuR 2007, 159.

III. Verteidigungsmittel des Bürgen

1. Verteidigungsmittel aus dem Verhältnis Bürge – Gläubiger

Eine wichtige Frage für den Bürgen ist es, inwieweit er sich gegen seine Inanspruchnahme durch den Gläubiger verteidigen kann. Einwendungen des Bürgen können sich zum einen aus dem Verhältnis Bürge – Gläubiger herleiten, zum anderen aus dem Verhältnis Hauptschuldner – Gläubiger.[825]

a) Unwirksamkeit der Bürgschaft. – aa) Sittenwidrigkeit. In Betracht kommt zunächst die Einwendung, die **Bürgschaft** sei **unwirksam**. Ein Grund für die Unwirksamkeit kann sich aus der Sittenwidrigkeit ergeben, § 138 Abs. 1. Damit sind Fälle angesprochen, in denen eine Bürgschaft aus **enger Verbundenheit des Bürgen mit dem Hauptschuldner** übernommen wird. Kommt hinzu, dass der Bürge nicht besonders begütert und geschäftlich unerfahren ist, so kann die Grenze der Sittenwidrigkeit überschritten sein. Voraussetzung hierfür ist, dass ein besonders grobes Missverhältnis zwischen dem Verpflichtungsumfang und der Leistungsfähigkeit des Bürgen besteht und dieser aus Geschäftsunerfahrenheit und ohne wesentliches Eigeninteresse gehandelt hat.[826]

Veranlassen also beispielsweise Eltern aus eigenem Interesse ihre **geschäftsunerfahrenen Kinder** zur Stellung einer Bürgschaft, die deren voraussichtliche finanzielle Leistungsfähigkeit bei Weitem übersteigt, so verletzen die Eltern ihre familienrechtliche Pflicht zur Rücksichtnahme aus § 1618a.[827] Hat der Gläubiger diese Umstände gekannt oder grob fahrlässig missachtet, so ist die Bürgschaft in der Regel nach § 138 Abs. 1 nichtig.[828] Vergleichbares gilt bei Ehegattenbürgschaften.[829]

Allgemein lässt sich sagen: Es wird widerlegbar vermutet, dass der Gläubiger auf sittenwidrige Weise die auf einer engen emotionalen Bindung zwischen Bürgen und Hauptschuldner beruhende Zwangslage des Bürgen ausnutzt, wenn ein besonderes persönliches **Näheverhältnis**[830] zwischen Hauptschuldner und Bürgen besteht, der Bürge durch die übernommene Verpflichtung finanziell **krass überfordert** wird und **kein eigenes wirtschaftliches Interesse** an der Bürgschaft hat.[831] Von einer krassen Überforderung kann ausgegangen werden, wenn das Missverhältnis zwischen Vermögen und Haftung so groß ist, dass der Bürge aus seinem Vermögen oder Einkommen nicht einmal die Zinsen für die Hauptschuld begleichen könnte.[832] In diesem Fall liegt es nahe, dass sich der Ehegatte oder nahe Angehörige nicht von einer rationalen Einschätzung des wirtschaftlichen Risikos hat leiten lassen. Daran hat sich auch durch die Einführung der Restschuldbefreiung in §§ 286 ff. InsO (sog. Verbraucherinsolvenz) nichts geändert. Auch wenn dieses Verfahren dazu führt, dass die Bürgen sich von ihren Schulden befreien können, bleibt die krasse Überforderung des Bürgen, als zur Sittenwid-

---
825 Siehe hierzu unter Rn. 496 ff.
826 BGH NJW 1994, 1278 (1279 f.); Staudinger/*Horn*, § 765 Rn. 177 ff.; BeckOK-BGB/*Rohe*, § 765 Rn. 55.
827 BGH NJW 1997, 52 (53 ff.).
828 BGHZ 125, 206; *Löhnig*, JA 1998, 760.
829 BGH NJW 1996, 1274; BGHZ 151, 34; BGH NJW 2002, 2230; *Homann/Maas*, JuS 2011, 774.
830 Detaillierte Aufstellung *Schmolke*, JuS 2009, 585, bei Fall 5.
831 BGH WM 2005, 421 (422); BGHZ 146, 37 (42).
832 BGH ZIP 2003, 796 (797); BGH NJW 1999, 2584 (2586).

rigkeit führend, erhalten.[833] Der Gläubiger kann die Vermutung widerlegen, indem er darlegt und beweist, dass er keine Kenntnis von der Überforderung hatte und sich dem auch nicht bewusst verschlossen hatte. Alternativ kann er ein Eigeninteresse des Bürgen nachweisen.[834]

> **Bsp.** (vereinfacht nach BGHZ 125, 206): Der vermögenslose Student S übernimmt für seine Eltern für alle bestehenden und künftigen Ansprüche gegen die Bank B eine Bürgschaft. Zum Zeitpunkt der Bürgschaftserklärung bestehen Verbindlichkeiten in Höhe von 2,3 Mio. €. Aufgrund späterer Zahlungsunfähigkeit nimmt B den S in Höhe eines Teilbetrags von 500.000 € in Anspruch. – S hatte die ihn finanziell überfordernde Bürgschaft nur aus Hilfsbereitschaft gegenüber seinen Eltern übernommen. Er handelt daher aus Geschäftsunerfahrenheit und ohne wesentliches Eigeninteresse. Der Bürgschaftsvertrag ist gemäß § 138 Abs. 1 nichtig.

489 Diese Rechtsprechung lässt sich auch auf **andere als persönliche Näheverhältnisse** übertragen: Eine von einem Arbeitnehmer mit mäßigem Einkommen aus Sorge um den Erhalt seines Arbeitsplatzes für einen Bankkredit des Arbeitgebers übernommene Bürgschaft ist sittenwidrig, wenn sie den Arbeitnehmer finanziell krass überfordert und sich der Arbeitgeber in einer wirtschaftlichen Notlage befindet.[835]

490 bb) **Willensmängel etc.** Der Bürge kann sich seiner Inanspruchnahme auch durch **Anfechtung** seiner Bürgschaftserklärung entziehen, § 142 Abs. 1. In Betracht kommt beispielsweise eine Anfechtung wegen **arglistiger Täuschung** durch den Hauptschuldner, der seine Vermögensverhältnisse oder bestimmte Geschäftsrisiken bewusst wahrheitswidrig geschildert hat. Allerdings ist dafür erforderlich, dass der Gläubiger als Vertragspartner dieses Handeln des Hauptschuldners kannte oder kennen musste, § 123 Abs. 2. Die fahrlässige Unkenntnis der von einem Dritten verübten arglistigen Täuschung kann zu bejahen sein, wenn die Umstände des einzelnen Falles den Erklärungsempfänger veranlassen mussten, sich danach zu erkundigen, ob die ihm übermittelte Willenserklärung auf einer Täuschung beruht.[836] Ferner ist erforderlich, dass der Hauptschuldner im Verhältnis zum Gläubiger als „Dritter" im Sinne des § 123 Abs. 2 anzusehen ist.[837] Dies ist aufgrund ihrer entgegengesetzten Interessen der Fall, so dass eine Zurechnung nach § 278 nicht in Betracht kommt.

491 Eine Anfechtung unter Berufung auf einen nicht fremdverursachten **Irrtum über die Leistungsfähigkeit des Hauptschuldners** nach § 119 Abs. 2 ist hingegen ausgeschlossen, denn die Bürgschaft ist ein Risikogeschäft, bei der der Bürge gerade das Risiko der Leistungsunfähigkeit des Hauptschuldners tragen soll;[838] deshalb kann der Bürgschaftsvertrag in solchen Fällen nicht nach § 313 aufgelöst oder inhaltlich verändert werden.[839]

492 cc) **Nebenpflichtverletzung durch den Gläubiger.** Falls die Voraussetzungen des § 123 nicht vorliegen, kommt eine Lösung vom Bürgschaftsvertrag wegen „fahr-

---

833 BGH NJW 2009, 2671; *Homann/Maas*, JuS 2011, 774.
834 *Schmolke*, JuS 2009, 585, Fall 5.
835 BGHZ 156, 302.
836 BGH NJW-RR 1992, 1005.
837 *Larenz/Wolf*, Schuldrecht BT, § 37 Rn. 18; Staudinger/*Horn*, § 765 Rn. 171; a. A. noch BGH NJW 1962, 2195 f.
838 MünchKomm-BGB/*Habersack*, § 765 Rn. 37.
839 BGH NJW 1988, 3205 (3206 f.); BGH NJW 1983, 1850 f.

lässiger Täuschung" in Betracht. Im Rahmen des gesetzlichen Schuldverhältnisses aus § 311 Abs. 2 bestehen in eng begrenzten Ausnahmefällen Aufklärungspflichten des Gläubigers gegenüber dem Bürgen.[840] Grundsätzlich hat sich jeder Vertragspartner selbst um die für die Vertragsschlussentscheidung maßgeblichen Informationen zu bemühen. Der Gläubiger darf davon ausgehen, dass der Bürge die Tragweite seines Risikos kennt[841] oder sich jedenfalls entsprechend kundig machen kann, und es nicht seine (des Gläubigers) Aufgabe ist, den Bürgen zu informieren. Wenn der Gläubiger jedoch bestimmte Angaben macht, so müssen diese wahrheitsgemäß und vollständig sein und dürfen nicht in die Irre führen.[842] Andernfalls schuldet der Gläubiger dem Bürgen Schadenersatz aus Pflichtverletzung, §§ 311 Abs. 2, 280 Abs. 1, 249 Abs. 1. Der Bürge ist mithin so zu stellen, wie er ohne die Pflichtverletzung stünde. Hätte er sich ohne die Fehlinformationen nicht verbürgt, so kann er Aufhebung des Bürgschaftsvertrags aus § 249 Abs. 1 verlangen und sich auch vor Aufhebung bereits erfolgreich gegen ein Zahlungsverlangen des Gläubigers zur Wehr setzen.

dd) **Unwirksamkeit durch Zeitablauf oder Einrede der Verjährung.** Der Bürge kann sich schließlich auch dann auf die Unwirksamkeit der Bürgschaft berufen, wenn er sich nur **zeitlich befristet verbürgt** hat und die Frist abgelaufen ist, § 777. Dann ist zwar ursprünglich ein wirksamer Bürgschaftsvertrag entstanden. Er ist jedoch durch Zeitablauf wieder erloschen. Der Anspruch gegen den Bürgen entsteht mit Fälligkeit der Hauptforderung.[843] Eine eigene Aufforderung des Gläubigers an den Bürgen zur Fälligkeit bedarf es entgegen Stimmen in der Literatur und Rechtsprechung nicht.[844] Damit ist auch klar, dass die Verjährung der Forderung gegen den Bürgen mit dem Schluss des Jahres, in dem die Hauptforderung fällig wird, beginnt und drei Jahre später endet, §§ 195, 199 Abs. 1 BGB.

b) **Aufgabe anderer Sicherheiten durch den Gläubiger.** Weiterhin wird der Bürge von seiner Verpflichtung frei, wenn der Gläubiger eine andere Sicherheit aufgibt, § 776. Das gilt jedoch nur, soweit der Bürge nach Erfüllung seiner Bürgenverpflichtung **von dem anderen Sicherungsgeber Ersatz** hätte verlangen können. Es ist also erforderlich, dass dem Bürgen ein Rückgriffsanspruch nach § 774 gegen den anderen Sicherungsgeber zusteht,[845] bei dem auch die Sicherheiten nach §§ 412, 401 mit übergehen würden. Durch die Aufgabe einer anderen Sicherheit in einem solchen Fall erhöht der Gläubiger das Bürgenrisiko. Hierzu ist er jedoch nicht befugt, weil er damit die Risikoprognose des Bürgen entwerten kann.[846] Die Bürgschaft erlischt und lebt auch bei Rückerwerb der Sicherheit nicht wieder auf. Erklärt sich der Bürge schriftlich (§ 766) mit dem Verzicht einverstanden, tritt die Rechtsfolge des § 776 nicht ein.[847]

> Bsp.: X und Y haben sich für eine Darlehensschuld des S gegenüber G in Höhe von 5.000 € verbürgt. S gelangt in Zahlungsschwierigkeiten. G entlässt X aus der Bürgenverpflichtung und nimmt nur Y in Anspruch. Y begleicht die gesamte Darlehensschuld und macht den Rückgriffsanspruch gegen X geltend, den dieser verweigert. – Es be-

---

840 Staudinger/*Horn*, § 765 Rn. 219.
841 BGH NJW 1994, 2146 (2148).
842 Staudinger/*Horn*, § 765 Rn. 170.
843 BGH NJW 2008, 1729.
844 *Heyers*, JA 2012, 81 (84).
845 Siehe dazu Rn. 502 ff.
846 Erman/*Herrmann*, § 776 Rn. 1.
847 BGH NJW 2013, 2508 = JuS 2014, 71 (Anm. Schmidt); *Musielak*, JA 2015, 161 (165).

steht ein Anspruch des Y gegen G aus § 812 Abs. 1 Satz 1 Alt 1. Zunächst bestand zwar ein Rechtsgrund für die Zahlung aufgrund der wirksamen Bürgenverpflichtung. Dieser ist aber gemäß § 776 insoweit teilweise entfallen, als G den X aus der Bürgenverpflichtung entlassen hat. Y hätte gem. §§ 774 Abs. 2, 426 Abs. 2 gegen X in Höhe von 2.500 € Ersatz erlangen können, wenn ihn G nicht befreit hätte. Diese Summe hat er G wegen § 776 nicht geschuldet und daher ohne Rechtsgrund geleistet.

495 c) **Einrede der Vorausklage.** Hauptverteidigungsmittel im Verhältnis Bürge – Gläubiger ist die Einrede der Vorausklage aus § 771, wonach der Bürge dem Gläubiger nur haftet, wenn dieser eine Zwangsvollstreckung gegen den Hauptschuldner erfolglos versucht hat. Freilich wird diese Einrede häufig rechtsgeschäftlich ausgeschlossen, § 773 Abs. 1 Nr. 1. Man spricht dann von einer sog **selbstschuldnerischen Bürgschaft**.[848] Kraft Gesetzes ausgeschlossen ist die Einrede der Vorausklage, wenn der Bürge Kaufmann ist und die Bürgschaft für ihn ein Handelsgeschäft darstellt, §§ 349 Satz 1, 343 HGB.

> Bsp.: B hat die Bürgschaft selbstschuldnerisch übernommen. – Gläubiger G kann daher wahlweise B oder den Schuldner S in Anspruch nehmen.

495a d) **Widerruf.** Dem bürgenden Verbraucher steht daneben bei Vorliegen einer entsprechenden Situation (§ 312b und c) das Widerrufsrecht nach § 312g zu. Denn auch die Bürgschaft ist ein Vertrag über eine entgeltliche Leistung, weil es sich um einen sonstigen Vorteil für den Sicherungsnehmer handelt.[849] Hingegen finden die Vorschriften über das Verbraucherdarlehen keine Anwendung, weil kein Darlehensvertrag und keine sonstige entgeltliche Finanzierungshilfe vorliegen.

2. **Verteidigungsmittel aus dem Verhältnis Hauptschuldner – Gläubiger**

496 a) **Grundlage: Akzessorietät.** Verteidigungsmittel des Bürgen können sich außerdem aus dem Verhältnis Hauptschuldner – Gläubiger ergeben. Ist die **Hauptforderung** ganz oder teilweise **erloschen**, so ist auch die **Bürgenverpflichtung insoweit erloschen** und der Bürge kann sich gegen ein entsprechendes Zahlungsverlangen des Gläubigers verwahren. Gleiches gilt, wenn die Hauptforderung entgegen § 401 ausdrücklich ohne die Rechte aus der Bürgschaft abgetreten wurde, denn dies führt ebenfalls zum Erlöschen der akzessorischen Bürgschaft.[850] Schließlich kann sich der Bürge auf das Erlöschen der Bürgschaft berufen, wenn ohne seine Zustimmung die Person des Hauptschuldners durch private Schuldübernahme, §§ 414, 415, ausgewechselt wurde, § 418 Abs. 1; hierdurch könnte nämlich das Bürgenrisiko beliebig erhöht werden.

497 § 768 Abs. 1 Satz 1 regelt darüber hinaus, dass der **Bürge dem Gläubiger die gleichen Einreden entgegenhalten kann wie der Schuldner selbst.** Er kann sich also etwa auf Verjährung berufen, § 214, was im Hinblick auf die Akzessorietät der Bürgschaft nur folgerichtig ist.[851] Verzichtet der Hauptschuldner auf eine Einrede, so verliert der Bürge diese Einrede jedoch nicht, § 768 Abs. 2. Der Bürge soll nämlich, ähnlich wie in Fällen des § 767 Abs. 1 Satz 3, nicht der Willkür des Hauptschuldners, der auf rechtsgeschäftliche Art und Weise die Verpflichtung des Bürgen erhöhen oder verstärken kann, ausgesetzt sein. Ausnahmen macht das BGB für die Einreden des Erben, wie sich aus § 768 Abs. 1 Satz 2

---

848 Hierzu näher Staudinger/*Horn*, § 773 Rn. 2.
849 *Lettl*, JA 2010, 694 (696); *Musielak*, JA 2015, 161 (167).
850 BGHZ 115, 177.
851 Zur Problematik der Verjährung *Peters*, NJW 2004, 1430.

ergibt. Auch die Beschränkung der Minderjährigenhaftung nach § 1629a Abs. 1 wirkt nicht zugunsten des Bürgen, § 1629 Abs. 3. Der BGH geht zudem davon aus, dass Prozessverhalten, etwa weil der Sachvortrag nicht ausreichend war, einem Verzicht nicht gleich steht.[852] Das kann etwa Verhalten sein, dass zum Verlust der Verjährungseinrede wegen der bestehenden 30-jährigen Verjährung führt (§ 197 Abs. 1 Nr. 3). Etwas anderes gilt nur, wenn Hauptschuldner und Gläubiger im Prozess kollusiv zusammenwirken.

b) Herleitung aus Gestaltungsrechten. Schließlich kann der Bürge dem Gläubiger **498** eine Einrede dann entgegenhalten, wenn der Schuldner das Rechtsgeschäft, das die Hauptverbindlichkeit erzeugt hat, anfechten kann. Auch wenn dieses **Anfechtungsrecht noch nicht ausgeübt** wurde und damit die Hauptforderung und aufgrund ihrer Akzessorietät auch die Bürgschaft noch bestehen, kann der Bürge bereits zu diesem Zeitpunkt die Befriedigung des Gläubigers verweigern. Das gilt freilich nur, solange dem Schuldner ein Anfechtungsrecht zusteht.[853] Gleiches gilt in analoger Anwendung des § 770 Abs. 1 für andere Gestaltungsrechte, deren Ausübung durch den Schuldner die Bürgenverbindlichkeit vermindern oder auf Null zurückführen kann, etwa Rücktritt oder Minderung.[854]

> **Bsp.:** B verbürgt sich für eine Kaufpreisschuld des S. Dieser wurde jedoch von Gläubiger G über einen Mangel an der Kaufsache gem. § 123 Abs. 1 arglistig getäuscht. – B kann die Einrede des § 770 Abs. 1 bis zum Ablauf der Anfechtungsfrist, welche gem. § 124 Abs. 1 ein Jahr ab Entdeckung des Mangels beträgt, erheben. Sollte B der Nachweis der Arglist nicht gelingen, so besteht immer noch die Möglichkeit des Rücktritts oder der Minderung durch S. B kann dann die Einrede nach § 770 Abs. 1 analog erheben, solange S ein Rücktritts- bzw. Minderungsrecht zusteht.

Weiterhin besitzt der Bürge ein Leistungsverweigerungsrecht aus § 770 Abs. 2, **499** wenn der Gläubiger sich durch **Aufrechnung** mit einer Forderung des Hauptschuldners befriedigen kann. Solange die Aufrechnungslage besteht, soll der Bürge also nicht in Anspruch genommen werden können. Im Übrigen ist es auch aufgrund der Subsidiarität der Bürgschaft nur folgerichtig, dass der Gläubiger den Bürgen nicht in Anspruch nehmen darf, wenn er sich durch Aufrechnung leicht Befriedigung verschaffen kann. Sollte nur dem Schuldner die Aufrechnungsmöglichkeit zustehen, was ausnahmsweise wegen §§ 393, 394 der Fall sein kann, wird zum Teil behauptet, die Einrede bestehe ebenfalls.[855] Das ist jedoch nicht der Fall, weil der Gläubiger hier nicht selbst für Erfüllung sorgen kann.[856] Steht dem Schuldner wegen dieser Forderung ein Zurückbehaltungsrecht nach § 273 zu, kann der Bürge dieses geltend machen nach § 768 Abs. 1 Satz 1.[857] Das gilt auch, wenn dem Hauptschuldner aufgrund einer unwirksamen Sicherungsabrede ein Anspruch auf (teilweise) Kondiktion der Bürgschaft zusteht. Auch diesen Anspruch kann der Bürge dem Gläubiger nach § 768 Abs. 1 Satz 1 entgegenhalten.[858]

---

852 BGH NJW 2016, 3158 = JuS 2017, 166 (Anm. Riehm).
853 Palandt/*Sprau*, § 770 Rn. 2.
854 MünchKomm-BGB/*Habersack*, § 770 Rn. 6; Palandt/*Sprau*, § 770 Rn. 4.
855 Erman/*Herrmann*, § 770 Rn. 6; MünchKomm/*Habersack*, § 770 Rn. 10; *Musielak*, JA 2015, 161 (164).
856 So auch *Larenz/Canaris*, Schuldrecht BT, § 60 III 3b; Palandt/*Sprau*, § 770 Rn. 3, offen gelassen BGHZ 42, 396 (398 f.).
857 A.A. *Schmolke*, JuS 2009, 679, 681, Fall 14, der aufgrund der Subsidiarität von § 273 und § 320 zur Aufrechnung § 770 Abs. 1 analog anwenden will.
858 *Schmolke*, JuS 2009, 679, Fall 14.

Bsp.: B hat sich für eine Darlehensschuld des S gegenüber G in Höhe von 1.000 € verbürgt. Als S nicht zahlen kann, schlägt G wutentbrannt mit seiner Faust auf den Glastisch des S, woraufhin dieser zerspringt. Der Schaden beläuft sich auf 500 €. – Vorliegend stehen sich zwar zwei gleichartige Forderungen gegenüber, G kann jedoch wegen § 393 nicht aufrechnen. Die Aufrechnungsmöglichkeit steht somit nur dem Schuldner S zu. Das Gesetz setzt in § 770 Abs. 2 jedoch voraus, dass sich der Gläubiger durch seine Aufrechnung selbst befriedigen kann. Nach vorzugswürdiger Ansicht besteht die Einrede nach § 770 Abs. 2 daher nicht.

500 c) „**Bürgschaft auf erstes Anfordern**". Bei der „Bürgschaft auf erstes Anfordern" verpflichtet sich der Bürge, auf die **Einreden** aus dem Verhältnis des Schuldners zum Bürgen zunächst zu **verzichten**.[859] In einem solchen Fall muss der Bürge ohne weiteres die Bürgschaftssumme an den Gläubiger bezahlen, wenn der Gläubiger dies verlangt.[860] Ist für den Gläubiger erkennbar, dass der Erklärende mit dem Rechtsinstitut einer Bürgschaft auf erstes Anfordern nicht hinreichend vertraut ist, hat er seinen Vertragspartner umfassend über deren Rechtsfolgen zu belehren; bei Verletzung der Hinweispflicht haftet der Schuldner nur aus einer gewöhnlichen Bürgschaft.[861]

501 Der Bürge auf erstes Anfordern kann die Zahlung nur verweigern, wenn offensichtlich ist, dass der Gläubiger seine formale Rechtsstellung missbraucht (**Missbrauchseinwand**).[862] Der Gläubiger handelt aber nicht schon dann rechtsmissbräuchlich, wenn Zweifel bestehen, ob er den mit der Bürgschaft gesicherten Anspruch voll durchsetzen kann.[863] Bestanden Einreden des Bürgen gegen seine Inanspruchnahme, so steht dem Bürgen ein Rückzahlungsanspruch aus Leistungskondiktion, § 812 Abs. 1 Satz 1 Alt. 1, zu, den er in einem **Rückforderungsprozess** geltend machen muss. Dort wird dann das Bestehen dieser Einreden geprüft, zu denen etwa auch diejenige der Erfüllung der Hauptforderung durch den Schuldner, § 362 Abs. 1, gehört.[864] Die Verpflichtung zur Zahlung auf erstes Anfordern stellt also keinen Rechtsgrund für das endgültige Behaltendürfen des vom Bürgen gezahlten Betrages durch den Gläubiger dar. In AGB kann sich aufgrund der Abweichung vom gesetzlichen Leitbild der Akzessorietät jemand nur dann dergestalt verbürgen, wenn er dies regelmäßig geschäftlich tut,[865] wie z. B. eine Bank, Versicherung.

IV. Ansprüche des Bürgen gegen den Hauptschuldner

1. Aus übergegangenem Recht

502 Hat der Bürge den Gläubiger befriedigt, so möchte er regelmäßig **Ersatz vom Hauptschuldner** erlangen. § 774 ordnet deshalb einen **gesetzlichen Forderungsübergang** an. Die Forderung des Gläubigers gegen den Schuldner geht mithin insoweit auf den Bürgen als neuen Gläubiger über, als dieser den Gläubiger befriedigt hat. Gegen den Anspruch hat der Schuldner gegenüber dem Bürgen die

---

859 MünchKomm-BGB/*Habersack*, § 765 Rn. 99 ff.
860 Palandt/*Sprau*, Vor § 765 Rn. 14; Staudinger/*Horn*, Vor §§ 765 ff. Rn. 24.
861 BGH NJW 1998, 2280.
862 BGH NJW 2002, 1495 f.; *Kupisch*, WM 2002, 1626 (1627 ff.).
863 BGH NJW 1997, 255.
864 BGHZ 74, 244 (247 f.); *Hahn*, MDR 1999, 839 ff.; BGH NJW 1992, 1881 (1883); a. A. *Larenz/Canaris*, Schuldrecht BT, § 64 IV 2.
865 NJW 2001, 1857 = JuS 2001, 813.

gleichen Einreden und Einwendungen, die er auch gegenüber dem Gläubiger hatte, §§ 412, 404. Außerdem stehen ihm darüber hinaus weitere Einwendungen zu, die sich aus dem Rechtsverhältnis zwischen Hauptschuldner und Bürgen ergeben, § 774 Abs. 1 Satz 3.

503 Zusammen mit der Forderung gehen gegebenenfalls auch andere akzessorische **Sicherungsrechte** über, §§ 412, 401. Bei nicht-akzessorischen Sicherheiten wie etwa der Grundschuld oder dem Sicherungseigentum kann der Bürge Übertragung vom Gläubiger verlangen.

504 Greifen die §§ 412, 401 ein, so tritt die Bürgschaft in Konkurrenz zu anderen akzessorischen Sicherungsrechten, die ebenfalls einen gesetzlichen Forderungsübergang nach Befriedigung des Gläubigers vorsehen, vgl. etwa §§ 1143, 1225. Das hat wiederum zur Folge, dass auch eine Bürgschaft auf einen anderen Sicherungsgeber (z. B. den Hypothekenschuldner) übergeht, §§ 412, 401. Damit gehen alle Sicherheiten jeweils auf denjenigen über, der den Gläubiger zuerst befriedigt. Dies würde zu einem **Wettlauf der Sicherungsgeber führen**, weil derjenige, der als erster bezahlt, sich so bei den anderen Sicherungsgebern schadlos halten könnte. Der letzte, der zahlt, könnte sich dann nur beim oftmals zahlungsunfähigen Hauptschuldner schadlos halten und würde mithin auf der gesamten Summe sitzen bleiben. Bei nicht-akzessorischen Sicherheiten wie der Grundschuld stellen sich aufgrund des schuldrechtlichen Übertragungsanspruchs §§ 774, 412, 401 analog die gleichen Probleme.[866] Das Verhältnis mehrerer Mitbürgen zueinander wird nach § 774 Abs. 2 durch die Verweisung auf § 426 nach dem Vorbild der Gesamtschuld gelöst. Der Anspruch gegen die anderen Mitbürgen geht deshalb nur insoweit auf den leistenden Bürgen über, als er im Innenverhältnis einen Ausgleichsanspruch gegen seine Mitbürgen hat, welche im Zweifel alle zu gleichen Anteilen verpflichtet sind, § 426 Abs. 1. Unterscheiden sich die Bürgschaftssummen der beiden Bürgen, haften sie im Innenverhältnis im Verhältnis dieser Summe.[867] Ein Wettlauf der Sicherungsgeber findet somit doch nicht statt.

> **Bsp.:** X und Y verbürgen sich für eine Forderung des Gläubigers G gegen S in Höhe von 5.000 €. – Wenn X zahlt, geht die Forderung des G gegen S in vollem Umfang auf X über. Die Bürgschaft die Y erwirbt geht jedoch nach §§ 774 Abs. 2, 426 Abs. 2 über die §§ 412, 401 nur in Höhe von 2.500 €. Zum selben Ergebnis gelangt man auch dann, wenn X eine Sicherungsgrundschuld bestellt hat und Y eine Bürgschaft. Da § 401 die Grundschuld als nicht-akzessorisches Recht nicht erfasst, wird dies aus einer Analogie zu §§ 774, 412, 401 hergeleitet, um unbillige Ergebnisse zu vermeiden.

505 Für das Verhältnis des Bürgen zu dinglichen Sicherungsgebern besteht eine solche Regelung nicht. Zum Teil wird deshalb behauptet, der Bürge sei zu bevorzugen, indem zwar dingliche Sicherungsrechte auf ihn übergehen, nicht aber die Bürgschaft auf dingliche Sicherungsgeber. Dies wird damit begründet, dass der persönlich unbeschränkt haftende Bürge besonders schutzwürdig sei.[868] Nach zutreffender gängiger Auffassung hingegen sind **Bürgen und dingliche Sicherungsgeber** genauso wie mehrere Mitbürgen als **Gesamtschuldner** zu behandeln, was sich aus einer Analogie zu § 774 Abs. 2 herleiten lässt.[869] Die Voraussetzun-

---

866 *Larenz/Canaris*, Schuldrecht BT, § 60 IV 2a; BGHZ 110, 41 (43 ff.).
867 *Schmolke*, JuS 2009, 784, Fall 18.
868 Staudinger/*Horn*, § 774 Rn. 68; *Reinicke/Tiedtke*, Kaufrecht, Rn. 626.
869 BGHZ 108, 179 (182 ff.); BGH NJW 1992, 3228 ff.; *Larenz/Canaris*, Schuldrecht BT, § 60 IV 3a; *Musielak*, JA 2015, 161 (166).

gen für eine Analogie liegen auch vor: Das Verhältnis von persönlichen Sicherheiten und Realsicherheiten ist im Gesetz nicht geregelt und die Interessenlage ist identisch, denn eine Privilegierung des Bürgen mit dem Argument, er hafte persönlich, erscheint unzutreffend. Ferner verweisen sowohl § 1143 Abs. 1 Satz 2, als auch § 1225 Satz 2 jeweils auf § 774, was deutlich macht, dass das Gesetz diesen Regress als gleichwertig zum Bürgenregress ansieht.[870] Dabei ist allerdings zu beachten, dass die Pfandgläubiger nicht persönlich haften, sondern nur mit der Sache, sodass der Anspruch auf Befriedigung aus den Gegenständen gerichtet ist und nicht auf Zahlung.[871]

> **Bsp.:** Gläubiger G gewährt S ein Darlehen in Höhe von 9.000 €. S stellt ihm den selbstschuldnerisch haftenden Bürgen B, eine Hypothek am Grundstück des E und als Pfand einen Ring des P, jeweils in Höhe von 9.000 €. S kommt in Zahlungsschwierigkeiten. B zahlt als erster die 9.000 € an G. – B würde den Darlehensanspruch gegen S nach §§ 774, 488, den Hypothekenanspruch gegen E nach §§ 412, 401, 1153 und den Pfandverwertungsanspruch nach §§ 412, 401, 1250, 1204 gegen D erwerben. Da dieses Ergebnis aus den o. g. Gründen unbillig ist, haften B, E und P nach § 774 Abs. 2 analog als Gesamtschuldner auf Duldung der Vollstreckung aus dem Grundstück bzw. Verwertung des Pfands. Damit hat B gegen E und P nur einen Rückgriffsanspruch in Höhe von insgesamt 6.000 € als Gesamtschuldner. Funktioniert der Gesamtschuldnerausgleich, leistet dann jeder 3.000 €.

2. Aus § 670

506 Warum der Bürge überhaupt für den Hauptschuldner gebürgt hat, ergibt sich aus dem **Rechtsverhältnis zwischen Hauptschuldner und Bürgen**. Auch hieraus kann dem Bürgen ein Rückgriffsanspruch gegenüber dem Hauptschuldner zustehen. Dieser Anspruch ist nicht zwingend gleichlaufend mit dem übergegangen Anspruch, weil gegen letzteren der Schuldner die Einwendungen aus dem Geschäft mit dem Gläubiger geltend machen kann.[872] Weil es sich im Regelfall um ein auftragsartiges Rechtsverhältnis handeln wird, ist die Anspruchsgrundlage dafür § 670, gegebenenfalls in Verbindung mit § 675 Abs. 1 oder §§ 677, 683. Als erforderliche Aufwendungen kann er den Betrag ersetzt verlangen, den er an den Gläubiger bezahlt hat, soweit er nach einer objektiven Prognose ex ante notwendig war und die Zahlung nicht abgewendet werden konnte. Bereits vor seiner Inanspruchnahme kann der Bürge in den in § 775 genannten Fällen Befreiung von seiner Bürgenverpflichtung durch den Hauptschuldner verlangen.[873]

§ 13 Weitere Personalsicherheiten

Literatur: *Grigoleit/Herresthal*, Der Schuldbeitritt, Jura 2002, 825; *Weber*, Sonderformen der Bürgschaft und verwandte Sicherungsgeschäfte, JuS 1972, 9.
Rechtsprechung: BGH NJW 1981, 47 (Abgrenzung des Schuldbeitritts zur Bürgschaft).

Die Bürgschaft ist nur eine von mehreren geläufigen Personalsicherheiten, allerdings im Gegensatz zu Schuldbeitritt, Garantie und Patronatserklärung die einzige im Gesetz geregelte Personalsicherheit.

---

870 *Medicus*, Bürgerliches Recht, Rn. 941.
871 *Musielak*, JA 2015, 161 (166).
872 *Musielak*, JA 2015, 161 (165).
873 Zu dieser Art Anspruch umfassend *Görmer*, JuS 2009, 7.

I. Schuldbeitritt

507 Der Schuldbeitritt, also die **kumulative Schuldübernahme**, ist gesetzlich nicht geregelt. Im Unterschied zur **befreienden** (privativen) **Schuldübernahme** nach §§ 414 ff. haften nach dem Schuldbeitritt Altschuldner und Beitretender dem Gläubiger gemeinsam (kumulativ), während in den Fällen der §§ 414 ff. ein Austausch des Schuldners stattfindet. Der Unterschied des Schuldbeitritts zur Bürgschaft liegt darin, dass derjenige, der zu einer Schuld beitritt, selbst Schuldner wird und nicht lediglich für eine fremde Schuld haftet.[874] Ursprünglicher Schuldner und neu beitretender Schuldner werden **Gesamtschuldner**, §§ 421 ff., weshalb im Gegensatz zur Bürgschaft weder das Akzessorietätsprinzip noch die Subsidiarität der Bürgenhaftung gilt.[875] Eine der Akzessorietät ähnliche Folge ergibt sich aber daraus, dass natürlich eine Tilgung durch einen der beiden Gesamtschuldner die gesamte Forderung reduziert.

508 Der Schuldbeitritt unterliegt nach gängiger Auffassung nicht der Schriftform, die § 766 für die Bürgschaft anordnet.[876] Um das Schriftformerfordernis, welches dem Schutz des Bürgen dient nicht auszuhebeln, ist eine unklare Abrede **im Zweifel als Bürgschaft** anzusehen. Etwas anderes kann hingegen gelten, wenn derjenige, der beitritt, ein unmittelbares eigenes wirtschaftliches oder rechtliches Interesse an der Erfüllung der Schuld hat.[877] Hier spricht die Auslegung oft für einen Schuldbeitritt. Mangelt es einer als Bürgschaft ausgelegten Erklärung an der Schriftform, ist diese formnichtig.[878] Um § 766 nicht auszuhöhlen, ist die Umdeutung einer formunwirksamen Bürgschaftserklärung in einen Schuldbeitritt ausgeschlossen.[879]

> **Bsp.** (vereinfacht nach BGH NJW 1986, 580): Der Geschäftsführer einer GmbH verpflichtet sich zur Begleichung der Verbindlichkeiten der Gesellschaft, um die Insolvenz abzuwenden. – Wegen seiner Stellung als Geschäftsführer hat dieser ein eigenes wirtschaftliches Interesse daran, dass die Gesellschaft nicht insolvent geht. Daher handelt es sich hierbei regelmäßig um einen formfrei möglichen Schuldbeitritt.

II. Garantievertrag

509 Auch derjenige, der einen Garantievertrag mit dem Gläubiger eines Dritten eingeht, begründet eine **eigene Schuld**. Diese ist aber anders als bei der Bürgschaft oder dem Schuldbeitritt völlig unabhängig vom Entstehen, Fortbestehen oder Umfang der Verbindlichkeit des Dritten.[880] Die Haftung des Garanten ist also **nicht akzessorisch**; im Unterschied zum Schuldbeitritt haftet der Garant nicht als Gesamtschuldner, sondern nur dann, wenn der vertraglich vereinbarte Garantiefall eintritt. Auch die Garantie soll nach überwiegender Auffassung nicht der

---

874 BGH NJW 1986, 580 f.
875 MünchKomm-BGB/*Habersack*, Vor § 765 Rn. 10 ff.; *Oetker/Mautzsch*, Schuldrecht, § 13 Rn. 10.
876 BGHZ 121, 1 (3); MünchKommBGB/*Habersack*, Vor § 765 Rn. 11; a. A. noch RGZ 59, 232 (233); *Grigoleit/Herresthal*, Jura 2002, 825 (830 f.): § 766 sei analog anzuwenden, denn angesichts der Verwandtschaft der beiden Sicherungsgeschäfte drohe ansonsten der durch den bürgschaftsrechtlichen Formzwang vermittelte Übereilungsschutz unterlaufen zu werden.
877 BGH NJW 1981, 47; NJW-RR 2001, 1130 f.; *Stöhr*, JuS 2010, 292, Fall 1.
878 BGH NJW 1986, 580 f.
879 *Lieder/Berneith*, JuS 2015, 1063 (1064).
880 NJW-RR 1999, 1583; Palandt/*Sprau*, Vor § 765 Rn. 17.

Schriftform des § 766 unterliegen,[881] deshalb wird auch hier, wenn nicht ein starkes wirtschaftliches Eigeninteresse des Sichernden an der Erfüllung der Verbindlichkeit des Dritten besteht, **im Zweifel** eine gegebenenfalls formnichtige **Bürgschaft** vorliegt.

III. Patronatserklärung

510 Im Wirtschaftsverkehr werden anstelle von Bürgschaften häufig sog Patronatserklärungen abgegeben. Das gilt insbesondere, wenn mehrere Gesellschaften zu einem **Konzern verbunden** sind. Dann kann beispielsweise das Mutterunternehmen eine Patronatserklärung gegenüber dem Kreditgeber einer Tochtergesellschaft abgeben und damit zum Ausdruck bringen, dass das Mutterunternehmen die Tochtergesellschaft bei der Rückzahlung des Kredits unterstützten werde. Dadurch kann die Kreditwürdigkeit des Tochterunternehmens verbessert werden.[882]

511 Es sind grundsätzlich zwei Arten von Patronatserklärungen zu unterscheiden. Eine weiche Patronatserklärung, die rechtlich unverbindlich ist, und eine harte, rechtlich verbindliche Patronatserklärung. Mit dieser verpflichtet sich der Patron, den Schuldner mit den notwendigen Mitteln für die Erfüllung seiner Verbindlichkeit auszustatten.[883] Unterbleibt diese Ausstattung, so schuldet der Patron dem Gläubiger **Schadenersatz statt der Leistung**.[884] Die Patronatserklärung ist damit abhängig vom Entstehen, Fortbestehen und Umfang der Hauptschuld und damit wie die Bürgschaft **akzessorisch**.[885] Die harte Patronatserklärung kann auch im Verhältnis zum Gläubiger abgegeben werden und begründet dann auch Zahlungsansprüche. Sie stellt ein Dauerschuldverhältnis dar und ist dementsprechend kündbar, wenn das – auch konkludent – vereinbart wird.[886]

---

881 MünchKomm-BGB/*Habersack*, Vor § 765 Rn. 19; RGZ 61, 157 (160); a. A. *Larenz/Canaris*, Schuldrecht BT, § 64 III 3b: § 766 sei analog anzuwenden, da die Garantie eine größere Gefährlichkeit aufweise und daher das Formerfordernis umso dringlicher anzuwenden sei.
882 Bsp. OLG Stuttgart WM 1985, 455; BGH WM 1992, 501.
883 Zu dieser Terminologie BGHZ 117, 127; BGH ZIP 2007, 2316.
884 BGH WM 1992, 501 (502).
885 MünchKomm-BGB/*Habersack*, Vor § 765 Rn. 46.
886 BGH NJW 2010, 3442 = JuS 2011, 262 (Anm. Schmidt).

Anhang

A. Wichtige Entscheidungen

BGHZ 34, 122 (Konkurrenz zwischen schuldrechtlichem und dinglichen Herausgabeansprüchen; Befriedigungs- und Zurückbehaltungsrecht der Autoreparaturwerkstatt gegenüber dem Eigentümer, §§ 647, 985, 986, 994, 1000, 1003) **512**
BGHZ 46, 14 (Bürgschaft bei Gesamtschuld)
BGHZ 68, 323 (Gutgläubiger Erwerb eines Vertragspfandrechts ohne Vorlage des Kfz-Briefs, §§ 1207, 932)
BGHZ 104, 337 (Verzugszinsenberechnung bei Darlehensverträgen)
BGHZ 108, 179 (Ausgleichungspflicht unter mehreren gleichrangigen Sicherungsgebern analog Gesamtschuldregeln)
BGHZ 125, 206 (Sittenwidrigkeit einer Bürgschaft des Kindes für seine Eltern)
BGHZ 132, 119 (Anforderungen an Schriftform der Bürgschaft)
BGHZ 151, 34 (sittenwidrige Ehegattenbürgschaft)
BGHZ 151, 330 (Abgrenzung Dienst- und Werkvertrag, §§ 611, 631)
BGHZ 151, 374 (formularmäßige Höchstbetragsbürgschaft)
BGHZ 156, 302 (Sittenwidrigkeit einer Arbeitnehmerbürgschaft)
BGHZ 161, 196 (zur Berechnung der Vorfälligkeitsentschädigung)
BGHZ 168, 64 (Möglichkeit der Ersatzlieferung beim Stückkauf, wenn Kaufsache durch eine gleichartige und gleichwertige Sache ersetzt werden kann)
BGH NJW 1954, 953 (kein Schutz des Vormerkungsgläubigers gegen Vermietung des Grundstücks)
BGH NJW 1981, 47 (Abgrenzung des Schuldbeitritts zur Bürgschaft)
BGH NJW 1982, 105 (zu den Voraussetzungen eines Schadens- oder Aufwendungsersatzanspruches des Leasinggebers gegenüber dem Leasingnehmer bei erfolgreicher Wandelung; Arglistige Täuschung des Lieferanten gegenüber Leasingnehmer vor Vertragsschluss)
BGH NJW 1983, 35 (Schadensersatz für vertanen Urlaub; Berechtigung des Reisenden, eine nicht vertraglich vereinbarte Unterbringung abzulehnen)
BGH NJW 1986, 1928 (außerordentliche Kündigung eines Kredits wegen Unwirtschaftlichkeit des Betriebs)
BGH NJW 1987, 1072 (Minderungsrechte im Leasingvertrag; Unwirksamkeit einer AGB-Klausel zur Freizeichnung des Leasinggebers ohne unmittelbare und vorbehaltlose Abtretung der Gewährleistungsansprüche an den Leasingnehmer)
BGH NJW 1990, 903 (selbstständige Sicherungsrechte und Bürgschaft)
BGH NJW 1990, 2370 (Abwälzung von Sach- und Gegenleistungsgefahr – Kfz-Leasingvertrag; keine unangemessene Benachteiligung bei Einräumung eines kurzfristigen Kündigungsrechts)

BGH NJW 1991, 915 (zu den Voraussetzungen für die Annahme eines Versendungskaufs im kaufmännischen Geschäftsverkehr)
BGH NJW 1991, 1750 (zur Auslegung und Zulässigkeit von Formularklauseln in einem Wohnungsmietvertrag)
BGH NJW 1991, 1817 (Schadensberechnung der Bank bei pflichtwidriger Nichtabnahme des Darlehens)
BGH NJW 1992, 1156 (Vorrang des Vermieterpfandrechts gegenüber nachträglicher Sicherungsübereignung)
BGH NJW 1996, 838 (keine Ansprüche des Vermieters bei unberechtigter Untervermietung)
BGH NJW-RR 1997, 1503 (Voraussetzungen und Umfang des mietvertraglichen Gewährleistungsanspruchs; c. i. c. bei arglistig handelndem Vermieter)
BGH NJW-RR 1999, 842 (Recht zur fristlosen Kündigung eines Kreditvertrags bei gewerblichem Millionenkredit; unangemessen pauschalierte Vorfälligkeitsentschädigung)
BGH NJW 1999, 3625 (Höhe des Schadensersatzanspruchs wegen Nichterfüllung und Einschränkung der Rentabilitätsvermutung)
BGH NJW 2001, 65 (Sachmangel bei Eigentumswohnung; zum Beschaffenheitsbegriff im Rahmen des § 434)
BGH NJW 2001, 1127 (§§ 138 Abs. 1, 818 Abs. 1, Sittenwidrigkeit eines Grundstückskaufs; Grobes Missverhältnis zwischen Leistung und Gegenleistung)
BGH NJW 2003, 697 (Rechtsfolgen vorbehaltloser Mietzahlung in Mangelkenntnis)
BGH NJW 2004, 56 (Zustimmung des Vermieters zum Einzug des Lebensgefährten)
BGH NJW 2004, 653 (Unwirksamkeit „starrer" Schönheitsreparaturfristen)
BGH NJW 2004, 1041 (Bestätigung der BGH-Rechtsprechung zum Abwälzen der Sach- und Preisgefahr in Leasing-AGB)
BGH NJW 2005, 739 (Beginn der Verjährung von Schadensersatzansprüchen des Vermieters)
BGH NJW 2005, 1047 (Entschädigungsanspruch bei Überbuchung des Urlaubsorts; Entschädigung für nutzlos aufgewendete Urlaubszeit ist nicht am Arbeitseinkommen zu messen)
BGH NJW 2005, 1348 (§§ 437 Nr. 2, 3, 326 Abs. 2 Satz 2, Abs. 4; Selbstvornahme der Reparatur ohne Fristsetzung zur Nacherfüllung)
BGH NJW 2005, 1420 (rechtzeitige Mängelrüge, Haftung des Reiseveranstalters für Folgen eines Sturzes bei Dauerlauf auf Flughafen); **BGH NJW 2006, 2321** (keine Beratungspflicht des Reisebüros hinsichtlich Pass und Visum)
BGH NJW-RR 2005, 1421 (vom Leasinggeber nicht autorisierte Kaufoption des Lieferanten; Ergänzende Vertragsauslegung)
BGH NJW 2005, 1713 (Minderungsberechnung nach Bruttomiete)
BGH NJW 2005, 2848 (§§ 280, 281, 284, 325, 347, 437, 440; Ersatzansprüche bei Rückabwicklung eines Kfz-Kaufvertrags; insbesondere Aufwendungsersatz gemäß § 284)
BGH NJW 2006, 1960 (§§ 281 Abs. 1 Satz 3, 323 Abs. 1, 5 Satz 2, 346, 437 Nr. 2, 3 – Keine Berücksichtigung einer unerheblichen Pflichtverletzung bei Arglist des Verkäufers)
BGH NJW 2006, 2099 (Rückabwicklung der „Schrottimmobilien"-Fälle beim BGH – Schadensersatzlösung bei institutionalisiertem Zusammenwirken)

Wichtige Entscheidungen 512

BGH NJW 2006, 2915 (§§ 535 Abs. 1 Satz 2, 538, 307, 306, 280, 281 – Zu den Voraussetzungen eines Schadensersatzanspruchs des Vermieters von Wohnraum gegen den Mieter wegen Verunreinigungen der Wohnung durch Tabakkonsum)
BGH NJW 2006, 2918 (Verletzung einer Verkehrssicherungspflicht bei splitternder Appartementtür bei laut Reiseveranstalter kindgerechter Ausstattung)
BGH NJW 2006, 3137 (keine Hinweispflicht des Reisebüros als Quasiveranstalter bezüglich Reiseabbruchversicherung)
BGH NJW 2006, 3268 (Wasserrutschenfall; Verkehrssicherungspflicht des Reiseveranstalters kann sich auf Einrichtungen erstrecken, die nicht Bestandteil der Hotelanlage sind)
BGH NJW-RR 2007, 895 (Gewährleistung im Werkvertrag: Unwirksamkeit eines formelhaften Ausschlusses der Gewährleistung für Sachmängel beim Erwerb neu errichteter oder so zu behandelnder Häuser in einem notariellen Individualvertrag §§ 242, 633 ff., 637)
BGH NJW 2007, 835 (Arglistiges Verschweigen von zum Rücktritt berechtigenden Mängeln; Berechtigt zum Rücktritt ohne Fristsetzung)
BGH NJW 2007, 1066 (keine Umsatzsteuer hinsichtlich eines Schadensersatzes bei vorzeitiger Leasingvertragsabrechnung)
BGH NJW-RR 2007, 1501 (Haftung des Reiseveranstalters für vor Ort gebuchte Zusatzleistungen trotz Fremdleistungsklausel)
BGH NJW 2007, 2549 (Geltendmachung von reiserechtlichen Ansprüchen nach Ablauf der Ein-Monats-Frist des § 651g bei fehlendem Hinweis des Reiseveranstalters oder gesundheitlichen Spätschäden des Reisenden; Beweislast beim Reiseveranstalter)
BGH NJW 2008, 53 (Abgrenzung zwischen Sachmangel und Bagatellschaden am Gebrauchtfahrzeug)
BGH NJW 2008, 511 (Werkvertragsrecht: Haftung des Unternehmers für einen Mangel der Funktionstauglichkeit durch die unzureichende Vorleistung eines anderen Unternehmers § 633 Abs. 2)
BGH NJW 2008, 1216 (Eigenmächtige Mangelbeseitigung durch Mieter trotz fehlenden Verzugs des Vermieters; kein Aufwendungsersatz nach § 539 Abs. 1, kein Schadensersatz gemäß § 536a Abs. 1)
BGH NJW 2008, 1729 (Entstehen des Anspruchs gegen den Bürgen mit Fälligkeit der Hauptforderung)
BGH NJW 2009, 2674 (Anspruchsgrundlage für Mangelfolgeschaden: §§ 437 Nr. 3, 280 Abs. 1 BGB)
BGH NJW 2009, 1660 (Grenze der Zumutbarkeit der Nacherfüllung; Abhängig von den Umständen des Einzelfalls)
BGH NJW 2009, 2056 (Kein Sachmangel, wenn zwar nicht Erwartungen der Käufer erfüllt werden, aber der Zustand Stand der Technik ist)
BGH NJW 2009, 2671 (Restschuldbefreiung und überfordernde Angehörigenbürgschaft; keine Änderung der Rechtsprechung)
BGH NJW 2009, 3153 (Für Fristsetzung zur Nacherfüllung genügt, wenn durch das Verlangen deutlich wird, dass dem Verkäufer nur ein begrenzter Zeitraum zur Verfügung steht)
BGH NJW 2010, 1518 (Für § 550 BGB genügt das Vorliegen einer schriftlichen Urkunde auch dann, wenn sich aus diesen ein Dissens ergibt)
BGH NJW 2011, 3640 (Öffentlich-Rechtliche Baulast als Sachmangel; Arglistiges Verschweigen eines Mangels: Keine Kausalität notwendig)

BGH NJW 2012, 1073 (Kosten des Ein- und Ausbaus als Kosten der Nacherfüllung)
BGH NJW 2013, 308 (Analoge Anwendung von §§ 651a ff. bei Buchung eines Ferienhauses von einem Veranstalter)
BGH NJW 2013, 1074 (Nacherfüllungsverlangen muss Bereitschaft des Käufers umfassen, die Sache zur Überprüfung der Mängelrüge zur Verfügung zu stellen)
BGH NJW 2013, 1526 (Hundehaltungsverbot in AGB unzulässig; kann aber gegen vertragsgemäßen Gebrauch verstoßen)
BGH NJW 2013, 1674 (Anwendung von § 651j bei Verhinderung der Anreise zum Ausgangsort der Reise)
BGH NJW 2014, 3713 (Kein Bearbeitungsentgelt für Banken beim Darlehen an Verbraucher)
BGH NJW 2014, 2351 (Kosten der Mangelfeststellung ersatzfähig nach § 439 Abs. 2 BGB)
BGH NJW 2014, 2717 (Überlassung eines Teils der Wohnung nach § 553 Abs. 3 BGB auch dann, wenn der Hauptmieter nur gelegentlich übernachtet und sonst als Möbellager nutzt)
BGH NJW 2014, 2868 (Abgrenzung Wohnraummiete nach dem vertraglichen Zweck; bei Mischmietverhältnis ist der von den Parteien gewollte Schwerpunkt maßgeblich)
BGH NJW 2015, 1444 (In analoger Anwendung des § 651a BGB liegt ein Reisevertrag vor, wenn das Reisepaket auf Initiative und Wunsch des Kunden vor Antritt der Reise gestaltet wird)
BGH NJW 2015, 1871 (Flexible Quoten mit Abgeltung bei Schönheitsreparaturen benachteiligen den Mieter unangemessen)
BGH NJW 2016, 311 (Nachträgliche Änderungen des Mietvertrags von wesentlichen Teilen bedürfen der Schriftform des § 550 BGB)
BGH NJW 2016, 2874 (Das Fehlen einer Herstellergarantie kann ein Sachmangel sein; Erweiterung des Sachmangelbegriffs auf Umweltbeziehungen)
BGH NJW 2017, 1093 (Beweislastumkehr bei Verbrauchsgüterkauf auch bei Grundmangel)
BGH NZM 2017, 120 (Für die rechtzeitige Mietzahlung kommt es nicht auf den Zeitpunkt des Eingangs, sondern des Auftrags an die Bank, an)

B. Aufbauschemata

I. Mängelrechte des Käufers

Schema 1: Nacherfüllungsanspruch, §§ 433, 434, 437 Nr. 1, 439
I. Wirksamer Kaufvertrag, § 433
II. Sach- oder Rechtsmangel, § 434
III. Vorliegen des Mangels bei Gefahrübergang, § 434 Abs. 1 Satz 1
IV. Keine Ausschlussgründe, z. B. §§ 442 ff.
→ Käufer kann zwischen Nachbesserung und Nachlieferung wählen, § 439 Abs. 1

Schema 2: Rücktrittsrecht, §§ 433, 434, 437 Nr. 2, 323
I. Wirksamer Kaufvertrag, § 433
II. Sach- oder Rechtsmangel, § 434
III. Vorliegen des Mangels bei Gefahrübergang, § 434 Abs. 1 Satz 1
IV. Vergebliche Fristsetzung, § 323 Abs. 1
oder Entbehrlichkeit der Fristsetzung, §§ 323 Abs. 2, 326 Abs. 5, 440
V. Keine Ausschlussgründe, z. B. §§ 442 ff.
VI. Rücktrittserklärung, § 349
→ Rückabwicklung nach §§ 346 ff.

Schema 3: Schadensersatz statt der Leistung, §§ 433, 434, 437 Nr. 3, 280 Abs. 1, 3, 281
I. Wirksamer Kaufvertrag, § 433
II. Sach- oder Rechtsmangel, § 434
III. Vorliegen des Mangels bei Gefahrübergang, § 434 Abs. 1 Satz 1
IV. Voraussetzungen des § 280 Abs. 1
V. Vergebliche Fristsetzung, § 281 Abs. 1
oder Entbehrlichkeit der Fristsetzung, §§ 281 Abs. 2, 283, 440
VI. Keine Ausschlussgründe
→ Erlöschen des Erfüllungsanspruchs und Entstehen des Schadensersatzanspruchs nach Maßgabe des § 281 Abs. 4

II. Schenkung

Schema 4: Mängelgewährleistung
I. Wirksamer Schenkungsvertrag
II. Mangel
    1. Sachmangel, § 524 *oder*
       a) Stückschuld oder vorhandene Sache
         → Haftung *nur* auf Vertrauensschaden und Folgeschäden, nur bei arglistigem Verschweigen des Mangels, § 524 Abs. 1
       b) Zu beschaffende Gattungsschuld
         → Anspruch auf Ersatzlieferung, wenn bei Erwerb dem Schenker der Mangel bekannt oder grob fahrlässig unbekannt war nach § 439, § 524 Abs. 2 Sätze 1 und 3
         → Anspruch auf Schadensersatz statt der Leistung bei arglistigem Verschweigen, § 524 Abs. 2 Sätze 2 und 3, 439
         → Anspruch auf Schadensersatz bei arglistigem Verschweigen des Mangels, § 524 Abs. 1

      2. Rechtsmangel, § 523
         a) Vorhandene Sache
         → Haftung *nur* auf Vertrauensschaden nur bei arglistigem Verschweigen des Mangels, § 523 Abs. 1
         b) Zu beschaffender Gegenstand
         → Schadensersatz wegen Nichterfüllung bei grober Fahrlässigkeit oder wenn der Mangel bekannt war, § 523 Abs. 2 Satz 1

   III. Werkvertrag

Schema 5: Werklohnanspruch
   I. Wirksamer Werkvertrag
      1. Abgrenzung zum Dienstvertrag
      2. Entgeltlich? Im Zweifel vereinbart, wenn dies nach den Umständen zu erwarten ist, § 632 Abs. 1
   II. Fälligkeit
      1. Abnahme: § 641 Abs. 1 Satz 1 *oder*
      2. Vollendung, § 646 (wenn die Abnahme nach der Art der Beschaffenheit ausgeschlossen ist) *oder*
      3. Abnahmefiktion, § 640 Abs. 2
      4. Teilfälligkeit bei Mängeln nach § 641 Abs. 3 *oder*
      5. Endgültige und ernsthafte Verweigerung der Abnahme des abnahmereifen Werks *oder*
      6. Mangelfreie Herstellung scheitert alleine an Ablehnung der Nacherfüllung durch den Besteller, § 322 Abs. 2
   III. Höhe des Werkslohns
      1. Vereinbarte Vergütung *oder*
      2. Übliche Vergütung, § 632 Abs. 2

   IV. Mietrecht

Schema 6: Minderung Mietvertrag
   I. Wirksamer Mietvertrag, § 535
   II. Sach- oder Rechtsmangel der Mietsache, § 536
   III. Keine Unerheblichkeit der Tauglichkeitsminderung (§ 536 Abs. 1 Satz 3) es sei denn, eine zugesicherte Eigenschaft liegt nicht vor
   IV. Keine Kenntnis des Mieters bei Vertragsschluss (§ 536b) oder vertraglicher Ausschluss (Beachte: § 536d)
   V. Mängelanzeige (§ 536c Abs. 2 Satz 2), wenn Abhilfe durch Unterlassung der Anzeige unmöglich ist
   → Miete verringert sich kraft Gesetzes (Rückforderung auch für die Vergangenheit über § 812 Abs. 1)

Schema 7: Räumungsanspruch Wohnraummietvertrag
   A. Bei unwirksamem Mietvertrag
   → Anspruch aus § 985 oder § 1007 oder § 861 oder § 812 oder § 823
   B. Bei wirksamem Mietvertrag, § 541
      I. Kündigung des Mietvertrags
         Ordentliche (§ 573) oder außerordentliche Kündigung (§§ 543, 569) durch den Mieter oder Vermieter *oder* wirksame Befristung (§ 575)

II. Keine Fortsetzung nach § 545
III. Kein wirksamer Widerspruch nach § 574 bei ordentlicher Kündigung des Vermieters
IV. Bei außerordentlicher Kündigung wegen Zahlungsverzugs: Keine vollständige Entrichtung der Miete innerhalb von zwei Monaten nach Erhebung der Räumungsklage, § 569 Abs. 3 Nr. 3

V. Bürgschaft

Schema 8: Zahlungsanspruch gegen Bürgen   **520**
I. Wirksame Bürgschaft
  1. Wirksame Bürgenvereinbarung in Schriftform (§ 766) (Ausnahme: Bürge ist Kaufmann, § 350 HGB)
  2. Wirksamer Vertrag zwischen Schuldner und Gläubiger über die gesicherte Forderung *oder* Bürgschaft auf erstes Anfordern
II. Fortbestand der Forderung des Sicherungsnehmers gegen den Sicherungsgeber (§ 767)
  1. Keine rechtsvernichtenden Einwendungen
  2. Kein Erlöschen
  oder Bürgschaft auf erstes Anfordern
III. Durchsetzbarkeit:
  1. Keine Einrede erhoben, wegen Anfechtbarkeit (§ 770 Abs. 1) und Aufrechenbarkeit (§ 770 Abs. 2) der Forderung *oder* Bürgschaft auf erstes Anfordern
  2. Keine wirksame Einrede der Vorausklage erhoben, § 771
     a) Zwangsvollstreckung versucht, § 771 Satz 1 *oder*
     b) Einrede ausgeschlossen, § 773 *oder*
     c) Bürgschaft auf erstes Anfordern

C. Definitionen

Abgang:	Ein Abgang im Sinne des § 582 Abs. 2 Satz 1 liegt vor, wenn sich ein Gegenstand im Inventar derart verschlechtert, dass eine Benutzung nicht mehr möglich ist und eine Reparatur kostenaufwendiger wäre als eine Neuanschaffung. (Rn. 406)
Aufwendungen, frustrierte:	Frustrierte Aufwendungen sind freiwillige Vermögensopfer, durch die nicht der beabsichtigte Zweck erreicht wird. (Rn. 314)
Aufwendungsersatz:	Aufwendungen sind freiwillige Vermögensopfer. (Rn. 25)
Beschaffenheit:	Unter der Beschaffenheit versteht man dabei jedes der Kaufsache zumindest vorübergehend anhaftendes Merkmal und darüber hinaus jede Beziehung der Sache zur Umwelt auf tatsächlicher, rechtlicher oder sonstiger Ebene. Also letztlich jeder Umstand, der die Wertschätzung des Verkehrs für die Sache und insbesondere ihre Verwendung (vgl. § 434 Abs. 1 Satz 2 Nr. 1) beeinflussen kann. (Rn. 30). S auch *Ist-Beschaffenheit* und *Soll-Beschaffenheit*.
Differenzhypothese:	Die Differenzhypothese besagt, dass der Schaden durch den Vergleich zweier Vermögenslagen zu ermitteln ist: Der tatsächlichen Vermögenslage und der unter Ausschaltung einer Pflichtverletzung oder Rechtsgutsverletzung gedachten Vermögenslage. Ein Vermögensschaden ist gegeben, wenn der jetzige tatsächliche Wert des Vermögens des Geschädigten geringer ist als der Wert, den das Vermögen ohne das die Ersatzpflicht begründende Ereignis haben würde. (*Palandt*, Vor § 249 Rn. 9)
Erfüllungsort:	Erfüllungsort im Sinne des § 447 ist der Ort der Leistungshandlung, nicht der Erfolgsort. (Rn. 11)
Finanzierungsleasing:	Das Finanzierungsleasing ist ein atypischer Gebrauchsüberlassungsvertrag, der sich durch ein Dreiecksverhältnis zwischen dem Leasinggeber, dem Leasingnehmer und dem Lieferanten auszeichnet. In der Regel sucht der Leasingnehmer die gewünschte Sache beim Lieferanten aus, dieser verkauft sie dem Leasinggeber, der sie wiederum an den Leasingnehmer verleast. (Rn. 423)
Gattungskauf, subjektiver:	Ein Kauf, bei dem nach Auffassung beider Vertragsparteien, die durch Auslegung des Kaufvertrags zu ermitteln ist, §§ 133, 157) die Kaufsache durch eine gleichartige und gleichwertige ersetzt werden kann. (Rn. 77)
Gattungsschuld:	Wer eine nur der Gattung nach bestimmte Sache schuldet, hat eine Sache von mittlerer Art und Güte zu leisten, vgl. § 243 Abs. 1.
Handschenkung:	Wird ein Schenkvertrag sogleich erfüllt, so spricht man von einer Handschenkung. (Rn. 149)
Ist-Beschaffenheit:	Bei der Ist-Beschaffenheit handelt es sich um die tatsächliche Beschaffenheit. (Rn. 240)
Konkretisierung:	Damit eine Sache, die nur der Gattung nach geschuldet ist, konkretisiert wird, muss der Schuldner das zur Leistung seinerseits Erforderliche getan haben. Mindestvoraussetzung ist daher, dass er eine den Erfordernissen des Vertrages entsprechende Sache ausgewählt und ausgesondert hat. (*Palandt*, § 243 Rn. 5)

Definitionen

Lieferkette:	Eine Lieferkette liegt beispielsweise vor, wenn der Hersteller eine Sache an einen Großhändler, dieser an den Einzelhändler verkauft, welcher sie schließlich an einen Verbraucher verkauft. (Rn. 135)
Mahnung – Abmahnung:	Von Mahnung wird bei der Forderung einer Leistung bzw. Nachbesserung gesprochen, von Abmahnung dagegen, wenn ein Unterlassen gefordert wird. (Rn. 328)
Operatingleasing:	Als Operatingleasing bezeichnet man modern einen klassischen Mietvertrag mit flexibler Laufzeit. (Rn. 447)
Rechtsmangel:	Ein Rechtsmangel liegt vor, wenn Dritte in Bezug auf die Kaufsache Rechte gegen den Käufer geltend machen können, vgl. § 435 Satz 1.
Sachmangel:	Das BGB definiert nicht positiv, wann ein Sachmangel vorliegt, sondern lediglich negativ, wann kein Sachmangel gegeben ist. Dies bestimmt sich nach § 434 Abs. 1: So ist die Sache frei von Sachmängeln, wenn sie bei Gefahrübergang die vereinbarte Beschaffenheit hat. Soweit die Beschaffenheit jedoch nicht vereinbart ist, ist die Sache frei von Sachmängeln, wenn sie sich für die nach dem Vertrag vorausgesetzte Verwendung eignet. Falls auch dies nicht vorliegt, wenn sie sich für die gewöhnliche Verwendung eignet und eine Beschaffenheit aufweist, die bei Sachen der gleichen Art üblich ist und die der Käufer nach der Art der Sache erwarten kann. § 434 Abs. 2 regelt weiterhin das Vorliegen eines Sachmangels bei unsachgemäßer Montage oder bei fehlerhafter Montageanleitung und § 434 Abs. 3 bei der Lieferung einer falschen Sache oder einer zu geringen Menge. (vgl. Rn. 30 ff.)
Schadenersatz:	Schadenersatz ist der Ersatz unfreiwilliger Vermögensopfer. (Rn. 25)
– großer:	Beim großen Schadenersatz gibt und übereignet z. B. der Käufer die Kaufsache an den Verkäufer zurück und erhält die Differenz zwischen seiner gegenwärtigen Vermögenslage nach Rückgewähr der Kaufsache und der hypothetischen Vermögenslage nach ordnungsgemäßer Erfüllung ersetzt. (Rn. 115 f.) Dies entspricht einem Schadenersatz statt der ganzen Leistung, § 281 Abs. 1 Satz 3. Zum Schaden gehören hier insbesondere die Kosten einer anderweitigen Beschaffung einer mangelfreien Sache oder ein Gewinn, der bei Weiterveräußerung der Sache angefallen wäre.
– kleiner:	Beim kleinen Schadenersatz kann der Käufer die mangelhafte Kaufsache behalten und den Betrag als Schaden ersetzt verlangen, der die Differenz zwischen seiner gegenwärtigen Vermögenslage und der hypothetischen Vermögenslage nach ordnungsgemäßer Erfüllung ausmacht. Dies kann der mängelbedingte Minderwert oder der für eine fachkundige Reparatur aufgewandte Geldbetrag sein. (Rn. 115)

Schenkung, gemischte:	Ist bei einem beliebigen gegenseitigen Vertrag der Wert der Leistung einer Partei wesentlich höher als der Wert der Gegenleistung der anderen Partei, so kann der Parteiwille auf die schenkweise Zuwendung der Wertdifferenz gerichtet sein. Dann spricht man von einer gemischten Schenkung, bei der die Vertragsparteien über die teilweise Unentgeltlichkeit der Zuwendung einig sein müssen. (Rn. 150)
Soll-Beschaffenheit:	Die Soll-Beschaffenheit ist die vertraglich geschuldete Beschaffenheit. (Rn 240) **Stückschuld:** Eine Stückschuld liegt vor, wenn z. B. der Kaufgegenstand bei Vertragsschluss individuell festgelegt ist. Gleiches gilt, wenn eine Gattungsschuld sich durch Konkretisierung in eine Stückschuld wandelt, vgl. § 243 Abs. 2.
Stückschuld:	Eine Stückschuld liegt vor, wenn z. B. der Kaufgegenstand bei Vertragsschluss individuell festgelegt ist. Gleiches gilt, wenn eine Gattungsschuld sich durch Konkretisierung in eine Stückschuld wandelt, vgl. § 243 Abs 2.
Verbrauchsgüterkauf:	Laut § 474 Abs. 1 liegt ein Verbrauchsgüterkauf vor, wenn ein Verbraucher von einem Unternehmer eine bewegliche Sache kauft.
Verwendungen:	Verwendungen sind Aufwendungen, die der Sache zugutekommen. (Rn. 412)
Vorratsschuld:	Hierbei verpflichtet sich der Verkäufer von vornherein nur, eine Sache aus seinem Lagerbestand (= Vorrat) zu verkaufen. (Rn. 24)
Werk:	Beim Werkvertrag wird ein bestimmter Tätigkeitserfolg (Werk) geschuldet. Dieses geschuldete Werk kann sowohl die Herstellung oder Veränderung einer Sache, als auch ein anderer durch Arbeit oder Dienstleistung herbeizuführender Erfolg sein. (Rn. 165)

Stichwortverzeichnis

Das Stichwortverzeichnis verweist auf die Randnummern.

A
Abgang 406
Abhilfe 245 ff., 250, 253, 311, 326
Abmahnung 275, 328, 341, 390, 394
Abtretung 397, 401a, 427 ff., 431, 473
Akzessorietät 473, 480, 496 ff., 507
Aliud-Lieferung 47 ff.
Anwartschaftsrecht 364, 408
Auftrag 472, 506
Aufwendung 25, 69, 139, 189, 203, 205 ff., 412, 506
– ersparte ~ 72 ff., 186, 191, 222, 430
– frustrierte ~ 314
– -sersatz 60, 64, 117 f., 142, 194, 196 ff., 206, 216, 218 ff., 260, 284, 417, 427, 497
Ausbesserung 81, 170

B
Begleitschaden 101
Behandlungsvertrag 260a ff.
– Arzthaftung 260n
– Informationspflichten 260g ff.
Beschaffenheit 30 ff., 37 f., 58, 109, 128, 176, 187, 217, 226, 240
Beschaffenheitsgarantie 128, 217
Blankobürgschaft 478
Bürgschaft 471 ff., 507 ff., 520
– auf erstes Anfordern 500 ff.
– selbstschuldnerische ~ 495 f.

D
Darlehensvertrag 449 ff., 472
Dingliche Surrogation 408

E
Eigenbedarf 352, 389, 391
Eigentumsvorbehalt 173, 366, 408
Einrede der Vorausklage 495 f.
Erfüllungsort 10 ff.
Ersetzungsbefugnis 5 f.

F
Frachtvertrag 14
Fremdbesitzerexzess 276

G
Garantie 109 f., 119 ff., 124, 128, 134, 217, 244, 307, 313, 509

Gattungskauf 23, 47, 75 ff., 127
– subjektiver 77 f.
Gebrauchsüberlassung 261 ff., 402 ff., 411 ff., 423 ff.
– an Dritte 335 ff., 371c, 371e, 372 ff.
Gefahrübergang 40, 51 ff., 66, 88, 199, 513 f.
Gefälligkeitsverhältnis 413 ff.
Geltungserhaltende Reduktion 125, 458
Geschäftsbesorgungsvertrag 226, 472

H
Haftungsausschluss 6, 125, 217, 418
Haltbarkeitsgarantie 120
Handschenkung 149
Hauptleistungspflicht 4 ff., 17, 21 ff., 176 ff., 180 ff., 267, 285, 289
Hauptschulderhöhung 482
Haustiere 375 ff.
Höchstbetragsbürgschaft 483

I
Inventar 406 ff.

K
Kardinalpflicht 125
Kaufvertrag 1 ff., 167 ff., 424 ff.
Konkretisierung der Gattungsschuld 23
Kostenvoranschlag 182 ff., 223

L
Leasing 423 ff.
– Finanzierungs~ 423 ff., 448
– Operating~ 447
– Teilamortisierungs~ 441
– Vollamortisierungs~ 441
Leihe 263, 411 ff., 454

M
Mahnung 304, 309, 327 ff., 390, 396
Mangelfolgeschaden 46, 101, 130, 213
Mängelrechte 28 ff., 123 ff., 136 ff., 178, 181, 198 ff., 237 ff., 278, 293 ff., 425 ff., 429 ff., 513 ff.
Mieterhöhungsverlangen 371g ff.
Mietvertrag 56, 261 ff., 425 ff., 447, 518 f.
Minderung 60, 64, 94, 97 f., 137, 145, 198, 211, 221, 247 ff., 293, 428, 439, 498, 518

Stichwortverzeichnis

Montageanleitung 42 ff.
Montagefehler 40 f.

N
Nacherfüllung 46, 49, 51, 60 ff., 88 ff., 101 f., 105 ff., 111 ff., 130 f., 136, 139, 144 ff., 178, 198, 201 ff., 205 ff., 210, 215, 221, 245, 427, 433, 513
– Unmöglichkeit der 74, 81, 90 f., 106 f., 113, 215
– Vorrang der 63 ff., 74
Nebenleistungspflicht 17 ff., 21, 177, 452
Notbedarf 158 f.

P
Pacht 263 f., 402 ff.
Patronatserklärung 510 f.
Personalsicherheit 471, 507 ff.
Pfandrecht 56, 471
– gesetzliches ~ 170 ff., 364 ff.
– Vermieter~ 364 ff.
– vertragliches ~ 172 ff.
– Werkunternehmer~ 170 ff.
Preisgefahr 7 ff., 51, 178, 185, 188 f., 430

R
Realsicherheit 471, 505
Rechtsmangel 28, 55 ff., 129, 200, 209, 295, 316, 326, 416, 513 ff.
Reisemangel 239 ff., 245
Reisevertrag 224 ff.
Rückforderungsrecht
– des Schenkers 151, 158 ff.
– des Verleihers 421
Rücktritt
– vom Darlehensvertrag 460 ff.
– vom Kaufvertrag 2, 16, 50, 60 ff., 64, 86 ff., 97, 116, 117 f., 131, 137, 514
– vom Leasingvertrag 428, 434 ff., 440
– vom Mietvertrag 297 ff., 318, 323
– vom Reisevertrag 234, 251
– vom Schenkungsvertrag 151, 164
– vom Werkvertrag 193, 198, 204, 209 ff., 221
– von einer Bürgschaft 480, 498

S
Sachdarlehen 263
Sachmangel 28 ff., 58, 155 ff., 199, 209, 293 ff., 297, 306, 326, 416, 513 ff.
Schadenersatz 99 ff., 212 ff., 252 ff., 306 ff., 440
– großer ~ 115 f., 117, 212
– kleiner ~ 115 ff., 212

– neben der Leistung 16, 26, 62, 99 ff., 212 f., 254, 461, 463
– statt der Leistung 16 ff., 25, 27, 50, 61, 64, 99, 104 ff., 111 f., 115 ff., 137, 146, 156, 194, 196, 214 ff., 254, 283, 315, 444, 461, 511, 515
Schätzwert, Übernahme zum 407
Schenkung 147 ff., 516
– gemischte ~ 150 f.
Schönheitsreparaturen 276, 368 ff.
Schuldabänderung 449
Schuldanerkenntnis, konstitutives 449
Schuldbeitritt 507 ff.
Schuldnovation 449
Schuldübernahme 507
Selbsthilfeverkauf 18
Selbstvornahme 72, 198, 205 ff., 209, 221, 246, 302
Sicherungsmittel, akzessorisches 473
Sittenwidrigkeit 455 ff., 486
Stückkauf 51, 75 ff., 83, 92, 114

T
Tausch 1, 5, 143 ff.
Taxe 183

U
Unmöglichkeit 6 ff., 16, 18, 22 ff., 61, 66, 84, 106 f., 154, 186 ff., 190, 193 f., 215, 222, 237 f., 315 ff., 438
– der Nacherfüllung 74, 81, 90, 106 f., 113, 215
Unternehmerregress 91a, 113
Untervermietung 330, 335 ff., 373 ff.

V
Verarmung 158 ff.
Verbraucherdarlehen 470a ff.
Verbrauchsgüterkauf 11, 53a, 122, 124 ff., 133, 135, 139, 433
Verjährung 49, 57, 63, 100, 103, 130 ff., 142, 178
Verkäuferregress 135
Vertrag, gegenseitiger 2, 87, 143, 150, 166, 224, 261, 452, 462
Vertretbarkeit 77
Vertretenmüssen 25, 101, 105 ff., 252, 341
Verzug 16 f., 19, 26 f., 154, 195, 304, 309, 327, 390, 443 f., 445, 461 ff., 482
– Annahme~ 8, 17 f., 96, 186, 189, 272, 279, 304
Vorfälligkeitsentschädigung 464, 470
Vorratsschuld 24

Stichwortverzeichnis

W
Werk 72, 132, 165 f., 167, 224, 246, 365
Werkvertrag 165 ff., 167, 224, 517
Wettlauf der Sicherungsgeber 504
Wohnraummietverhältnis 343 ff.

Wucher 350, 456 f.

Z
Zusicherung 109 f., 244, 294
Zuweniglieferung 49 f.

2015. XXII, 291 Seiten. Kart. € 29,99
ISBN 978-3-17-020459-1
SR-Studienreihe Rechtswissenschaften

Christoph Althammer

Schuldrecht III – Besonderer Teil 2: Gesetzliche Schuldverhältnisse

Dieses Lehrbuch befasst sich mit den Gesetzlichen Schuldverhältnissen im Besonderen Teil des Schuldrechts des Bürgerlichen Gesetzbuches als einem der zentralen Prüfungsstoffe im Zivilrecht. Neben der Geschäftsführung ohne Auftrag stehen dabei das Bereicherungsrecht und das Deliktsrecht im Vordergrund. Auch der Meinungsstand im Schrifttum ist neben der aktuellen höchstrichterlichen Judikatur kritisch einbezogen. Die systematische Vermittlung der theoretischen Hintergründe geht dabei Hand in Hand mit der praktischen Anwendung. So wird die Darstellung von zahlreichen Beispielsfällen und Prüfungsschemata begleitet, welche in die Darstellung des Lernstoffes eingebettet werden. Das Lehrbuch eignet sich sowohl als Einstieg in die Materie als auch zur Vertiefung für Fortgeschrittene.

Der Autor: **Prof. Dr. Christoph Althammer** ist Inhaber des Lehrstuhls für Bürgerliches Recht, Deutsches, Europäisches u. Internationales Verfahrensrecht an der Universität Regensburg.

Leseproben und weitere Informationen unter www.kohlhammer.de